Zangl · Poetik nach dem Holocaust

D1725493

Veronika Zangl

Poetik nach dem Holocaust

Erinnerungen – Tatsachen – Geschichten

Wilhelm Fink

Gedruckt mit Unterstützung des Bundesministeriums für
Wissenschaft und Forschung in Wien.

Bibliografische Information der Deutschen Nationalbibliothek

Die Deutsche Nationalbibliothek verzeichnet diese Publikation in der Deutschen
Nationalbibliografie; detaillierte bibliografische Daten sind im Internet über
http://dnb.d-nb.de abrufbar.

© 2009 Wilhelm Fink Verlag, München
Wilhelm Fink GmbH & Co. Verlags-KG, Jühenplatz 1, D-33098 Paderborn

Internet: www.fink.de

Einbandgestaltung: Evelyn Ziegler, München
Herstellung: Ferdinand Schöningh GmbH & Co KG, Paderborn

ISBN 978-3-7705-4467-7

Zu Beginn meiner Auseinandersetzung mit Zeugenberichten des Holocaust stand die Absicht, das Genre Autobiographie kritisch zu hinterfragen. Doch stellte sich sehr bald heraus, dass dieses Vorhaben wegen seiner Komplexität grundlegender Vorarbeiten bedurfte. Jedes Konzept, jede Kategorie erwies sich im Zusammenhang mit Zeugenberichten von Überlebenden des Holocaust als sperrig, als nicht oder nur bedingt anwendbar oder schlichtweg als unzutreffend. Daher kristallisierte sich in zunehmender Weise die Vorgangsweise heraus, poetologische Konzepte und Kategorien mit den Aussagen, Einsichten und Erfahrungen von Überlebenden des Holocaust zu konfrontieren, um eine Antwort darauf zu finden, ob ein Schreiben und darüber hinaus eine Poetik nach dem Holocaust überhaupt möglich ist.

Obwohl sich die folgende Untersuchung daher vielmehr zu einer theoretischen Auseinandersetzung als zu einer literaturwissenschaftlichen Analyse entwickelte, war es mir stets ein grundsätzliches Anliegen, Zeugenberichte nicht als Mittel für eine bestimmte Beweisführung einzusetzen, sondern diese Stimmen ins Gespräch zu bringen, sie in die Diskussion einzubeziehen und die daraus entstehenden Konsequenzen weiterzudenken. Aus dieser Konstruktion dialogischer Situationen, die das mögliche Scheitern durchaus mitberücksichtigte,[1] entwickelte sich die methodische Vorgangsweise der Studie. Trotz detaillierter und konfrontativer Analysen der wesentlichen Konzepte und Kategorien der Poetik lässt sich von deren Ergebnissen weder eine Phänomenologie noch ein Instrumentarium für die Lektüre so genannter Holocaust-Literatur ableiten, allerdings ermöglichen sie es, die Herausforderung, die eine Poetik nach dem Holocaust impliziert, benennen zu können.

Den Begriff „Holocaust" sowohl für die Ermordung von unter anderem politisch Verfolgten, Homosexuellen, Roma und Sinti als auch für die systematische Verfolgung und Ermordung europäischer Juden und Jüdinnen zu verwenden ist alles andere als selbstverständlich. Allerdings wäre die Auseinandersetzung mit wichtigen literarischen Zeugnissen, wie etwa den Werken von Jorge Semprun und Charlotte Delbo nicht zulässig, würde der Begriff „Holocaust" nicht auch politisch Verfolgte des Nationalsozialismus einschließen. Ich kann hier nicht näher auf die Diskussion rund um die Begriffe „Holocaust", „Shoah" und „churban" eingehen, doch scheint mir die Geschichte des Begriffs „Holocaust", der erst um 1957 in spezifischer Weise auf die so genannte jüdische Katastrophe bezogen wurde,[2] dessen Verwendung auch in Bezug auf politische Deportierte zu recht-

---

1 Siehe Imre Kertész, „Rede über das Jahrhundert", in: ders., *Eine Gedankenlänge Stille, während das Erschießungskommando neu lädt*, Reinbek bei Hamburg, 1999, S. 14-52, S. 16 f.

2 Zur Diskussion rund um diese Begriffe siehe u.a.: Peter Novick, *The Holocaust and Collective Memory. The American Experience*, London, 2000, S. 133; Alvin H. Rosenfeld, *A Double Dying. Reflections on Holocaust Literature*, Bloomington/London, 1980, S. 4 f.; James E. Young, *Writing*

fertigen. Ich werde im Lauf der Arbeit ausführen, dass es dennoch wichtig ist, diesen Begriff differenziert zu verwenden.

Grundlage der Poetik war und ist – und dies insbesondere im Zusammenhang mit dem Holocaust – die *Memoria*. Ausgehend von den Ausführungen Maurice Halbwachs' zum kollektiven Gedächtnis, werde ich daher im ersten Kapitel der Frage nachgehen, unter welchen Voraussetzungen eine Erinnerung des Holocaust möglich ist. Der Gedanke, ob Halbwachs sein Konzept des kollektiven Gedächtnisses nach dem Holocaust überdacht hätte, tauchte zwar wiederholt auf, ist aber in tragischer Weise unzulässig. Maurice Halbwachs wurde in Buchenwald ermordet. Es ist Jorge Semprun zu danken, dessen Bericht *Schreiben oder Leben* unter anderem eine Hommage an Maurice Halbwachs enthält,[3] Halbwachs' Entwurf des kollektiven Gedächtnisses unter den Bedingungen von Konzentrations- und Vernichtungslagern weitergedacht zu haben.

Der „Stoff" von Erinnerung ebenso wie von Poetik sind Ereignisse, Handlungen und Worte, woraus sich die genauere Untersuchung der Transformationsprozesse von Ereignissen in Tatsachen ergibt. Im zweiten Kapitel kommt daher dem Geschichtsverständnis der Moderne besondere Aufmerksamkeit zu, da es diesen Transformationsprozess nicht unerheblich erschwert beziehungsweise diesen überhaupt hervorbringt. Für den Bereich der Kultur- und Geisteswissenschaft ergibt sich daraus zwar keine neue, aber eine erneut zu stellende Frage, nämlich: „Was wird dargestellt?" Wobei sich dieses „Was" sowohl auf das Ereignis als auch auf den Prozess der Verdichtung beziehungsweise Aneignung dieses Ereignisses beziehen kann. Einen weiteren Schwerpunkt des Kapitels bildet aus diesem Grund die Transformation von Ereignissen in Erfahrung. Von Interesse erweist sich diesbezüglich unter anderem die zentrale Bedeutung, die in der Aristotelischen *Poetik* der Zusammenfügung von Handlungen zukommt, da der Holocaust sich als Ereignis nicht durch Handeln, sondern durch Herstellen auszeichnet. Diese Verschiebung der Kategorien, auf die Hannah Arendt hinweist, führt notwendigerweise zu beträchtlichen Konsequenzen im Bereich der Poetik.

Die Auseinandersetzung mit Erfahrung impliziert nahezu unweigerlich eine Analyse von Subjekt-Setzungen. Im Mittelpunkt des dritten Kapitels steht somit die Frage, inwiefern es möglich ist, zerstörerischen Narrativen eine Narration der Zerstörung gegenüberzustellen, ohne die Perspektive der Täter anzunehmen. Zeugenberichte von Überlebenden des Holocaust stellen den zweifachen Prozess einer radikalen Ent-Setzung bei gleichzeitiger Selbst-Setzung im Schreiben dar.

---

and Rewriting the Holocaust. Narrative and the Consequences of Interpretation, Bloomington/Indianapolis, 1988, S. 87; Wolfgang Sofsky, *Die Ordnung des Terrors. Das Konzentrationslager,* Frankfurt/Main, 1999, S. 15; Giorgio Agamben, *Was von Auschwitz bleibt. Das Archiv und der Zeuge,* Frankfurt/Main, 2003, S. 25 ff. Siehe dazu auch Ruth Klüger, *weiter leben. Eine Jugend,* München, 1995, S. 353 f.: „Den Holocaust gab es als Ereignis, aber nicht diesen Ausdruck und daher auch nicht den Begriff. [...] Erst seit den frühen siebziger Jahren hat sich das Wort eingebürgert und die Sache umgrenzt. Ob das hebräische Wort ‚Shoah' ein geeigneteres Wort sei, wie neuerdings behauptet wird, kümmert mich nicht: Solang es nur irgendein Wort gibt, das sich ohne Umschweife und Nebensätze gebrauchen läßt."

3 Siehe Jorge Semprun, *Schreiben oder Leben,* übers. v. Eva Moldenhauer, Frankfurt/Main, 1995.

Eine völlig neue Aufgabe kommt diesbezüglich der Einbildungskraft zu, die sich letztlich mit einer Wirklichkeit bar jeder Einbildungskraft, d.h. mit einer radikal zugerichteten Faktizität auseinanderzusetzen hat. Daraus ergibt sich die Frage, ob – und wenn, unter welchen Voraussetzungen – es der Einbildungskraft möglich ist, ein Selbst zu gestalten, das auf der unfassbaren Desintegration von Körper und Vorstellungskraft beruht.

Im vierten Kapitel rücken schließlich jene Außendimensionen der Poetik, auf die sich Zeugenberichte des Holocaust hinbewegen, in den Mittelpunkt der Untersuchung. Zeugenberichte bergen immer eine doppelte Anforderung in sich, sie sind in gleicher Weise Klage und Anklage. Jurisdiktion und Historiographie sind zwar nachgerade von Zeugenberichten abhängig, doch inwiefern entsprechen deren Rahmenbedingungen dieser doppelten Anforderung? Es ist offensichtlich, dass diese gesellschaftlichen Institutionen angesichts des Holocaust an ihre Grenzen stoßen. Insofern mag es nicht weiter verwundern, dass seit den 1990er Jahren eine Verschiebung der Auseinandersetzung in die Bereiche der Ethik sowie der Epistemologie stattfindet. Nachdem in rezenten kulturwissenschaftlichen Arbeiten Trauma zunehmend als historisches Erkenntniskonzept diskutiert wird, werde ich dieses Kapitel mit einem Exkurs abschließen, in dem ich anhand der unterschiedlichen Traumatheorien von Freud die Grenzen und Möglichkeiten aufzeigen möchte, die diesem Konzept in Bezug auf die Erfahrung des Holocaust zukommen.

Schlussendlich werde ich im fünften und letzten Kapitel die Frage nach Erzählstrategien sowie nach „dem Erzähler" stellen, in dessen Stimme die verschiedenen Aspekte der Poetik gewissermaßen zusammenkommen. Von Bedeutung erweist sich auch hinsichtlich des Erzählers die Gestaltung von Wirklichkeit durch narrative Rahmen mitzubedenken, ohne die eine selbstvergewissernde Erzählung offensichtlich nicht stattfinden kann. Doch wie lässt sich eine zweifach gebrochene Wirklichkeit darstellen? In diesem Zusammenhang sind zum einen die unterschiedlichen Typen des Erzählers, die Walter Benjamin in seinen literaturkritischen Essays herausarbeitet, von Interesse, zum anderen eröffnen Konzepte wie Performanz und Re-enactment die Möglichkeit, im Rahmen der Poetik Erzählstrategien zu entwickeln, die im Sichtbarmachen der Unterbrechung eine indirekte Annäherung an den Holocaust erlauben.

Im Vorwort zu seiner Essaysammlung *Eine Gedankenlänge Stille, während das Erschießungskommando neu lädt* weist Imre Kertész den Eindruck eines Bekannten, er habe in seiner essayistischen Arbeit eine Brücke „aus dem Niemandsland zu der sogenannten Menschheit geschlagen", mit den Worten zurück: „Überdies ist diese Brücke nicht zu überschreiten, und wer es dennoch versuchen würde, hätte es mit seiner Kreativität zu bezahlen. Die wirkliche Frage ist, ob man meine Worte drüben, auf der anderen Seite, verstehen kann, ohne daß ich selbst über die Brücke hinübermuß."[4] Es war mit Sicherheit ein Anliegen der folgenden Auseinandersetzung, diese Worte zu verstehen und gleichzeitig die Voraussetzungen

---

4 Imre Kertész, *Eine Gedankenlänge Stille, während das Erschießungskommando neu lädt.* Reinbek bei Hamburg, 1999, S. 10 (Vorwort).

zu schärfen, um sie weiter hörbar zu machen. Zu beurteilen, ob dieses Anliegen gelungen ist oder ob diese Arbeit, wie Jean Améry formuliert, dem Monolog eines Blinden von der Farbe nur einen weiteren Ton hinzufügt, obliegt letztlich dem Leser/der Leserin.

I.
KOLLEKTIVES UND INDIVIDUELLES GEDÄCHTNIS

Es gieng niemals ohne Blut, Martern, Opfer ab, wenn der Mensch es nöthig hielt, sich ein Gedächtniss zu machen; [...] alles Das hat in jenem Instinkte seinen Ursprung, welcher im Schmerz das mächtigste Hülfsmittel der Mnemonik errieth. [...] ein paar Ideen sollen unauslöschlich, allgegenwärtig, unvergessbar, ,fix' gemacht werden, zum Zweck der Hypnotisirung des ganzen nervösen und intellektuellen Systems durch diese ,fixen Ideen' [...].
(Friedrich Nietzsche, Zur Genealogie der Moral)

1. ERÖRTERUNG DER BEGRIFFE

Grundlage jedes Zeugenberichtes von Überlebenden des Holocaust ist zunächst Erinnerung. Dennoch scheint nichts fragwürdiger zu sein als Erinnerung oder auch nur die Möglichkeit des Erinnerns, kaum etwas scheint schwieriger zu sein als die Aussage: „Das ist geschehen". Denn nur das und nicht die Klärung von Widersprüchen, so Bernard Rieux, Erzähler in Albert Camus' Roman *Die Pest*, sei die Aufgabe des Berichterstatters: „Er hat nur die Aufgabe zu sagen: ‚Das ist geschehen', wenn er weiß, daß dies tatsächlich geschehen ist, daß dies das Leben eines ganzen Volkes betroffen hat und es also Tausende von Zeugen gibt, die in ihrem Herzen die Wahrheit dessen, was er sagt, bewerten werden."[1] Mit dieser Feststellung benennt Camus' Protagonist Bernard Rieux die grundsätzlichen Elemente einer auf traditionellen Kategorien beruhenden poetologischen Narration, auf die ich im Folgenden detailliert eingehen werde: Kollektiv und Wirkung auf ein Kollektiv, Tatsachen, Zeugenschaft, Wahrheit sowie Herz als Instanz des Urteilens.

Wenn im Zentrum von (literarischen) Texten stets in irgendeiner Weise Erinnerung auftaucht, sei es im Sinne der Bewahrung vergangener Ereignisse oder sei es zukunftsgerichtet, um sich, wie Nietzsche formuliert, „ein Gedächtnis zu machen", so ist es nahe liegend, dass Gedächtnis und Erinnerung Berichten von Überlebenden des Holocaust implizit und explizit besondere Aufmerksamkeit zukommen muss. Doch handelt es sich hierbei um Texte an den Grenzen beziehungsweise Schnittstellen zwischen kollektiver und individueller Erinnerung, die gleichzeitig die analytischen Unschärfen dieser Konzepte sichtbar machen. An der Grenze zwischen individueller und kollektiver Erinnerung sind Zeugenberichte des Holocaust dahin gehend zu verorten, dass sie von einer totalitär institutionalisierten Welt berichten, die, zumindest auf den ersten Blick, in Täter und Opfer auseinanderfällt. Die Grauzone an den Rändern dieser Zweiteilung, von der unter anderem Primo Levi spricht,[2] hebt die Differenz nur scheinbar auf, denn „mit der Macht arrangieren wir uns, ob gerne oder nicht, wobei wir vergessen, daß wir alle im Getto eingeschlossen sind, daß das Getto umzäunt ist, daß außerhalb der Umzäunung die Herren des Todes stehen und ein wenig weiter der Zug auf uns wartet".[3] Doch gerade die von den Nationalsozialisten inszenierte Verquickung mit der Macht auf den unterschiedlichsten Ebenen der Gettos und Lager führte

---

1 Albert Camus, *Die Pest,* übers. v. Uli Aumüller, Reinbek bei Hamburg, 1997, S. 11.
2 Siehe Primo Levi, „Die Grauzone", in: ders., *Die Untergegangenen und die Geretteten*, übers. v. Moshe Kahn, München/Wien, 1990, S. 33-68.
3 Ebda., S. 68

häufig zu problematischen Subjektpositionen, die ein Erinnern blockieren können.[4]

Die daraus folgende Unterminierung eines „Ich" der Erzählung beziehungsweise eines „Ich" der Zeugenschaft führt notwendigerweise zur Unmöglichkeit, „Wir" sagen zu können. Doch die Rekonstruktion eines „Ich" in der Erzählung oder dessen Rekonstitution durch die Erzählung führt nicht per se zur Wiederherstellung eines „Wir" über die Grenzen der Konzentrations- und Vernichtungslager hinaus. Auch wenn Primo Levis „Wir" zwischen allgemeiner Feststellung und konkreter Erfahrung zu schwanken scheint, so erweist sich dieses letztendlich als eingeschlossen in einer bestimmten Zeit und in einem bestimmten Raum, ein „Wir", das Identifikation nicht nur verweigert, sondern ausschließt.[5] Dennoch fungiert dieses solcherweise unterbrochene „Wir" als Echo an der Schnittstelle zwischen individueller und kollektiver Erinnerung. Zeugenberichte schreiben sich als Erinnerungstexte aus einer Welt jenseits der Grenze des Kollektiven wiederum in ein Kollektiv beziehungsweise in ein gesellschaftlich-geschichtliches Imaginäres[6] ein beziehungsweise erinnern sie dieses. Zeugenberichte bewegen sich jedoch nicht nur, verstanden als (literarische) Texte, an der Schnittstelle von kollektivem und individuellem Gedächtnis, sie verweisen darüber hinaus auf unterschiedliche gesellschaftlich institutionalisierte Narrative, wie unter anderem Jurisdiktion, Historiographie, Ethik und Epistemologie, die ich später noch ausführen werde.[7]

1.1. Kollektives und kulturelles Gedächtnis

Wird im Zusammenhang mit Berichten von Überlebenden des Holocaust von einem unterbrochenen „Wir" ausgegangen, so stellt sich zunächst die Frage, inwiefern von einem kollektiven Gedächtnis die Rede sein kann. Welches Kollektiv erinnert, bewahrt, bezeugt, berichtet was? In welcher Weise kann ein Ereignis, das von außen kaum oder gar nicht wahrgenommen wurde oder wahrgenommen werden wollte und von innen nicht wahrgenommen werden konnte,[8] Teil des

---

4 Siehe Ernst van Alphen, *Caught by History. Holocaust Effects in Contemporary Art, Literature, and Theory*, Stanford, 1997.

5 Zu Strategien in Zeugenberichten, etwaige Identifikationsmuster zu durchbrechen, siehe Robert Eaglestone, *The Holocaust and the Postmodern*, Oxford [et al], 2004.

6 Diesen Begriff übernehme ich von Cornelius Castoriadis, siehe ders., *Gesellschaft als imaginäre Institution. Entwurf einer politischen Philosophie*, übers. v. Horst Brühmann, Frankfurt/Main, 1984.

7 Siehe vor allem Kapitel IV.

8 Siehe u.a. Shoshana Felman/Dori Laub, *Testimony. Crises of Witnessing in Literature, Psychoanalysis, and History*, New York/London, 1992; Ernst van Alphen, *Caught by History*; Ulrich Baer (Hg.), *„Niemand zeugt für den Zeugen". Erinnerungskultur und historische Verantwortung nach der Shoah*, Frankfurt/Main, 2000; Elisabeth Weber/Georg Christoph Tholen (Hg.), *Das Vergessen(e). Anamnesen des Undarstellbaren*, Wien, 1997; Nicolas Berg/Jess Jochimsen/Bernd Stiegler (Hg.), *Shoah. Formen der Erinnerung. Geschichte, Philosophie, Literatur, Kunst*, München, 1996.

kulturellen Gedächtnisses einer Gesellschaft oder von Gesellschaften werden? Allgemeiner stellt sich die Frage des kollektiven Gedächtnisses, sobald es als mehr
oder weniger beliebig verfügbare Matrix einer schier endlosen Spurensuche im
Feld der Kulturwissenschaften fungiert. „Die aktuelle Vorliebe für das Gedächtnis", so Anselm Haverkamp, „das ‚kulturelle Gedächtnis' im besonderen, das ein
antiquarisches Objekt aus Aby Warburgs und Frances Yates' Schatzhaus der Tradition in ein Schlagwort für die gesamten Kulturwissenschaften verwandelt hat,
markiert und besiegelt das Ende der Geschichte und des humanistischen Ver-
ständnisses von Geschichte."[9]

Anders ausgedrückt steht der Einsatz eines kollektiven oder kulturellen Gedächtnisses symptomatisch für das Ende von Tradition und Geschichte. Allerdings wäre die Konstruktion eines kulturellen Gedächtnisses in diesem Sinn nicht
nur Symptom, sondern vor allem der Rettungsversuch eines brüchig gewordenen
Rahmens, der nicht zuletzt Individuum und Gesellschaft einander verpflichtet.
Denn wenngleich sich Haverkamps Polemik als treffend erweist, so muss doch
darauf hingewiesen werden, dass mit der Proklamation des Endes der Geschichte,
der Tradition oder, wie Lyotard formuliert,[10] der großen Erzählungen, etwas viel
Grundsätzlicheres auf dem Prüfstand steht: und zwar der Zusammenhang zwischen Individuum und Gesellschaft/Welt/Wirklichkeit. Die gleichzeitige Ver-
kündigung des Todes des Subjekts ist in diesem Sinne zwar konsequent, weil ein
Subjekt ohne Geschichte schlichtweg nicht denkbar wäre, doch in Bezug auf die
erwähnte Problematik kaum weiterführend. Die vielfältigen Versuche, zwischen
kollektivem/kulturellem Gedächtnis, Geschichte und Tradition zu differenzieren
oder auch deren Zusammenhänge aufzuzeigen, setzen diese Verbindung als gegeben voraus. Doch wie wirklich ist diese zunehmend dekonstruierte Wirklichkeit?
Hannah Arendt hat in ihrem umfassenden Werk wiederholt auf die Tatsache eines tiefgreifenden Weltverlusts in der Moderne hingewiesen:

> Was nicht in Ordnung war und was auch durch kein Gespräch und kein Selbstden-
> ken hätte in Ordnung kommen können, war die Welt – das nämlich, was zwischen
> den Menschen entsteht, und wo das, was jeder durch Geburt mitbringt, sichtbar
> und hörbar werden kann. [...] Die ‚Stützen der bekanntesten Wahrheiten' [...], die
> damals erzitterten, liegen heute am Boden, und um sie zu erschüttern, bedarf es
> keiner Kritik mehr und keines Weltweisen. Wir dürfen unsere Augen nur nicht
> schließen, um zu erkennen, daß wir uns in einem wahren Trümmerfeld solcher
> Stützen befinden.[11]

---

9 Anselm Haverkamp, „Lethes Ufer und die Gezeiten der Geschichte", in: Harald Welzer (Hg.),
Das soziale Gedächtnis. Geschichte, Erinnerung, Tradierung, Hamburg, 2001, S. 88-102, S. 101.

10 Siehe u.a. Jean-François Lyotard: *Das postmoderne Wissen. Ein Bericht,* übers. v. Otto Pfersmann,
Wien, 1989; ders., *Der Widerstreit,* übers. v. Joseph Vogl, München, 1989; ders., „Randbemerkungen zu den Erzählungen", in: *Postmoderne und Dekonstruktion. Texte französischer Philosophen
der Gegenwart,* hg. v. Peter Engelmann, Stuttgart, 1990, S. 49-53.

11 Hannah Arendt, „Gedanken zu Lessing. Von der Menschlichkeit in finsteren Zeiten", in: dies.,
Menschen in finsteren Zeiten, hg. v. Ursula Ludz, München, 1989, S. 11-42, S. 19.

Dass Arendt „Trümmerfeld" nicht nur als Metapher verwendet, ist offensichtlich. Von Interesse ist allerdings, dass sie die Anerkennung und Wahrnehmung des durch den Nationalsozialismus bewerkstelligten brachialen Zusammenbruchs der abendländischen Denktradition zur Aufgabe zeitgenössischen Denkens einfordert, d.h. „ein Denken, das sich ohne Stützen und Krücken, gewissermaßen ohne das Geländer der Tradition frei bewegt".[12] Dass es schwer sei, „dieses Vorteils in der Welt froh zu werden", gesteht auch Hannah Arendt zu. Eine Antwort auf Katastrophen und Traditionsbrüche scheint immer wieder die Hinwendung zu Konzepten von Gedächtnis und Erinnerung zu sein. In diesem Sinne lässt sich das von Maurice Halbwachs in den 1920er Jahren entwickelte Konzept des kollektiven Gedächtnisses als Reaktion auf die Auswirkungen des Ersten Weltkriegs interpretieren. Seine Versuche, das kollektive Gedächtnis gegenüber Tradition und Geschichte abzugrenzen, machen nicht zuletzt deutlich, dass diese „Metaerzählungen" ihre gesellschaftliche Wirkungsmacht verloren haben und neue Narrative entstehen, die Gesellschaft und Individuum unter den Vorzeichen der Krise aneinander binden. Das kollektive Gedächtnis bildet in Halbwachs' Ausführungen denn auch einen stabilen kollektiven Rahmen, in dem sich das Individuum bewegt:

> Das kollektive Gedächtnis unterscheidet sich von der Geschichte in zumindest zweierlei Hinsicht. Es ist eine kontinuierliche Denkströmung – von einer Kontinuität, die nichts Künstliches hat, da sie von der Vergangenheit nur das behält, was von ihr noch lebendig und fähig ist, im Bewußtsein der Gruppe, die es unterhält, fortzuleben. Per definitionem erstreckt sich das kollektive Gedächtnis nicht über die Grenzen dieser Gruppe hinaus.[13]

Das Konzept des kollektiven Gedächtnisses beruht zunächst auf der Gegenüberstellung der Kategorien Differenz und Ähnlichkeit, die mit Außen- und Innendimensionen des Kollektivs in Bezug auf Sinn- und Bedeutungsstiftung verbunden werden. Zeichnet sich Geschichte Halbwachs zufolge durch das Herausarbeiten von Differenzen aus, so basiert das kollektive Gedächtnis auf Ähnlichkeiten, die sich in erster Linie auf die raum-zeitliche Identität einer Gruppe beziehen. Gleichzeitig muss es jedoch möglich sein, innerhalb eines bestimmten Zeitabschnitts Differenzen festzustellen, um von einem Gedächtnis sprechen zu können.[14] Sobald in einer Gruppe jedoch starke Veränderungen auftreten, löst sich diese auf und damit auch deren Gedächtnis. Ein weiteres Merkmal, durch das sich das kollektive Gedächtnis von Geschichte unterscheidet, ist Halbwachs zufolge das gleichzeitige Bestehen mehrerer kollektiver Gedächtnisse.[15]

---

12 Ebda.
13 Maurice Halbwachs, *Das kollektive Gedächtnis,* übers. v. Holde Lhoest-Offermann, Stuttgart, 1967, S. 68.
14 Siehe ebda., S. 74.
15 Ebda., S. 71. Interessant ist in diesem Zusammenhang, dass Halbwachs auf der Ebene des kollektiven Gedächtnisses die Möglichkeit mehrerer Gedächtnisse nebeneinander als Differenzkriterium zur Geschichte betrachtet, da sich die Vorstellung einer Geschichte im Singular erst im Laufe des 18. Jahrhunderts durchzusetzen begann. Siehe Kapitel II.

Wenn Halbwachs feststellt, dass sich das kollektive Gedächtnis insbesondere durch das Kriterium der Ähnlichkeit und somit der Dauer auszeichnet, so schreibt er der Vergangenheit damit implizit eine eigene Zeitqualität zu. In Zurückweisung psychologischer Zeitvorstellungen konstatiert Halbwachs: „Erstens aber fließt die Zeit nicht dahin: sie dauert an, sie besteht fort – und das muß so sein; denn wie könnte sonst das Gedächtnis den Zeitablauf zurückverfolgen?"[16] Nur indem die Zeit aufgrund der Auswirkung von Ereignissen auf die Gruppe andauert, ist es für diese möglich, Zeit als bedeutende wahrzunehmen, denn „[d]ie Zeit ist nur in dem Maße reell, als sie einen Inhalt hat, d.h. als sie dem Denken eine aus Ereignissen bestehende Materie darbietet".[17]

Jan Assmann merkt in seiner grundlegenden Studie zum kulturellen Gedächtnis, in der er auf Halbwachs' Begriff des kollektiven Gedächtnisses zurückgreift, doch letztlich ein erweitertes Gedächtniskonzept ausarbeitet, zu Recht an, dass diese Geschichtsauffassung heute nicht mehr haltbar sei.[18] Grundlegender ist hingegen Assmanns Kritik an Halbwachs' Zeitkonzeption, wobei er außer Acht lässt, dass gerade dieses Konzept Halbwachs ermöglicht, Zeit als Träger von Kontinuität zu bestimmen. Im Gegensatz zu Halbwachs setzt Assmann für die Möglichkeit, sich bewusst auf die Vergangenheit beziehen zu können, einerseits Zeugnisse voraus, andererseits eine charakteristische Differenz dieser Zeugnisse zum „Heute".[19] Mit „Vergangenheitsbezug" und „Vergegenwärtigung" nennt Assmann zwei Formen des Umgangs mit Vergangenheit, die letztlich den Unterschied zum kollektiven Gedächtnis im Sinne Halbwachs' markieren. Der Tendenz zur Auflösung beziehungsweise Einebnung von Unterschieden, die der Ansatz von Maurice Halbwachs in sich birgt, begegnet Assmann mit seinem Konzept des kulturellen Gedächtnisses, indem er gerade den Aspekt der Differenz hervorhebt.

> Die ursprünglichste Form, gewissermaßen die Ur-Erfahrung jenes Bruchs zwischen Gestern und Heute, in der sich die Entscheidung zwischen Verschwinden und Bewahren stellt, ist der Tod. Erst mit seinem Ende, mit seiner radikalen Unfortsetzbarkeit, gewinnt das Leben die Form der Vergangenheit, auf der eine Erinnerungskultur aufbauen kann. Man könnte hier geradezu von der ‚Urszene' der Erinnerungskultur sprechen.[20]

Auffallend an dieser Feststellung ist die Spannung, die durch die Verknüpfung von Ursprung und Tod entsteht. Gleichzeitig wird dem Ursprung, dem Anfang, der Geburt jedoch keine Bedeutung in Bezug auf Erinnerungskultur beigemessen. Denn ebenso wie der Tod stellt die Geburt einen definitiven Bruch mit dem Gestern dar, wobei sich nicht die Entscheidung zwischen Verschwinden und Bewahren stellt, sondern jene zwischen Auftauchen von Neuem (oder Anderem) und Bewahren. Doch im Gegensatz zum Tod, der in gewisser Weise durchgängig be-

16 Halbwachs, *Das kollektive Gedächtnis*, S. 123.
17 Ebda., S. 126.
18 Jan Assmann, *Das kulturelle Gedächtnis. Schrift, Erinnerung und politische Identität in frühen Hochkulturen*, München, 1999, S. 43.
19 Ebda., S. 31 f.
20 Ebda., S. 33.

stimmt, im Sinne der Bewahrung jedoch unbegrenzt bestimmbar ist, erweist sich die Geburt im selben Maße als unbestimmt, gleichzeitig aber nur bedingt bestimmbar. Im Gegensatz zu Assmann sieht Halbwachs in der Geburt sehr wohl den Beginn einer neuen Gruppe.

> Die Ankunft der Kinder erweitert in vielen Fällen nicht nur die Familie, sondern sie modifiziert auch ihr Denken und die Ausrichtung ihrer Interessen. Das Kind ist immer ein Eindringling, und zwar in dem Sinne als man weiß, daß es sich nicht der schon bestehenden Familie anpassen wird, sondern daß sich die Eltern und selbst die schon geborenen Kinder, wenn nicht den Forderungen des Neuankömmlings, so doch zumindest den Veränderungen, die sich aus seinem Eintritt in die Gruppe ergeben, beugen müssen.[21]

Dass Assmann das Neue oder die Kategorie der Möglichkeit, die menschliches Handeln auszeichnet, nicht wirklich mitbedenkt, zeigt sich unter anderem in folgender Feststellung:

> Jeder tiefere Kontinuitäts- und Traditionsbruch kann zur Entstehung von Vergangenheit führen, dann nämlich, wenn nach solchem Bruch ein Neuanfang versucht wird. Neuanfänge, Renaissancen, Restaurationen treten immer in der Form eines Rückgriffs auf die Vergangenheit auf. In dem Maße, wie sie Zukunft erschließen, produzieren, rekonstruieren, entdecken sie Vergangenheit.[22]

Während Halbwachs mit seinem Zeitkonzept in Bezug auf das kollektive Gedächtnis deutlich von einer linearen Geschichtsauffassung der Moderne abweicht, nähert Assmann die Zeit des kulturellen Gedächtnisses wieder an diese Vorstellung an. In beiden Konzepten geht es jedoch um die Konstruktion von Kontinuität: Halbwachs begründet diese mit einer organischen Zeitauffassung, Assmann hingegen denkt Kontinuität vielmehr im Rahmen eines Ursache-Wirkung-Schemas.

Cornelius Castoriadis gehört zu den wenigen Philosophen des 20. Jahrhunderts, die Zeit nicht im Sinne der Wiederholung beziehungsweise der beständigen Progression definieren, sondern durch das Auftauchen von Anderem und Neuem.

> Wenn nicht etwas sein könnte, was nicht ist, oder wenn das, was ist, nicht auch anders sein könnte, gäbe es keine Finalität, also auch kein *teukein* und keine Gesellschaft. [...] Erst in der und durch die Verschränkung von Möglichem und Unmöglichem legt die Gesellschaft (und jede Gesellschaft) die Grundlagen für das, was (*ihr*) als „Reales" gelten soll. [...] Die Realität eröffnet dem Tun (und dem *teukein*) die Möglichkeit, etwas anderes zu machen, als das, was ist, und so, wie es ist.[23]

---

21 Halbwachs, *Das kollektive Gedächtnis*, S. 119 f.
22 Assmann, *Das kulturelle Gedächtnis*, S. 32.
23 Castoriadis, *Gesellschaft*, S. 439 f. *legein* und *teukein* sind die zwei grundlegenden Operationsschemata jeder mengen- und identitätslogisch institutionalisierten Gesellschaft. „Das *legein* ist die mengenlogische und mengenbildende Dimension des gesellschaftlichen Vorstellens/Sagens, so wie das *teukein* (zusammenstellen/zurichten/herstellen/errichten) die mengenlogische und mengenbildende Dimension des gesellschaftlichen Tuns ist." Ebda., S. 399 (Herv. im Text).

Mit anderen Worten können Neuanfänge zwar einen Rückbezug auf Vergangenes aufweisen – Castoriadis verwendet hier den Freudschen Begriff der Anlehnung –, doch zeichnen sie sich vor allem durch die Institutionalisierung von Neuem aus, durch jene Aspekte, die nicht auf das Vergangene rückführbar sind, die darüber hinausgehen. Erst dadurch lässt sich eine charakteristische Differenz zum Vergangenen, die sich ja auch für Assmanns Konzept des Vergangenheitsbezuges als maßgebend erweist, feststellen.

Dass sich die „Urszene" von Erinnerung und Gedächtnis möglicherweise weniger auf den Tod bezieht, wie Jan Assmann feststellt, sondern eher auf das krisenbesetzte Aufeinandertreffen von Tod und dem Auftauchen von Neuem, verdeutlichen unter anderem die verschiedenen Ursprungslegenden der Gedächtniskunst bzw. der Erinnerungskultur. In der Folge werde ich insbesondere auf die von Cicero überlieferte Anekdote eingehen, die Simonides zum Erfinder der Gedächtniskunst stilisiert, sowie die Geschichte der Wiederauffindung des Deuteronomiums vorstellen, weil sich in diesen beiden Narrationen die unterschiedlichen Ausformungen von Vergangenheitsbezug in prägnanter Weise nachvollziehen lassen.

Exkurs: Gründungslegenden der Gedächtniskunst/Erinnerungskultur

Sowohl in der Erzählung über die Erfindung der Gedächtniskunst als auch in jener über die Auffindung des Buches Deuteronomium stellt eine Katastrophe zunächst das zentrale thematische Motiv dar. Gleichzeitig ist die Katastrophe in beiden Fällen an das Vergessen bestimmter Identitätskonzepte gebunden[24] – wie ich im Folgenden zeigen werde, übernimmt Erinnerung damit die Funktion einer Legitimationserzählung bestehender oder neuer Identitätsformationen.

Cicero zufolge soll Simonides als erster die Kunst des Gedächtnisses gelehrt haben, und er erzählt den Vorfall, der Simonides auf die Spur dieser Kunst brachte. Während eines Festes, bei dem Simonides als Poet auftritt, stürzt die Festhalle ein. In der Folge ist Simonides als einziger in der Lage, die Toten aufgrund ihrer Platzierung im Raum zu identifizieren, das heißt die durch die Katastrophe zerstörten Körper zu erinnern und damit gewissermaßen wiederherzustellen. „Der springende Punkt dieser Anekdote", so Assmann, „ist die Verräumlichung der Erinnerung."[25] Mit einer Verschiebung der Perspektive stellt Anselm Haverkamp neben der Bedeutung, die dieser Erzählung in Bezug auf die Gedächtniskunst zukommt, fest, dass „die *memoria*, um die es geht, das Andenken der Toten [ist], das über deren Identifizierung gerettet wird".[26]

---

24 Assmann verweist ebenfalls auf diesbezügliche Parallelen in diesen beiden Erinnerungserzählungen. Siehe Assmann, *Das kulturelle Gedächtnis*, S. 215.

25 Ebda.

26 Anselm Haverkamp, „Hermeneutischer Prospekt", in: Anselm Haverkamp/Renate Lachmann (Hg.), *Memoria – vergessen und erinnern*, München, 1993, S. ix–xxvi, S. xi.

Die Möglichkeit des Andenkens und die Wiederherstellung der Identität scheinen hingegen in hohem Maße an die Integrität des Körpers gebunden zu sein. Cicero zufolge kann jedoch nur unter der Prämisse der Verräumlichung von „Verkörperung" gesprochen werden: „Durch solche sinnliche Bilder sowie durch alles, was Gegenstand der Anschauung ist, wird unser Gedächtnis angeregt. Aber man hat Plätze nötig; denn ein Körper läßt sich nicht denken, ohne daß er einen Platz einnimmt."[27] Allerdings lassen sich mit der Simonides-Erzählung neben Verräumlichung und Verkörperung als Prämissen von Andenken zwei weitere Aspekte von Erinnerung aufzeigen, die dieses Andenken überhaupt ermöglichen: zum einen *durch die* und *in der* Vorstellung etwas zu setzen, was nicht ist, zum anderen die Funktionsweise der Erinnerung, nämlich aus dem Chaos, das in der Simonides-Erzählung durch die Zerstörung ausgelöst wird, eine bestimmte Ordnung wiederherzustellen, etwas Bestimmtes auszuwählen und damit zu setzen (sein zu lassen).

In geradezu umgekehrter Weise wird Identität und Erinnerung im Bericht über die Wiederauffindung des Buches Deuteronomium thematisiert, den Jan Assmann als Gründungslegende der kulturellen Mnemotechnik bezeichnet.[28] Ausgangslage bilden wiederum eine Katastrophe sowie das Vergessen von Identität. „Hier aber ist die Katastrophe über das gesamte Volk hereingebrochen, und sie ist nicht die Ursache, sondern die Folge von Vergessen."[29] Erinnerungskultur entsteht in dieser Ursprungslegende demnach vermittelt durch den Tod, Erinnerung selbst aber bezieht sich auf die buchstabengetreue Einhaltung der von Gott vorgeschriebenen Bundesgesetze. Damit kommt es, wie Assmann feststellt, zu einer Verbindung von Schuld und Erinnerung[30]: „Das deuteronomistische Geschichtswerk läßt sich als die Kodifikation einer Erinnerungsarbeit verstehen, die vom Prinzip der Schuld geleitet ist."[31] Dieses Prinzip der Schuld wird nicht zuletzt durch rigorose Strafandrohungen eingeführt, die sich geradezu leitmotivisch durch das Alte Testament ziehen. Das Moment der Strafe als Ursache der Katastrophe klingt jedoch auch in der Simonides-Geschichte an. Skopas, der Gastherr, gesteht Simonides nur die Hälfte der abgesprochenen Summe für sein Lied zu, den Rest möge er von Kastor und Polydeukes erbitten, denen er ebenfalls Lob gesungen habe. In der Folge wird Simonides zu zwei jungen Männern hinausgebeten, die er zwar nicht findet, die ihm aber das Leben retten, da in der Zwischenzeit die Festhalle ein-

---

27 Marcus Tullius Cicero, *De oratore*, in: *Die Erfindung des Gedächtnisses*, zusammengestellt und eingeleitet v. Dietrich Harth, Frankfurt/Main, 1991, S. 59-62, S. 61.
28 Siehe Assmann, *Das kulturelle Gedächtnis*, S. 215.
29 Ebda.
30 Dass diese Sichtweise auch im heutigen Israel noch präsent ist, wenngleich sie äußerst heftig kritisiert wurde, machen die von Ex-Großrabbiner Ovadia Josef gemachten Anmerkungen zum Holocaust deutlich, der die Massenvernichtung von Juden und Jüdinnen durch die Nationalsozialisten als Strafe Gottes für die Assimilationstendenzen der Juden in der Diaspora interpretierte. Siehe u.a.: „Exgroßrabbiner Ovadia Josef, Führer der Shass-Partei. Die Ausfälle des Rabbiners erschüttern Israel", in: *Der Standard*, 9. August 2000.
31 Assmann, *Das kulturelle Gedächtnis*, S. 216.

stürzt.[32] Wird dieser Erzählstrang mitberücksichtigt, so zeigt sich, dass auch in der Simonides-Geschichte die Katastrophe als Folge von Vergessen eintritt, und im Grunde handelt es sich ebenfalls um ein Vergessen der Identität.

Aufgrund der doppelten Motivation von Identifikation (im Sinne der Wiederherstellung von Identität) einerseits und Identitätsbildung andererseits kommt es in der Simonides-Geschichte zu einer Parallelführung unterschiedlicher Formen der Erinnerung. Im ersten Teil der Erzählung wird deutlich, dass die „nach Art der Dichtung"[33] bewerkstelligte Erhöhung des Gastherrn durch die Heraufbeschwörung von mythischen Helden dem Identifikationsrahmen der Rezipienten nicht entspricht, denn Skopas weist diesen zurück. Die Ursache für diese Ablehnung liegt jedoch nicht an der Kunstfertigkeit Simonides', sondern an der Selbstüberschätzung Skopas', der sich über die gegebenen Bedeutungs- und Identifikationsrahmen stellt und damit die Katastrophe hervorruft. Der Dichter Simonides als Repräsentant der Tradition entdeckt nun im Chaos der Zerstörung auf einer zweiten Ebene räumliche Ordnung als grundlegende Voraussetzung von Gedächtnis, die schließlich der Dichter Cicero zur Gründungslegende der Gedächtniskunst ausformuliert.

Der Unterschied zwischen beiden Gründungslegenden beruht letztlich auf der Relation der handelnden Personen zu den bestehenden kollektiven Rahmen. Wird im Deuteronomium die Geschichte der Rückbesinnung auf beziehungsweise die Institutionalisierung eines neuen und völlig anderen Bedeutungs- und Identifikationsrahmens dargestellt, so zeigen sich in der Simonides-Erzählung Tendenzen zur Auflösung eines kollektiven Rahmens, die sich jedoch nicht auf einen Konflikt völlig unterschiedlicher Bedeutungsschichten zurückführen lassen. In beiden Fällen führt das Vergessen der eigenen Identität in einem bestimmten kollektiven Bezugsrahmen zu Zerstörung und Vernichtung.

Für die Schichtungen des kollektiven Gedächtnisses ist die Darstellung der Institutionalisierung einer neuen Religion in den Büchern des Alten Testaments ein nachgerade paradigmatisches Beispiel. Wird nämlich das Augenmerk nicht nur auf das 5. Buch Mose (Deuteronomium) gerichtet, das Assmanns Analyse zugrunde liegt, sondern auch auf das 2. Buch der Könige sowie das 2. Buch der Chronik, so finden sich in den darin überlieferten Geschichten der Wiederauffindung des Buches Deuteronomium neben den Techniken der Institutionalisierung einer neuen Religion vor allem Techniken der Auslöschung alter Erinnerungsschichten: etwa durch die buchstäblich restlose Zerstörung von Baal- und Aschera-Tempeln, das Verbrennen von Aschera- und anderen Kultbildern sowie von bereits bestatteten Gebeinen an deren Kultstätten, die Absetzung und Vernichtung aller Kult-Priester, Geisterbeschwörer, Zeichendeuter, Abgötter.[34] Am Beispiel der Institutionalisierung des Ein-Gott-Glaubens zeigt sich sehr deutlich

---

32 Siehe Cicero, *De oratore*, S. 59.
33 Ebda.
34 *Die Bibel*, nach d. Übers. v. Martin Luther, Stuttgart: Deutsche Bibelgesellschaft 1985, 2. Könige, 22-23; 2. Chronik, 34; 2. Könige, 23,1-24.

die Möglichkeit der gleichzeitigen Präsenz mitunter völlig unterschiedlicher und konkurrierender kultureller Bedeutungs- beziehungsweise kulturell geformter Erinnerungsschichten. Wird eine bestimmte Erinnerungskultur mit äußerster Vehemenz eingefordert, scheint die Notwendigkeit gegeben, andere Erinnerungsbestände innerhalb der Gruppe auszulöschen sowie sich nach außen hin radikal abzugrenzen.

In beiden Beispielen kommt Tod und Totengedenken in Bezug auf das kollektive Gedächtnis nur indirekt eine Rolle zu, vielmehr findet sich in beiden Gründungslegenden eine enge Verbindung zwischen der (Neu)verhandlung von Identität, Schuld/Strafe und Erinnerung. Es ist zwar richtig, dass Simonides durch seine Kunst das Andenken der Toten rettet, doch impliziert dieses Andenken keineswegs die Bildung oder Befestigung eines Kollektivs. In beiden Geschichten findet sich hingegen das Auftauchen von Neuem: bei Simonides die Entdeckung der Gedächtniskunst, im Fall der Wiederauffindung des Buches Deuteronomium die (Wieder)einsetzung einer neuen Religion. Beiden Erzählungen kommt darüber hinaus die Funktion einer Legitimationserzählung einer bestimmten Konzeption von Erinnerung zu.

1.2. Ein kollektives Gedächtnis des Holocaust?

Wenn Tod und Totengedenken unmittelbar oder mittelbar im Zentrum kollektiver Erinnerung stehen, so stellt sich die Frage, warum dies im Zusammenhang mit dem Holocaust nicht der Fall ist. Diese Feststellung mag zunächst einigen Widerspruch hervorrufen, denn kaum ein Ereignis scheint das kulturelle Gedächtnis der betroffenen Gesellschaften und darüber hinaus so sehr zu prägen wie der Holocaust. Aber weder in Deutschland noch in Österreich, den USA oder Israel, um nur einige Länder zu nennen, gründet eine wie auch immer geartete kollektive Erinnerung auf dem Gedächtnis der Millionen Toten des Holocaust, und wenn, in einer äußerst problematischen Weise: geprägt durch Verschweigen und Abstrahierung ins Allgemeine (etwa durch die Rede von sechs oder sieben Millionen ermordeten Juden und Jüdinnen, durch die Reduktion der Konzentrationslager beziehungsweise der gesamten Tötungsmaschinerie auf Auschwitz, aber auch durch die Verwendung von Metaphern wie Tötungsmaschinerie, als wären Menschen daran nicht beteiligt gewesen). So konstatiert etwa Ronit Lentin, dass „Israel niemals die Schoah erinnert [hat], obwohl es die ‚Lehren von Auschwitz' bemüht, um seine Politik zu gestalten".[35] Bezug nehmend auf die Thesen Moshe Zuckermanns attestiert Ronit Lentin der Shoah im öffentlich-politischen Diskurs schließlich die Funktionsweise eines Codes: „Der ideologische Gebrauch des Gedächtnisses dient in unterschiedlichen Kollektiven unter-

---

35 Ronit Lentin, „Nach-Gedächtnis und der Auschwitz-Code", in: *Mittelweg 36*, 4/2002 (= Beilage Literatur), S. 53-68, S 60; siehe u.a. Moshe Zuckermann, *Gedenken und Kulturindustrie. Ein Essay zur neuen deutschen Normalität*, Berlin, Bodenheim bei Mainz, 1999.

schiedlichen Zwecken, aber überall wird die Schoah in eine politische Ideologie verformt, in einen Code: Der Schoah-Mythos ersetzt die Schoah selbst.“[36] In ähnlicher Weise zeigt Peter Novick in seiner Studie *The Holocaust and Collective Memory* die ambivalenten Formen des Gebrauchs und Missbrauchs des Holocaust in der amerikanischen sowie amerikanisch-jüdischen Gesellschaft auf. „As we examine the changing fortunes of Holocaust memory, we'll be struck by how they relate to changing circumstances and, particularly among American Jews, changing decisions about collective self-understanding and self-representation.“[37] Trotz umgekehrter Vorzeichen ließe sich diese Feststellung ebenfalls auf Deutschland oder Österreich beziehen. Die Frage, die sich daher wiederum stellt, ist: Was wird von wem, wie und wann erinnert.

Ein erster Blick auf die Geschichte des Nach-Gedächtnisses des Holocaust[38] bringt vor allem Hindernisse eines kollektiven Gedächtnisses des Holocaust ans Licht, wie die dem Ereignis immanente radikale Zweiteilung in Opfer und Täter, die Differenz zwischen „privater“ und institutionalisierter Erinnerung, die Schwierigkeit der Übersetzung des Ereignisses in eine adäquate Sprache. Darüber hinaus setzt die Bildung eines kollektiven oder kulturellen Gedächtnisses die Übertragung des Ereignisses in gesellschaftlich gültige Werte voraus, was wiederum die Teilnahme an diesem Kollektiv oder dieser Kultur bedingt. Daher möchte ich in einem ersten Schritt die Voraussetzungen untersuchen, die eine Transformation individueller Erinnerungen in ein kollektives Gedächtnis ermöglichen beziehungsweise mit Halbwachs nach den Konsequenzen für das Konzept eines kollektiven Gedächtnisses fragen, sollte sich herausstellen, dass es tatsächlich individuelle Erinnerungen gibt.[39]

---

36 Lentin, „Nach-Gedächtnis und der Auschwitz-Code“, S. 59 f.
37 Novick, *The Holocaust and Collective Memory*, S. 5.
38 Den Begriff entlehne ich Marianne Hirsch, die ihn jedoch in erster Linie für die Form des Gedächtnisses von Kindern der Überlebenden verwendet. Siehe u.a. Marianne Hirsch, *Family Frames. Photography, Narrative, and Postmemory*, Cambridge, MA, 1997.
39 Siehe Halbwachs, *Das kollektive Gedächtnis*, S. 15.

2. Zum Verhältnis zwischen individuellem und kollektivem Gedächtnis

Wie sehr Denktraditionen einerseits nachwirken und andererseits gleichzeitig ausgehöhlt wurden, zeigt die Diskussion um individuelles und kollektives/kulturelles Gedächtnis an und für sich. Die von Halbwachs vorgenommene Abgrenzung gegenüber Psychologie und Psychoanalyse – durch die Erinnerung erst als individuelles Phänomen befestigt wird – verdeutlicht das Auftauchen einer Kluft zwischen Individuum und Gesellschaft, die in der Form und in dem Ausmaß zuvor nicht manifest geworden war. Doch erst unter den Voraussetzungen einer stets deutlicher sich ausprägenden Individualisierung kann von der Übertragung eines individuellen Phänomens auf ein Kollektiv die Rede sein – die im Zusammenhang mit Erinnerung und Gedächtnis von Beginn an Kritik hervorrief. Doch während Halbwachs versuchte, das Individuum auf der Basis von Erinnerung und Gedächtnis in einen sozialen Rahmen einzubinden, driften in gegenwärtigen Ansätzen Individuum und kollektives/kulturelles Gedächtnis paradoxerweise desto weiter auseinander, je stärker das individuelle Gedächtnis im kulturellen aufgehoben zu sein scheint.

Jan Assmann beschreibt das kulturelle Gedächtnis etwa als Außendimension sowohl in Bezug auf das menschliche Gedächtnis, dessen Inhalte und Funktionsweisen in erster Linie von gesellschaftlichen Rahmenbedingungen abhängen, als auch in Bezug auf Tradition und Kommunikation:[40]

> Wie immer man dieses Außen der gesellschaftlichen Tradition und Kommunikation bezeichnen will: wichtig ist nur, daß es als ein Phänomen sui generis in den Blick tritt, als eine kulturelle Sphäre, in der sich Tradition, Geschichtsbewußtsein, ‚Mythomotorik' und Selbstdefinition verknüpfen und die – dieser Punkt ist entscheidend – vielfältig bedingten geschichtlichen Wandlungen, unter anderem: medientechnologisch bedingten Evolutionsprozessen, unterworfen ist.[41]

Aus dieser Darstellung ergeben sich folgende Schwierigkeiten: Erstens muss jedes Phänomen *sui generis* in irgendeiner Form generiert werden, das heißt, es muss Träger, Institutionen und Akteure ausbilden, die dessen Sein und Seinsweise gestalten, formieren, garantieren und reglementieren. Diesen Anforderungen kommt Assmann mit der Unterscheidung von vier Formen des Gedächtnisses und deren Spezifizierung entgegen, wobei das kulturelle Gedächtnis – dem mimetischen Gedächtnis (Bereich des Alltagshandelns), Dinggedächtnis (spiegelt Bild seiner selbst) und kommunikativem Gedächtnis (Teilnahme und Interaktion) letztendlich übergeordnet – für die Vermittlung von kulturellem Sinn ein-

---

40 Siehe Assmann, *Das kulturelle Gedächtnis*, S. 19 f.
41 Ebda., S. 24.

steht.[42] Zweitens muss dieses Phänomen *sui generis* kommunikabel/mitteilbar sein, und zwar sowohl in Bezug auf einzelne Individuen als auch gesellschaftlich, um wirksam werden zu können. In welcher Form dies als Außendimension von Tradition und Kommunikation zu bewerkstelligen wäre, bleibt offen.

Die Vergangenheit stellt in den meisten Erinnerungs- und Gedächtniskonzepten letztlich ein Reservoir an mehr oder minder frei verfügbaren Vorstellungen von Ereignissen dar, die im Rahmen der Gegenwart bearbeitet und realisiert werden. Sie sind in diesem Sinn unbestimmt, offen für Interpretation. Indem Sigrid Weigel die notwendige Verbindung von Ereignissen und Vorstellungskraft benennt, bezeichnet sie gleichzeitig den Raum, in dem sich Historiographie und Poetik, Politik und Ethik auf ihre je unterschiedliche Weise der Fakten im Sinne der Wahrheitsfindung bemächtigen.[43] Die Frage, die sich hiermit stellt und in der Folge noch näher beleuchtet werden soll,[44] bezieht sich auf die Rolle von Tatsachen sowie auf das Verhältnis von Wirklichkeit und Wahrheit.

Sigrid Weigel verweist zu Recht darauf, dass mit der Debatte um Arbeitsweisen, Medien und Bilder des kulturellen Gedächtnisses der Gegensatz zwischen individueller und kollektiver Erinnerung nivelliert wird, doch, so Weigel: „Die Bilder aus diesem Archiv [der Vorstellungen und Szenarien des Gewesenen und Jüngstvergangenen, VZ] bilden dabei aber beileibe kein feststehendes Repertoire von Bedeutungen, sie werden vielmehr im individuellen Akt der Erinnerung höchst unterschiedlich belichtet und aktualisiert [...]."[45] Doch trotz der häufig konstatierten Veränderbarkeit des Vergangenen wird kollektives oder kulturelles Gedächtnis letztlich als ein selbstverständlich Gegebenes angenommen, als mitunter dynamisch strukturierter Behälter, Speicher, als Archiv, in dem sich die Ablagerungen der Zeit befinden, die sich erst durch die Bearbeitungen der Gegenwart zu Zeichen kristallisieren und damit zu Bedeutung. Vorausgesetzt wird hierbei zweierlei: erstens die Möglichkeit des Zugangs zu diesem öffentlichen Archiv, ohne den die gesellschaftlich wirksame Gestaltung vergangener Ereignisse und Erfahrungen nicht möglich wäre; zweitens die Mitteilbarkeit dieser Gestaltungen, ohne die sie nicht kollektivierbar wären. Mit anderen Worten wird einerseits ein entsprechender kollektiver respektive narrativer Rahmen vorausgesetzt, andererseits ein entsprechender öffentlicher Diskurs.

Diese Voraussetzungen implizieren, dass der Inhalt des kulturellen Gedächtnisses nicht nur mitteilbar sein muss, sondern darüber hinaus von den Mitgliedern einer Gruppe oder Gesellschaft als sinnstiftend angenommen wird. Kulturelles oder kollektives Gedächtnis ist, so Gudrun Perko und Alice Pechriggl, ohne das Moment der Teilnahme nicht denkbar:

---

42 Ebda., S. 20 f.
43 Siehe Sigrid Weigel, *Bilder des kulturellen Gedächtnisses. Beiträge zur Gegenwartsliteratur*, Dülmen-Hiddingsel, 1994, S. 10 f.
44 Siehe Kapitel II.
45 Weigel, *Bilder des kulturellen Gedächtnisses*, S. 10.

Bei der Frage, ob es möglich ist, von kollektiven Vorstellungen zu sprechen, stoßen wir auf das Problem, daß ein Kollektiv als Einheit keine identischen Vorstellungen zu ein und derselben Zeit hervorbringen kann. Dies vor allem deshalb, weil es selbst als Einheit nur eine Ansammlung von einzelnen Psychen ist, deren Vorstellungen – bei aller Konditionierung und Gleichschaltung – niemals aufeinander reduzierbar sind. [...] Denkbar ist hingegen, daß eine Gemeinschaft Vorstellungen teilt – im Sinne der Teilhabe. Solche Vorstellungen, die zwar nicht auf identische Weise affektbesetzt sind, können im weiteren Sinne kollektive Vorstellungen genannt werden.[46]

Kollektive Vorstellungen sind demnach in Bezug auf das Individuum gleichzeitig über- und unterdeterminiert. Überdeterminiert sind sie dahin gehend, dass sie immer nur aus der Perspektive des/der Einzelnen „belichtet und aktualisiert" werden können, oder, wie Maurice Halbwachs feststellt: „[J]edes individuelle Gedächtnis ist ein ‚Ausblickspunkt' auf das kollektive Gedächtnis; dieser Ausblickspunkt wechselt je nach der Stelle, die wir darin einnehmen, und diese Stelle selbst wechselt den Beziehungen zufolge, die ich mit anderen Milieus unterhalte."[47] Im selben Maße, wie kollektive Vorstellungen gegenüber der/dem Einzelnen überdeterminiert sind, sind sie aus der Perspektive des/der Einzelnen unterdeterminiert, nicht zuletzt, und darauf weisen Perko/Pechriggl hin, weil sie in sehr unterschiedlicher Weise affektbesetzt sein können. Dass sich Affekte, vielleicht gerade aufgrund dieser Leerstelle, durchaus im Sinne machtpolitischer Interessen bündeln lassen, haben die Totalitarismen des 20. Jahrhunderts mit katastrophalen Konsequenzen bewiesen.

2.1. Grenzen individueller Erinnerung

Die These der kollektiven Prägung von individueller Erinnerung und Gedächtnis schließt Halbwachs zufolge die Möglichkeit einer rein individuellen Erinnerung aus. Im Zuge seiner Auseinandersetzung stellt er daher die Frage, ob eine Erinnerung denkbar sei, „deren Bild sich in das Denken keiner menschlichen Gemeinschaft einfügt und die wir uns aus einer Sicht heraus ins Gedächtnis zurückrufen, die nur die unsere sein kann".[48] Diese Frage ist angesichts des Holocaust von weitreichender Bedeutung und geht über die Überlegung hinaus, ob es sich bei Ereignissen und Erfahrungen, die allein wahrgenommen wurden, nicht ebenso um Erinnerungen handelt, die durch soziale Rahmen (Literatur, Geschichte, Kunst etc.) geprägt sind. Falls sich Erinnerung als notwendigerweise an einen kollektiven Bedeutungsrahmen gebunden erweist, so wäre es Überlebenden des Holocaust *de facto* nicht möglich, sich zu erinnern. Wie ich später ausführen werde, entstand in den letzten Jahren eine Reihe von Untersuchungen im Rah-

---

46 Gudrun Perko/Alice Pechriggl, *Phänomene der Angst. Geschlecht – Geschichte – Gewalt*, Wien, 1996, S. 90 f.
47 Halbwachs, *Das kollektive Gedächtnis*, S. 31.
48 Ebda., S. 15.

men der Traumaforschung, die diese These affirmieren.[49] Dann wäre aber im gleichen Zug die Frage zu stellen, warum es ebenso wenig möglich ist, dieses Ereignis zu vergessen.

Unter welchen Voraussetzungen ist folglich von Erinnerung respektive Gedächtnis zu sprechen? Im Rahmen seiner Differenzierung zwischen autobiographischem und historischem Gedächtnis grenzt Halbwachs Erinnerung weiter gegenüber der Geschichte ab. Deutlich wird hierbei, dass er unter Erinnerungen weniger Datierungen von Ereignissen versteht als vielmehr gegenwärtige Auswirkungen dieser Ereignisse in Form von Bedeutung und Sinn: „Wenn das vergangene soziale Milieu für uns nur in derartigen historischen Formeln bestünde, wenn – allgemeiner – das kollektive Gedächtnis nur Jahreszahlen und Definitionen oder willkürliche Erinnerungen an Ereignisse enthielte, bliebe es uns durchaus fremd."[50] Die Rezeption buchstäblich vergangener Geschichte, die keinerlei Reste in der gelebten Gegenwart aufweist, wird so zur Lektüre von Worten und Zeichen ohne Bezug zum eigenen sozialen Rahmen.[51]

Die Grenzen der Erinnerung werden bei Halbwachs in weiten Bereichen durch die Kategorie des Fremdseins bestimmt, und zwar sowohl in Bezug auf das Individuum als auch in Bezug auf das betreffende Kollektiv. Alles, was dem eigenen Erfahrungshorizont fremd bleibt, lässt sich nicht unter den Begriff Erinnerung im eigentlichen Sinn fassen.[52] In gleicher Weise schließt Halbwachs sensuelle Eindrücke, Empfindungen und Affekte aus, weil sie zum einen nicht wiederholbar seien und sich zum anderen nicht in kollektive Bedeutungsrahmen einordnen ließen. Das bedeutet letztlich, dass immer ein Minimum an Übereinstimmung zwischen individuellen und kollektiven Vorstellungen vorhanden sein muss, um von Erinnerung sprechen zu können.

Wie bereits ausgeführt, schließt Halbwachs in seinen Überlegungen zum kollektiven Gedächtnis Friktionen innerhalb einer Gruppe aus.[53] Er geht des Weiteren nicht näher auf die Tatsache ein, dass gültige Denkströmungen immer ausverhandelt werden müssen. Diese sind nicht ausschließlich durch Ereignisse von außen Veränderungen ausgesetzt, sondern auch durch den Prozess der gesellschaftlichen (Selbst)gestaltung.[54] Darüber hinaus sind kulturelle, gesellschaftliche oder kollektive Vorstellungen/Erinnerungen, wie bereits erwähnt, keineswegs

---

49 Siehe Kapitel IV.
50 Halbwachs, *Das kollektive Gedächtnis*, S. 37.
51 Siehe ebda.
52 Einen völlig anderen Umgang mit dem offensichtlichen Traditionsbruch, der sich in Halbwachs' Kategorie des Fremdseins zeigt, findet Walter Benjamin, der sich diesem natürlich nicht mit einem soziologischen Blick nähert. Er versucht, nicht weiter gültige Traditionsbestände zu retten, nicht im Sinne der Tradierung, sondern im Sinne der Bewahrung. Verkürzt ließe sich sagen, dass Benjamin dem Konzept des kollektiven Gedächtnisses das Konzept des „destruktiven Charakters" gegenüberstellt. Siehe Kapitel V.
53 Auf dieses Problem verweist u.a. Jan Assmann, dessen Konzeption des kulturellen Gedächtnisses Erinnerung über einen Bruch hinweg ermöglichen soll. Siehe ders., *Das kulturelle Gedächtnis*, S. 29 ff.
54 Siehe Castoriadis, *Gesellschaft*, passim.

eindeutig. Gerade das Moment der Unbestimmtheit birgt jedoch einige Gefahren
in sich, wobei das von Halbwachs gewählte Beispiel, mit dem er die Überschnei-
dung von individuellem und historischem Gedächtnis zu belegen versucht, die
Problematik verdeutlicht:

> Ein Wesen wie das ganz kleine Kind, das auf seine Wahrnehmungen beschränkt ist,
> wird an solche Schauspiele [ein nachts von Soldaten überfüllter Bahnhof, VZ] nur
> eine schwache und wenig dauerhafte Erinnerung zurückbehalten. Um hinter dem
> Bild die historische Realität zu erfassen, muß es aus sich selbst heraustreten, muß
> man ihm die Betrachtungsweise der Gruppe zugänglich machen, muß es sehen
> können, wie ein bestimmtes Geschehnis Geschichte macht, weil es in den Kreis der
> Beschäftigungen, Interessen und Leidenschaften der Nationen eingedrungen ist.
> Aber in diesem Augenblick hört das Ereignis auf, einem persönlichen Eindruck
> gleichzukommen.[55]

Damit behauptet Halbwachs zweierlei: Erstens müssen rein sensuelle Eindrücke
einigermaßen schwach und vor allem indifferent sein, andernfalls hinterließen sie
sehr wohl starke Eindrücke. Zweitens kommt einer auf Wahrnehmung be-
schränkten Erfassung von Ereignissen nur Bild-, aber kein Realitätscharakter zu.
Zur Realität wird eine Wahrnehmung erst, wenn sie in den Bedeutungsrahmen
der jeweiligen Gruppe eingefügt werden kann, wenn das Bild im Sinne Halbwachs' zur Vorstellung vervollständigt wird.

Bemerkenswert an diesem Beispiel ist die darin implizierte Möglichkeit zur
unbearbeiteten Vergangenheit. Denn was geschieht mit Bildern, die ohne den gesellschaftlich konstituierten Interpretationsrahmen aufgenommen und nicht zugeordnet werden können? Das ist genau der Punkt, an dem in der Regel die Psychoanalyse ansetzt.[56] Das von Halbwachs genannte Beispiel birgt gerade aufgrund
des individuellen Unvermögens, das Bild in einen sinntragenden Bezugsrahmen
einzuordnen, Potential für eine traumatische Neurose in sich. Es gehört zu den
Leistungen der Psychoanalyse, auf das Weiterwirken unbewältigter Bilder hinzuweisen; diese verschwinden nicht aufgrund fehlender kollektiver Bezugsrahmen
im Vergessen, sondern wirken aufgrund der Unbestimmbarkeit des Ereignisses in
der Psyche weiter und entwickeln unter anderem durch die Ausbildung von
Symptomen eine eigene Wirklichkeit.

Individuelles und kollektives Gedächtnis sind Halbwachs zufolge notwendigerweise aufeinander angewiesen, nur unter der Voraussetzung der wechselseitigen Durchdringung ist es möglich, von Gedächtnis zu sprechen:

> Aber kann man wirklich unterscheiden einerseits zwischen einem Gedächtnis ohne
> Rahmen, einem Gedächtnis, das [...] nur über die Wörter der Sprache und einige
> dem praktischen Leben entlehnte Begriffe verfügen würde – und andererseits einem
> historischen oder kollektiven Rahmen ohne Gedächtnis, d.h. der nicht innerhalb

---

55 Halbwachs, *Das kollektive Gedächtnis*, S. 43.
56 Siehe u.a. Sigmund Freud, *Zwei Kinderneurosen*, Studienausgabe, Bd. VIII, Frankfurt/Main,
   1969; ders., *Vorlesungen zur Einführung in die Psychoanalyse (1916–17 [1915–17]). Neue Folge
   der Vorlesungen zur Einführung in die Psychoanalyse (1933 [1932])*, Studienausgabe, Bd. I,
   Frankfurt/Main, 1969.

des individuellen Gedächtnisses konstruiert, rekonstruiert und aufbewahrt werden würde? Wir glauben es nicht. Sobald das Kind die Stufe des rein sensitiven Lebens überschritten hat, sobald es sich für die Bedeutung der Bilder interessiert, die es wahrnimmt, kann man sagen, daß es gemeinsam mit den anderen denkt und daß sein Denken zwischen der Flut ganz persönlicher Eindrücke und verschiedenen kollektiven Denkströmungen geteilt ist. Es ist nicht mehr in sich selbst eingeschlossen, da sein Denken jetzt völlig neue Perspektiven beherrscht [...]. Jedoch ist es nicht aus sich herausgetreten, und um sich den Gedankenreihen aufzuschließen, die den Mitgliedern seiner Gruppe gemeinsam sind, ist es nicht genötigt, sein eigenes Denken völlig aufzugeben [...].[57]

Mit den Kategorien der Bedeutung und des Interesses einerseits sowie des Fremdseins andererseits gelingt Halbwachs eine Koppelung zwischen individuellem und kollektivem Gedächtnis, ohne das Individuum der Selbstentfremdung auszusetzen. Es handelt sich hierbei um einen Übergang, der in psychoanalytisch orientierten philosophischen Zugängen nicht ohne radikalen oder traumatischen Bruch zu haben ist.[58] Halbwachs geht jedoch nicht näher darauf ein, warum sich das Kind überhaupt für die Bedeutung von Wahrnehmungen zu interessieren beginnt und sich nicht weiter auf sensitive Wahrnehmungen und Eindrücke beschränkt. Seine diesbezüglichen Aussagen bleiben vage: „[...] unter irgendeinem Aspekt und in irgendeiner Beziehung interessieren diese neuen, nach außen gerichteten Beschäftigungen immer noch, was wir hier den inneren Menschen nennen, d.h. sie sind unserem persönlichen Leben nicht völlig fremd".[59]

Wo Halbwachs einen scheinbar fließenden Übergang vom persönlichen, rein sensuellen zum gesellschaftlichen Dasein vorstellt, verortet unter anderen Cornelius Castoriadis einen radikalen Bruch, ohne den der/die Einzelne den Übergang zum gesellschaftlichen Wesen nicht vollziehen würde. Doch stellt sich gerade dieser Bruch in gleicher Weise konstitutiv wie problematisch heraus:

Das große Rätsel ist und bleibt, hier wie überall, das Auftauchen der *Trennung*; jener Trennung, die zur festen und für das Individuum wohlunterschiedenen Einsetzung einer privaten und öffentlichen oder gemeinschaftlichen Welt führen wird. Alles, was wir darüber wissen und sagen können, ist: daß diese Trennung als solche von der Gesellschaft geschöpft und instituiert wird; daß sie, wie wir gesehen haben, das wesentliche Operationsschema, Produzent und Produkt der Institution des *legein* und des *teukein* ist. Die Sozialisation der Psyche besteht wesentlich darin, ihr die Trennung aufzuerlegen.[60]

So unterschiedlich die Ausgangspunkte von Halbwachs und Castoriadis sein mögen, sie kommen darin überein, dass auch das persönliche Leben des/der Einzelnen einer gesellschaftlichen Prägung unterliegt. Doch während das Konzept des kollektiven Gedächtnisses gerade darauf beruht, die Differenz zwischen der Vor-

---

57 Halbwachs, *Das kollektive Gedächtnis*, S. 45.
58 Siehe dazu u.a. Jacques Lacan, *Schriften*, Bd. I., Olten, 1973; ders., *Schriften*, Bd. II, Olten, 1975; Castoriadis, *Gesellschaft*, insbesondere Kap. VI, „Die gesellschaftlich-geschichtliche Institution: Individuum und Ding", S. 455-558.
59 Halbwachs, *Das kollektive Gedächtnis*, S. 45.
60 Castoriadis, *Gesellschaft*, S. 498 f. (Herv. im Text).

stellungswelt des Individuums und des Kollektivs zu überbrücken, beruht das
Konzept des gesellschaftlich-geschichtlichen Imaginären auf dem Schema der
Trennung. Ohne die Aufgabe des ursprünglichen Proto-Selbst, das als allmächti-
ges phantasmiert wird, ist ein vergesellschaftetes Individuum nicht denkbar.[61]
Trotz späterer gravierender Unterschiede definiert Castoriadis, ähnlich wie Lacan
in seinen frühen Schriften,[62] das Individuum als Produkt gesellschaftlicher Institutionen – eine Setzung, die über die Vorstellung der soziokulturellen Bedingtheit des Individuums hinausgeht. Der entscheidende Aspekt in Castoriadis' Auseinandersetzung mit der Sozialisation der Psyche besteht darin, dass diese nicht
ohne Zwang als gesellschaftliches Individuum gestaltet werden kann:

> wenn man nicht völlig die Augen davor verschließen will, was die Psyche und was
> die Gesellschaft sind, so ist nicht zu übersehen, daß das gesellschaftliche Individuum
> nicht wie eine Pflanze wächst, sondern von der Gesellschaft geschöpft/fabriziert
> wird. Dazu bedarf es freilich *immer* eines gewaltsamen Bruchs mit dem Anfangszu-
> stand der Psyche und seinen Postulaten; eines Bruchs den *immer* nur eine gesell-
> schaftliche Institution vollziehen kann, wie sie im einzelnen auch aussehen mag.[63]

Der Psyche, verstanden als beständiges Auftauchen von Vorstellungen,[64] wird zugunsten ihrer Sozialisation die Leistung abgerungen, die durch die gesellschaftlichen Institutionen vermittelten Bedeutungen anzuerkennen. Darin, so Castoriadis, liegt denn auch die Bedeutung des Ödipus-Komplexes, „daß das Kind auf die
Institution der Bedeutung, auf die Bedeutung als instituierte und von niemand
Bestimmtem abhängige verwiesen wird".[65] Während Halbwachs diesen Prozess
der Teilhabe am kollektiven Gedächtnis mehr oder weniger als unvermittelten
Übergang darstellt, wird die ursprüngliche Psyche in Castoriadis' Konzept um
den Preis des Überlebens gezwungen, seine Allmachtsphantasien aufzugeben und
in Anerkennung der Trennung Realität sein zu lassen.[66]

Doch inwiefern lässt sich mit diesen Konzepten die Frage beantworten, ob individuelle Erinnerungen möglich sind? In Halbwachs' Ausführungen sind Erinnerungen im eigentlichen Sinn immer gesellschaftlich vermittelt, andernfalls
handelt es sich um zusammenhanglose sinnliche Wahrnehmungen, Empfindun-

---

61 Ebda., S. 487 ff.
62 Siehe Lacan, *Schriften*, Bd. II.
63 Castoriadis, *Gesellschaft*, S. 514 (Herv. im Text).
64 Ebda., S. 456: Castoriadis diskutiert die Psyche als radikale Imagination, „das heißt im wesentlichen als Auftauchen von Vorstellungen, als ein Vorstellungsstrom, der der Bestimmtheit nicht
   unterworfen ist".
65 Castoriadis, *Gesellschaft*, S. 511 (Herv. im Text).
66 Ebda.: „Erst die Institution der Gesellschaft, die sich aus dem gesellschaftlichen Imaginären
   speist, vermag der radikalen Imagination der Psyche Schranken zu setzen und eine Realität für sie
   aufzurichten, indem sie eine Gesellschaft für sie sein läßt." Im Gegensatz zu der hier vorgestellten
   Interpretation sieht Jürgen Habermas im Castoriadischen Konzept jedoch keine Figur „für die
   Vermittlung zwischen Individuum und Gesellschaft". Trotz der zugegebenerweise problematischen Konzeption einer psychischen Monade bietet Castoriadis in der Auflösung des ödipalen
   Konflikts sehr wohl eine Übergangsfigur an. Siehe Jürgen Habermas, „Exkurs zu C. Castoriadis:
   ,Die imaginäre Institution'", in: ders., *Der philosophische Diskurs der Moderne*, Frankfurt/Main,
   1996, S. 380-389.

gen, Affekte, Eindrücke. In Bezug auf Castoriadis ist die Antwort insofern schwieriger, als er nicht explizit auf Fragen der Erinnerung eingeht. Doch wird davon ausgegangen, dass Erinnerungen immer an Vorstellungen gebunden sind, können persönliche Erinnerungen nicht *per se* ausgeschlossen werden. Allerdings bleiben diese auch in Castoriadis' Konzept „ungebundene" Phantasmen, solange sie nicht Teil des gesellschaftlich-geschichtlichen Imaginären darstellen. Bedeutung erlangen diese Phantasmen nur, wenn sie in Form von gesellschaftlichen Institutionen wirksam und damit wirklich werden. Die Frage der Rückbindung an gesellschaftliche Institutionen oder, wie Halbwachs formuliert, an kollektive Denkströmungen ist von eminenter Bedeutung, weil von deren Beantwortung die Möglichkeit abhängt, ob und unter welchen Voraussetzungen ein Ereignis Teil des gesellschaftlich-geschichtlichen Imaginären beziehungsweise des kollektiven Gedächtnisses bilden kann oder eben nicht. Da die Nicht-Darstellbarkeit des Holocaust u.a. mit dem Fehlen kollektiver oder auch narrativer Rahmen[67] argumentiert wird, werde ich in den folgenden Ausführungen, diesen Konzepten detaillierter nachgehen.

---

67 Der Begriff der narrativen Rahmen wird im Bereich der Kulturwissenschaften als adäquatere Begrifflichkeit als etwa Kontext oder kollektive Rahmen betrachtet. Siehe u.a. van Alphen, *Caught by History,* S. 50 ff.; Jonathan Culler, *Framing the Sign. Criticism and Its Institutions,* Norman, 1988.

3. KOLLEKTIVE RAHMEN DER ERINNERUNG

Sowohl in Halbwachs' Ansatz als auch in rezenten Forschungen zum kollektiven oder kulturellen Gedächtnis kommt so genannten kollektiven Rahmen der Erinnerung eine gewichtige Rolle zu, doch bleibt die Begriffsbestimmung letztendlich undeutlich. Halbwachs scheint sie als Synonym für kollektives Gedächtnis zu verwenden beziehungsweise für den kollektiven Aspekt von Gedächtnis. „Die kollektiven Rahmen des Gedächtnisses bestehen also nicht nur aus Jahreszahlen, Namen und Formeln, sondern stellen Denk- und Erfahrungsströmungen dar, in denen wir unsere Vergangenheit nur wiederfinden, weil sie von ihnen durchzogen worden ist."[68] Damit ein Ereignis lebendiger Bestandteil eines Gruppengedächtnisses wird, muss es, und das klingt bereits mit „Denk- und Erfahrungsströmungen" an, sinntragend sein: „Jede Persönlichkeit und jedes historische Faktum wird schon bei seinem Eintritt in dieses Gedächtnis in eine Lehre, einen Begriff, ein Symbol transportiert; es erhält einen Sinn, es wird zu einem Element des Ideensystems der Gesellschaft."[69] Gedächtnis wird damit zur reflektierten und transformierten Wirklichkeit.

Halbwachs verwendet zur Veranschaulichung kollektiver Rahmen mehrfach das Bild eines Stromes, in dem persönliche Vorstellungen mit den damit verbundenen „Ideen" eines bestimmten Kollektivs zusammenfließen. Eine persönliche Erinnerung, die nicht vollständig vom kollektiven Rahmen erfasst wurde, war „wohl in der Strömung mit einbegriffen, aber sie wurde durch irgendein Hindernis zurückgehalten, von den Gräsern des Ufers erfaßt, blieb sie zu nahe am Rand".[70] Anders als bei Freud, der in nicht bearbeiteten Wahrnehmungen der frühen Kindheit die Ursache zur Ausbildung traumatischer Neurosen erkennt,[71] ist es dem Kind in der Gedächtniskonzeption Halbwachs' offensichtlich möglich, die nicht zuordenbaren Anteile des wahrgenommenen Ereignisses mit zunehmendem Alter und der damit verbundenen Teilnahme am kollektiven Gedächtnis auszudeuten.

Gleichzeitig steht diese Feststellung im Gegensatz zur potentiellen Beharrlichkeit von einmal eingeprägten Bildern sowie der Möglichkeit der „falschen" Rahmung, die Halbwachs in Bezug auf seine Erinnerungen an den Krieg von 1870, an den Aufstand der Pariser Kommune sowie an das zweite Empire andeutet. Diese Ereignisse, die er nicht selbst erlebte, wurden ihm, so Halbwachs, in erster

---

68 Halbwachs, *Das kollektive Gedächtnis*, S. 50.
69 Maurice Halbwachs, *Das Gedächtnis und seine sozialen Bedingungen*, übers. v. Lutz Geldsetzer, Frankfurt/Main, 1985, S. 389 f.
70 Halbwachs, *Das kollektive Gedächtnis*, S. 46.
71 Siehe insbesondere Teil III der *Vorlesungen*, „Allgemeine Neurosenlehre". Freud, *Vorlesungen*, S. 245-430.

Linie von einer „völlig abergläubigen und voreingenommenen Kinderfrau" vermittelt, „und wenn ich auch jetzt erkenne, wie unzutreffend diese Schilderungen waren, so kann ich doch nicht mehr ändern, daß ich mich über diesen verschwommenen Strom gebeugt habe und daß mehr als eines dieser verworrenen Bilder noch manche meiner Erinnerungen an früher umrahmt und verzerren".[72] Diese Anmerkung ist in mehrfacher Hinsicht von Interesse. Zum einen wird damit die Gegenwartsperspektive auf vergangene Ereignisse aufgrund der möglichen Beharrlichkeit vergangener Bilder durchbrochen – denn abgesehen von diesem Beispiel entsprechen Erinnerungen scheinbar dem kollektiven Rahmen, der in der Gegenwart zur Verfügung steht, sie passen sich dem gegenwärtigen Vorstellungssystem an. Mit diesem Hinweis taucht jedoch das Moment der Fixierung von Erinnerung auf, dem im Zusammenhang mit Erinnerungen an den Holocaust eine wichtige Bedeutung zukommt, dann allerdings vor allem unter dem Begriff der traumatischen Fixierung.[73]

Zum anderen wird der Erkenntnisfähigkeit in Bezug auf Erinnerung offensichtlich eine sekundäre Rolle zugeschrieben beziehungsweise erweisen sich „aufgeklärte" Denkströmungen gegenüber jenen verworrenen Bildern scheinbar als machtlos. Kollektive Rahmen erhalten damit zusätzliche Qualitätskriterien, das heißt sie können, unabhängig von ihrer Wirkung und Wirklichkeit, wahr oder falsch, deutlich oder verschwommen, bestimmt oder unbestimmt sein. Entschieden eingegrenzt wird auf diese Weise die Rolle, die der Vorstellungskraft hinsichtlich Erinnerung und Gedächtnis zukommt. Denn wenngleich Erinnerung immer als Rekonstruktion von Ereignissen in Form von Vorstellung verstanden wird, so macht der Hinweis auf ein Bild, „wie es von der Einbildung des Volkes gemalt worden ist",[74] deutlich, dass „richtige" Erinnerungen letztlich einem rationalen Denken und somit einer disziplinierten Einbildungskraft abverlangt werden.

Die Schwierigkeit, den Begriff der kollektiven Rahmen genauer zu bestimmen, hängt nicht zuletzt mit dessen Verortung zwischen (neu)platonischer Ideenlehre und Phänomenologie zusammen, die in der Halbwachsschen Interpretation von „Idee" zum Ausdruck kommt:

> das sinnliche und individuelle Bild war in der Idee enthalten, stellte aber nur einen Teil seines Inhaltes dar. Andererseits enthielt die Idee das Bild (und viele andere Bilder); aber sie war gleichzeitig Gefäß und Inhalt. Eine kollektive Vorstellung besitzt alles Notwendige, um einer solchen Definition zu entsprechen. Sie enthält auch alles, was zur Erklärung der Produktion oder der Reproduktion individueller Bewußtseinszustände und besonders der Erinnerungen nötig ist. Bleiben wir aber auf dem Boden der Tatsachen.[75]

---

72 Halbwachs, *Das kollektive Gedächtnis,* S. 48.
73 Siehe Kapitel IV.
74 Halbwachs, *Das kollektive Gedächtnis*, S. 48.
75 Halbwachs, *Das Gedächtnis und seine sozialen Bedingungen*, S. 370.

Mit dem „Boden der Tatsachen" aber beginnen die Probleme, denn er befindet sich *in* der Höhle Platons, in der nicht die Ideen durch die Sonne, sondern die Dinge durch ein Feuer im Hintergrund der Höhle als Schatten reflektiert werden. Kollektive Rahmen, wie sie Halbwachs beschreibt, durchbrechen die Grenzen der Platonischen Höhle, indem er die Idee (das stets Seiende, das Wesen, die Substanz) mit einem konkreten Hier und Jetzt verbindet. In dieser Spannung zwischen abstraktem Begriff und bildhafter Vorstellung liegt im Grunde das Potential kollektiver Rahmen zur Hervorbringung sehr unterschiedlicher Narrationen. Obwohl Halbwachs versucht, das Konzept der Erinnerung einem rationalen Diskurs zu verpflichten, verdeutlicht das Beispiel „falscher" Rahmung die Eindringlichkeit bildhafter Vorstellungen. In signifikanter Weise scheint mir das Verhältnis von kollektivem Gedächtnis und kollektiven Rahmen im Bild der Mnemosyne und ihrer Töchter, den Musen, verdeutlicht, die beständig am Werk sind und denen Hesiod die Worte in den Mund legt: „[W]ir wissen viel Falsches zu sagen, dem Wirklichen Ähnliches, / wir wissen aber auch, wenn wir wollen, Wahres zu verkünden."[76] In diesem Sinne ist es durchaus nahe liegend, dass die Begriffe, die Halbwachs zur Darstellung kollektiver Rahmen heranzieht, immer wieder auf den Bereich der Poetik sowie der Wirkungsästhetik zurückführbar sind.

3.1. Kollektive Rahmen als poetologisches Konzept

In Halbwachs' Ausführungen wird kollektiven Rahmen der Erinnerung ein ausgesprochen kritischer Raum zwischen Einbildungskraft, Verstand und Vernunft zugeordnet – ein Bereich, in dem traditionellerweise Grenzen und Möglichkeiten der Kunst, insbesondere der Dichtkunst, verhandelt wurden und werden. So entspricht etwa Halbwachs' Feststellung, jede Persönlichkeit und jedes Ereignis werde bei seinem Eintritt in das kollektive Gedächtnis in eine Lehre, ein Symbol oder in Ideen transformiert,[77] durchaus der traditionellen Definition der Fabel (die als Übersetzung des Aristotelischen Begriffs „Mythos" diente).[78] Die Schwierigkeiten, die sich aus dieser Verortung ergeben, ähneln denn auch in auffallender Weise jenen Problemen, die im Rahmen der Wirkungsästhetik, beginnend mit der Aufklärung, diskutiert wurden: Einerseits wird der Vernunft *per definitionem* die Fähigkeit abgesprochen, das Herz zu belehren, andererseits lauert hinter der Einbildungskraft stets die Gefahr der Überschreitung, die auch in Halbwachs' Beispiel manifest wird.

Das kollektive Gedächtnis beziehungsweise die kollektiven Rahmen des Gedächtnisses werden demzufolge in Kategorien erörtert, die vor allem im Bereich

---

76 Hesiod, *Theogonie,* hg., übers. u. erläutert v. Karl Albert, Kastellaun, 1978, 26 f., S. 43.

77 Siehe Halbwachs, *Das Gedächtnis und seine sozialen Bedingungen,* S. 389 f.

78 Siehe u.a. Johann Christoph Gottsched, *Schriften zur Literatur,* hg. v. Horst Steinmetz, Stuttgart, 1972. „Sie [die Fabel, VZ] sei eine unter gewissen Umständen mögliche, aber nicht wirklich vorgefallene Begebenheit, darunter eine nützliche moralische Wahrheit verborgen liegt." Ebda., S. 86.

der Kunstproduktion eine zentrale Bedeutung einnehmen. Beide Bereiche beziehen sich auf den öffentlichen Raum, beide beanspruchen Wirkung und Bedeutung sowie die Herstellung von Dauer, und zwar durch Reflexion und die denkende Vollendung eines Ereignisses.[79] In ihrem Essay „Kultur und Politik" bezeichnet Hannah Arendt Kunstwerke als Gedankendinge in dem Sinne, „daß griechisch gewendet Mnemosyne, Erinnern und Gedenken, die Mutter aller Musen ist, daß also durch Denken und Gedenken jene Umwandlung des Wirklichen geschieht, die es überhaupt möglich macht, das Ungreifbare – Ereignisse und Taten und Worte und Geschichten – gewissermaßen dingfest zu machen, es zu verdinglichen."[80] Der entscheidende Unterschied zwischen der Aufgabe der Kunst in der griechischen Antike und jener des kollektiven Gedächtnisses beruht, obwohl beide auf Dauer ausgerichtet sind, auf deren Zeitstruktur. Kultur verweist in die Zukunft, durch sie werden bestimmte Vorgänge, so Arendt, für die potentielle Unvergänglichkeit präpariert.[81] Das kollektive Gedächtnis hingegen präpariert die Vergangenheit für die Gegenwart. Verkürzt formuliert beruht der Unterschied beider Konzepte auf der Differenz zwischen der Vorstellung des Bewahrens und Tradierens von Vergangenheit.

Wurde der Kunst, zumindest in der griechischen Antike, die Aufgabe der Bewahrung großer und bedeutender Taten, Worte, Ereignisse zugeschrieben,[82] so impliziert die Definition von kollektivem/kulturellem Gedächtnis einen reflektierenden Transformationsprozess in Form von Erinnerung, aufgrund dessen Worte, Taten und Handlungen für eine bestimmte Gruppe oder Gesellschaft bedeutend werden. Mit dem Begriff der Substanzgemeinschaft holt Halbwachs historische Gegebenheiten in die jeweilige Gegenwart einer bestimmten Gruppe. Halbwachs versteht unter Substanz die in der Erinnerung verdichteten Bilder und Gefühle in Bezug auf ein Ereignis;[83] gleichzeitig lässt sich seine unter anderem über den Begriff der Substanz festgestellte Unterscheidung von kollektivem Gedächtnis und Geschichte auf die aristotelische Differenzierung von Dichtung und Geschichtsschreibung zurückführen, wobei erstere mehr auf das Allgemeine, letztere mehr auf das Besondere abzielt:[84] Geschichte, so Halbwachs, betrachtet die Gruppe von außen, das kollektive Gedächtnis hingegen sieht die Gruppe von innen.[85] Das Allgemeine steht letztlich für das Wesen (die Substanz) der Dinge,

---

79 Siehe Hannah Arendt, „Die Lücke zwischen Vergangenheit und Zukunft", in: dies., *Zwischen Vergangenheit und Zukunft. Übungen im politischen Denken I,* hg. Ursula Ludz, München, 1994, S. 7-19, S. 10.

80 Hannah Arendt, „Kultur und Politik", in: dies., *Zwischen Vergangenheit und Zukunft,* S. 277-304, S. 290.

81 Siehe ebda.

82 Siehe u.a. Aristoteles, *Poetik,* griech./deutsch, hg. u. übers. v. Manfred Fuhrmann, Stuttgart, 1982, Kap. 7.

83 Siehe Halbwachs, *Das kollektive Gedächtnis,* S. 75.

84 Aristoteles, *Poetik,* Kap. 9: „Daher ist die Dichtung etwas Philosophischeres und Ernsthafteres als Geschichtsschreibung; denn die Dichtung teilt mehr das Allgemeine, die Geschichtsschreibung hingegen das Besondere mit."

85 Siehe Halbwachs, *Das kollektive Gedächtnis,* S. 75 f.

das Besondere für Fakten – Fakten aber haftet immer etwas von Willkür und Unbestimmtheit an. Das Misstrauen gegenüber Fakten wurde im postmodernen oder dekonstruktiven Diskurs zwar durch die Infragestellung der Referenz ersetzt, doch zeigt sich der Zweifel daran, ob Fakten geeignet seien, Sinn oder Bedeutung zu vermitteln, nach wie vor in der Auseinandersetzung um die Darstellbarkeit des Holocaust.[86]

Expliziter als Halbwachs schließt Assmann an Termini der Poetik an, etwa durch seine Unterscheidung von fundierender und biographischer Erinnerung.[87] Diese beiden Modi der Erinnerung werden in der Folge als kulturelles und kommunikatives Gedächtnis bezeichnet, wobei das kulturelle Gedächtnis gewissermaßen als außerzeitlich und utopisch charakterisiert wird, während sich im kommunikativen Gedächtnis die Konzeption des kollektiven Gedächtnisses von Halbwachs wiederfindet. Von Bedeutung ist in der Folge die Aufhebung der Differenz von faktischer und erinnerter Geschichte im Begriff „Mythos", denn „[d]urch Erinnerung wird Geschichte zum Mythos. Dadurch wird sie nicht unwirklich, sondern im Gegenteil erst Wirklichkeit im Sinne einer fortdauernden normativen und formativen Kraft."[88] Mythos verfügt somit über das Charakteristikum der Verdichtung von Ereignissen, wie dies auch auf den Mythos-Begriff innerhalb der Poetik zutrifft, doch überträgt Assmann dieses Konzept gleichzeitig auf den (gesellschafts)politischen Bereich. Diese Transformation wird unter anderem durch Assmanns Konkretisierung seiner These deutlich, mit der er exemplarisch auf den Holocaust verweist.

Die Vernichtung des europäischen Judentums z.B. ist eine geschichtliche Tatsache und als solche Gegenstand der historischen Forschung. Im modernen Israel ist sie darüber hinaus [...] unter der Bezeichnung ‚Holocaust' zur fundierenden Geschichte und damit zum Mythos geworden, aus der dieser Staat einen wichtigen Teil seiner Legitimierung und Orientierung bezieht [...]. Nur *bedeutsame* Vergangenheit wird erinnert, nur *erinnerte* Vergangenheit wird bedeutsam. Erinnerung ist ein Akt der Semiotisierung.[89]

Die Bezeichnung Mythos, so Assmann, „bestreitet in keiner Weise die Realität der Ereignisse, sondern hebt ihre die Zukunft fundierende *Verbindlichkeit* hervor

---

86 Siehe etwa Imre Kertész, der in seiner Rede „Die Unvergänglichkeit der Lager" feststellt: „Natürlich sind die von der Geschichte angehäuften Fakten wichtig, doch bleiben sie bloße Ermittlungsdatei, wenn die Geschichte sich dieser Fakten nicht zu bemächtigen vermag." (S. 42) oder Aharon Appelfeld, der in seiner zweiten Vorlesung an der Columbia University, die Sammlungen von Zeugnissen von Überlebenden des Holocaust folgenderweise charakterisiert: „They are neither introspection, but rather the careful weaving together of many external facts in order to veil the inner truth." (S. 14)
Imre Kertész, „Die Unvergänglichkeit der Lager", in: ders., *Eine Gedankenlänge Stille, während das Erschießungskommando neu lädt*, Reinbek bei Hamburg, 1999, S. 41-51; Aharon Appelfeld, *Beyond Despair. Three Lectures and a Conversation with Philip Roth,* New York, 1994.
87 Siehe Assmann, *Das kulturelle Gedächtnis*, S. 51 f.
88 Assmann, *Das kulturelle Gedächtnis*, S. 52.
89 Ebda., S. 76 f. (Herv. im Text).

als etwas, das auf keinen Fall vergessen werden darf".[90] In welchem Ausmaß sich die in Mythos transformierte Wirklichkeit von der Wirklichkeit des historischen Ereignisses entfernen kann, verdeutlicht in geradezu prekärer Weise der gesellschaftspolitische Umgang mit dem Holocaust, in dem der Mythos letztlich als ein zunehmend beliebig verfügbarer Code fungiert. Auf diese Verschiebung verweisen, wie bereits erwähnt, unter anderen Moshe Zuckermann und Ronit Lentin.

Grund für diese Verschiebung ist nicht so sehr die Transformation von Geschichte in Mythos, verstanden als poetologischer Begriff, sondern vielmehr die Überführung der Geschichte oder des daraus abgeleiteten Mythos in ein Zweck-Mittel-Verhältnis. Der Holocaust wird damit zu einer jener Legitimationserzählungen umgeschrieben, deren Glaubwürdigkeit Lyotard nicht zuletzt mit Auschwitz in Zweifel zieht.[91] Die Verortung des kulturellen Gedächtnisses in eine Zweck-Mittel-Relation wird ferner durch die Zuordnung eines bestimmten Funktionsrahmens – nämlich der Überlieferung und Zirkulation von Sinn – deutlich.[92] Diese Form der Verschiebung ist in der Tat immer auch eine Form des Vergessens.

3.2. Ursachen des Vergessens

Wie sehr die vorgestellten Erinnerungskonzepte mit ihrer Bindung an das Unvergängliche, an Sinnschöpfung und Wertvorstellungen der Erinnerung an den Holocaust zuwiderlaufen, verdeutlicht unter anderem die Tatsache, dass selbst die Aufforderung, dieses Ereignis zu erinnern, mit „Niemals vergessen" offensichtlich eine Formulierung *ex negativo* verlangt. Dass diese Formulierung letztlich durchaus berechtigt ist, zeigen jene Bedingungen, die zu Vergessen führen. Geschichte ist, so Halbwachs, nur zugänglich, sofern Bedeutungsreste in der Gegenwart lebendig sind, wenn „die modernen Gebräuche auf alten Schichten beruhen, die an mehr als einer Stelle zum Vorschein kommen".[93] Konsequenterweise wird all das vergessen, was nicht zumindest in rudimentärer Weise in den kollektiven Rahmen vorhanden ist: „Wenn bestimmte Erinnerungen nicht zum Vorschein kommen, dann keineswegs darum, weil sie zu alt oder allmählich verblaßt wären, vielmehr weil sie einst in ein Vorstellungssystem eingebaut waren, das sie heute nicht mehr vorfinden."[94] Darüber hinaus ist Erinnerung in hohem Maß an Präsenz gebunden, und zwar sowohl im Sinne von Erinnerungträgern – denn „[e]inen Abschnitt seines Lebens vergessen heißt: die Verbindung zu jenen Menschen verlieren, die uns zu jener Zeit umgaben"[95] – als auch im Sinne der Lokali-

---

90 Ebda., S. 77 (Herv. im Text).
91 Siehe Jean-François Lyotard, *Heidegger und „die Juden"*, übers. v. Clemens-Carl Härle, Wien, 1988; ders., *Der Widerstreit*.
92 Assmann, *Das kulturelle Gedächtnis*, S. 20 ff.
93 Halbwachs, *Das kollektive Gedächtnis*, S. 52.
94 Halbwachs, *Das Gedächtnis und seine sozialen Bedingungen*, S. 135.
95 Halbwachs, *Das kollektive Gedächtnis*, S. 10.

sierung von Erinnerungsbildern.[96] Unter diesen Voraussetzungen wäre die Erfahrung des Holocaust geradezu notwendigerweise dem Vergessen ausgesetzt: und zwar bezogen auf ein bestimmtes Vorstellungssystem ebenso wie auf die Präsenz einer bestimmten Gruppe oder eines bestimmten Ortes.

3.2.1. Bruch mit Vorstellungssystemen

Wird der Holocaust als radikaler Zivilisationsbruch[97] aufgefasst, und nichts anderes würde der Bruch mit einem bestimmten Vorstellungssystem bedeuten, so müsste dies zwangsläufig zu Vergessen führen. Doch trifft gerade das Gegenteil zu. Je länger dieses Ereignis zurückliegt, desto eher scheinen die Bezugsrahmen gegeben, innerhalb deren die Erfahrung des Holocaust erinnert und erzählt werden kann. Dass diese Bezugsrahmen in den 1960er Jahren langsam wirksam werden, findet sich als Vermutung in Jorge Sempruns Bericht *Schreiben oder Leben* formuliert. „Als wäre, jenseits aller biographischen Gegebenheiten, in der nahezu unentzifferbaren Undurchdringlichkeit der historischen Entwicklung objektiv eine Fähigkeit des Zuhörens herangereift."[98] In diesem Zusammenhang lässt eine Feststellung Halbwachs' aufhorchen: „Man kann sich nur unter der Bedingung erinnern, daß man den Platz der uns interessierenden Ereignisse in den Bezugsrahmen des Kollektivgedächtnisses findet."[99] In Bezug auf den Holocaust läuft das Interesse dem kollektiven Gedächtnis allerdings stets zuwider, indem es auf eine „Leerstelle" dieses Gedächtnisses verweist, weil die Auswirkungen des Ereignisses das Vorstellungsvermögen scheinbar überschreiten. Daraus ergibt sich die paradoxe Situation, dass eine bestimmte Gesellschaft oder ein bestimmtes Kollektiv innerhalb der gegebenen Bezugsrahmen ein Ereignis wie den Holocaust zwar hervorbringen konnte, in der Folge jedoch nicht in der Lage ist, dessen Auswirkungen zu integrieren. Dementsprechend kann dem uns „interessierenden Ereignis" zwar ein Platz zugewiesen werden, der sich allerdings gleichzeitig als hochgradig bestimmt und unbestimmt erweist. Theodor W. Adorno, der dieses Paradox in Bezug auf Kunst als Aporie bezeichnet, formuliert in seiner Anmerkung zu Arnold Schönbergs Komposition *Ein Überlebender aus Warschau*: „[...]

---

96 Siehe ebda., S. 127 ff.; ders., *Das Gedächtnis und seine sozialen Bedingungen*, S. 163 ff. Zur Semiotisierung des Raumes siehe vor allem Pierre Nora, *Zwischen Geschichte und Gedächtnis*, übers. v. Wolfgang Kaiser, Berlin, 1990.

97 Siehe Dan Diner (Hg.), *Zivilisationsbruch. Denken nach Auschwitz*, Frankfurt/Main, 1988. James E. Young konstatiert bereits in Bezug auf den Ersten Weltkrieg einen Zivilisationsbruch. Siehe: James E. Young, „Zwischen Geschichte und Erinnerung. Über die Wiedereinführung der Stimme der Erinnerung in die historische Erzählung", in: Welzer (Hg.), *Das soziale Gedächtnis*, S. 41-62, S. 43.

98 Jorge Semprun, *Schreiben oder Leben*, S. 296. Semprun verweist an dieser Stelle auf die auffallende Parallele der Publikation seines ersten Romans *Die große Reise* und von Primo Levis zweitem Bericht *Die Atempause* im Jahr 1963 sowie auf das Interesse, das den ersten Zeugenaussagen über den sowjetischen Gulag zukam.

99 Halbwachs, *Das Gedächtnis und seine sozialen Bedingungen*, S. 367.

indem es, trotz aller Härte und Unversöhnlichkeit, zum Bild gemacht wird, ist es doch, als ob die Scham vor den Opfern verletzt wäre. Aus diesen wird etwas bereitet, Kunstwerke, der Welt zum Fraß vorgeworfen, die sie umbrachte."[100]

Inwieweit kommt der These des Zivilisationsbruchs folglich Gültigkeit zu und worauf beziehungsweise auf wen bezieht sich diese These? Obwohl das der *ratio* verpflichtete Denken der Aufklärung mit dem Holocaust für gescheitert erklärt wurde,[101] kann diesbezüglich keineswegs von einem Vergessen die Rede sein. Diese These zieht unter anderen Imre Kertész in seinem Roman *Kaddisch für ein nicht geborenes Kind* vehement in Zweifel. So sind die in diesem Roman erzählten Erinnerungen an die Internatszeit durchwoben mit Vorausverweisungen an sowie retrospektiven Überblendungen mit seinen Erfahrungen in Auschwitz und Buchenwald/Zeitz. Die Kontinuität von bestimmten Herrschafts- und Disziplinierungsmechanismen bringt Kertész mitunter in drastischer Weise zum Ausdruck:

> An dem mir zugewiesenen Platz das Frühstücksgedeck, mein Serviettenring, mit dem Stigma einer römischen Eins darauf, und meine Serviette, ebenfalls mit dem Stigma der römischen Eins versehen: Sie war hier meine Zahl, so wie ich zu anderen Zeiten, an anderen Orten, andere Zahlen gewann (heute geht in meinem Namen irgendwo eine elfstellige Personenkennzahl um, in den Fugen unbekannter Labyrinthe, gleich meinem Schattendasein, meinem anderen, geheimen Ich, von dem ich nichts weiß, obgleich ich mit meinem Leben für es einstehe und mir das, was es tut oder ihm getan wird, zum Verhängnis wird). Doch diese römische Eins war ein wahrlich stilvoller Anfang, anmutig und verheißungsvoll wie die Morgendämmerung der Kulturen.[102]

Entgegen der These eines radikalen Zivilisationsbruchs fordert Kertész für jede Darstellung des Holocaust, aufzuzeigen, „welcher organische Zusammenhang zwischen unserer in der Zivilisation wie im Privaten deformierten Lebensweise und der Möglichkeit des Holocaust besteht".[103] Wird allerdings davon ausgegan-

---

100 Theodor W. Adorno, „Engagement", in: ders., *Noten zur Literatur*, hg. v. Rolf Tiedemann, Frankfurt/Main, 1981, S. 409-430, S. 423.

101 Siehe dazu u.a. Max Horkheimer/Theodor W. Adorno, *Dialektik der Aufklärung. Philosophische Fragmente*, Frankfurt/Main, 1988; Detlev Claussen, „Veränderte Vergangenheit. Über das Verschwinden von Auschwitz", in: Berg/Jochimsen/Stiegler (Hg.), *Shoah. Formen der Erinnerung*, S. 77-92.

102 Imre Kertész, *Kaddisch für ein nicht geborenes Kind,* übers. v. György Buda u. Kristin Schwamm, Reinbek bei Hamburg, 1999, S. 128. Das Motiv der Kontinuitäten oder Verschiebungen des verbrecherischen Potentials findet sich immer wieder in der Nachkriegsliteratur Deutschlands, aber auch Österreichs. So wirft etwa Ingeborg Bachmann in ihrem Entwurf der Vorrede zum Romanfragment *Der Fall Franza* die Frage auf: „wohin das Virus Verbrechen gegangen ist – es kann doch nicht vor zwanzig Jahren plötzlich aus unserer Welt verschwunden sein, bloß weil Mord nicht mehr ausgezeichnet, verlangt, mit Orden bedacht und unterstützt wird. [...] Es [das Buch, VZ] versucht, mit etwas bekanntzumachen, etwas aufzusuchen, was nicht aus der Welt verschwunden ist. [...] Ja, ich behaupte und werde nur versuchen, einen ersten Beweis zu erbringen, daß noch heute sehr viele Menschen nicht sterben, sondern ermordet werden." Ingeborg Bachmann, *Der Fall Franza. Requiem für Fanny Goldmann*, München/Zürich, 1989, S. 9 f.

103 Imre Kertész, „Wem gehört Auschwitz?", in: ders., *Eine Gedankenlänge Stille*, S. 145-154, S. 150.

gen, dass bestimmte Mechanismen beziehungsweise Operationsschemata, die zum Holocaust führten und diesen prägten, nach wie vor wirksam sind, muss dies zwangsläufig zur Einsicht führen, dass das Trümmerfeld, das der Nationalsozialismus hinterlassen hat, nach wie vor das westliche Denken prägt, dass es möglich war, sich darin mehr oder weniger behaglich einzurichten, ohne je „die Frage zu wagen: ‚*Wofür* kämpfen wir, worum geht es uns eigentlich?‘“[104]. Konsequenterweise stellt Nicolas Berg in seinem Aufsatz „‚Auschwitz‘ und die Geschichtswissenschaft“ grundsätzliche Kategorien der Moderne zur Disposition:

> Beweist der Holocaust die Fragilität der Zivilisation oder erweist er sich als ihre Kehrseite? Als Degeneration des Fortschritts oder als ein Teil von ihm? [...] Diese Dichotomien könnten zum Ausgangspunkt eines Blickes werden, von dem aus das dünne Eis der modernen Zivilisation und deren ‚Normalität‘ kritisch zu untersuchen wären.[105]

Doch wie immer diese zweifellos wichtigen Fragen beantwortet werden, sie bewegen sich weiter auf dem, wenn auch dünnen Eis zivilisatorischer Konventionen. Als radikal erwies sich der Bruch schlussendlich für jene, die sich jenseits der (degenerierten und fragilen, aber immer noch) Zivilisation der Vernichtung ausgeliefert sahen. In diesem Sinne rückt Jean Améry mit unvergleichlicher Präzision die sich ihm darbietende Wirklichkeit zurecht:

> *Ich* bin belastet mit der Kollektivschuld, sage ich: nicht sie. Die Welt, die vergibt und vergißt, hat mich verurteilt, nicht jene, die mordeten oder den Mord geschehen ließen. Ich und meinesgleichen sind die Shylocks, den Völkern nicht nur moralisch verdammenswert, sondern auch schon geprellt um das Pfund Fleisch. Die Zeit tat ihr Werk. In aller Stille.[106]

Mit „Ressentiments“ verfasste Jean Améry Anfang der 1960er Jahre einen Text, in dem er sich gegen „das moralfeindliche natürliche Zeitverwachsen“[107] verwehrt. Als moralfeindlich definiert Améry „natürliches Zeitverwachsen“ insofern, als er darin einen der Wundheilung vergleichbaren biologischen Prozess erkennt. Es zeichnet jedoch den Menschen aus, so Améry, sich über diesen natürlichen Prozess hinwegzusetzen.[108] Vergeben und Vergessen sei dahin gehend unmoralisch, dass dies der biologischen, nicht aber der menschlichen Dimension zuzuschreiben sei. „Der sittliche Mensch fordert Aufhebung der Zeit – im besonderen, hier zur Rede stehenden Fall: Durch Festnagelung des Untäters an seine Untat. Mit ihr mag er bei vollzogener moralischer Zeitumkehrung als Mitmensch dem Opfer

---

104 Hannah Arendt, „Tradition und die Neuzeit“, in: dies., *Zwischen Vergangenheit und Zukunft*, S. 23-53, S. 36.
105 Nicolas Berg, „‚Auschwitz‘ und die Geschichtswissenschaft“, in: Berg/Jochimsen/Stiegler (Hg.), *Shoah. Formen der Erinnerung*, S. 31-52, S. 45.
106 Jean Améry, „Ressentiments“, in: ders., *Jenseits von Schuld und Sühne. Bewältigungsversuche eines Überwältigten*, Stuttgart, 1977, S. 102-129, S. 120 (Herv. im Text).
107 Ebda., S. 123.
108 Ebda., S. 116: „Recht und Vorrecht des Menschen ist es, daß er sich nicht einverstanden erklärt mit jedem natürlichen Geschehen, also auch nicht mit dem biologischen Zuwachsen der Zeit.“

zugesellt sein."[109] Die „Festnagelung des Untäters an die Untat" fungiert hierbei als Spiegelbild des Ressentiments der Opfer: „Es [das Ressentiment, VZ] nagelt jeden von uns fest ans Kreuz seiner zerstörten Vergangenheit. Absurd fordert es, das Irreversible solle umgekehrt, das Ereignis unereignet werden. Das Ressentiment blockiert den Ausgang in die eigentlich menschliche Dimension, die Zukunft."[110]

Moralische Zeitaufhebung stellt Améry zufolge die Voraussetzung einer tatsächlich menschenwürdigen Begegnung von Tätern und Opfern dar. Findet diese Zeitaufhebung nicht statt, verharren sowohl Täter als auch Opfer in einem nichtmenschlichen Bereich: erstere, indem sie auf einen natürlichen (Heilungs) Prozess der Zeit setzen, letztere, indem sie heillos in der Vergangenheit verfangen bleiben. Der grundlegende Unterschied zwischen beiden Formen des Nichtmenschlichen, der mithin auf der Möglichkeit oder Unmöglichkeit zur Entscheidung beruht, perpetuiert die Kluft zwischen Tätern und Opfern unter dem Vorzeichen von Einschluss und Ausschluss.

> Der Stolz ist ein wenig in die Breite gegangen, das sei zugegeben. Er preßt sich nicht mehr in mahlenden Kiefern heraus, sondern glänzt in der Zufriedenheit des guten Gewissens und der begreiflichen Freude, es wieder einmal geschafft zu haben. [...] Aber es ist der Stolz von einst, und es ist auf unserer Seite die Ohnmacht von damals. Wehe den Besiegten.[111]

Die Schwierigkeit des von Améry vorgebrachten Lösungsversuches beruht unter anderem auf der Dissonanz zwischen ungleichen Kollektiven. Während er Deutschland mühelos als Kollekiv von aktiven oder auch passiven Tätern begründen kann,[112] schwankt das Personalpronomen in Bezug auf die, wie Améry formuliert, vom Nationalsozialismus Überwältigten zwischen „Ich" und „Wir". Dieser Unterschied ist von weit reichender Bedeutung, weil das Ressentiment, verstanden als moralisches Konzept, nicht auf einzelne Täter abzielt, sondern sich gegen ein bestimmtes Kollektiv respektive eine bestimmte Gesellschaft richtet. Das Ressentiment selbst bezeichnet letztlich den wiederholten Verlust des Weltvertrauens und lässt sich demzufolge nur auf Einzelne beziehen. Unmittelbar nach der Befreiung, als die überlebenden (politischen) Gefangenen in den Straßen von Brüssel – wohin Améry zurückkehrte – als Helden gefeiert wurden, stellt Améry fest: „Ich war, als der ich war – überlebender Widerstandskämpfer, Jude, Verfolgter eines den Völkern verhaßten Regimes –, im wechselseitigen Einver-

---

109 Ebda.
110 Ebda., S. 111.
111 Ebda., S. 128.
112 Ebda., S. 106: „Mir schien, ich hätte die Untaten als kollektive erfahren: Vor dem braungewandeten NS-Amtswalter mit Hakenkreuzbinde hatte ich auch nicht mehr Angst gehabt als vor dem schlichten feldgrauen Landser. Auch werde ich den Anblick der Deutschen auf einem kleinen Bahnsteig nicht los, wo man aus den Viehwaggons unseres Deportationszuges die Leichen ausgeladen und aufgeschichtet hatte, ohne daß ich auch nur auf einem der steinernen Gesichter den Ausdruck des Abscheus hätte lesen können. Das kollektive Verbrechen und die kollektive Sühne mochten sich die Waage halten und das Gleichgewicht der Weltsittlichkeit herstellen. Vae victis castigatisque."

ständnis mit der Welt."[113] Das Ressentiment erhärtet sich schließlich vor dem Hintergrund der zunehmenden politischen und wirtschaftlichen (Wieder)Anerkennung von Deutschland.

> Der Paria Deutschland wurde erst aufgenommen in die Gemeinschaft der Völker, danach hofierte man ihn, schließlich mußte man ganz emotionsfrei im Mächtespiel mit ihm rechnen. [...] In diesen Tagen, da die Deutschen gleichzeitig für ihre Industrieprodukte die Weltmärkte eroberten und daheim nicht ohne eine gewisse Ausgeglichenheit mit der Bewältigung befaßt waren, verdichteten sich unsere – oder vielleicht darf ich zurückhaltend nur sagen: meine – Ressentiments.[114]

Die Zurückhaltung Amérys in der Verwendung eines „Wir" verdeutlicht einerseits die Schwierigkeit der Kollektivbildung auf Seiten der Opfer, andererseits markiert dieses prekäre, nicht kollektivierbare „Wir" die Leerstelle im kollektiven Gedächtnis. Das Ressentiment bleibt im Grunde ein Phantasma des Einzelnen, das einem zukunftsorientierten kollektiven Vorstellungs- und Normensystem gegenübersteht. Als Phantasma erweist sich das Ressentiment dahin gehend, dass es gesellschaftlich nicht zur Wirkung und Wirklichkeit kommt, dass es nicht Teil des Vorstellungsrahmens der betroffenen Gesellschaft geworden war. Letzteres ist jedoch Cornelius Castoriadis zufolge Grundlage dafür, eine Welt von gesellschaftlichen Bedeutungen sein zu lassen: „Damit es gesellschaftliche imaginäre Bedeutungen gibt, bedarf es kollektiv verfügbarer Signifikanten und vor allem Signifikate, die nicht in derselben Weise existieren wie individuelle Signifikate (wie sie von einem bestimmten Subjekt wahrgenommen, gedacht oder vorgestellt werden)."[115] Dass die Verortung der von Améry vorgebrachten Ressentiments im gesellschaftlichen Imaginären tiefgehende Veränderungen nach sich ziehen würde, ist nahe liegend, ebenso die Tatsache, dass diese bislang nicht stattgefunden hat. Imre Kertész drückt den Kampf der Nachkriegsgesellschaft mit sich selbst in seiner 1995 am Hamburger Institut für Sozialforschung vorgetragenen „Rede über das Jahrhundert" folgenderweise aus:

> [D]as Jahrhundert wirft sich krank in seiner Zelle hin und her und kämpft mit sich selbst, ob es sein eigenes Dasein, seine eigene Existenzform, sein Bewußtsein akzeptieren oder verwerfen soll, [...]. Es hat kein klares Bewußtsein von seiner Existenz, kennt seine Ziele und Lebensaufgaben nicht, hat die kreative Freude, die erhabene Trauer, die Produktivität verloren – kurz: es ist unglücklich.[116]

Wie Kertész sieht Améry das Überleben des Holocaust nicht als „Privatangelegenheit", sondern in entscheidender Weise als eine Aufgabe der gesellschaftlichen und politischen Öffentlichkeit.[117] Den Vorschlag des französischen Philosophen

---

113 Ebda., S. 105.
114 Ebda., S. 107 f.
115 Castoriadis, *Gesellschaft*, S. 249.
116 Imre Kertész, „Rede über das Jahrhundert", S. 36.
117 Siehe Imre Kertész, „Der Holocaust als Kultur", in: ders., *Eine Gedankenlänge Stille*, S. 54-69, S. 66: „Heute wissen wir: das Überleben ist nicht nur das persönliche Problem der Überlebenden, der lange, dunkle Schatten des Holocaust legt sich über die gesamte Zivilisation, in der er geschah und die mit der Last und den Folgen des Geschehenen weiterleben muß."

André Neher, dass die Opfer das vergangene Leid ebenso interiorisieren müssten wie die Peiniger ihre Schuld, weist Améry jedoch als Komplizenschaft mit den Quälern zurück[118] und erhebt stattdessen die Forderung: „Nicht im Prozeß der Interiorisation, so scheint mir, sind die zwischen ihnen und mir liegenden Leichenhaufen abzutragen, sondern, im Gegenteil, durch Aktualisierung, schärfer gesagt: durch Austragung des ungelösten Konflikts im Wirkungsfeld der geschichtlichen Praxis."[119] Genau genommen würde dadurch der radikale Gegensatz von Opfern und Tätern überhaupt erst als Konflikt – der während des Ereignisses selbst ausgeschlossen war – ermöglicht. Der Titel des Essaybandes *Jenseits von Schuld und Sühne. Bewältigungsversuche eines Überwältigten* verweist bereits auf die Unzulässigkeit der Kategorien Schuld und Sühne, um diese Gegensätzlichkeit zu überwinden, die Améry zufolge die Moralisierung von Geschichte voraussetzt.

> Weder kann es sich um Rache auf der einen Seite handeln, noch um eine problematische, nur theologisch sinnvolle und darum für mich gar nicht relevante Sühne auf der anderen Seite, und selbstverständlich um keinerlei ohnehin historisch undenkbare Bereinigung mit Brachialmitteln. [...] Nun denn, ausgetragen könnte dadurch werden, daß in einem Lager das Ressentiment bestehen bleibt, und, hierdurch geweckt, im anderen das Selbstmißtrauen. [...] Hält aber unser Ressentiment im Schweigen der Welt den Finger aufgerichtet, dann würde Deutschland vollumfänglich und auch in seinen künftigen Geschlechtern das Wissen bewahren, daß es nicht Deutsche waren, die die Herrschaft der Niedertracht beseitigten. Es würde dann, so hoffe ich manchmal, sein vergangenes Einverständnis mit dem Dritten Reich als die totale Verneinung nicht nur der mit Krieg und Tod bedrängten Welt, sondern auch des eigenen besseren Herkommens begreifen lernen, würde die zwölf Jahre, die für uns andere wirklich tausend waren, nicht mehr verdrängen, vertuschen, sondern als seine verwirklichte Welt- und Selbstverneinung, als sein negatives Eigentum in Anspruch nehmen.[120]

Amérys Forderung beschränkt sich somit nicht auf die Erkenntnis eines radikalen Zivilisationsbruches, sondern er klagt dessen Erfahrung ein, die keinerlei Rechtfertigung oder Anknüpfungsmöglichkeiten erlauben würde. Diese Erfahrung setzt die Konfrontation mit dem eigenen Tun und den daraus hervorgegangenen Taten voraus, und zwar aus einer Perspektive und in einem Bedeutungsrahmen, der sich grundsätzlich von jenem des Nationalsozialismus unterscheidet. Dieser Blick wäre ein anderer, nicht nur verschobener, und somit Voraussetzung dafür, dass „[z]wei Menschengruppen, Überwältiger und Überwältigte, einander am Treffpunkt des Wunsches nach Zeitumkehr und damit nach Moralisierung der Geschichte [begegnen würden]".[121]

Wie schwierig sich dieser Bedeutungs- und Blickwechsel bewerkstelligen lässt, verdeutlicht unter anderem Martin Walsers Auseinandersetzung mit seinen eigenen Erinnerungen:

---

118 Améry, „Ressentiments", S. 111.
119 Ebda., S. 112.
120 Ebda., S. 123 f.
121 Ebda., S. 124.

Das Licht, in dem mir die Erinnerung Gegenstände und Menschen von damals präsentiert, ist ein festhaltendes Licht, eine Art Genauigkeitselement. Man hat nicht gewußt, daß man sich das für immer so genau merken wird. Man hat vor allem nicht gewußt, daß man diesen Bildern nichts mehr hinzufügen können wird. Keinen Kommentar, keine Aufklärung, keine Bewertung. Die Bilder sind jeder Unterrichtung unzugänglich. Alles, was ich inzwischen erfahren habe, hat diese Bilder nicht verändert.[122]

Die Differenz, die sich im Hinblick auf diese Anmerkung zwischen Opfern und Tätern eröffnet, verweist auf die bereits im Zusammenhang mit Halbwachs erörterte sekundäre Form der Erkenntnis und kann mit den Kategorien Wirklichkeit und Wahrheit umrissen werden. Während die Opfererfahrung auf eine absolute Wahrheit radikaler Faktizität verweist[123], bedarf die Erfahrung der Täter fast immer der Vermittlung durch nachträgliche Erkenntnis. Die Opfererfahrung scheint unmittelbar in der Wirklichkeit verankert zu sein, die Täterfahrung erfordert hingegen die Transformation von Wirklichkeit in Wahrheit. Anders ausgedrückt, kommt es zur Konfrontation zwischen „nackter Wahrheit" und (metaphysischer) Wahrheit. In diesem Sinne rechtfertigt Améry denn auch seine Ressentiments: „Meine Ressentiments aber sind da, damit das Verbrechen moralische Realität werde für den Verbrecher, damit er hineingerissen sei in die Wahrheit seiner Untat."[124] Folgt man Martin Walsers Rede weiter, wird deutlich, in welchem Ausmaß moralische Realität und Wahrheit einerseits sowie Wirklichkeit andererseits unterschiedlichen Bereichen zuzuordnen sind. Denn gerade dort, wo Améry an die Wahrheit der Untat als moralische Realität appelliert, beklagt Walser die Unmöglichkeit, aus heutiger Sicht „die Unschuld der Erinnerung"[125] vermitteln zu können. Aleida Assmann resümiert in ihrer Untersuchung der Geschichtsdiskurse in der BRD nach 1945 Walsers Dilemma: „Die ‚Unschuld der Erinnerung' kann nicht vermittelt werden, weil der dramatische Werte- und Erfahrungswandel, der zwischen NS-Staat und der Bundesrepublik eingetreten ist, seinen Erinnerungen die Unschuld genommen hat."[126] Dieser Erklärungsversuch birgt jedoch eine dramatische Verschiebung der Ereignisse in sich, die Walsers Aussagen letztlich implizieren, wodurch Assmann die Geschichte eines fatalen Gedächtnisses weiterschreibt.[127] Sobald Walser „Unschuld" für seine Erinnerungen an die Zeit des Nationalsozialismus einmahnt, verschiebt er die „Schuld" für

---

122 Martin Walser, „Über Deutschland reden. Ein Bericht", in: ders., *Über Deutschland reden,* Frankfurt/Main, 1989, S. 76-100, S. 77.
123 Siehe Kapitel II
124 Améry, „Ressentiments", S. 113.
125 Walser, „Über Deutschland reden", S. 77.
126 Aleida Assmann/Ute Frevert, *Geschichtsvergessenheit – Geschichtsversessenheit. Vom Umgang mit deutschen Vergangenheiten nach 1945,* Stuttgart, 1999, S. 39.
127 Siehe dazu auch Aleida Assmann, „Wie wahr sind Erinnerungen", in: Welzer (Hg.), *Das soziale Gedächtnis,* S. 103-122. In diesem Aufsatz greift Assmann Walsers Text abermals auf und stellt unter anderem die Frage: „Gibt es unschuldige Erinnerungen an eine schuldbeladene Zeit? Die Frage nach der Wahrheit von Erinnerungen hat offensichtlich nicht nur eine subjektive, sondern auch eine soziale Dimension." Ebda., S. 117.

die Verunmöglichung der Unschuld auf zeitgenössische Geschichtsdiskurse. Doch nicht die neuen Werte der Bundesrepublik haben Walsers Erinnerungen die „Unschuld" genommen, das haben vielmehr die „Werte" des NS-Staates selbst besorgt. Wenn, so fand 1933 kein weniger „dramatischer Werte- und Erfahrungswandel" statt als 1945.

Obwohl Assmann in ihrer Analyse der Walser-Debatten für die Bundesrepublik einen „dramatischen Werte- und Erfahrungswandel" nach 1945 feststellt, kommt sie in ihrer Untersuchung der unterschiedlichen Nachkriegsdiskurse gleichzeitig zu dem Ergebnis, dass es zwar – unter differierenden thematischen Schwerpunkten wie „Schlussstrich" und „Normalisierung" – zu einem Wertewandel auf der Ebene politischer Institutionen kam, nicht jedoch zu einem tiefgreifenden Wertewandel im Bereich gesellschaftlich verbindlicher Erfahrung.[128] Diesbezüglich legt u.a. Arendt mit ihren Beobachtungen der Frankfurter Auschwitz-Prozesse in den Jahren 1963 bis 1965 beredtes Zeugnis ab.[129] Diese sowie die Gesetze zur Entlastung ehemaliger Nationalsozialisten machen deutlich, wie sehr letztlich selbst auf institutioneller Ebene der Kontinuität in weiten Bereichen Vorschub geleistet wurde:

> Viel besser als auf die Leiden der Opfer paßt das Wort ‚Wiedergutmachung' auf die Ansprüche der Täter, die nach einer kurzen Phase der Entnazifizierung unmittelbar nach dem Krieg bald wieder in öffentliche Ämter und zu ihren Pensionen kamen. Durchschlagend ‚wieder gut gemacht' wurde mit der umfassenden Rehabilitation nach Artikel 131 des Grundgesetzes die Diskriminierung der alten Nationalsozialisten.[130]

Demzufolge wurde (Mit)Tätern ihre Unschuld nicht selten per Gesetz attestiert. Allerdings können Täter aufgrund von Gesetzen zwar entschuldet werden, nicht aber ihre Taten.[131] Um die moralische Beurteilung von Taten und Handlungen geht es hingegen sowohl Walser als auch Améry, allerdings unter umgekehrten Vorzeichen. Während Améry folgerichtig eine Moralisierung der Geschichte einmahnt, die eine Veränderung der Gegensätzlichkeit zum Zeitpunkt der Ereignisse ermöglichen würde, fixiert Walser diese Gegensätzlichkeit, indem er Moral von jenen beiden Bereichen trennt, in denen sie traditionellerweise zur Wirkung kommt, von Wirklichkeit und Wahrheit.

Unterschiedliche Erinnerungen an ein Ereignis können zwar prinzipiell nicht aufgerechnet werden, doch sei in diesem Zusammenhang angemerkt, dass es

---

128 Siehe dazu die aufschlussreichen Ausführungen Assmanns zu den verschiedenen Nachkriegsdiskursen in der BRD, in: Assmann/Frevert, *Geschichtsvergessenheit – Geschichtsversessenheit*, S. 53 ff.

129 Siehe Hannah Arendt, „Der Auschwitz-Prozeß", in: dies., *Nach Auschwitz. Essays & Kommentare 1*, hg. v. Eike Geisel u. Klaus Bittermann, Berlin, 1989, S. 99-136.

130 Assmann/Frevert, *Geschichtsvergessenheit – Geschichtsversessenheit*, S. 58.

131 Arendt begründet das Todesurteil für Eichmann folgenderweise: „Gnade kam nicht in Frage, nicht aus juristischen Gründen [...], sondern weil sie der *Person* gilt im Unterschied zur Tat; der Gnadenakt verzeiht nicht den Mord, sondern begnadigt den *Mörder*, weil er mehr sein kann als seine Tat." Hannah Arendt, „Ein Briefwechsel", in: dies., *Nach Auschwitz*, S. 63-79, S. 78 (Hannah Arendt an Gershom Scholem, 20. Juli 1963, S. 71-79).

Opfern kaum einfallen würde, von einer Unschuld der Erinnerung zu sprechen – obwohl der Begriff der Unschuld – einer, so Arendt, ungeheuerlichen Unschuld – zweifellos auf die Opfer zutrifft: „Die Gaskammer war mehr als irgendjemand je verdient hätte, und vor ihr war der schlimmste Verbrecher so unschuldig wie ein neugeborenes Kind."[132] Zugegebenermaßen impliziert meine Argumentation ebenfalls eine Verschiebung der Zeit- und Erfahrungsperspektive, basiert also auf jenem Hinderungsgrund, der Walser zufolge eine unverfälschte Vermittlung seiner Erfahrungen verunmöglicht. Doch selbst wenn Walsers Argumentation, die „Seite der Beschuldigten" nicht verlassen und sich demzufolge nicht auf die Seite der Opfer stehlen zu wollen,[133] durchaus gerechtfertigt sein mag, so stellt Stefan Krankenhagen zu Recht fest: „Walsers Differenzierung zwischen Opfer- und Täterperspektive und ihrer Wirkung auf die literarische Arbeit löst nicht die Schwierigkeit, daß jede Darstellung von Auschwitz auch eine Darstellung der Opfer ist."[134] Bezeichnend für die Verweigerung, die Konsequenzen des eigenen Tuns mitzubedenken, ist nicht zuletzt die Verwendung des Begriffs „Beschuldigte", mit dem Schuld von außen an eine Person oder im Fall des Nationalsozialismus an eine Gesellschaft herangetragen wird, ein Begriff, der die Frage des Urteils impliziert, aber letztlich offenlässt.

Die von Arendt konstatierte ungeheuerliche Unschuld entlarvt denn auch nicht Walser, sondern Imre Kertész als Ohnmacht, und zwar in seinem *Roman eines Schicksallosen*. Bei seiner Rückkehr nach Budapest versucht der Protagonist früheren Bekannten auseinanderzusetzen, dass es für ihn unmöglich sei, nach dem Erlebten ein neues Leben zu beginnen. Im Laufe der Argumentation führt er die sich gegenseitig ausschließenden Begriffe von Freiheit und Schicksal zusammen, indem er Schicksal auf das eigene Tun und Handeln zurückführt und damit die Kategorie der Verantwortung ins Spiel bringt. Seine Zuhörer reagieren auf diese Sichtweise mit Empörung:

> „Was?" fuhr dieser mich an, [...] „Am Ende sind wir noch die Schuldigen, wir, die Opfer?", und ich versuchte, ihm zu erklären: es gehe nicht um Schuld, sondern nur darum, daß man etwas einsehen müsse, schlicht und einfach, allein dem Verstand zuliebe, des Anstands wegen, sozusagen. Man könne mir, das sollten sie doch versuchen zu verstehen, man könne mir doch nicht alles nehmen; es gehe nicht, daß mir weder vergönnt sein sollte, Sieger, noch, Verlierer zu sein, weder Ursache noch Wirkung, weder zu irren noch recht zu behalten; [...] ich könne die dumme Bitternis nicht herunterschlucken, einfach nur unschuldig sein zu sollen.[135]

---

132 Hannah Arendt, „Das Bild der Hölle", in: dies., *Nach Auschwitz*, S. 49-62, S. 51.

133 Sich auf die Seite der Opfer zu stehlen wirft Walser nicht näher bezeichneten Intellektuellen vor. Siehe Martin Walser, *Erfahrungen beim Verfassen einer Sonntagsrede. Friedenspreis des Deutschen Buchhandels 1998*, Laudatio: Frank Schirrmacher, Frankfurt/Main, 1998, S. 17. Zur so genannten Walser-Debatte, ausgelöst durch dessen Rede anlässlich der Verleihung des Friedenspreises des deutschen Buchhandels siehe u.a. Zuckermann, *Gedenken und Kulturindustrie*; Assmann/Frevert, *Geschichtsvergessenheit – Geschichtsversessenheit*.

134 Stefan Krankenhagen, *Auschwitz darstellen. Ästhetische Positionen zwischen Adorno, Spielberg und Walser*, Köln/Weimar/Wien, 2001, S. 250.

135 Imre Kertész, *Roman eines Schicksallosen*, übers. v. Christina Viragh, Berlin, 1996, S. 285.

Die Folge der durch die Nationalsozialisten etablierten Schuld und Unschuld jenseits der politischen Wirklichkeit[136] fördert im Rückblick offensichtlich schier endlos „verdrehte" Formen der Wahrnehmung und der Unerträglichkeit zutage. Denn „verdreht", so Améry, ist vor allem das Zeitgefühl der Betroffenen:

> Ich weiß, das Zeitgefühl des im Ressentiment Gefangenen ist verdreht, ver-rückt, wenn man will, denn es verlangt nach dem zweifach Unmöglichen, dem Rückgang ins Abgelebte und der Aufhebung dessen, was geschah. [...] Jedenfalls kann aus diesem Grunde der Mensch des Ressentiments nicht einstimmen in den unisono rundum erhobenen Friedensruf, der da aufgeräumt vorschlägt: Nicht rückwärts laßt uns schauen, sondern vorwärts, in eine bessere, gemeinsame Zukunft.[137]

Die Unmöglichkeit zu vergessen, vielfach auch die explizite Zurückweisung der Aufforderung zu vergessen, findet sich in zahlreichen Berichten von Überlebenden. In ihrer Autobiographie *weiter leben* beharrt etwa Ruth Klüger auf einem Festhalten an ihrer Vergangenheit, das sich bisweilen durch „Unversöhnlichkeit" und „remorse" auszeichnet, doch bildet gerade diese „Unversöhnlichkeit" einen Teil ihres Selbstverständnisses.

> „Cast out remorse." Das ewige Notengeben, meinst du [Freundin Anneliese, VZ], sich selbst und anderen Vorwürfe oder Komplimente machen. Sich verkrallen in das Geschehene, anstatt es hinzunehmen, wie's kommt, so daß es unbehelligt an einem abtropfen kann. Empfiehlst du mir denn, die Erinnerungen nicht festhalten wollen, sondern fallen zu lassen? [...] Nur an meinen Unversöhnlichkeiten erkenn ich mich, an denen halt ich mich fest. Die laß mir.[138]

Unversöhnlichkeit widersetzt sich wie das Ressentiment gegen ein „natürliches Zeitverwachsen". Im Gegensatz zu Améry verwendet Klüger diese nicht als moralisch-historische, sondern im Sinne einer identitätspolitischen Kategorie. Während Améry trotz seiner Kritik an der Metaphysik versucht, die Ereignisse und Erfahrungen im Bereich der Moral aufzuheben, sie also in eine menschenwürdige Auseinandersetzung zu transformieren, wodurch ein gemeinsames Weltverständnis wiederum möglich wäre, wird bei Klüger „Unversöhnlichkeit" zur Grundlage der Selbstverortung. Auch Kertész thematisiert die Aufforderung zu vergessen – um das Überleben zu überleben – als unmögliche Voraussetzung:

> „Vor allem", sagte er, „mußt du die Greuel vergessen." „Wieso?" „Damit du", antwortete er, „leben kannst", [...] und da hatte er bis zu einem gewissen Grad recht, das mußte ich zugeben. Nur verstand ich nicht ganz, wie sie etwas verlangen konnten, was unmöglich ist, und ich habe dann auch bemerkt, was geschehen sei, sei geschehen, und ich könne ja meinem Erinnerungsvermögen nichts befehlen. Ein neues Leben – meinte ich – könnte ich nur beginnen, wenn ich neu geboren würde

---

136 Siehe Arendt, „Das Bild der Hölle", S. 52: „Die Nazis haben mit ihrem Versuch, eine Schlechtigkeit jenseits des Lasters herzustellen, nichts anderes etabliert als eine Unschuld jenseits der Tugend. Eine derartige Unschuld und eine derartige Schlechtigkeit stehen in keinerlei Bezug zu einer Wirklichkeit, in welcher Politik existiert."

137 Améry, „Ressentiments", S. 111.

138 Ruth Klüger, *weiter leben. Eine Jugend,* München, 1995, S. 421 f.

oder wenn irgendein Leiden, eine Krankheit oder so etwas meinen Geist befiele, was sie mir ja hoffentlich nicht wünschten.[139]

Es ist zwar nicht möglich, dem Erinnerungsvermögen etwas zu befehlen – darauf verweist auch Martin Walser –, sehr wohl aber ist es möglich, das aufgezwungene Schicksal zu reflektieren, im nachträglichen Prozess der Reflexion in eigenes Schicksal zu transformieren. Die Auseinandersetzung mit dem Schicksal wird bei Kertész zur Auseinandersetzung mit der Welt: „Vielleicht habe ich zu schreiben angefangen, um an der Welt Rache zu nehmen. [...] Schließlich steckt auch in der Darstellung eine Macht, die den Aggressionstrieb für einen Moment besänftigen und einen Ausgleich, einen vorübergehenden Frieden herstellen kann.“[140] Mit dem vorhin erwähnten Appell an Verstand und Anstand rückt Kertész Erinnerung wiederum als Reflexion des eigenen Tuns, die nicht völlig vom Zeitpunkt des Erinnerns getrennt werden kann, ins Zentrum. In gewisser Weise impliziert Erinnerung immer einen Blick auf die Geschichte – und für diesen Blick scheint mir Walter Benjamins Bild vom Engel der Geschichte adäquat, auch wenn sich dieses auf die Geschichte im Allgemeinen bezieht:

> Seine Augen sind aufgerissen, sein Mund steht offen und seine Flügel sind ausgespannt. Der Engel der Geschichte muß so aussehen. Er hat das Antlitz der Vergangenheit zugewendet. Wo eine Kette von Begebenheiten vor *uns* erscheint, da sieht *er* eine einzige Katastrophe, die unablässig Trümmer auf Trümmer häuft und sie ihm vor die Füße wirft.[141]

Im konkreten Zusammenhang ginge es darum, die „Kette von Begebenheiten" nicht nur im Bewusstsein, sondern auch als Erfahrung mit der Katastrophe zusammenzuführen, zu der sie nicht erst nachträglich wurde. Das bedeutet, um wieder auf Améry zurückzukommen, die Folge der Ereignisse aus ihrer konkreten Geschichtlichkeit herauszulösen und zu moralisieren, „wenn es beiden, Überwältigten und Überwältigern, gelingen soll, die in ihrer radikalen Gegensätzlichkeit doch auch gemeinsame Vergangenheit zu meistern".[142]

Wie die Ausführungen zu Améry und Walser gezeigt haben, sind sowohl Opfer als auch Täter, wenn auch in sehr unterschiedlicher Weise, in ihren Erinnerungen gefangen. Ruth Klüger bringt in ihrer Autobiographie *weiter leben* einen weiteren Aspekt dieser zersplitterten Erinnerung ans Licht. So bezeichnet sie etwa ihre Kindheitserinnerungen an ihren Vater als Gefängnis, denn „man rüttelt umsonst an den in der Kindheit geprägten Bildern".[143] Doch im Gegensatz zu Walser versucht sie nicht, die „Unschuld" dieser Erinnerungen zu retten, vielmehr ergibt sich ihre Ohnmacht der Erinnerung gegenüber gerade aus der Unmöglichkeit,

---

139 Kertész, *Roman eines Schicksallosen*, S. 280 f.
140 Imre Kertész, *Fiasko*, übers. v. György Buda u. Agnes Relle, Reinbek bei Hamburg, 1999, S. 113 f.
141 Walter Benjamin, „Über den Begriff der Geschichte", in: ders., *Illuminationen. Ausgewählte Schriften 1*, ausgewählt v. Siegfried Unseld, Frankfurt/Main, 1977, S. 251-261, S. 255 (Herv. im Text).
142 Améry, „Ressentiments", S. 123.
143 Klüger, *weiter leben*, S. 42.

diese Bilder mit jenen Erinnerungen zusammenfügen zu können, die sie *nicht* haben kann: den Erinnerungen an die grauenhafte Ermordung ihres Vaters. Die beiden Erinnerungen stehen zusammenhanglos nebeneinander. Marianne Hirsch widmete dieser Leerstelle der Erinnerung eine Reihe von Untersuchungen, allerdings vor allem im Zusammenhang mit Kindern von Überlebenden.[144]

Auf einer gesellschaftlich-moralischen Ebene entzieht sich diese gemeinsame Vergangenheit offensichtlich nach wie vor dem gesellschaftlich-geschichtlichen Imaginären (Castoriadis) beziehungsweise den kollektiven/narrativen Rahmen (Halbwachs, Assmann u.a.), oder anders ausgedrückt, die gemeinsame Vergangenheit entzieht sich aufgrund ihrer radikalen Tatsächlichkeit der Lebenswirklichkeit.[145] Obwohl Kertész in seinem Essay „Der Holocaust als Kultur" die Feststellung „einer Philosophin", der Holocaust sei nicht in die Geschichte einzupassen, zurückweist, fügt er seiner kritischen Anmerkung doch hinzu: „In einer Hinsicht mag unsere Philosophin allerdings durchaus recht haben: Der Holocaust ist nämlich – dem Wesen seiner Charakteristika nach – kein Geschichtsereignis, so wie es andererseits kein Geschichtsereignis ist, daß der Herr auf dem Berge Sinai Moses eine Steintafel mit eingravierten Schriftzeichen übergab."[146] Die Gefahr, die diese Sichtweise in sich birgt, ist die Mystifizierung des Ereignisses, der Kertész, seine Person betreffend, jedoch mit einem Bonmot begegnet: „Weil ich Mystiker bin, liebe ich es nicht, wenn das Mysterium mystifiziert wird."[147] Der Holocaust entzieht sich „seinem Wesen nach" jedoch nicht aufgrund einer vermeintlichen Affinität zum Mythos der historischen Ereignishaftigkeit, sondern im Gegenteil, aufgrund seiner radikalen Wirklichkeit. Während Kertész in seiner Rede „Der Holocaust als Kultur" Anzeichen für die Möglichkeit der Wirkung des Holocaust ins Gegenwärtige zu erkennen vermeint, schätzt Améry diese Möglichkeit in den 1960er Jahren wesentlich pessimistischer ein. Die Ursache für Amérys Zweifel beruht unter anderem auf dem konsumorientierten Selbstverständnis der westlichen (deutschen) Gesellschaft, der es letztlich weniger um Werte als um Verwertung gehe.

---

144 Siehe u.a. Hirsch, *Family Frames.*
145 Auf diese radikale Tatsächlichkeit lässt sich nicht zuletzt der schwierige Umgang mit Metaphorisierung, Fiktionalisierung sowie die Verweigerung der Sinnzuschreibung zurückführen. Siehe u.a. Rosenfeld, *A Double Dying,* 1980; van Alphen, *Caught by History;* Dominick LaCapra, *History and Memory after Auschwitz,* New York, 1998.
146 Kertész, „Der Holocaust als Kultur", S. 67. Kertész bezieht sich auf einen Text von Agnes Heller, dem er auch im *Galeerentagebuch* eine Notiz widmet: „Artikel von Agnes Heller, dem zufolge Auschwitz ‚nicht in die Geschichte integrierbar ist'. Eine logisch-syntaktische Absurdität. Schließlich ist die Geschichte kein natürlicher Organismus, sondern eine Konstruktion, noch dazu eine Konstruktion des menschlichen Geistes. Wenn Auschwitz also nicht in die Geschichte integrierbar ist, liegt der Fehler nicht bei Auschwitz, sondern bei der Geschichte." Siehe Imre Kertész, *Galeerentagebuch,* übers. v. Kristin Schwamm, Reinbek bei Hamburg, 1993, S. 287.
147 Ebda., S. 207.

Was ich nachtrage, meinetwillen, aus Gründen persönlichen Heilsvorhabens, gewiß, aber doch auch wieder dem deutschen Volk zugute – niemand will es mir abnehmen außer den Organen der öffentlichen Meinungsbildung, die es kaufen. Was mich entmenscht hatte, ist Ware geworden, die ich feilhalte. Schicksalsland, wo die einen ewig im Licht stehen und die anderen ewig im Dunkel.[148]

Die Frage, ob sich der Holocaust im Sinne eines radikalen Zivilisationsbruches beschreiben lässt, kann wie viele Fragen im Zusammenhang mit dem Holocaust nur in ambivalenter Weise beantwortet werden. Zweifellos stellt der Holocaust einen einzigartigen Bruch mit zwar bereits schwankenden, aber immer noch gültigen Normen menschlichen Zusammenlebens dar. Gleichzeitig verdeckt die Verortung des Holocaust jenseits zivilisatorischer Normen sowohl jene Zivilisationstechniken, die zu diesem Ereignis geführt haben, wie auch jene, die nach wie vor vorhanden sind und ein derartiges Ereignis jederzeit wieder möglich machen. In diesem Sinne nimmt in Amérys, Kertész', aber auch Sempruns Schreiben über den Holocaust beziehungsweise aus der Erfahrung des Holocaust heraus die Vermittlung ihrer Erkenntnis, dass der Holocaust als Realität zwar nicht vorstellbar ist, aber als stets aktualisierbares Potential unserer Zivilisation und damit auch des gegebenen Vorstellungsrahmens mitgedacht werden muss, eine zentrale Rolle ein.

3.2.2. Erinnerungsträger

Die Tatsache, dass der Begriff Holocaust vor allem die Ermordung der europäischen Juden und Jüdinnen bezeichnet, führt die Voraussetzung der Präsenz von Erinnerungsträgern zur Bildung eines kollektiven Gedächtnisses in nahezu grotesker Weise *ad absurdum*. Doch erweist sich diese Voraussetzung auch bezogen auf Überlebende des Holocaust in mehrfacher Hinsicht als problematisch. Unter Erinnerungsträger sind Halbwachs zufolge zunächst jene Menschen zu verstehen, die ein bestimmtes Ereignis gemeinsam erlebten. Vergessen beruht auf dem Verlust der Verbindung zu den Menschen, „die uns zu jener Zeit umgaben".[149] Darüber hinaus erlauben die Ausführungen von Halbwachs die Definition von Erinnerungsträgern als Personen, die eine lebendige Erinnerung von Ereignissen vermitteln und diese damit jenen zugänglich machen, die sie nicht selbst erlebten.[150] Bedingung dieser Form der Vermittlung ist die Gegenwärtigkeit von Denkströmungen, die eine gewisse Affinität mit jenen Ereignissen aufweisen. Damit werden wiederum die verschiedenen Schichten des Vorstellungssystems einer Gesellschaft relevant, die soeben ausgeführt wurden.

Ebenso wie die Berufung auf gesellschaftlich gültige Vorstellungsrahmen würde das von Halbwachs vorgestellte Konzept von Erinnerungsträgern als Erinne-

---

148 Améry, „Ressentiments", S. 128.
149 Halbwachs, *Das kollektive Gedächtnis,* S. 10.
150 Siehe ebda., S. 48 ff.: Als Beispiel dafür nennt Halbwachs die Großeltern oder auch die Kinderfrau, die ihm die Ereignisse rund um die Pariser Kommune erzählte.

rungsgemeinschaft im Zusammenhang mit dem Holocaust zwangsläufig zu Vergessen führen: zum einen aufgrund der größtenteils systematischen Verunmöglichung der Gruppenbildung in Konzentrations- und Vernichtungslagern,[151] zum anderen aufgrund der nach der Befreiung häufig stattfindenden Vereinzelung der Überlebenden. Demgegenüber stellt Aleida Assmann in der bereits erwähnten Untersuchung *Geschichtsvergessenheit – Geschichtsversessenheit* fest: „Das historische Trauma einer gemeinsamen Opfererfahrung schlägt sich als eine unaustilgbare Spur im kollektiven Gedächtnis nieder und erzeugt einen besonders starken Zusammenhalt der betroffenen Gruppe."[152] Diese These lässt sich jedoch im Kontext von Israel, auf den Assmann implizit verweist, nicht verifizieren.[153] Wie zahlreiche Studien belegen, nahm in Israel die Akzeptanz eines Opfergedächtnisses erst mit dem Eichmann-Prozess und insbesondere nach dem 6-Tage-Krieg 1967 Gestalt an. Zuvor war die Politik Israels von den Bemühungen geprägt, das Opfergedächtnis in einen Heldenmythos umzuinterpretieren, wofür die institutionalisierte Heraufbeschwörung des von Assmann ebenfalls erwähnten Masada-Mythos ebenso wie die Betonung des Warschauer Gettoaufstandes stehen.[154]

Rolle Israels

Obwohl sich vor allem politische, zum Teil auch religiöse Häftlinge, vor dem Hintergrund ihrer jeweiligen Ideologien zu Solidargemeinschaften – die lebensrettend sein konnten – zusammenschlossen,[155] lässt sich über weite Strecken weder von einer „gemeinsamen Opfererfahrung" noch von einer bestimmten „geschädigten Gruppe" sprechen, wie sie Assmann für die Bildung eines kollektiven Gedächtnisses voraussetzt: „Ob die Opfererfahrung einer Gruppe die Form eines kollektiven Gedächtnisses annimmt oder nicht, hängt davon ab, ob es der geschädigten Gruppe gelingt, sich als ein Kollektiv, als eine politische Solidargemeinschaft zu organisieren."[156] Doch impliziert die Prämisse einer „geschädigten Gruppe" hinsichtlich des Holocaust eine Reihe von Schwierigkeiten. Zunächst wurde aufgrund der Nürnberger Gesetze die Gruppe erst als solche definiert, die sich nicht *per se* als solche verstand. Da die von der SS eingeführte Klassifikation

---

151 Siehe u.a. Wolfgang Sofsky, *Die Ordnung des Terrors*.

152 Assmann/Frevert, *Geschichtsvergessenheit – Geschichtsversessenheit*, S. 44.

153 Es stellt zweifellos eine unzulässige Verkürzung dar, das „jüdische Gedächtnis" des Holocaust auf Israel zu reduzieren, eine Verkürzung, die ich keineswegs der Arbeit Aleida Assmanns unterstelle.

154 Siehe u.a. Tom Segev, *Die siebte Million. Der Holocaust und Israels Politik der Erinnerung*, Reinbek bei Hamburg, 1995; James E. Young, „Jom Hashoah. Die Gestaltung eines Gedenktages", in: Berg/Jochimsen/Stiegler (Hg.), *Shoah. Formen der Erinnerung*, S. 53-76; Novick, *The Holocaust and Collective Memory*; Gulie Ne'eman Arad, „The Protean Place of the Shoah in Israeli Society", in: Johannes-Dieter Steinert/Inge Weber-Newth (Hg.), *Beyond Camps and Forced Labour. Current International Research on Survivors of Nazi Persecution*, Proceedings of the international conference, London, 29–31 January 2003, Osnabrück, 2005, S. 384-397.

155 Die überlebenswichtige Rolle solcher Solidargemeinschaften heben u.a. hervor: Charlotte Delbo, *Trilogie. Auschwitz und danach*, übers. v. Eva Groepler u. Elisabeth Thielicke, Basel, Frankfurt/Main, 1990; Jorge Semprun, *Was für ein schöner Sonntag!*, übers. v. Johannes Piron, Frankfurt/Main, 1981; ders., *Schreiben oder Leben*. Zur Bedeutung von Solidargemeinschaften im Sinne familiärer Strukturen siehe Klüger, *weiter leben*, S. 234.

156 Assmann/Frevert, *Geschichtsvergessenheit – Geschichtsversessenheit*, S. 44 f.

der Häftlinge in Konzentrations- und Vernichtungslagern bekanntlich auf rassistischen Grundkategorien beruhte, stellten Juden und Jüdinnen, so Wolfgang Sofsky in seiner wichtigen soziologischen Studie *Die Ordnung des Terrors,* die heterogenste Gruppe in Konzentrationslagern dar:

> Sie hatten als Merkmal nur gemeinsam, von der SS als Juden gebrandmarkt worden zu sein. [...] Sie verband weder eine gemeinsame religiöse Praxis oder politische Überzeugung noch entstammten sie gleichen sozialen und nationalen Verhältnissen. Das rassistische Stigma machte keinen Unterschied, und der Vernichtungsdruck verhinderte jede Chance, ein einheitliches Selbstverständnis zu finden.[157]

Sich unter diesen Voraussetzungen als „geschädigte Gruppe" zu definieren hätte paradoxerweise eine nachträgliche Anerkennung der Nürnberger Gesetze zur Folge. Aber, so Améry in seinem Essay „Über Zwang und Unmöglichkeit, Jude zu sein": „Keiner kann werden, was er vergebens in seinen Erinnerungen sucht."[158]

Sowohl Primo Levi als auch Jean Améry reflektieren in ihren Texten die Differenz zwischen politischen, religiösen und jenen Häftlingen, die keinerlei Ideologie verpflichtet waren. Der Unterschied manifestierte sich nicht nur, so Levi, in verhältnismäßig besseren Haftbedingungen für politische Häftlinge,[159] sie verfügten vor allem „über einen kulturellen Hintergrund [...], der ihnen die Interpretation der Geschehnisse ermöglichte, an denen sie selbst teilnahmen [...]".[160] Die Bedeutung narrativer Rahmen, die die Einordnung der Geschehnisse in ein bestimmtes Denken sowie deren Interpretation im Rahmen eines Ursache-Wirkung-Schemas ermöglichen, unterstreicht Améry in seinem Essay „An den Grenzen des Geistes":

> Hier geschah nichts Unerhörtes, nur das, was sie, die ideologisch geschulten oder gottgläubigen Männer, immer schon erwartet oder zumindest für möglich gehalten hatten. [...] Der Zugriff der Greuel-Wirklichkeit war dort schwächer, wo von jeher die Wirklichkeit in ein unverrückbares geistiges Schema gespannt gewesen war. Der Hunger war nicht Hunger schlechthin, sondern notwendige Folge der Gottesleugnung oder der kapitalistischen Fäulnis. [...] So hatten die Urchristen gelitten und so die geschundenen Bauern im deutschen Bauernkrieg. Jeder Christ war ein Sankt Sebastian, jeder Marxist ein Thomas Münzer.[161]

---

157 Sofsky, *Die Ordnung des Terrors,* S. 145.
158 Jean Améry, „Über Zwang und Unmöglichkeit, Jude zu sein", in: ders., *Jenseits von Schuld und Sühne,* S. 130-156, S. 133.
159 Levi, *Die Untergegangenen und die Geretteten,* S. 15. U.a. führt Wolfgang Sofsky in seiner soziologischen Studie aus, dass die Lebensbedingungen politischer Häftlinge im selben Verhältnis „erträglich" wurden, in dem die Vernichtung von Juden und Jüdinnen zum Programm nationalsozialistischer Machtpolitik wurde. Durch die Massendeportationen von Juden und Jüdinnen aus ganz Europa veränderte sich die interne Hierarchie der Lager. Zum einen stellten politische Häftlinge von Beginn an einen Großteil der so genannten Funktionshäftlinge, zum anderen war der Vernichtungsdruck, so Sofsky, auf Neuzugänge am größten. Siehe Sofsky, *Die Ordnung des Terrors,* S. 137 ff.
160 Levi, *Die Untergegangenen und die Geretteten,* S. 14.
161 Jean Améry, „An den Grenzen des Geistes", in: ders., *Jenseits von Schuld und Sühne,* S. 18-45, S. 35.

Politisch oder religiös motivierte Solidargemeinschaften in einem Konzentrationslager garantieren hingegen keineswegs „politische Solidargemeinschaften" nach der Befreiung, obwohl sie sich wenn, am häufigsten in diesen Bereichen formierten. Von der Auflösung einer überlebenswichtigen Solidargemeinschaft in Auschwitz berichtet Charlotte Delbo in *Maß unserer Tage*, dem dritten Band ihrer Autobiographie, in dem sie den Überlebenden dieser Gruppe eine Stimme verleiht: Sie erzählen mit wenigen Ausnahmen von einer Rückkehr, geprägt von Enttäuschung, Isolation und Verlust des Wirklichkeitssinnes.[162]

Als problematisch erweist sich der Begriff „geschädigte Gruppe" zudem aufgrund seiner Zugehörigkeit zu einem juridischen Diskurs, der ein zuständiges Rechtssystem voraussetzt. Assmann überlagert den Begriff zwar mit einem gesellschaftspolitischen Wirkungsanspruch, aber selbst im Fall einer über den juridischen Gebrauch hinausgehenden Interpretation lässt sich die Bildung eines kollektiven Gedächtnisses nicht so einfach umsetzen. Wesentlicher Hinderungsgrund der Bildung politischer Solidargemeinschaften war zunächst vor allem die Gestaltung der Nachkriegsgesellschaften, die dem Entsetzen mit einer geradezu als besessen zu nennenden Zukunftsorientiertheit entgegensteuerten. Die Publikationsgeschichte zahlreicher Zeugenberichte sowie der Umgang mit bislang kaum berücksichtigten Dokumentationsprojekten,[163] die unmittelbar nach Kriegsende durchgeführt wurden, geben beredtes Zeugnis darüber, wie wenig Beachtung diese Berichte letztlich fanden. Hinzu kamen die neuen Machtallianzen vor dem Hintergrund des sich abzeichnenden Kalten Krieges, auf die Améry in seinem Aufsatz „Ressentiments" hinweist.[164]

Zentrale Bedeutung kommt nicht zuletzt der gesellschaftlichen respektive der gesellschaftspolitischen Interpretation des Opferstatus zu. In seiner Studie *The Holocaust and Collective Memory* verdeutlicht Peter Novick die Bedeutung gesellschafts- und identitätspolitischer Interpretationsrahmen in Bezug auf das Selbst-Verständnis beziehungsweise die Selbst-Setzung als Opfer. Die Voraussetzung für das Entstehen einer dem Opfergedächtnis verpflichteten jüdischen Identität in den USA sieht er vor allem im Wandel von einer *„all-American" identity* zur so genannten *identity politics* in den 1970er Jahren.[165]

Doch unabhängig von diesem Wertewandel lassen sich nach wie vor zwei geradezu entgegengesetzte Formen des Opferseins feststellen: Während sich für eine bestimmte Sache zu opfern in der Regel zum Heldenstatus führt, haftet Opfern

---

162 Siehe Charlotte Delbo, *Trilogie. Auschwitz und danach*, übers. v. Eva Groepler u. Elisabeth Thielicke. Basel, Frankfurt/Main, 1990. Die Trilogie setzt sich aus folgenden Teilbänden zusammen. Bd. 1: *Keine von uns wird zurückkehren*; Bd. 2: *Eine nutzlose Bekanntschaft*; Bd. 3: *Maß unserer Tage*. In der Folge werde ich die Titel der Teilbände zitieren.

163 Siehe Boaz Cohen, „Bound to Remember – Bound to Remind: Holocaust Survivors and the Genesis of Holocaust Research", in: Steinert/Weber-Newth (Hg.), *Beyond Camps and Forced Labour*, S. 290-300; Christina Manetti, „Fresh Wounds: Polish Survivor Testimonies, 1945–1946", in: Steinert/Weber-Newth (Hg.), *Beyond Camps and Forced Labour*, S. 311-318.

164 Améry, „Ressentiments", S. 107 f.

165 Novick, *The Holocaust and Collective Memory*, S. 170 ff.

von Gewalt häufig ein Stigma an, das sich etwa in der wiederholten, darum aber nicht weniger unsinnigen Rede zeigt, Juden und Jüdinnen hätten sich wie Lämmer zur Schlachtbank führen lassen. Diese Differenz gründet auf dem Stellenwert, der Handeln als gestaltendem Moment in einer Gesellschaft zugeschrieben wird. Die Stigmatisierung der Opfer wird in dieser Hinsicht zu einem verdoppelten Zeichen der Überschreitung: einerseits als Negation von Handeln im Sinne der *creatio*, andererseits als Zeichen der Ohnmacht oder, wie Améry es ausdrückt, als Verlust des Weltvertrauens aufgrund von Folter und Gewalt. Erinnerungsträger werden in diesem Sinne zu prekären Repräsentanten beider Formen der Überschreitung, sie (re)präsentieren das unmöglich Mögliche beziehungsweise die Möglichkeit des Unmöglichen. Gudrun Perko und Alice Pechriggl analysieren in ihrer Studie zu weiblichen Angstgestalten diesbezüglich eine fatale Verquickung von Angst und Gewalt. „Angst als Motor zur Gewaltanwendung auf Seiten der Täter ist selbst Reaktion auf die eigene Gewalt, welche im Antlitz der Verstümmelten erscheint und trägt somit zur Potenzierung derselben bei."[166] Die Opfer werden somit zum Angst hervorrufenden Spiegelbild der eigenen Taten.[167] Diesen Prozess erahnt Primo Levi in seiner bereits 1945 begonnenen Autobiographie *Ist das ein Mensch?*:

> Hier [im KB, Krankenbau, VZ], vorübergehend fern von Flüchen und von Schlägen, haben wir die Möglichkeit, wieder zu uns selbst zu finden und nachzudenken, und da wird uns klar, daß wir nie zurückkehren werden. [...] Wir werden nicht zurückkehren. Von hier darf keiner fort, denn er könnte mit dem ins Fleisch geprägten Mal auch die böse Kunde in die Welt tragen, was in Auschwitz Menschen aus Menschen zu machen gewagt haben.[168]

Das Ungeheuerliche der Repräsentation, und damit auch der Erinnerung, beruht auf der stets stattfindenden Verschiebung, sobald die im und auf dem Körper sich manifestierende Überschreitung ins Abstrakt-Allgemeine transzendiert wird. Die Vernichtungspolitik der Nationalsozialisten beschränkte sich nicht auf den Ausschluss aus einer „gemeinsamen Welt", die noch die Gestaltung einer Gegenwelt ermöglicht hätte, sondern hatte die Auslöschung des Körpers zum Ziel. Die Vorstellung, sich auf eine Welt hin zu entwerfen, wird unter der Bedingung unablässigen auf Vernichtung abzielenden Terrors in derart radikaler Weise unterbunden, dass selbst diese Vorstellung nicht vorstellbar ist. Darauf beruht die in Konzentrations- und Vernichtungslagern ins Werk gesetzte, unfassbare Desintegrati-

---

166 Perko/Pechriggl, *Phänomene der Angst,* S. 174.

167 Auf diese Dynamik lässt sich etwa das von Martin Walser geäußerte Motiv des Wegsehens zurückführen. Walser, *Erfahrungen beim Verfassen einer Sonntagsrede,* S. 17 f.: „Manchmal, wenn ich nirgends mehr hinschauen kann, ohne von einer Beschuldigung attackiert zu werden, muß ich mir zu meiner Entlastung einreden, in den Medien sei auch eine Routine des Beschuldigens entstanden. Von den schlimmsten Filmsequenzen aus Konzentrationslagern habe ich bestimmt schon zwanzigmal weggeschaut. Kein ernstzunehmender Mensch leugnet Auschwitz; [...] wenn mir aber jeden Tag in den Medien diese Vergangenheit vorgehalten wird, merke ich, daß sich in mir etwas gegen diese Dauerpräsentation unserer Schande wehrt."

168 Primo Levi, *Ist das ein Mensch? Ein autobiographischer Bericht,* übers. v. Heinz Riedt, München, 1992, S. 64.

on des gesellschaftlichen Individuums. Repräsentation bewegt sich somit immer auf das Paradox zu, Gestaltung der buchstäblichen Vernichtung zu sein. Im *Galeerentagebuch* reflektiert Kertész die sich daraus ergebenden Folgen für seine Romanfigur: „Immer und überall ist es ausschließlich die durch die Welt erlittene Qual, die sie Sprache werden läßt, sonst würde sie nicht einmal reden können; niemals ist es sie, die die Welt Sprache werden läßt."[169] Die Schwierigkeit, den Holocaust zu erinnern, beruht in eben diesem dem Ereignis inhärenten Missverhältnis: nämlich eine Welt zur Sprache zu bringen beziehungsweise zu verkörpern, ohne diese Welt Sprache oder Körper werden zu lassen.

Implizit mit der Bedingung der Präsenz von Erinnerungsträgern verbunden ist schlussendlich die Vorstellung der Zeugenschaft, auf die ich in Kapitel IV noch detaillierter eingehen werde.

3.2.3. Ambivalente Lokalisierung von Erinnerung

In welchem Ausmaß sich die Lokalisierung von Erinnerung im Sinne einer Semiotisierung des Raumes[170] im Zusammenhang mit dem Holocaust als prekär erweist, verdeutlichen unter anderem die Auseinandersetzungen um die Gestaltung oder Bewahrung der ehemaligen Konzentrations- und Vernichtungslager, bei denen diese Problematik immer wieder, zumeist in vehementer Weise, zum Ausdruck kommt.[171] Pierre Nora, der den Begriff der Gedächtnisorte neu definierte und diesen ein umfassendes Werk widmete, beschreibt *les lieux de mémoire* (Orte des Gedächtnisses) als Kristallisationspunkte der Erinnerung, die in einem bestimmten historischen Moment auftauchen, „a turning point where consciousness of a break with the past is bound up with the sense that memory has been torn – but torn in such a way as to pose the problem of the embodiment of memory in certain sites where a sense of historical continuity persists".[172] Konzentrations- und Vernichtungslager wurden in der Tat zum Sinnbild eines Bewusstseins, dem ein Bruch mit der Vergangenheit inhärent ist, doch dieser Bruch beziehungsweise die Art und Weise des Bruches schreibt sich der historischen Kontinuität permanent als mögliches Unmögliches ein, das Kontinuität als solche in Frage stellt.[173] Es ist ein

---

169 Kertész, *Galeerentagebuch*, S. 31.

170 Siehe Assmann, *Das kulturelle Gedächtnis*, S. 60 und v.a. Nora, *Zwischen Geschichte und Gedächtnis*.

171 Siehe dazu u.a. James E. Young, *The Texture of Memory. Holocaust Memorials and Meaning*, New Haven/London, 1993; Birgit R. Erdle, „Die Verführung in Parallelen. Zu Übertragungsverhältnissen zwischen Ereignis, Ort und Zitat", in: Elisabeth Bronfen/Birgit R. Erdle/Sigrid Weigel (Hg.), *Trauma. Zwischen Psychoanalyse und kulturellem Deutungsmuster*, Köln/Weimar/Wien, 1999, S. 27-50; Michael S. Cullen (Hg.), *Das Holocaust-Mahnmal: Dokumentation einer Debatte*, Zürich/München, 1999.

172 Pierre Nora, „Between Memory and History: Les Lieux de Mémoire", in: *Representations* 26/1989, S. 7-25, S. 7.

173 Die Gefahr, die die Erinnerung an einen Bruch mit einem bestimmten Vorstellungssystem impliziert, findet sich bereits in der griechischen Antike. Aischylos bannt diese Gefahr zwar in der

„Erinnern der Wunde", so Primo Levi,[174] oder, wie Lawrence L. Langer in seiner Studie *Holocaust testimonies* zusammenfassend formuliert: „For the former victims, the Holocaust is a communal wound that cannot heal. This is the ailing subtext of their testimonies, wailing beneath the convalescent murmur of their surface lives."[175] Über diesen Bruch hinweg lässt sich scheinbar kein kollektives Gedächtnis herstellen, das den Bruch impliziert.

Orte des Gedächtnisses sind, so Nora, auf die Ausgestaltung einer symbolischen Aura angewiesen: „Even an apparently purely material site, like an archive becomes a *lieu de mémoire* only if the imagination invests it with a symbolic aura."[176] Die symbolische Ausgestaltung ehemaliger Konzentrations- und Vernichtungslager verharrt jedoch, wie die symbolische Ausgestaltung des Ereignisses selbst, im Entsetzen – vorausgesetzt, sie sind einer symbolischen Bearbeitung überhaupt zugänglich; doch gerade die Anwendbarkeit dieses Operationsschemas wird wiederholt in Frage gestellt, da es die Zuweisung von Sinn und Bedeutung bedingt. Die „Wunde" wird – trotz theoretischer Einwände und einer problematischen Praxis – zur metaphorischen Grundlage der symbolischen Ausgestaltung von ehemaligen Konzentrations- und Vernichtungslagern, zu deren summarischem Inbegriff im Lauf der Nachkriegsgeschichte Auschwitz wurde.[177]

In ihrem Aufsatz „Representing Auschwitz" verdeutlicht Sidra DeKoven Ezrahi anhand der Umgestaltung von Auschwitz I in einen Ort des Gedenkens die Verortung der „Wunde" entlang einer bestimmten Semantik der Erinnerung.[178] Eine signifikante Rolle spielt hierbei unter anderem das berühmt-berüchtigte Tor mit der Aufschrift „Arbeit macht frei", das, so Robert Jan van Pelt und Debórah Dwork in ihrer umfassenden Studie zu Auschwitz, in der Geschichte des Konzentrations- und Vernichtungslagers Auschwitz keineswegs eine derart zentrale Rolle spielte wie in der nachträglich konstruierten Erinnerung: „For the post-Auschwitz generation, that gate symbolizes the threshold that separates the human community from the Planet Auschwitz. It is a fixed point in our collective memory, and therefore the canonical beginning of the tour through the camp."[179] Als Zentrum des Bösen, als „heart of darkness", „black box" oder „black holes"

Orestie, indem sich die Rachegöttinnen von Athene durch das Prinzip der Anerkennung überzeugen lassen und zu Schutzgöttinnen werden. Doch halten sie damit gleichzeitig den Vertragsbruch präsent, auf dem ihr Status als Hüterinnen der athenischen Polis beruht. Siehe Aischylos, *Die Eumeniden. (Orestie III),* übers. v. Emil Staiger, Stuttgart, 1959.

174 Primo Levi, „Das Erinnern der Wunde", in: ders., *Die Untergegangenen und die Geretteten,* S. 19-32.

175 Lawrence L. Langer, *Holocaust testimonies: the ruins of memory,* New Haven/London, 1991, S. 204 f.

176 Nora, „Between Memory and History", S. 19.

177 U.a. wendet sich Alvin H. Rosenfeld entschieden gegen die Verwendung von Auschwitz als Metapher: „there are no metaphors for Auschwitz, just as Auschwitz is not a metaphor for anything else". Rosenfeld, *A Double Dying,* S. 27.

178 Sidra DeKoven Ezrahi, „Representing Auschwitz", in: *History and Memory* 7, 2/1996, S. 121-154, S. 126 ff.

179 Robert Jan van Pelt/Debórah Dwork, *Auschwitz. 1270 to the Present,* New Haven/London, 1996, S. 360.

werden in dieser Semantik der Erinnerung die Gaskammern und Krematorien von Birkenau bezeichnet, es sind Orte des Schweigens, des Nicht-Darstellbaren, des Nicht-Sagbaren. Auschwitz wurde damit paradoxerweise gerade auch in jenen theoretischen Ansätzen zum Symbol des absolut oder radikal Bösen, die dessen Darstellbarkeit am vehementesten in Frage stellen.

Doch inwiefern beziehen sich diese Zuschreibungen tatsächlich auf Auschwitz, auf den Ort des Grauens selbst? In diesem Sinne fragt Sidra DeKoven Ezrahi:

> Where in our symbolic geography, do we locate Auschwitz or the Warsaw Ghetto: In Poland? In Nazi-occupied Europe? In the vast resonant spaces of Jewish memory? Or as the metonymic limit of Western civilization? The disruption between this place and its signs is greater than the common disjunctions between referents and their signifiers – and the controversy over nominative and metaphoric language settles in that great divide.[180]

Die Kluft zwischen dem Ort und dessen Zeichen, die DeKoven Ezrahi konstatiert, findet auf mehreren Ebenen statt. So schildert etwa James E. Young in seiner ausführlichen Studie *The Texture of Memory* das Dilemma der Semiotisierung von Raum, bezogen auf die Gedenkstätten in Majdanek und Auschwitz.

> One's first visit to the memorials at Majdanek and Auschwitz can come as a shock: not because of the bloody horror these places convey, but because of their unexpected, even unseemly beauty. Saplings planted along the perimeters of the camps, intended to screen the Germans' crimes from view, now sway and toss in the wind. [...] however, the memorials at Majdanek and Auschwitz are devastating in their impact: for they compel the visitor to accept the horrible fact that what they show is real.[181]

Die Kluft zwischen Ort und Ereignis, die Young als Kluft zwischen Naturschönheit und blutigem Grauen bezeichnet, lässt sich in dieser Ausführung nur über die Setzung eines Meta-Zeichens, der Gedenkstätte, überwinden. Doch ländliche Idylle als Widerspruch der eigenen Erfahrungen findet sich mitunter auch in Zeugenberichten, allerdings wird diese mit wenigen Ausnahmen außerhalb des Lagers verortet. Natur vertritt jenseits der Lagergrenzen das Vertraute, das Wahre, Kontinuität, Wirklichkeit außerhalb einer als unwirklich erfahrenen Lagerwirklichkeit. Die Lager selbst werden meist als Orte ohne Landschaft dargestellt – innerhalb der Lagergrenzen findet Landschaft nicht statt. Eine der wenigen Ausnahmen bildet Jorge Sempruns Beschreibung eines Moments des Erlebens von Naturschönheit – den er an die Erfahrung des Erhabenen knüpft –, doch wird dieser Moment unmittelbar mit dem Blick auf den allgegenwärtigen Tod gebrochen.

> Trotz dem schrillen Ton der Pfeifsignale in der Ferne war die Nacht schön, ruhig, voll Heiterkeit. Die Welt bot sich mir dar im strahlenden Geheimnis eines dunklen

---

180 Sidra DeKoven Ezrahi, „‚The Grave in the Air‘: Unbound Metaphors in Post-Holocaust Poetry“, in: Saul Friedlander (Hg.), *Probing the Limits of Representation. Nazism and the „Final Solution“*, Cambridge, MA/London, 1992, S. 259-276, S. 260.
181 Young, *The Texture of Memory*, S. 120.

Mondlichts. Ich habe stehenbleiben müssen, um Atem zu schöpfen. Mein Herz schlug sehr stark. Mein Leben lang werde ich mich an dieses unsinnige Glück erinnern, hatte ich mir gesagt. An diese nächtliche Schönheit. Ich habe die Augen gehoben. Auf dem Kamm des Ettersbergs schlugen orangerote Flammen aus dem gedrungenen Schornstein des Krematoriums.[182]

In den meisten Berichten spiegeln Landschaft und Natur hingegen die Erfahrung des Ereignisses wider: die Orte der Verwüstung und Zerstörung sind buchstäblich verwüstete und zerstörte Orte. „Natur" wird nicht selten als Kollaborateurin des Terrorsystems der SS, das heißt in ihrer destruktiven Auswirkung auf den Körper erfahren.[183]

Zwar befindet sich die Idylle auch in Youngs Beschreibung an der Peripherie des Lagers, doch überdeckt sie zunächst das erwartete Grauen, mit dem die Besucher erst durch die Gedenkstätte konfrontiert werden. Zweifel an dieser ausgestellten Wirklichkeit sowie an den damit verbundenen Empfindungen äußert in dezidierter Weise Ruth Klüger:

> Wer fragt nach der Qualität der Empfindungen, wo man stolz ist, überhaupt zu empfinden? Ich meine, verleiten diese renovierten Überbleibsel alter Schrecken nicht zur Sentimentalität, das heißt, führen sie nicht weg von dem Gegenstand, auf den sie die Aufmerksamkeit nur scheinbar gelenkt haben, und hin zur Selbstbespiegelung der Gefühle?[184]

Klüger lässt diese Frage unbeantwortet beziehungsweise lässt sie diese als rhetorische Frage im Raum stehen. Denn so sehr die Besucher, wie Young feststellt, auch gezwungen sein mögen, die schreckliche Tatsache zu akzeptieren, dass das, was sie sehen, wirklich ist,[185] so stellt sich ihnen die Wirklichkeit doch wesentlich anders dar als den ehemaligen Häftlingen.

> Das mindeste, was dazu gehörte, wäre die Ausdünstung menschlicher Körper, der Geruch und die Ausstrahlung von Angst, die geballte Aggressivität, das reduzierte Leben. [...] Sicher helfen die ausgehängten Bilder, die schriftlich angeführten Daten und Fakten und die Dokumentarfilme. Aber das KZ als Ort? Ortschaft, Landschaft, landscape, seascape – das Wort Zeitschaft sollte es geben, um zu vermitteln, was ein Ort in der Zeit ist, zu einer gewissen Zeit, weder vorher noch nachher.[186]

Semprun, der wie kaum ein anderer die verschiedenen Facetten von Natur- und Landschaftsdarstellung in seinen autobiographischen Berichten und Romanen zum Einsatz bringt, beschreibt in *Schreiben oder Leben* seine Rückkehr nach Buchenwald im März 1992. Analog zu Klügers Versuch, Ort und Zeit in Verbindung zu setzen, erweist sich Empruns Rückkehr als Rückkehr in eine bestimmte, in sich abgeschlossene Zeit, was unter anderem mit der Beobachtung eines wesentlichen Unterschieds deutlich wird:

---

182 Semprun, *Schreiben oder Leben*, S. 364.
183 Siehe u.a. Delbo, *Keine von uns wird zurückkehren*.
184 Klüger, *weiter leben*, S. 114.
185 Siehe Young, *The Texture of Memory*, S. 120.
186 Klüger, *weiter leben*, S. 116.

Hier war ich zwanzig Jahre alt gewesen, und hier vollendete sich mein Leben, durch diese Rückkehr in die Zeit, wo es nur Zukunft gewesen war. Und da habe ich das vielfältige Gezwitscher der Vögel gehört. Sie waren auf den Ettersberg zurückgekehrt. Das Brausen ihres Gesanges umfing mich wie Meeresrauschen. Das Leben war auf den Hügel des Ettersbergs zurückgekehrt.[187]

Mit der Rückkehr der Vögel ist das ehemalige Konzentrationslager Buchenwald zu einem anderen Ort geworden. Im Grunde genommen wurde es durch dieses Zeichen von Leben erst wieder zu einem Ort, der er zur Zeit der nationalsozialistischen Vernichtungspolitik nicht war. Der Gewahrwerdung von Leben geht die Wiedererkennung des Vergangenen in seiner Umkehrung voraus. Abgesehen von Stacheldraht, Wachtürmen, Eingangstor, Krematorium, Bad und Effektenkammer war in Buchenwald alles abgerissen worden. „Without the hundreds of barracks that once filled the space inside the gates, absence rules as motive."[188] Semprun beschreibt den Effekt dieser Gestaltungsweise: „Das Ergebnis war von unglaublicher dramatischer Kraft. Der auf diese Weise geschaffene, vom Stacheldraht umgebene, vom Schornstein des Krematoriums beherrschte, vom Wind des Ettersbergs durchfegte leere Raum war eine erschütternde Gedenkstätte."[189] Der vom Tod überfüllte Raum von damals korrespondiert in dieser Darstellung auf dramatische Weise mit dem leeren Raum der Gedenkstätte. Semprun lässt letztlich offen, worin die Erschütterung angesichts der Gedenkstätte beruhte, ob an den Resten nationalsozialistischer Gestaltung von u-topischer Wirklichkeit, an der Leere anstelle der überfüllten Blöcke oder an der neuen Relation im Raum, die sich dadurch ergibt.

Offensichtlich werden in dieser Darstellung hingegen unterschiedliche Narrationen der Erinnerung. Die Gestaltung der Gedenkstätte Buchenwald verweist deutlich auf eine Semantik der Erinnerung, wie sie vorhin mit DeKoven Ezrahi nachgezeichnet wurde. Es ist eine Erinnerung, die an das Ereignis selbst appelliert, indem das Wesentliche des Ereignisses an die monumentalen Zentren der Vernichtung gebunden wird. Dem gegenüber steht die Erinnerung an die Erfahrung dieses Ereignisses, denn, so Semprun: „Das Wesentliche [...] ist die Erfahrung des Bösen. [...] Es braucht keine Konzentrationslager, um das Böse kennenzulernen. Aber hier wird sie entscheidend gewesen sein, und massiv, sie wird alles überwuchert, alles verschlungen haben ... Es ist die Erfahrung des radikal Bösen ..."[190] Mit dieser Anspielung auf Kant versucht Semprun kurz nach der Befreiung eine Grundlage für den zu gebenden Bericht zu finden. Was er dezidiert ablehnt, ist eine Poetik des Grauens, denn „das Grauen war nicht das Böse, war zumindest nicht sein Wesen".[191] Zum Wesen der Erfahrung des radikal Bösen gehört hingegen das Erleben der Erfahrung des Todes.

---

187 Semprun, *Schreiben oder Leben,* S. 348.
188 Young, *The Texture of Memory,* S. 78.
189 Semprun, *Schreiben oder Leben,* S. 348.
190 Ebda., S. 109.
191 Ebda., S. 108.

> Ich sage mit Absicht ‚Erfahrung‘ ... Denn der Tod ist nicht etwas, was wir nur ge-
> streift hätten, das wir überlebt hätten wie einen Unfall, den man unversehrt über-
> standen hätte. Wir haben ihn erlebt ... wir sind keine Davongekommenen, sondern
> Wiedergänger ... Natürlich läßt sich das nur abstrakt sagen. [...] Und dennoch wer-
> den wir die Erfahrung des Todes als eine kollektive, überdies brüderliche Erfahrung
> gemacht haben, die unser Zusammen-Sein begründet ... Wie ein *Mit-Sein-zum To-
> de* ...[192]

Wenn das Wesentliche der Erfahrung des radikal Bösen auf dem Erleben des Todes beruht, so ist der leere Raum in der Tat eine kaum zu überbietende
(Re)präsentation der Auslöschung. In seiner Studie *Das kollektive Gedächtnis* stellt
Maurice Halbwachs zusammenfassend fest, „daß die Mehrzahl der Gruppen [...]
gewissermaßen ihre Form auf den Erdboden zeichnet und ihre kollektiven Erinnerungen innerhalb des auf diese Weise festgelegten räumlichen Rahmens wiederfinden".[193] Diese Überlegung mag, auf den gegebenen Kontext bezogen, ge-
wagt erscheinen, dennoch bezeichnet sie präzise die Möglichkeit und Unmöglichkeit der Erinnerung beziehungsweise die Möglichkeit einer unmöglichen Erinnerung. Vor diesem Hintergrund wird der leere Raum von Buchenwald zum
erschütternden Bild des kollektiven Todes, der hier stattgefunden hatte. Es ist die
von Toten bevölkerte Leerstelle, vor der die Erinnerung und die Zuschreibung
von Bedeutung versagt. Doch während für Halbwachs der räumliche Rahmen als
Garant des kollektiven Gedächtnisses fungiert, birgt die Rückkehr in diesen
Rahmen für Semprun gerade die Möglichkeit der Loslösung von der Fixierung an
die Vergangenheit. Im Moment der Distanzierung taucht die Wahrnehmung von
Leben an diesem Ort erneut auf, die einen Ausweg in die Zukunft zu eröffnen
scheint. Doch ist diese Schlussfolgerung so trügerisch wie die als offene Wunde
gestaltete Gedenkstätte, deren angrenzender, frisch aufgeforsteter Teil nicht nur
das ehemalige Kleine Quarantänelager überdeckt, „es bedeckte und verbarg auch
die Leichen dieser Tausende von Toten, dieser Tausende von Opfern des Stalinismus".[194] Die Zeichen der Vernichtung im Namen von Nationalsozialismus
und Stalinismus durch die Wiederaufforstung des Waldes zu überdecken erweist
sich in Sempruns Text als ähnlich fragil wie sein Versuch, dem erfahrenen Tod
das Leben entgegenzusetzen.

Mit der schieren Materialität ehemaliger Konzentrations- und Vernichtungslager verbinden sich demzufolge offensichtlich unterschiedliche Narrationen der
Erinnerung beziehungsweise wurden und werden diese in unterschiedliche narrative Rahmen eingebettet. Doch was kann anhand dieser ruinösen Materialität
erinnert werden? Van Pelt und Dwork stellen in ihrer Reflexion des Gedenkstät-
tenentwurfes für Auschwitz-Birkenau von Oskar und Zofia Hansen eine Erinnerung der Erfahrung einer Erinnerung des Ereignisses gegenüber:

---

192 Ebda., S. 110 (Herv. dt. im Original).
193 Halbwachs, *Das kollektive Gedächtnis*, S. 161.
194 Semprun, *Schreiben oder Leben*, S. 359.

For the designers, the suffering of the victims and the life that had been within the camp had become a history not to be excavated: *that* history could never be memory. [...] Only one part of the camp could be memory: the world of the perpetrators. Much easier to represent, that world did not belong to the deep recesses of history, but still aggressively framed the horizon of the living. The architects proposed to preserve and maintain the guard towers and the other structures surrounding the perimeter of the camp. Powerful objects in the geography of our world, they were to remain intact.[195]

Dennoch vermag dieser monumentale Rahmen der „Welt der Täter" nicht das eigentliche Grauen des Holocaust zu erinnern, das van Pelt/Dwork zufolge nicht in der Architektur, sondern auf der sich selbst angemaßten Herrschaft über Leben und Tod beruhte: „That process of selection is the core and moral nadir of the horror of the Holocaust – the selection, and not the gas chambers and crematoria. The Germans and their allies had arrogated to themselves the power to decide who would live and who would die."[196] Es gilt also letztlich, die mit den Orten des Ereignisses verbundene Erfahrung zur Erinnerung und zur Sprache zu bringen. Dabei ist für die Konzeptualisierung von Erinnerung wiederum von Bedeutung, dass diesen topographischen Orten unterschiedliche Zentren des Grauens – worin das Unsagbare und Undarstellbare manifest wird – zugeordnet werden: für Claude Lanzmann sind es die Gaskammern als die „zentralen Stellen der Massenvernichtung"[197], für Robert van Pelt und Debórah Dwork ist dies die Selektion, für Giorgio Agamben repräsentiert der Muselmann das Unbezeugbare[198] – aus der jeweiligen Fokussierung des Grauens ergeben sich Diskurse des Undarstellbaren, Nicht-Erinnerbaren beziehungsweise Unbezeugbaren.

Doch abgesehen von dem schwierigen Umgang mit den Orten des Grauens selbst führt die relativ hohe Beständigkeit des Raumes nicht selten zum Grauen der Kontinuität. Dieses Grauen taucht in Berichten von Überlebenden unter verschiedenen Aspekten auf: Zum einen findet es sich in nahezu allen Berichten als Blick nach draußen während des Ereignisses selbst, als Blick auf eine scheinbar unverletzte „Normalität", in der sich keine Spuren der Vernichtung finden. Zum anderen bezieht sich das Grauen der Kontinuität auf die scheinbar unveränderten Orte der Rückkehr. Im Folgenden werde ich mich jedoch auf den ersten Aspekt beschränken, da Kontinuität nach der Rückkehr häufig in der erneuten Verwaltung der Person erfahren wird.[199]

Als Geheimnis der Gleichzeitigkeit bezeichnet Ruth Klüger die Diskrepanz von innen und außen, die sie auf dem Transport von Birkenau nach Christianstadt mit einem Blick nach draußen erfährt:

---

195 Van Pelt/Dwork, *Auschwitz*, S. 376 f. (Herv. im Text).

196 Ebda., S. 353.

197 Claude Lanzmann, „Der Ort und das Wort. Über *Shoah*", in: Baer (Hg.), „*Niemand zeugt für den Zeugen*", S. 101-118, S. 104.

198 Siehe Giorgio Agamben, *Was von Auschwitz bleibt*, S. 36.

199 Siehe u.a. Jorge Semprun, *Die große Reise*, übers. v. Abelle Christaller, Frankfurt/Main 1981, S. 106 ff.; Delbo, *Maß unserer Tage*.

> Aus dem Vernichtungslager kommend, schaute ich auf die normale Landschaft hinaus, als sei sie unwirklich geworden. Auf dem Hinweg hatte ich sie nicht gesehen, und jetzt lag das Land [...] in Postkartenanmut so friedlich da, als hätte die Zeit stillgestanden und ich käme nicht direkt aus Auschwitz. [...] Unser Zug fuhr an einem Ferienlager vorbei. Da war ein Junge, von weither gesehen, der eine Fahne geschwungen hat, Geste der Bejahung der Lichtseite des Systems, an dessen blutverschmierter, kotiger Unterseite man uns entlangschleifte. [...] Für uns beide ist es derselbe Zug, sein Zug von außen gesehen, meiner von innen, und die Landschaft ist für uns beide dieselbe, doch nur für die Netzhaut dieselbe, dem Gefühl nach sehen wir zwei unvereinbare Landschaften.[200]

Die Vorstellung, „als hätte die Zeit stillgestanden", befindet sich im Zentrum des Grauens der Kontinuität, die der Unübersetzbarkeit der eigenen Erfahrung zugrunde liegt. Die von Klüger konstatierte Unvereinbarkeit der Landschaft beruht auf der Anwendbarkeit beziehungsweise Nicht-Anwendbarkeit von Transzendenz, Imagination und Vergleich, mit anderen Worten auf der Unmöglichkeit, in der Außenwelt einen Reflexionsrahmen des eigenen Erlebens zu finden. Trotz oder gerade wegen dieser Diskrepanz der Wahrnehmung von „Wirklichkeit" stellt Klüger ihrer Autobiographie als Motto einen Aphorismus von Simone Weil voran: „Das Mißverhältnis zwischen der Einbildung und dem Sachverhalt ertragen. ‚Ich leide'. Das ist besser als: ‚Diese Landschaft ist häßlich'."[201]

Der Blick von außen bedeutet auch, sich selber als andere/anderer sehen, ein Blick, der sich in Klügers Darstellung in der Landschaft bricht. Die Außen- und Innenseite des Zuges stellen eine unüberwindbare Grenze dar, die eine Begegnung der Blicke ausschließt. War es während des Holocaust unmöglich, die Außenperspektive einzunehmen, so verschafft sich Semprun nach der Befreiung von Buchenwald Eintritt in die häusliche Postkartenanmut der „Normalität" außerhalb des Lagers. Doch gerät dieses Ansinnen zum verzweifelten Versuch, sich den Blick von außen anzueignen:

> Ich trete ans Fenster des Wohnzimmers und blicke zum Lager. Genau im Rahmen eines der Fenster zeichnet sich der viereckige Krematoriumsschornstein ab. Ich stehe und blicke hinüber. Ich wollte sehen, jetzt sehe ich. Ich möchte tot sein, aber ich sehe, ich lebe und sehe. „Ein gemütliches Zimmer, nicht wahr?" sagt hinter mir die grauhaarige Frau. Ich wende mich um, aber ich sehe sie nicht, ihr Bild verschwimmt, das ganze Zimmer schwankt. Wie übersetzt man nur „gemütlich"? Verzweifelt versuche ich, mich an diese winzige Frage zu klammern, aber es gelingt mir nicht, ich rutsche aus und gleite über diese winzige Frage in den erstickenden, grausigen Albtraum, in dessen Mitte, von einem der Fenster umrahmt, sich der Krematoriumsschornstein erhebt.[202]

In Sempruns Beschreibung des Hauses mit Blick auf das Konzentrationslager Buchenwald fügt sich das Krematorium ins Wohnzimmerfenster wie das Bild eines altdeutschen Meisters. Für Semprun bedeutet „Sich-selbst-als-anderer-Sehen" in

---

200 Klüger, *weiter leben*, S. 217 f.
201 Ebda., S. 7.
202 Semprun, *Die große Reise*, S. 157 f.

der distanzierenden Außenperspektive „Sich-selbst-im-Bild-des-Todes-Sehen". Im Gegensatz zu Klüger bricht sich der unvereinbare Blick nicht in einer unversehrten Landschaft, sondern „Sehen" wird zum Benjaminschen „Chock", in dem Wirklichkeit und Wahrheit, Tod und Leben aufeinanderprallen. Sehen entsetzt sich in der Semprunschen Darstellung in der Gleichzeitigkeit von Leben und „Sich-selbst-im-Tod-Sehen". Die scheinbar harmlose Frage der Hausbesitzerin, mit der sie ihren den Tod tausender Menschen übersehenden Blick auf den Schornstein des Krematoriums enthüllt, wirkt auf Semprun verblindend gegenüber einer (mühsam) unverletzten Häuslichkeit. Während die Irrealität des Lagers durch den Blick von außen zur gleißenden Wirklichkeit wird, entlarvt die Frage der Frau die Unmöglichkeit einer Begegnung der Blicke.

„Sehen" sowie die Konfrontation der Blicke von Innen und Außen werden sowohl bei Klüger als auch bei Semprun zur Metapher der unvereinbaren Erfahrung von Wirklichkeit. Doch während Klüger die Grenzen der „blutverschmierten, kotigen Unterseite" des nationalsozialistischen „Systems" verschiebt, indem sie diese über die Grenzen der Gettos, Konzentrations- und Vernichtungslager hinaus erweitert und mit der vorbeiziehenden Landschaft konfrontiert, verdichtet Semprun „das radikal Böse" im Anblick des Krematoriums von Buchenwald.[203] Schlussendlich bestätigen diese beiden Darstellungen die Grenzen der Erinnerung, wie sie von van Pelt und Dwork formuliert wurden. In diesem Sinne beinhalten sie jedoch auch eine Absage an die Möglichkeit einer kollektiven oder kulturellen Erinnerung.

Sämtliche diskutierte Erinnerungs- und Gedächtniskonzepte verhandeln im Grunde genommen das Verhältnis von Fakten und Wirklichkeit, wobei insbesondere Geschichtsschreibung, Kunst und Gesellschaft eine zentrale Rolle zukommt. Maurice Halbwachs' Erarbeitung des Konzeptes des kollektiven Gedächtnisses einerseits sowie Sigmund Freuds Entdeckung der Psychoanalyse andererseits stehen, so meine These, in engem Zusammenhang mit der zunehmenden Ausdifferenzierung von Gesellschaft und Individuum. Halbwachs' Konzept des kollektiven Gedächtnisses stellt in dieser Hinsicht einen Rettungsversuch brüchig gewordener Denktraditionen und damit verbundener Erfahrungsmuster dar. Auffallend hierbei ist vor allem die Abgrenzung gegenüber der Geschichtsschreibung, die, verstanden als Außenperspektive gesellschaftlicher Veränderungen, Voraussetzungen zur Identifikation nicht gerecht wird. Indem Jan Assmann das Konzept des kollektiven Gedächtnisses modifiziert und zum kulturwissenschaftlichen Konzept erweitert, entbindet er dieses von eben jenen verbindend verbindlichen Aspekten, die in Halbwachs' Ausführungen den Zusammenhalt der Gruppe garantieren.

---

203 Abgesehen von diesem Beispiel beruht jedoch gerade auch Sempruns Roman *Die große Reise* auf der Konfrontation und Auseinandersetzung mit der Landschaft, wobei er unter anderem die Bilder aus dem Inneren des Deportationszuges mit Bildern auf dem Weg zurück nach Frankreich kontrastiert.

Obwohl Cornelius Castoriadis vermutlich sowohl die Vorstellung eines kollektiven als auch eines kulturellen Gedächtnisses zurückweisen würde, erlauben seine Arbeiten zum gesellschaftlich-geschichtlichen Imaginären diese Konzepte weiterzudenken. Grundlegend in Castoriadis' Ausführungen ist die definitive Unterscheidung von radikaler Imagination, bezogen auf Einzelne, und gesellschaftlichem Imaginären. Durch die Berücksichtigung der Einbildungskraft als *vis formandi* lassen sich Erinnerungen, anders als bei Halbwachs, als individuelle und/oder gesellschaftliche Bearbeitungen von Ereignissen definieren. Allerdings bleiben Erinnerungen persönliche Phantasmen, sofern sie nicht einen Teil des gesellschaftlichen Imaginären ausmachen, also nicht gesellschaftlich wirksam werden. Kollektives oder kulturelles Gedächtnis gestaltet sich nicht selbst, sondern wird von den Mitgliedern einer Gesellschaft unablässig gestaltet und hergestellt, das heißt, es ist gleichzeitig gestaltet und gestaltend, und zwar durch Sprache und Tun/Handeln.[204] Auf kollektiver oder gesellschaftlicher Ebene stehen gesellschaftliche Institutionen für die Stabilisierung und Normierung von Bedeutungen ein, was aber nicht deren endgültige Fixierung bedeutet. Der von Cornelius Castoriadis geprägte Begriff des gesellschaftlich-geschichtlichen Imaginären erlaubt insofern genauere Einblicke in die verschiedenen Schichtungen der Zeit als das Konzept des kollektiven Gedächtnisses, als er die Herstellung von individuellen und gesellschaftlichen Bedeutungen in und durch Sprache sowie in und durch Handeln berücksichtigt. Zeit ist Castoriadis zufolge eine ontologische Schöpfung, die in der Gestaltung des Gesellschaftlich-Geschichtlichen zum Ausdruck kommt, und zwar in der Schöpfung beziehungsweise im Auftauchen von Neuem/Anderem.[205]

Es kann daher nicht nur darum gehen, festzustellen, dass ein wie auch immer gestaltetes kollektives beziehungsweise kulturelles Gedächtnis Sinn und Bedeutungen vermittelt, sondern es muss zudem die Frage gestellt werden, wie und von wem diese Bedeutungen geschöpft werden. Hier eröffnet sich die Kluft zwischen Tätern und Opfern als Diskrepanz zwischen jenen, die bezeichnen, die damit bestimmte Vorstellungen realisieren und eine bestimmte Gesellschaft gestalten, und jenen, die nicht nur bezeichnet werden, sondern jeder Möglichkeit enthoben werden, selber Wirklichkeit herzustellen. Die eminente Bedeutung von Handeln, die dieses Konzept impliziert und auf die ich im folgenden Kapitel genauer eingehen werde, birgt die Gefahr einer auf Gewalt beruhenden Allianz von Handeln und diskursiver Definitionsmacht in sich.

Die geradezu zum Topos geronnene Rede von der Undarstellbarkeit oder Unvorstellbarkeit des Holocaust wird wiederholt mit fehlenden kollektiven oder narrativen Rahmen begründet, an die sich eine Repräsentation dieses Ereignisses anschließen könne. Obwohl meine Untersuchung der Voraussetzungen von Erinnerung – also die Präsenz von Erinnerungsträgern, ein entsprechendes Vorstellungssystem sowie die Möglichkeit der Lokalisierung – diese These in gewisser Weise

---

204 Siehe Castoriadis, *Gesellschaft*, passim.
205 Siehe ebda., S. 317-363.

bestätigt, ermöglicht der offensichtlich geschärfte Blick von Überlebenden des Holocaust bestimmte Kontinuitäten in diesen narrativen Rahmen wahrzunehmen. Gleichzeitig ließe sich mit Jean Améry argumentieren, dass Konzentrations- und Vernichtungslager diese Referenzrahmen als Phantasmen entlarvten.

> Wir haben nämlich die für uns fürderhin unverrückbare Gewißheit mitgenommen, daß der Geist auf weite Strecken tatsächlich ein ludus ist und wir nichts sind, besser gesagt, vor dem Eintritt ins Lager nichts waren als homines ludentes. Damit ist manche Überheblichkeit von uns abgefallen, mancher metaphysische Dünkel, aber auch manch naive Geistesfreude und manch fiktiver Lebenssinn.[206]

Im Gegensatz zu Améry sieht Imre Kertész im Verlust dieser „naiven Geistesfreude" und damit des kreativen Potentials eine vordringliche Gefahr für die Gesellschaft.[207] Doch trotz dieser unterschiedlichen Beurteilung wird sowohl in Amérys Replik als auch in Kertész' gesellschaftskritischem Befund deutlich, dass narrative Rahmen gesellschaftlicher Gestaltung bedürfen. Ein Blick auf Ursprungslegenden der Erinnerung verdeutlichte, dass Katastrophen das Potential zur Hervorbringung neuer Narrative in sich bergen. Damit soll der Holocaust nicht in eine katastrophische Geschichte eingeordnet, sondern die Aufmerksamkeit vielmehr auf die Tatsache gelenkt werden, dass narrative Rahmen in bestimmten Gesellschaften möglicherweise nicht so sehr fehlen als vielmehr nicht aktualisiert oder verdeckt sind. Welche Ereignisse eine narrative und damit sinnstiftende Ausgestaltung erlangen, bringt nicht zuletzt die Art und Weise zum Ausdruck, in der sich eine Gesellschaft Wirklichkeit entwirft.

---

206 Améry, „An den Grenzen des Geistes", S. 45.
207 Kertész, „Rede über das Jahrhundert", S. 36: „Es [das Jahrhundert, VZ] hat kein klares Bewußtsein von seiner Existenz, kennt seine Ziele und Lebensaufgaben nicht, hat die kreative Freude, die erhabene Trauer, die Produktivität verloren – kurz: es ist unglücklich."

II.
TATSACHEN UND WAHRHEIT

Erinnerungen an die Vergangenheit sind keine Erinnerungen an Tatsachen, sondern Erinnerungen an Vorstellungen, die man sich von den Tatsachen gemacht hat.
(Philip Roth, Die Tatsachen)

1. Ereignis und Tatsachen

In den mitunter dogmatisch geführten Auseinandersetzungen in Bezug auf die Darstellbarkeit beziehungsweise Nicht-Darstellbarkeit des Holocaust wird die Differenzierung von *Ereignis* und *Erfahrung* weitgehend ausgeblendet, die sich jedoch als zentrales Moment der Problematik erweist. Die Debatten der letzten Jahre fokussieren in erster Linie das *Wie* der Darstellung, wobei vor allem Prozesse der Erinnerung und damit der Erfahrung ins Zentrum der Aufmerksamkeit rücken. Damit wird die Frage „*Was* wird dargestellt", die das Ereignis und demzufolge Tatsachen befragt, entweder der Undarstellbarkeit oder Unsagbarkeit überantwortet oder als passee beurteilt. In diesem Sinne stellt etwa Robert Eaglestone im Vorwort seiner Studie *The Holocaust and the Postmodern* explizit fest: „The first part [...] concentrates on testimony and literature: the aim of this section is not to discuss the facts of testimony and literature but rather its consequences and contexts."[1] Stefan Krankenhagen wiederum stellt in der Zusammenfassung seiner Untersuchung *Auschwitz darstellen* fest: „Nicht mehr Auschwitz ist darzustellen, sondern der gegenwärtige Umgang mit Auschwitz, die heutigen Bedürfnisse und Projektionen, die sich an das Wissen um die Vernichtungslager knüpfen. Die sinnhafte Rekontextualisierung und damit das Vergessen von Auschwitz ist unumkehrbar. Die Idee der Undarstellbarkeit ist diesem Prozeß verwoben."[2] Nichtsdestotrotz handelt es sich letztlich auch im Rahmen dieser Debatten um die Fragen: *Was* soll dargestellt werden, *was* kann dargestellt werden beziehungsweise *was* wird dargestellt und damit erinnert?[3] Obwohl rezente Forschungsansätze demzufolge Prozesse der Erinnerung in den Blickpunkt rücken und damit Tatsachen gewissermaßen außen vor lassen, kommt im folgenden Abschnitt der Faktizität des Ereignisses sehr wohl Aufmerksamkeit zu. Im Zentrum stehen hierbei die Transformation des Ereignisses in Tatsachen sowie die Transformation des Ereignisses in Erfahrung.

Die jeweilige Fokussierung von Ereignis oder Erfahrung lässt sich einerseits auf unterschiedliche wissenschaftliche und methodische Zugänge zurückführen, andererseits auf den historischen Kontext, aus dem sowohl Holocaust-Literatur als auch Holocaust-Forschung hervorgingen. Hannah Arendt stellt in ihrem Essay „Natur und Geschichte" mit Beginn der Neuzeit eine „Akzent-Verschiebung des Wissenwollens" fest, wobei sich die „moderne Wissenschaft", so Arendt, durch ihr Interesse für das *Wie* der Dinge auszeichnet und sich nicht wie die traditio-

---

1 Eaglestone, *The Holocaust and the Postmodern*, S. 7.
2 Krankenhagen, *Auschwitz darstellen*, S. 260 f.
3 Symptomatisch für diese Auseinandersetzung stehen Claude Lanzmann und Steven Spielberg, deren Filme *Shoah* beziehungsweise *Schindler's List* in der Auseinandersetzung zu Paradigmen einer bestimmten Darstellungsform respektive einer bestimmten Herangehensweise wurden.

nelle Wissenschaft um das *Was* der Dinge bemüht.[4] Damit geht die Konzentration auf Prozesse einher, die wissenschaftliche Methoden, auch im Bereich der Geistes- und Kulturwissenschaften, prägt. Wenngleich diese Ausdifferenzierung zu einem weit zurückliegenden Kapitel der Wissenschaftsgeschichte führt, zeigen die philosophischen und kulturwissenschaftlichen Beiträge der letzten Jahrzehnte, dass diese Akzent-Verschiebung in Bezug auf die Wahrnehmung und Herstellung von Wirklichkeit, insbesondere nach dem Holocaust, offensichtlich erneut virulent geworden ist. Wenn die Formel des modernen, prozessorientierten Geschichtsbegriffs, so Arendt, in seiner pragmatistischen Ausformung lautet, „daß der Mensch nur das wissen kann, was er selbst gemacht hat",[5] bezeichnet der Holocaust als so genanntes *man-made-desaster* dessen endgültige, nicht zuletzt epistemologische Grenze.

Prägend für die Formation eines Holocaust-Diskurses[6] waren und sind die Rahmen, innerhalb deren Zeugenberichte nach dem Zweiten Weltkrieg entstanden: es sind dies vor allem Jurisdiktion und Historiographie. So gab es unmittelbar nach der Befreiung zahlreiche Bemühungen, die Vernichtung europäischer Juden und Jüdinnen umfassend zu dokumentieren,[7] gleichzeitig waren Zeugenberichte eine mögliche Grundlage für die sich in Vorbereitung befindenden Prozesse.[8] Doch erst während des Eichmann-Prozesses 1961 kamen Überlebende des Holocaust erstmals als gewichtige Zeugen des Verfahrens zu Wort – gleichzeitig wurden damit die Grenzen der Zeugenaussage in einem strafrechtlichen Prozess deutlich, die in den wenig später stattfindenden Frankfurter Auschwitz-Prozessen bestätigt wurden.[9] Sowohl historische Dokumentation als auch Jurisdiktion sind

---

4 Siehe Hannah Arendt, „Natur und Geschichte", in: dies., *Zwischen Vergangenheit und Zukunft*, S. 54-79, S. 69 f.

5 Arendt, „Natur und Geschichte", S. 69.

6 Siehe u.a. Mirjam Wenzel, „Im Gericht mit sich und den anderen. Von der ‚Schuldfrage' zum Dokumentartheater der sechziger Jahre", Diss., Ludwig-Maximilians-Universität München, 2007 (erscheint voraussichtlich 2009 bei Wallstein); Dan Diner, „Ereignis und Erinnerung. Über Variationen historischen Gedächtnisses", in: Berg/Jochimsen/Stiegler (Hg.), *Shoah. Formen der Erinnerung*, S. 13-30.

7 Siehe u.a. Cohen, „Bound to Remember"; Manetti, „Fresh Wounds: Polish Survivor Testimonies 1945–1946".

8 Bei den Nürnberger Prozessen wurden Zeugenaussagen von Überlebenden ehemaliger Konzentrations- und Vernichtungslager – mit wenigen Ausnahmen – bewusst ausgeschlossen. Allerdings handelte es sich hierbei nicht um einen Prozess im Rahmen der Strafgesetzordnung, sondern um ein Kriegsverbrechertribunal, bei dem herkömmliche Regeln der Beweismittelführung außer Kraft gesetzt wurden. Siehe u.a. Cornelia Vismann, „Sprachbrüche im Nürnberger Kriegsverbrecherprozess", in: Stephan Braese (Hg.), *Rechenschaften. Juristischer und literarischer Diskurs in der Auseinandersetzung mit den NS-Massenverbrechen*. Göttingen, 2004, S. 47-66; Lawrence Douglas, „Der Film als Zeuge. *Nazi Concentration Camps* vor dem Nürnberger Gerichtshof", in: Baer (Hg.), *„Niemand zeugt für den Zeugen"*, S. 197-218.

9 Siehe Arendt, „Der Auschwitz-Prozeß", S. 103: „Die Richter befanden sich wirklich in einem Dilemma bei diesem Verfahren, in dem ‚ausschließlich nur Zeugenaussagen zur Verfügung stehen', die selbst im günstigsten Fall notorisch unzuverlässig sind." Die Grenzen der Zeugenaussage werden jedoch nicht so sehr in Bezug auf das Strafrecht im Allgemeinen deutlich, sondern in Bezug auf ein Verfahren, in dem letztlich Massenmord verhandelt wurde. Arendt stellt in diesem Sinne auch die Frage, ob es sich hierbei um das adäquate Instrumentarium der Gerichtsbarkeit

in erster Linie an Fakten und damit am Ereignis interessiert, womit Überlebende vor allem auf die Funktion von Chronisten eingeschränkt wurden.

Erst im Laufe der 1960er und 1970er Jahre findet eine deutliche Verschiebung des Interesses vom Ereignis zur Erfahrung statt. Gleichzeitig verlagert sich das Augenmerk von der historiographischen Aufarbeitung des Holocaust zur konkreten Wahrnehmung der davon betroffenen Personen. Diese Verschiebung verläuft parallel zur so genannten zweiten Welle von Zeugenberichten in den 1960er Jahren, als unter anderen Primo Levi, Jorge Semprun, Aharon Appelfeld, Jean Améry und Charlotte Delbo die Auseinandersetzung mit ihren Erfahrungen während des Holocaust (wieder) aufnahmen.[10] Allerdings macht die Ablehnung von Imre Kertész' *Roman eines Schicksallosen* zu Beginn der 1970er Jahre deutlich, dass die beginnende Rezeption von Berichten Überlebender des Holocaust keineswegs im Sinne eines „Durchbruchs" aufgefasst werden kann. Kertész vermerkt in einer Eintragung im August 1973 im *Galeerentagebuch*: „Ich komme mit ‚diesem Thema' – so höre ich – zu spät. Es sei nicht mehr aktuell. Man hätte ‚dieses Thema' viel früher gebraucht, vor mindestens zehn Jahren usw."[11] Zweifellos nicht unabhängig von Fragen zeitgemäßer oder unzeitgemäßer Erinnerung ist seit den 1990er Jahren vor allem im Rahmen der Traumaforschung wiederum eine verstärkte Fokussierung auf das Ereignis festzustellen. Mit der Definition des Ereignisses als Trauma wird eine nachträgliche Bearbeitung in Erfahrung in den meisten Forschungsansätzen ausgeschlossen.[12]

Eine weitreichende Differenzierung zwischen Ereignis und Erfahrung findet sich in den unterschiedlichen psychoanalytischen Herangehensweisen. Dabei erweist sich die Differenz zwischen Sigmund Freud und Jean-Paul Sartre, die Gertrud Koch in ihrem Essay zu Claude Lanzmanns Film *Shoah* ausführt, als rich-

---

handelte. Ebda., S. 118 f. Siehe auch Hannah Arendt, *Eichmann in Jerusalem. Ein Bericht von der Banalität des Bösen,* übers. v. Brigitte Granzow, München/Zürich, 1986. Zur Zeugenaussage im Eichmann-Prozess siehe u.a. David Cesarani, „Trial And Testimony: Survivors, Witnesses, And The Eichmann Trial in Perspective", in: Steinert/Weber-Newth (Hg.), *Beyond Camps and Forced Labour,* S. 280-289; Shoshana Felman, „Theaters of Justice: Arendt in Jerusalem, the Eichmann Trial, and the Redefinition of Legal Meaning in the Wake of the Holocaust", in: *Critical Inquiry* 27/2, 2001, S. 201-238; Wenzel, „Im Gericht mit sich und den anderen".

10 Siehe Geoffrey Hartman, *Der längste Schatten. Erinnern und Vergessen nach dem Holocaust,* übers. v. Axel Henrici, Berlin, 1999, S. 211. Hartman unterscheidet drei Phasen der Zeugenschaft des Holocaust: unmittelbar nach dem Krieg, in der Folge des Eichmann-Prozesses 1961, nach der Fernsehserie *Holocaust* 1978; eine weitere Phase beginnt nach den Gedenkveranstaltungen zum 50. Jahrestag der Befreiung, als u.a. die Autobiographie von Ruth Klüger *weiter leben* sowie die deutsche Übersetzung von Imre Kertész' *Roman eines Schicksallosen* publiziert wurden.

11 Kertész, *Galeerentagebuch,* S. 32.

12 Siehe Kapitel IV. Zu Beginn beschäftigte sich die Traumaforschung vor allem mit dem/der Einzelnen, in der Zwischenzeit wird das Konzept zunehmend als epistemologischer Ansatz im Bereich der Geschichts- und Kulturwissenschaften weitergedacht. Siehe u.a. Cathy Caruth, „Trauma als historische Erfahrung: Die Vergangenheit einholen", in: Baer (Hg.), *„Niemand zeugt für den Zeugen",* S. 84-98; Dominick LaCapra, *Representing the Holocaust: History, Theory, Trauma,* Ithaka/London, 1994; kritisch Sigrid Weigel, „Télescopage im Unbewußten. Zum Verhältnis von Trauma, Geschichtsbegriff und Literatur", in: Bronfen/Erdle/Weigel (Hg.), *Trauma,* S. 51-76.

tungweisend. „Für Freud liegt das Gewicht auf dem ‚Erlebnis' mehr als auf dem ‚Ereignis', das in der psychoanalytischen Kur ohnehin nur als ‚erinnertes Erlebnis' sich fassen läßt."[13] Sartre hingegen hält „an einem empirischen Begriff des Traumas fest, das Ereignis ist kontingent, seine Auswirkungen nicht".[14] Das Konzept der Sartreschen existentiellen Psychoanalyse beruht unter anderem darauf, „daß noch vor der Symbolbildung der Sprache oder in Zeichen physische Materialität als Träger dafür vorhanden sein muß".[15] In Freuds Schriften zur frühkindlichen Sexualität ist es letztlich irrelevant, ob das Ereignis (im gegebenen Fall des sexuellen Missbrauchs) tatsächlich oder nur als Vorstellung stattfand, da es die daraus resultierende (neurotische) Symptombildung zu behandeln gilt. Sartre hingegen hält an der Materialität/Existenz des Ereignisses fest. Sein Vorwurf gegenüber Freud gründet darauf, dass dieser „Tatsachen mit Wörtern bezeichnet, mit denen er die Existenz auslöscht und zu Mechanismen macht, also Wörter selbst zu Dingen werden läßt [...]".[16] Diese Diskussion beeinflusste vor allem kulturwissenschaftliche Ansätze im französischsprachigen Raum, die zwar mitunter von Fragen der Repräsentation des Holocaust ausgingen, letztlich jedoch weit über die Grenzen der Auseinandersetzung mit dem Holocaust hinausgingen.[17] Ich werde auf die Konsequenzen dieser unterschiedlichen Herangehensweisen im Zusammenhang mit traumatischer Erinnerung noch detaillierter eingehen.

Die Unterscheidung von Ereignis und Erfahrung beziehungsweise zwischen Ereignis und dessen Auswirkungen lässt sich bereits in Maurice Halbwachs' Konzept des kollektiven Gedächtnisses aufspüren: „Aber nicht das Ereignis, sondern die Auswirkungen gehen in das Gedächtnis eines Volkes ein, das sie erfährt – und dies erst von dem Augenblick an, in dem sie es erreichen."[18] Halbwachs intendiert mit dieser Unterscheidung zwar offensichtlich eine Grenzziehung zwischen Geschichte und kollektivem Gedächtnis, doch ist damit ebenfalls jener Kernpunkt benannt, um den sich die Auseinandersetzungen bezüglich der Darstellbarkeit des Holocaust nach wie vor drehen – wobei die Argumentation durchaus jener Halbwachs' ähnelt. Es ist letztlich eine Diskussion um den Stellenwert und die Bedeutung von Fakten innerhalb einer Gesellschaft:

> Aber ist es wirklich ein und dasselbe Ereignis, wenn jede dieser Denkweisen es sich auf ihre Art vorstellt und in seine Sprache übersetzt? Es handelt sich um Gruppen, die alle räumlich sind. Auch das Ereignis geschieht im Raum, und es kann sein, daß

---

13 Gertrud Koch, „Der Engel des Vergessens und die black box der Faktizität – Zur Gedächtniskonstruktion in Claude Lanzmanns Film *Shoah*", in: Haverkamp/Lachmann (Hg.), *Memoria*, S. 67-77, S. 71.
14 Ebda., S. 75.
15 Ebda., S. 76 f.
16 Ebda., S. 73.
17 Siehe u.a. Lyotard, *Heidegger und „die Juden"*; Jacques Derrida, „Interpretations at War. Kant, der Jude, der Deutsche", in: Weber/Tholen (Hg.), *Das Vergessene(e)*, S. 71-139.
18 Halbwachs, *Das kollektive Gedächtnis*. S. 97.

alle Gruppen es wahrnehmen. Wichtig aber ist die Art, in der sie es interpretieren, der Sinn, den sie ihm geben.[19]

Diese von Halbwachs in den Raum gestellte Frage impliziert jedoch prekäre Auswirkungen, die Hannah Arendt in ihrem Essay „Wahrheit und Politik", in dem sie auf die Unterscheidung von Tatsachen, Meinung und Interpretation insistiert, verdeutlicht. Die Probleme, so Arendt, denen sich Historiker gegenübersehen, wenn es darum geht, Tatsachen auch nur zu etablieren, beweisen nicht, „daß es Tatbestände überhaupt nicht gibt, und sie [die Problematik der Auswahl sowie der Perspektive im Rahmen der Geschichtswissenschaft, VZ] kann auch nicht dazu dienen, die Unterschiede zwischen Tatsachen, Meinungen und Interpretation einfach zu verwischen oder den Historiker zu ermächtigen, nach Belieben mit seinem Tatsachenmaterial zu verfahren".[20] Eben diese definitive Unterscheidung von Tatsachen und Interpretation stellt Halbwachs in Bezug auf das kollektive Gedächtnis in Frage und er kann dabei unausgesprochenerweise auf Nietzsche zurückgreifen, der den Positivismus bekanntlich wie folgt zurückweist: „nein, gerade Thatsachen giebt es nicht, nur Interpretationen".[21] Diese Feststellung prägt in unterschiedlichen Variationen kulturwissenschaftliche Auseinandersetzungen mit dem Holocaust und darüber hinaus.[22] So stellt auch James E. Young in seiner grundlegenden Studie *Writing and Rewriting the Holocaust* – obwohl er Tatsachen nicht völlig von der Hand weist – fest: „For the significance and meaning of events created in these texts often reflect the kind of understanding of events by victims at the time; and as these ‚mere' interpretations led to their responses, the interpreted versions of the Holocaust in its texts now lead us to our actions in the world in light of the Holocaust."[23]

Wovon also ist die Rede, wenn es um Tatsachen und darüber hinaus um Tatsachenwahrheit geht? Tatsachenwahrheit, so Arendt,

handelt ihrem Wesen nach von rein menschlichen Dingen, betrifft Ereignisse und Umstände, in die viele Menschen verwickelt sind, und ist abhängig davon, daß Menschen Zeugnis ablegen; selbst wenn es sich um rein ‚private' Tatbestände handelt, macht sich ihre Wirklichkeit erst geltend, wenn sie bezeugt und Gegenstand einer Kundgebung geworden sind. Die Tatsachenwahrheit ist von Natur politisch. Daher stehen sich auch Tatsachen und Meinungen, obgleich sie streng voneinander unterschieden werden müssen, keinesfalls notwendigerweise antagonistisch gegen-

---

19 Ebda., S. 108.
20 Hannah Arendt, „Wahrheit und Politik", in: dies., *Zwischen Vergangenheit und Zukunft*, S. 327-370, S. 339.
21 Friedrich Nietzsche, *Nachgelassene Fragmente. 1885–1887*, in: *Sämtliche Werke*, kritische Studienausgabe in 15 Einzelbänden, Bd. 12, hg. v. Giorgio Colli u. Mazzino Montinari, München, 1999, Abschnitt 7, Fragment 60, S. 315.
22 Siehe u.a.: Hayden White, „Historical Emplotment and the Problem of Truth", in: Saul Friedlander (Hg.), *Probing the Limits of Representation. Nazism and the „Final Solution"*, Cambridge, MA/London, 1992, S. 37-53; Eaglestone, *The Holocaust and the Postmodern;* Krankenhagen, *Auschwitz darstellen* u.v.a.
23 Young, *Writing and Rewriting the Holocaust*, S. 3.

über; sie gehören noch immer in den gleichen Bereich. Tatsachen sind der Gegenstand von Meinungen, und Meinungen können sehr verschiedenen Interessen und Leidenschaften entstammen, weit voneinander abweichen und doch alle noch legitim sein, solange sie die Integrität der Tatbestände, auf die sie sich beziehen, respektieren.[24]

Der Schritt vom Ereignis zur Tatsache beziehungsweise zur Wirklichkeit erfolgt Arendt zufolge durch das Bezeugen des Ereignisses, d.h. durch das „Sagen, was ist" – oder wie Albert Camus' Berichterstatter „Das ist geschehen"[25] – wird das Handeln und Tun der Einzelnen zum wahrnehmbaren, wirklichkeitskonstituierenden Ereignis. Die Schwierigkeit von Tatsachen oder von Tatsachenwahrheit beruht nicht *per se* darauf, dass sich etwas nicht sagen ließe, sondern darauf, dass es Tatsachen an zwingender Evidenz fehlt, denn, so Arendt, „bei einem Tatbestand läßt sich niemals ein schlüssiger Grund angeben, warum er nun ist, wie er eben ist. Alles, was sich im Bereich menschlicher Angelegenheiten abspielt – jedes Ereignis, jedes Geschehnis, jedes Faktum –, könnte auch anders sein, und dieser Kontingenz sind keine Grenzen gesetzt".[26] In diesem Zwischenbereich von zwingender Tatsächlichkeit und unendlicher Möglichkeit eröffnet sich ein Raum für Meinungsbildung und Interpretation, mit der Folge, dass dieses Ereignis von unterschiedlichen Gruppen unterschiedlich erfahren und interpretiert wird. Erfahrung und Interpretation setzen allerdings einen Prozess der Verdichtung voraus, der auf verschiedenen Formen der Bearbeitung wie Reflexion, Vorstellung, Affekt, Erzählung etc. beruht. Diesen Prozess der Bearbeitung schreibt Halbwachs allerdings dem Ereignis selbst zu beziehungsweise wird dieses erst durch die Bearbeitung einer Gruppe zum Ereignis. Arendt zufolge handelt es sich jedoch zweifellos um ein und dasselbe Ereignis, selbst wenn unterschiedliche Gruppen dieses auf ihre je spezifische Weise interpretieren, zu ihrer je spezifischen Erfahrung ausarbeiten und es mitunter eine für die Gruppe identitätsprägende Tradition begründet.

René Char, auf den sich Arendt im Vorwort ihrer Essaysammlung *Zwischen Vergangenheit und Zukunft* bezieht, hält den Weg vom Moment des Handelns bis hin zur Tradition, die er als Erbe bezeichnet, in einem Aphorismus fest: „Die Aktion, die für die Lebenden einen Sinn hat: Wert hat sie nur für die Toten, und Vollendung wird ihr erst in dem Bewußtsein zuteil, das ihr Erbe antritt und sie befragt."[27] Vollendung der Aktion wäre demzufolge Erinnerung, kritische Infragestellung, Verstehen des Handelns sowie die Möglichkeit, Geschichten zu erzählen. Vollendung kommt somit dem historischen beziehungsweise kritischen Bewusstsein zu. Es handelt sich hierbei letztlich um einen sinnstiftenden Prozess, den Hegel als Versöhnung mit der Wirklichkeit bezeichnet hat – wobei Hegel freilich nicht von Tradition spricht, sondern von Geschichte im Sinne von Welt-

---

24 Arendt, „Wahrheit und Politik", S. 338 f.
25 Camus, *Die Pest*, S. 11.
26 Arendt, „Wahrheit und Politik", S. 344.
27 René Char, *Hypnos. Aufzeichnungen aus dem Maquis (1943–1944),* hg. v. Horst Wernicke, übers. v. Paul Celan, Frankfurt/Main, 1990, S. 73.

geschichte. Allerdings liegt in der von Hegel vorgenommenen Sinn- und Bedeutungszuschreibung an den Geschichtsprozess selbst eine, wie Arendt feststellt, verhängnisvolle Verwechslung von Sinn und Zweck begründet:

> [V]on dem Sinn, der sich erst offenbaren kann, wenn der Vorgang abgeschlossen ist, also in seiner vollen Bedeutung erst erfaßbar ist, wenn alle Handelnden tot sind, mit den Zwecken, welche die Handelnden verfolgen und um derentwillen sie handeln – diese Verwechslung liegt der Anlage nach bereits in der Hegelschen Geschichtsphilosophie, insofern dort die Geschichte den allen Handelnden unbewußten, eindeutigen Zweck haben soll, die Entwicklung des Weltgeistes zu ermöglichen oder die Freiheit zu verwirklichen.[28]

Von Bedeutung ist diese von Arendt konstatierte Verwechslung von Sinn und Zweck insofern, als gerade die vermeintliche oder tatsächliche Zuschreibung von Sinn einer der herausragenden Kritikpunkte im Zusammenhang mit der Repräsentation des Holocaust, unter anderem in Form von Erzählung oder Bericht, darstellt. Dabei stellt sich nicht nur die Frage, ob der Sinn dem Ereignis selbst zugeschrieben wird oder ob der Sinn des Ereignisses auf einen geschichtlichen Prozess zurückgeführt wird, sondern darüber hinaus welche Möglichkeiten der Meinungsbildung und Interpretation offenstehen, wenn beide Optionen der Zuschreibung von Sinn fehlschlagen? Die Relevanz dieser Fragen wird etwa in der „Historisierungsdebatte" zwischen Saul Friedländer und Martin Broszat deutlich, aber auch in den „meta-historischen Überlegungen zur Debatte" von Jörn Rüsen[29]. Indem Rüsen die „schiere Tatsächlichkeit" des Holocaust überspringt, kann er Sinn- und Bedeutungselemente mit der „historischen Erfahrung" dieser Tatsächlichkeit verknüpfen:

> Die historische Erfahrung hat ein Wort mitzureden bei ihrer Interpretation. Das ist deshalb der Fall, weil sie – wie vermittelt auch immer – an und in sich selber schon Elemente genau derjenigen Sinnhaftigkeit und der Bedeutung trägt, die ihr post festum historisch interpretierend abgewonnen wird. Genau darauf beruht die Hermeneutik der historischen Methode.[30]

Rüsen bezeichnet die Elemente impliziter Bedeutung und Sinnhaftigkeit des Holocaust mit Dan Diner als Zivilisationsbruch, ein Begriff, der nicht zuletzt auf „das Schwinden, die Negation, die Abwesenheit historischen Sinns im Entwicklungszusammenhang der Zeiten"[31] verweist. Rüsen versucht, vor dem Hintergrund der Historisierungsdebatte ein Konzept historischer Kontinuität zu entwickeln, mit dem „auch radikale Diskontinuitäten deutend festgehalten werden können, ohne daß schon die Bedingung eines Sinn- und Bedeutungszusammenhangs zwischen Vergangenheit und Gegenwart im Prinzip aufgegeben werden

---

28 Hannah Arendt, „Geschichte und Politik in der Neuzeit", in: dies., *Zwischen Vergangenheit und Zukunft*, S. 80-109, S. 98.

29 Jörn Rüsen, „Die Logik der Historisierung. Meta-historische Überlegungen zur Debatte zwischen Friedländer und Broszat", in: Gertrud Koch (Hg.), *Bruchlinien. Tendenzen der Holocaustforschung*, Köln/Weimar/Wien, 1999, S. 19-60.

30 Ebda., S. 39.

31 Ebda., S. 53.

müßte".[32] Obwohl Rüsen dafür plädiert, die für die moderne Geschichtsauffassung typische „Äquivalenz von äußerem Zeit- und innerem Sinnzusammenhang aufzugeben"[33], geht es ihm doch um die Neukonzeptualisierung „Deutscher Identität"[34] unter Berücksichtigung des durch den Nationalsozialismus herbeigeführten Bruchs – und in dieser Konzeptualisierung bleibt zumindest die Möglichkeit der Verwechslung von Sinn und Zweck unberücksichtigt.

Liegt die von Arendt festgestellte folgenschwere Verwechslung von Sinn und Zweck in der Geschichtsphilosophie Hegels begründet, so führt diese bei Marx durch die Überlagerung der Kategorien Handeln und Herstellen zur Machbarkeit von Geschichte und den damit verbundenen Auswirkungen.[35] Im Gegensatz zur traditionellen Philosophie verortet Hegel in seiner Geschichtsphilosophie Wahrheit im Bereich menschlicher Angelegenheiten, ein Bereich, der bis dahin aufgrund seiner impliziten Kontingenz jeder philosophischen Grundlage entbehrte: „Dem gegenüber dachte Hegel, daß Wahrheit dem Zeitprozeß selbst innewohne und in ihm sich offenbare, und von dieser Überzeugung ist in irgendeinem Sinne das gesamte moderne Geschichtsbewußtsein geprägt, ob es sich nun in Hegelschen Begriffen ausdrückt oder nicht."[36] Der Willkür, die Tatsachenwahrheiten in ihrem Entstehen anhaftet, wurde innerhalb der Philosophie mit der Konstruktion einer höheren Notwendigkeit begegnet, die sich bei Hegel in Form einer „List der Vernunft" findet oder bei Kant als „verborgener Plan der Natur".[37] Dass diese Konstruktion entscheidende Konsequenzen für das menschliche Handeln hat, verdeutlicht Arendt in ihrem Essay „Wahrheit und Politik": „Führt man diesen Begriff der Notwendigkeit in den Bereich der menschlichen Angelegenheiten ein, so ist man zwar anscheinend mit dem ‚trostlosen Ungefähr' fertig geworden, aber man hat auch in eins damit die menschliche Freiheit liquidiert, die ohne das Es-hätte-auch-anders-kommen-Können undenkbar ist."[38] Sobald die Vorstellung einer „höheren Notwendigkeit" nicht im Sinn einer Rekonstruktion von Geschichte, sondern als Konstruktion im Sinn der Machbarkeit von Zukunft verstanden wird, birgt diese Prämisse offensichtlich die Gefahr totalitärer Systeme in sich. Denn während bei Hegel einzelne Handlungen und Ereignisse dadurch Sinn erhalten, dass „sie einen verstehbaren Teil dieses einheitlichen Gesamtpro-

---

32 Ebda.
33 Ebda.
34 Ebda., S. 54 ff.
35 Siehe Reinhart Koselleck, *Vergangene Zukunft. Zur Semantik geschichtlicher Zeiten,* Frankfurt/Main, 1979, S. 260-277. Koselleck verortet den tiefgreifenden Bedeutungswandel von „Geschichten erzählen" zu „Geschichte machen" um 1780. In Bezug auf die Vorstellung von Machbarkeit der Geschichte sieht er vor allem Kant mit seiner Frage nach der Möglichkeit einer „Geschichte apriori" als wegweisend. Marx hatte Koselleck zufolge als Historiker sehr wohl Einsicht in die Grenzen der Machbarkeit von Geschichte. Dennoch scheint mir die bei Marx in die Zukunft verlegte Machbarkeit von Geschichte eine weit über die Grenzen des Marxismus hinaus wirkende Vorstellung.
36 Arendt, „Geschichte und Politik in der Neuzeit", S. 87 f.
37 Siehe Arendt, „Wahrheit und Politik", S. 344.
38 Ebda.

zesses bilden",[39] greift der/die Einzelne u.a. in der Folge von Marx' Geschichts-konzeption nicht handelnd, sondern herstellend in die Geschichte ein und führt sie damit gleichzeitig ihrem Ende zu. Auf die Geschichtsphilosophie Hegels und den darauf folgenden Marxschen Geschichtspragmatismus lässt sich, trotz entscheidender Unterschiede, letztlich das tiefgreifende Unbehagen zurückführen, jegliche Form der Darstellung des Holocaust könnte diesem geschichtlichen Prozess, der letztlich als fortschreitender gedacht wird, in sinnvoller Weise eingeschrieben werden.

Ein weiterer Aspekt des „modernen" Geschichtsbewusstseins, der in der Auseinandersetzung um Erinnerung und Darstellung des Holocaust eine wichtige Rolle spielt, betrifft die Vergleichbarkeit und damit verbunden die Wiederholbarkeit von Ereignissen. Die Vorstellung, geschichtliche Ereignisse als Lehrbeispiele und Exempel für die Gegenwart heranzuziehen, lässt sich weit zurückverfolgen. Der wesentliche Unterschied zwischen griechisch- sowie römisch-antikem und neuzeitlichem Geschichtsverständnis beruht vor allem darauf, dass Geschichte in der Neuzeit als allumfassender Prozess verstanden wird, der, wie ich noch ausführen werde, schließlich eine Krise des Tatsächlichen evoziert. Sowohl für die griechischen als auch für die römischen Geschichtsschreiber, so Arendt, war es selbstverständlich, dass die Bedeutung oder

> die Lektion jedes Ereignisses, jeder Tat, jedes Geschehnisses in ihm selbst unmittelbar faßbar und für alle evident vorliegt. [...] Jede Tat und jedes Ereignis in der Antike enthielt und zeigte auch seine ‚allgemeinere' Bedeutung in den Grenzen seines So-Seins, und es bedurfte für dieses Zeigen keines Entwicklungsprozesses und keines allumfassenden, weltgeschichtlichen Zusammenhangs.[40]

Obwohl sich der moderne Geschichtsbegriff Arendt zufolge nicht auf einen christlichen Ursprung zurückführen lässt, ist die Bedeutung, die Augustinus dem Tod und der Auferstehung Christi zuschreibt, bemerkenswert. Augustinus bezeichnet dieses Ereignis als einziges irdisches Ereignis von Interesse, denn hierbei handle es sich „um die Einmaligkeit eines einzigen und darum einmaligen Vorganges, in welchem einmal und nie wieder die Ewigkeit selbst gewissermaßen in den Ablauf irdischer Vergänglichkeit einbrach, um sie zu erlösen".[41] Bemerkenswert ist dieser Hinweis insofern, als säkulare Geschichte demzufolge mit dem Einbruch „eines einzigen und darum einmaligen Vorgangs" gleichzeitig beginnt und endet, indem irdische Vergänglichkeit dem zeitlosen Kozept der Ewigkeit überantwortet wird. Den Kategorien Singularität und „fortwährende Dauer"[42] be-

---

39 Arendt, „Natur und Geschichte", S. 71.
40 Arendt, „Geschichte und Politik in der Neuzeit", S. 81 f. Interessanterweise finden sich Spuren dieser Auffassung wiederum in Jörn Rüsens Ausführungen zur „historischer Erfahrung". Siehe Rüsen, „Die Logik der Historisierung", S. 39.
41 Arendt, „Geschichte und Politik in der Neuzeit", S. 84.
42 Siehe Lawrence L. Langer, „Die Zeit der Erinnerung. Zeitverlauf und Dauer in Zeugenaussagen von Überlebenden des Holocaust", in: Baer (Hg.), „Niemand zeugt für den Zeugen", S. 53-67.

ziehungsweise „unverlierbare Zeit"[43] kommt im Zusammenhang mit dem Holocaust beachtliche Bedeutung zu, dann allerdings unter umgekehrten Vorzeichen.

Auf die Unhaltbarkeit des modernen Geschichtsbewusstseins verweist unter anderen auch Zygmunt Bauman in seiner Studie *Dialektik der Ordnung*, und zwar im Zusammenhang mit der Diskrepanz zwischen der Rede von der Unsagbarkeit und dem ununterbrochenen Sprechen darüber. Unter Bezugnahme auf Walter Benjamin kommt für Bauman in dieser Diskrepanz die Verweigerung der Einsicht zum Ausdruck, dass das zugrunde liegende Konzept der Geschichte obsolet geworden ist.[44] In welchem Ausmaß der Holocaust das auf Prozesse fokussierte Geschichtsbewusstsein der Moderne unterminiert, zeigt unter anderem die Datierung „nach 1945", mit der einerseits eine neue Zeitrechnung angedeutet, andererseits die von Augustinus postulierte Erlösung aus der Vergänglichkeit radikal aufgehoben wird. Der Tod lässt sich in seiner Einmaligkeit nicht weiter als paradigmatisch und damit als möglicher Entwurf in die Zukunft auslegen, sondern der „Tod in den Lagern" wird etwa bei Adorno zum Paradigma einer unversöhnbaren Welt/Wirklichkeit: „Daß in den Lagern nicht mehr das Individuum starb, sondern das Exemplar, muß das Sterben auch derer affizieren, die der Maßnahme entgingen."[45] Doch der Holocaust schreibt sich nicht nur in das Geschichtsbewusstsein als unwiederbringliche Zäsur ein, sondern „die Erfahrung des Todes"[46] wird von Überlebenden des Holocaust – oder wie Jorge Semprun formuliert von „Wiedergängern"[47] – als traumatisch und damit als Unterbrechung erlebt: „Das Trauma", so Gertrud Koch, „bedeutet für die Zeitstrukturierung eine Zäsur, die sich als black box zwischen die Zeit vor und nach dem traumatischen Ereignis schiebt und als diskontinuierlich erleben läßt."[48] Diese Zäsur erweist sich jedoch als dermaßen nachhaltig, dass sie die Zeit nicht nur vor und nach dem Ereignis unterbricht, sondern darüber hinaus Zeit und Erfahrung selbst permanent zu zerbrechen droht. Das traumatisierende Ereignis wird bei Semprun zur einzigen Erfahrung, die die Erfahrung des Lebens nach der Befreiung nahezu verunmöglicht.

> Ich war nicht sicher, ob ich wirklich ein Überlebender war. Ich war durch den Tod hindurchgegangen, er war eine Erfahrung meines Lebens gewesen. [...] Aber die Erfahrung des Lebens, die das Leben von sich selbst macht, im Begriff, es zu leben, ist aktiv. Und sie steht zwangsläufig im Präsens. Das heißt, sie nährt sich von der Vergangenheit, um sich in die Zukunft zu projizieren.[49]

---

43 Siehe Améry, *Jenseits von Schuld und Sühne*, S. 15 (Vorwort zur ersten Ausgabe 1966).

44 Siehe Zygmunt Bauman, *Dialektik der Ordnung. Die Moderne und der Holocaust*, übers. v. Uwe Ahrens, Hamburg, 1992, S. 238.

45 Theodor W. Adorno, *Negative Dialektik. Jargon der Eigentlichkeit*, hg. v. Rolf Tiedemann, unter Mitwirkung v. Gretel Adorno, Susan Buck-Morss u. Klaus Schultz, Frankfurt/Main, 1996, S. 355.

46 Siehe Semprun, *Schreiben oder Leben*, S. 110.

47 Ebda.

48 Koch, „Der Engel des Vergessens", S. 76.

49 Semprun, *Schreiben oder Leben*, S. 167.

Die Erfahrung des Todes als Erfahrung des Lebens lässt sich nicht in die Zukunft projizieren, sie bezeichnet immer nur den Einbruch der Vergangenheit des Todes in die Gegenwart. Erfahrung als Erfahrung des Lebens ist für Semprun erst wieder möglich, nachdem er beschlossen hatte, die Erfahrung des Todes bewusst auszugrenzen. Doch erweist sich dieses Unterfangen des Vergessens als durchlässige Grenze der Wahrnehmung: „Nichts war wirklich außer dem Lager; alles andere waren kurze Ferien, oder Sinnestäuschungen, Traum: so ist es."[50]

Die Krise des Tatsächlichen entsteht in dem Moment, in dem geschichtliche Ereignisse weniger als Lehrbeispiele denn als Exponenten eines Prozesses gesehen werden, in dem unsichtbare Kräfte walten, die es zu erkennen gilt.

> Seit Hegel Napoleon in Jena einreiten sah und in ihm nicht den Kaiser von Frankreich und nicht den Eroberer Preußens, nicht den Sohn und nicht den Zerstörer oder Überwinder der Französischen Revolution erblickte, also nichts von dem, was Napoleon in diesem Moment wirklich war, sondern den ‚Weltgeist zu Pferde' – seither haben die Geschichtswissenschaft und die Geschichtsschreibung gemeint, nur dann mit der Erforschung und Darstellung eines Ereignisses fertig zu sein, wenn sie in ihm das funktionell Exponentenhafte entdeckt hatten, nämlich das, was selbst ungreifbar sich hinter dem Sichtbaren und Erfahrbaren verbarg.[51]

Wenn sich das Tatsächliche, das Besondere und Einzelne, nur dann behaupten und Bedeutung erlangen kann, sofern es sich im Prozess der Geschichte oder im „Weltgeist" offenbart beziehungsweise darin erkannt wird, verweist dies auf ein Auseinanderdriften von Konkretem und Allgemeinem, von Ereignis und Bedeutung. Die weitreichende Verschiebung, die Hegel in Bezug auf die Wahrnehmung von Geschichte und letztlich von Wirklichkeit vornimmt, führt zur Notwendigkeit, nicht bloß zu sagen, was ist, sondern zu sagen, wie etwas geworden ist. Im Gegensatz dazu, so Arendt, betonte Herodot immer wieder,

> daß er sagen wolle, was ist [...], wobei dem Sagen und Schreiben die größte Bedeutung zukam, weil nur so das an sich Flüchtige und Vergängliche jenes Maß an Dauer und Unvergänglichkeit erhalten konnte, durch das es erst eigentlich geschichtlich wurde. Aber daran, daß alles, was ist oder gewesen ist, seinen Sinn in sich selbst trägt und das Wort nur braucht, um offenbar zu werden, hätte er nie gezweifelt. Seine Aufgabe ist, das Gedächtnis herzustellen und sicherzustellen [...], mit Worten offenbar zu machen [...], und das Große in den Raum des Öffentlichen zu bringen.[52]

---

50 Ebda., S. 297. Semprun zitiert hier Primo Levi, der am Ende seines Berichts *Die Atempause* einen immer wiederkehrenden Alptraum nach seiner Rückkehr wiedergibt: „Ich bin wieder im Lager, nichts ist wirklich außer dem Lager; alles andere waren kurze Ferien, oder Sinnestäuschung, Traum: die Familie, die blühende Natur, das Zuhause." Primo Levi, *Die Atempause,* übers. v. Barbara u. Robert Picht, München, 1994, S. 245 f.

51 Arendt, „Geschichte und Politik in der Neuzeit", S. 80 f. Koselleck kommt in seiner Studie *Vergangene Zukunft* im Zusammenhang mit der Analyse der Kategorien Erfahrung und Erwartung zu einem ähnlichen Ergebnis: „Die zur steten Einmaligkeit verzeitlichte und prozessualisierte Geschichte konnte nicht mehr exemplarisch gelehrt werden." Siehe Koselleck, *Vergangene Zukunft,* S. 366.

52 Arendt, „Geschichte und Politik in der Neuzeit", S. 82.

Dichtern und Geschichtsschreibern kommt demgemäß die Aufgabe zu, der Flüchtigkeit von Taten und Worten Dauer zu verleihen, sie in Form von Tatsachen zu bewahren. Tatsachen verweisen jedoch bereits begrifflich auf die Dingwelt, sie gehören nicht mehr dem Bereich des Handelns und Tuns an, sondern jenem des Herstellens. Dass Dichter und Geschichtsschreiber nicht nur Sprachrohr und Zeugen von Ereignissen waren, zeigt unter anderem die Entschiedenheit, mit der Platon Dichter aus der Polis verwies. Der Transformation von Handlungen in Geschichte oder Geschichten wird im griechisch-antiken Denken demzufolge ein kritischer Raum für Überschreitung zugeschrieben, die sich einerseits durch die Nähe des Herstellens zum Bereich des Politischen (Handeln, Sagen, Tun) ergibt, andererseits aus der unheilvollen Potenz von Handeln unter den Prämissen des Herstellens. „Nur der Herstellende“, so Arendt, „ist Herr und Meister; er ist souverän und darf sich aller Dinge als Material und Mittel für seinen Zweck bemächtigen. Der Handelnde bleibt immer in Bezug zu anderen Handelnden und von ihnen abhängig; souverän gerade ist er nie.“[53] Sich „aller Dinge als Material und Mittel für seinen Zweck“ zu bemächtigen impliziert bereits im Bereich der Kultur die Anwendung von Gewalt,[54] im Bereich des Politischen, in dem es immer um menschliche Angelegenheiten geht, führt diese Prämisse offensichtlich zu den verschiedensten Ausformungen des Totalitarismus.

---

53 Arendt, „Kultur und Politik“, S. 295.
54 Siehe ebda., S. 293 f.

2. Erfahrung

Die Differenzierung von Handeln und Herstellen gehört offensichtlich der Vergangenheit an, denn die beiden Konzepte werden im Laufe des 19. Jahrhunderts dermaßen überlagert, dass, wie Reinhart Koselleck in seiner Studie *Vergangene Zukunft* ausführt, die Vorstellung einer „Verfügbarkeit der Geschichte" zunehmend das Geschichtsbewusstsein beziehungsweise die Auffassung von Geschichte prägt.[55] Ich möchte diese Differenzierung in der Folge dennoch mit berücksichtigen, weil sie eine weitere Annäherung an unterschiedliche Richtungen im Bereich der Holocaust Studies ermöglicht. Dabei stellt sich zunächst die Frage, inwiefern und ob die Kategorien Ereignis und Erfahrung mit Handeln und Herstellen in Verbindung zu bringen sind.

Ereignisse und Tatsachen lassen sich zweifellos auf Handeln – selbst unter den Bedingungen des Herstellens – zurückführen. Demgegenüber gestaltet sich die Zuordnung von Erfahrung als problematisch. Allerdings verweist die Schwierigkeit, diesen Begriff zu fassen, nicht zuletzt auf die Krise des Tatsächlichen. Wenn Ereignissen und in der Folge Tatsachen ein Sinn an und für sich abgesprochen wird, dieser erst nachträglich erkannt werden muss oder überhaupt unzugänglich ist, so zeigt sich in dieser Konstruktion unausgesprochenerweise die Überlagerung von Bedeutung und Wahrheit. Der Anspruch auf Wahrheit bezogen auf Tatsachen oder auch Erfahrung markiert letztlich die ungesicherte Leerstelle zwischen subjektivem Erleben und objektiver Wirklichkeit. Erfahrung wird solcherweise entweder zum Symptom, zur Erinnerungsspur eines Ereignisses oder zur imaginären Konstruktion des Subjekts mit unbestimmtem Referenten.

Ernst van Alphen vertritt in seiner Studie *Caught by History* einen subjektorientierten Ansatz, dem Kants Unterscheidung zwischen Schönem und Erhabenem zugrunde liegt: „Whereas beauty is a property of objects, the sublime must be located in both the object and the subject: it is an experience."[56] Die Erfahrung des Erhabenen ist Kant zufolge *per definitionem* eine Erfahrung, die scheitern muss. Doch eröffnet gerade das Scheitern die Möglichkeit der Annäherung an das Unsagbare, wie van Alphen in seiner Analyse literarischer Werke des niederländi-

---

55 Koselleck, *Vergangene Zukunft*, S. 260-277; siehe auch Arendt, „Kultur und Politik", S. 292: „Und wir können uns gar nicht vorstellen, daß Handeln etwas anderes sein könnte als eine Tätigkeit, die einen vorgesetzten Zweck mit den ihm angemessenen Mitteln verfolgt, wobei es ja selbstverständlich ist, daß die Mitteln durch die Zwecke gerechtfertigt werden. Was für praktisch-politische Folgen dieser Glaube in die Allgemeingültigkeit der banausischen Gesinnung hat, haben wir inzwischen ja zu unserem Unheil erfahren." Unter banausischer Gesinnung versteht Arendt die Gewalttätigkeit sowie den Utilitarismus eines Zweck-Mittel-Denkens im öffentlich-politischen Raum. Ebda., S. 290 ff.
56 Van Alphen, *Caught by History,* S. 144.

schen Künstlers Armando ausführt: „that very failure [of Armando's direct representations, VZ] provides a view of the unspeakable that is the trauma of war experience".[57] Van Alphen weist zu Recht darauf hin, dass die Romantiker, aber
auch Kant, das Erhabene im Bereich der Natur erblickten, während bei Armando
die Natur selbst zur gleichgültigen Beobachterin, eigentlich Zeugin, des (negativ)
Erhabenen wird.[58] Auf mögliche Bedenken, ob es zulässig sei, sich dem Holocaust
mit der Kategorie des Erhabenen anzunähern, antwortet van Alphen, indem er
vor allem die strukturelle Eigenheit des Erhabenen ins Zentrum rückt, das heißt
die Analyse des Erhabenen als paradoxes Phänomen – als Erfahrung eines möglich Unmöglichen beziehungsweise unmöglich Möglichen – für die Darstellung
des Holocaust weiterdenkt.[59]

Da die Erfahrung des Erhabenen auf dem zutiefst subjektiven Bewusstsein des
Scheiterns – sei es in Bezug auf das Unvorstellbare, Unsagbare oder auch auf Ide-
en (Kant) – beruht, wird die Darstellung dieser Erfahrung zur Herausforderung:
„Experience is a challenge to representation because it is utterly subjective, whereas representation is an attempt to make experience intersubjectively accessible."[60]
Doch worin liegt das entschieden subjektive Moment der Erfahrung des Erhabenen, im konkreten Fall der Erfahrung des Todes? Für Kant beruht das Charakteristikum des Erhabenen auf der Fügung „Bewusstsein des Scheiterns": „Das
Wohlgefallen am Erhabenen der Natur ist daher auch nur *negativ* [...], nämlich
ein Gefühl der Beraubung der Freiheit der Einbildungskraft durch sie selbst, indem sie nach einem anderen Gesetze, als dem des empirischen Gebrauchs,
zweckmäßig bestimmt wird."[61] Insofern kommt im Zusammenhang mit der Darstellung des Holocaust nur eine Seite des Phänomens des Erhabenen zum Tragen,
nämlich das Scheitern der Einbildungskraft angesichts eines überwältigenden
Naturphänomens. Das dem Subjekt zukommende Gefühl des Erhabenseins (aufgrund der Zweckmäßigkeit der Vernunft) im Sinne des Bewusstseins, der Na-
turmacht nicht ohnmächtig ausgeliefert zu sein, lässt sich hingegen weder auf die
Erfahrung des Holocaust noch auf deren Repräsentation übertragen. Nichtsdestotrotz eröffnet van Alphens Analyse des Erhabenen als poetologische Kategorie
die Möglichkeit der Repräsentation im Sinne einer unablässigen Annäherung:
vorausgesetzt die Erfahrung des Erhabenen verweist nicht aufgrund des Schei-

---

57 Ebda., S. 145.
58 Ein ähnlicher Blick auf die Natur findet sich u.a. bei Herta Müller: „Die Landschaft steht da,
   während du nicht weißt, wie es weitergeht. Irgendwie ist es ihr total egal. Sie will dich doch fres-
   sen. Wenn du stirbst, hat sie dich." Siehe Herta Müller, „Mit dem Auge kann man keinen Stift
   halten", Interview Cornelia Niedermeier mit Herta Müller, in: *Der Standard*, 15. Jänner 2004,
   S. 22.
59 Obwohl Giorgio Agamben nicht von der Kategorie des Erhabenen ausgeht, kommt er in seiner
   Analyse des Muselmanns, den er in Anlehnung an Primo Levi als „vollständigen Zeugen" bezeichnet, zu einer ähnlichen strukturellen Bewegung des Zeugnisses. Siehe Agamben, *Was von
   Auschwitz bleibt*, S. 77 f., S. 119 ff.
60 Van Alphen, *Caught by History*, FN 3 zu Kap. 5, S. 216.
61 Immanuel Kant, *Kritik der Urteilskraft*, hg. v. Wilhelm Weischedel, Frankfurt/Main, 1974,
   S. 195.

terns der Einbildungskraft auf die Vernunft, sondern auf eine radikale, „uneinge-
bildete" Wirklichkeit.[62]

Im allgemeinen Sinn wird Erfahrung hingegen entlang den Prämissen des
Durcharbeitens, Verarbeitens, Reflektierens eines Ereignisses untersucht, worauf
Reinhart Koselleck in seiner Studie *Vergangene Zukunft* näher eingeht.

> Was wirklich geschieht, ist immer schon überholt, und was davon berichtet wird,
> trifft nie mehr das, was ‚eigentlich' geschehen ist. Eine Geschichte geht in ihrer
> Wirkung auf. Zugleich ist sie aber auch mehr als die jeweilige Wirkung, die sie in
> bestimmten Situationen ausübt. [...] Jede rückläufige Deutung zehrt von einem Ge-
> schehen in seinem Vergangensein, das im jeweiligen Heute neu zur Sprache ge-
> bracht wird. Eine Geschichte geht also in den vielschichtig gebrochenen Zeitverlauf
> ein, in dem sie, bewußt oder unbewußt tradiert, immer wieder neu artikuliert
> wird.[63]

Was Koselleck an dieser Stelle als Wirkung eines Ereignisses beschreibt, impliziert
schlussendlich die Kategorie Erfahrung – eine Schlussfolgerung, die mir insofern
berechtigt erscheint, als er in der Folge „Erfahrungsraum" und „Erwartungshorizont" als historische Kategorien untersucht. Die Nähe der Koselleckschen Definition von Erfahrung zum Konzept des kollektiven Gedächtnisses ist evident,
wobei Koselleck jedoch die stets auf Vermittlung angewiesene Bildhaftigkeit der
Erinnerung in verinnerlichte, unmittelbare Erfahrung überführt.

> Erfahrung ist gegenwärtige Vergangenheit, deren Ereignisse einverleibt worden sind
> und erinnert werden können. Sowohl rationale Verarbeitung wie unbewußte Ver-
> haltensweisen, die nicht oder nicht mehr im Wissen präsent sein müssen, schließen
> sich in der Erfahrung zusammen. Ferner ist in der je eigenen Erfahrung, durch Gene-
> rationen oder Institutionen vermittelt, immer fremde Erfahrung enthalten und
> aufgehoben.[64]

Erfahrung entspricht in diesem Sinne der „lebendigen Erinnerung" bei Halbwachs.[65] Freilich bringt diese Definition von Erfahrung nicht weniger Schwierigkeiten und Fragen mit sich als das Konzept des kollektiven Gedächtnisses. Wie
etwa lassen sich Ereignisse erinnern, die einverleibt worden sind? In welcher Weise wurde „fremde Erfahrung" vermittelt? etc. Ohne weiter auf diese Fragen eingehen zu können, scheinen mir jedoch zwei Aspekte dieser Definition von Erfahrung von Bedeutung: Zum einen weist sie – obwohl Koselleck Freud nicht erwähnt – eine gewisse Analogie zu Freuds Beschreibung der Melancholie in dessen
Studie *Trauer und Melancholie* auf.[66] Freud analysiert in dieser Arbeit die psychi-

---

62 Siehe Lionel Richard, „Auschwitz und kein Ende", in: Manuel Köppen (Hg.), *Kunst und Literatur nach Auschwitz*, Berlin, 1993, S. 23-30, S. 27.
63 Koselleck, *Vergangene Zukunft*, S. 282.
64 Ebda., S. 354.
65 Implizit enthalten sind in dieser Definition die Voraussetzungen der Wiederholbarkeit und Zitathaftigkeit. Diese Terminologie ist allerdings u.a. Jacques Derrida und seinem Konzept der
Performativität geschuldet. Siehe dazu Kapitel V.
66 Siehe Sigmund Freud, „Trauer und Melancholie", in: ders., *Psychologie des Unbewußten*, Studienausgabe, Bd. III, Frankfurt/Main, 1975, S. 193-212.

schen Prozesse, die auf den Verlust eines Objektes folgen, wobei Melancholie sich dadurch auszeichnet, dass dieses verlorene Objekt durch Objektbesetzung in Form von Identifizierung einverleibt und dadurch ersetzt wird. Später, in seinem Werk *Das Ich und das Es,* wird Freud diesen Vorgang über die Melancholie hinaus weiterdenken: „Wir haben seither verstanden, daß solche Ersetzung einen großen Anteil an der Gestaltung des Ichs hat und wesentlich dazu beiträgt, das herzustellen, was man seinen *Charakter* heißt."[67] Als gemeinsames Moment weisen die durchaus unterschiedlichen Begriffe „Wirkung", „Erfahrung" und „Charakter" das Phänomen der individuellen oder gesellschaftlichen Transformation von Ereignissen oder Tatsachen auf. Wenn, wie Koselleck feststellt, „jede rückläufige Deutung von einem Geschehen in seinem Vergangensein [zehrt]", so wird dieses offenbar gleichzeitig aufgezehrt beziehungsweise in Form von Erfahrung einverleibt. Was bei diesen Transformationen verloren geht, ist das Ereignis selbst.[68]

Zum anderen erübrigen sich angesichts der Koselleckschen Definition von Erfahrung zunächst Fragen der Repräsentation, weil Erfahrung als „gegenwärtige Vergangenheit" das vergangene Ereignis immer auch bereits (re)präsentiert. „Was die Erfahrung auszeichnet, ist, daß sie vergangenes Geschehen verarbeitet hat, vergegenwärtigen kann, daß sie wirklichkeitsgesättigt ist, daß sie erfüllte oder verfehlte Möglichkeiten in das eigene Verhalten einbindet."[69] Im Gegensatz zur Erinnerung scheint Erfahrung in unmittelbarer Weise der Gegenwart verpflichtet, sie ist daher weder auf Darstellung noch auf die Vorstellungskraft angewiesen, das heißt, sie kann Wirklichkeit für sich beanspruchen. Die Erfahrung eines Geschehens stellt in diesem Sinne eine Erinnerungsspur dar, in der das Ereignis selbst – „wirklichkeitsgesättigt" – aufgehoben zu sein scheint.

Trotz mancher Übereinstimmungen zielen die Ansätze von Koselleck und van Alphen letztlich auf völlig unterschiedliche Konzepte ab. Koselleck versteht unter Erfahrung bearbeitete, in der Gegenwart präsente Vergangenheit, wodurch Fragen hinsichtlich Ereignis und Tatsachen letztlich obsolet werden. Van Alphen hingegen geht der Frage nach, unter welchen Voraussetzungen Erfahrung scheitern muss und solcherweise zur abgespaltenen Vergangenheit wird – mit dieser Herangehensweise nimmt das Ereignis, an dem die Erfahrung letztlich scheitert, allerdings wieder einen zentralen Aspekt der Analyse ein.

---

67 Sigmund Freud, „Das Ich und das Es", in: ders., *Psychologie des Unbewußten,* S. 273-330, S. 296 (Herv. im Text).

68 Siehe dazu u.a. die Untersuchung von Geneviève Morel zu Trauer und Melancholie in Primo Levis Berichten. Geneviève Morel, „Vom Realen zeugen: Psychoanalytische Erhellungen", in: Franz Kaltenbeck/Peter Weibel (Hg.), *Trauma und Erinnerung. Trauma and Memory: Cross-Cultural Perspectives,* Wien, 2000, S. 231-244.

69 Koselleck, *Vergangene Zukunft,* S. 357.

2.1. Grenzen der Erfahrbarkeit des Holocaust

In seinem Essay „Symptoms of Discursivity" setzt sich Ernst van Alphen mit Problemen der Repräsentation in Bezug auf die Erfahrung des Holocaust auseinander, wobei die diskursive Grundlage von Erfahrung ins Zentrum seiner Untersuchung rückt.

> I argue that experience of an event or history is dependent on the terms the symbolic order offers. It needs these terms to transform living through the event into an experience of the event. To be part of an event or of a history as an object of its happening is not the same as experiencing it as a subject. The notion of experience already implies a certain degree of distance from the event; experience is the transposition of the event to the realm of the subject. Hence the experience *of* an event is already a representation of it and not the event itself.[70]

Als Ursachen für das Scheitern der Erfahrung des Holocaust ermittelt van Alphen anhand zahlreicher Beispiele unter anderem die unklare Subjekt-Objekt-Position der Betroffenen oder die völlige Abwesenheit einer handelnden Position beziehungsweise von Subjektivität. Darüber hinaus fehlen aber auf der Ebene des Diskurses narrative Rahmen, in die das Ereignis in sinnvoller Weise eingeschrieben werden könnte. Die zur Verfügung stehenden narrativen Rahmen sind nicht annehmbar, weil sie dem Ereignis nicht gerecht werden.[71]

> Failed experience excludes the possibility of a voluntarily controlled memory of the event: it implies at the same time the discursivity of ‚successful' experience and memory. We can now say that experience and memory are enabled, shaped, and structured according to the parameters of available discourses.[72]

Wenn Erfahrung die Diskursivierung der Ereignisse voraussetzt, so ist die Darstellung des Holocaust nicht weiter eine Frage der Angemessenheit, sondern ein „technisches" Problem – eine Schlussfolgerung, die van Alphen konsequenterweise zieht.[73] Daneben ist jedoch von Bedeutung, dass Erfahrung im Falle des Gelingens nicht weiter als völlig subjektiv aufgefasst wird, sondern durch deren Angewiesensein auf die „symbolische Ordnung" notwendigerweise über das Individuum hinaus vermittelbar sein muss. „When I describe experience as the result of an integration of what is happening into discourse, in the terms and positions provided by the symbolic order, I imply that experience can no longer be seen as strictly individual. Although experience is subjectively lived, it is at the same time culturally shared."[74] In gewisser Weise bestätigt Imre Kertész diese Analyse von van Alphen, mit dem Unterschied, dass er die „Rollenunsicherheit des Überle-

---

70 Ernst van Alphen, „Symptoms of Discursivity: Experience, Memory, and Trauma", in: Bal/Crewe/Spitzer (Hg.), *Acts of Memory*, S. 24-38, S. 27 (Herv. im Text).
71 Ebda., S. 28. Siehe dazu u.a. auch Saul Friedländer, *Memory, History, and the Extermination of the Jews of Europe*, Bloomington/Indianapolis, 1993, S. 43 ff.
72 Van Alphen, „Symptoms", S. 36.
73 Ebda., S. 26.
74 Ebda., S. 37.

benden" zwar ebenfalls auf die Charakteristika des Ereignisses bezieht, aber vor allem auf die grundlegende Veränderung der diskursiven Rahmen nach dem Ereignis.

> Die Rollenunsicherheit des Überlebenden [...] rührt zu einem nicht geringen Teil daher, daß er all das, was im nachhinein als unbegreiflich angesehen wird, zur gegebenen Zeit sehr wohl begreifen mußte, denn eben das war der Preis des Überlebens. Wenn auch das *Ganze* unlogisch war, jeder Augenblick, jeder Tag erforderte eine unerbittlich exakte Logik: *der Überlebende mußte begreifen, um zu überleben,* das heißt, er mußte begreifen, was er überlebte. Denn eben das ist die große Magie, wenn man so will, das Dämonische: daß die totalitaristische Geschichte unseres Jahrhunderts von uns die ganze Existenz fordert, uns aber, nachdem wir sie ihr restlos gegeben haben, im Stich läßt, einfach weil sie sich anders, mit einer grundlegend anderen Logik fortsetzt. Und dann ist für uns nicht mehr begreiflich, daß wir auch die vorhergehende begriffen haben, das heißt, nicht die Geschichte ist unbegreiflich, sondern wir begreifen uns selbst nicht.[75]

Um diese Feststellung Kertész' nicht voreilig in Richtung Zivilisationsbruch zu interpretieren, muss berücksichtigt werden, dass er sowohl den Nationalsozialismus als auch den Kommunismus in je unterschiedlicher Weise als Vertragsbruch mit dem „Geist der Erzählung" charakterisiert.[76] Wenn „wir uns selbst nicht begreifen", so liegt der Grund letztlich an der aus diesen Vertragsbrüchen folgenden Unmöglichkeit für den Einzelnen, sich eine Wirklichkeit zu gestalten. Wenn Erfahrung in einem weiteren Schritt mit jener „denkenden Vollendung nach der Tat" in Verbindung gebracht wird, die Arendt als Voraussetzung nennt, um eine Geschichte erzählen zu können,[77] so folgt daraus, dass es zwischen den narrativen Rahmen des Ereignisses und den narrativen Rahmen der darauf folgenden gesellschaftlichen Wirklichkeit Berührungspunkte geben muss, um von der Erfahrbarkeit des Ereignisses sprechen zu können. Eine gewisse Übereinstimmung von individuellen und kollektiven Rahmenbedingungen setzt auch Walter Benjamin in seinem Baudelaire-Aufsatz voraus, um von Erfahrung sprechen zu können: „Wo Erfahrung im strikten Sinn obwaltet, treten im Gedächtnis gewisse Inhalte der individuellen Vergangenheit mit solchen der kollektiven in Konjunktion."[78] Das heißt, nicht nur in der Gegenwart müssen adäquate narrative Rahmen vorhanden sein, sondern die Erfahrbarkeit des Ereignisses setzt zudem eine gewisse Entsprechung von individuellen und kollektiven Bezugsrahmen im Moment des Gesche-

---

75 Kertész, „Rede über das Jahrhundert", S. 22 (Herv. im Text).
76 Siehe Imre Kertész, „Die Unvergänglichkeit der Lager", in: ders., *Eine Gedankenlänge Stille,* S. 41-51, S. 47 f. Kertész entlehnt den Begriff „Geist der Erzählung" von Thomas Mann, der diese Begrifflichkeit in seiner Princeton-Rede 1939 unter dem Titel „Die Kunst des Romans" als das „Ewig-Homerische" bezeichnet, in seinem Roman *Der Erwählte* erhält der „Geist der Erzählung" hingegen eine ironische Note. Siehe Thomas Mann, „Die Kunst des Romans", in: ders., *Gesammelte Werke,* Bd. 10: Reden und Aufsätze, Frankfurt/Main, 1960, S. 348-362, S. 349; Thomas Mann, *Der Erwählte,* Frankfurt/Main, 1980, S. 8.
77 Siehe Arendt, „Die Lücke zwischen Vergangenheit und Zukunft", S. 10.
78 Walter Benjamin, „Über einige Motive bei Baudelaire", in: ders., *Illuminationen,* S. 185-229, S. 189.

hens voraus: eine Entsprechung, die Kertész im Hinblick auf totalitäre Systeme als radikale Unterbrechung charakterisiert.

Wenn Vergegenwärtigung der Vergangenheit, die Möglichkeit der Diskursivierung und entsprechende Bezugsrahmen in der Vergangenheit und Gegenwart notwendige Voraussetzungen von Erfahrung sind, so muss dies in Bezug auf den Holocaust konsequenterweise die Nicht-Erfahrbarkeit des Ereignisses zur Folge haben. Gleichzeitig stellt sich die Frage, woran die Gestaltung adäquater narrativer Bezugsrahmen in der Gegenwart scheitert. Diskurse und selbst die „symbolische Ordnung" sind nicht starre, unveränderliche Systeme, narrative Rahmen können neu entstehen. Vor allem aber gab es eine Sprache, entsprechende Diskurse und Narrationen, um Konzentrations- und Vernichtungslager zu errichten, es gab und gibt eine Sprache, um sie zu beschreiben und zu erklären, warum also gibt es keine Sprache, keine Diskurse, um die Erfahrung in Konzentrations- und Vernichtungslagern zu ermöglichen beziehungsweise darzustellen? Warum wird der Holocaust als Ereignis zur Leerstelle in der symbolischen Ordnung beziehungsweise zum narrativen Vakuum? Eine Antwort mit Vorbehalten gibt Paul Celan in seiner „Bremer Rede":

> Erreichbar, nah und unverloren blieb inmitten der Verluste dies eine: die Sprache. Sie, die Sprache, blieb unverloren, ja, trotz allem. Aber sie mußte nun hindurchgehen durch ihre eigenen Antwortlosigkeiten, hindurchgehen durch furchtbares Verstummen, hindurchgehen durch die tausend Finsternisse todbringender Rede. Sie ging hindurch und gab keine Worte her für das, was geschah; aber sie ging durch dieses Geschehen. Ging hindurch und durfte wieder zutage treten, ‚angereichert' von all dem.[79]

Paul Celan unterscheidet demzufolge die „todbringende Rede" der Nationalsozialisten – mit deren fatalen Folgen in Konzentrations- und Vernichtungslagern[80] – von einer Sprache, die es ermöglicht, sich eine „Wirklichkeit zu entwerfen".[81] Wäre die Sprache nicht, wie Celan formuliert, „angereichert von all dem", wäre jeder Begriff, jedes Wort, jeder Name im Zusammenhang mit dem Holocaust ohne jede Bedeutung. Daher kann es sich nicht einzig um individuelle Phantasmen handeln, denn, so Castoriadis: „Damit es gesellschaftlich imaginäre Bedeutungen gibt, bedarf es kollektiv verfügbarer Signifikanten und vor allem Signifikate, die nicht in derselben Weise existieren wie individuelle Signifikate (wie sie von einem bestimmten Subjekt wahrgenommen, gedacht oder vorgestellt werden)."[82] Dem Holocaust kommt im „kulturellen Gedächtnis" allerdings sehr wohl eine signifikante Bedeutung zu. Selbstverständlich kann dem entgegengesetzt werden, dass mit der Diskursivierung des Holocaust dessen Realität „dem Bereich

---

79 Paul Celan, „Ansprache anlässlich der Entgegennahme des Literaturpreises der Freien Hansestadt Bremen", in: ders., *Gesammelte Werke*, Bd. 3, hg. v. Beda Allemann, Frankfurt/Main, 1983, S. 185-186, S. 185 f.

80 Zum Sprachgebrauch der Nationalsozialisten siehe u.a. Karl Kraus, *Dritte Walpurgisnacht*, Frankfurt/Main, 1989; Victor Klemperer, *LTI. Notizbuch eines Philologen*, Stuttgart, 1975.

81 Siehe Celan, „Bremer Rede", S. 186.

82 Castoriadis, *Gesellschaft*, S. 249.

des Vorstellbaren zunehmend entgleitet"[83], dass die Begriffe den Tatsachen nicht entsprechen oder die Realität des Holocaust aufheben,[84] aber es gilt eben auch, der Überlegung nachzugehen, dass die „todbringende Rede" eine Möglichkeit der Sprache darstellt.[85]

Die Erfahrung der Nicht-Erfahrbarkeit ist jedoch nich *per se* ein Spezifikum der Erfahrung des Holocaust. Bereits Walter Benjamin stellt in seinem Essay „Der Erzähler" fest: „[D]ie Erfahrung ist im Kurse gefallen. Und es sieht aus, als fiele sie weiter ins Bodenlose".[86] Der Verlust von Erfahrung wurde, so Benjamin, mit dem Ersten Weltkrieg offensichtlich, und als 10 Jahre nach Kriegsende schließlich massenhaft Kriegsbücher erschienen, enthielten sie keine Erfahrung, „die von Mund zu Mund geht. Und das war nicht merkwürdig. Denn nie sind Erfahrungen gründlicher Lügen gestraft worden als die strategischen durch den Stellungskrieg, die wirtschaftlichen durch die Inflation, die körperlichen durch die Materialschlacht, die sittlichen durch die Machthaber."[87] Erfahrung bezieht sich folglich nicht nur auf die Verarbeitung von Ereignissen der Vergangenheit, sondern bedarf offensichtlich der Anknüpfungspunkte in der Gegenwart. Was Benjamin als Erfahrung, „die von Mund zu Mund geht", bezeichnet, ließe sich auch als Vorhandensein narrativer Rahmen beziehungsweise als Präsenz von gesellschaftlich verfügbaren und somit aktualisierten Signifikaten und Signifikanten beschreiben.

Reinhart Koselleck kündigt bereits mit dem Titel seiner Studie *Vergangene Zukunft* die enge Verbindung dieser beiden Zeitebenen an, wobei Erfahrung für die Vermittlung von Vergangenheit und Zukunft steht. Sie stellt nicht nur eine Verarbeitung von Vergangenheit dar, sondern impliziert zudem eine Orientierungshilfe für die Zukunft. Wenn Erfahrung in der Gegenwart keine bedeutungstragenden Anknüpfungspunkte findet, verliert sie gleichzeitig ihre diskursive Bedeutungsmacht für die Zukunft. Koselleck verortet in der frühen Neuzeit die Ausdifferenzierung von Erfahrung und Erwartung, wobei er diese These dahin gehend präzisiert, „daß sich in der Neuzeit die Differenz zwischen Erfahrung und Erwartung zunehmend vergrößert, genauer, daß sich die Neuzeit erst als eine neue Zeit begreifen läßt, seitdem sich die Erwartungen immer mehr von allen bis dahin gemachten Erfahrungen entfernt haben".[88] Der Zwischenraum zwischen Erfahrung und Erwartung lässt sich als stets neu zu gestaltende Wirklichkeit bezeichnen, wobei die, wie Arendt formuliert, „wiederkehrenden Ausbrüche leidenschaftlichen Verzweifelns an der Vernunft, dem Denken und dem rationalen

---

83 Kertész, „Wem gehört Auschwitz", S. 146.
84 Dieser Ansatz findet in der Forschungsliteratur breite Unterstützung. Grundlegend für die Auseinandersetzung sind nach wie vor Lyotards Werke *Heidegger und „die Juden"* sowie *Der Widerstreit.*
85 Siehe Kapitel III.
86 Walter Benjamin, „Der Erzähler. Betrachtungen zum Werk Nikolai Lesskows", in: ders., *Illuminationen*, S. 385-410, S. 385.
87 Ebda., S. 386.
88 Koselleck, *Vergangene Zukunft*, S. 359.

Diskurs" zu Beginn des 20. Jahrhunderts keineswegs eine neue Reaktion darstellen:

> Sie sind die natürliche Reaktion von Menschen, die aus eigener Erfahrung wissen, daß Denken und Wirklichkeit auseinandergedriftet sind, daß die Wirklichkeit für das Licht des Gedankens undurchlässig geworden ist und daß das nicht mehr an das Geschehnis wie der Kreis an seinen Mittelpunkt gebundene Denken dazu neigt, entweder ganz sinnlos zu werden oder alte Wahrheiten, die allen konkreten Bezug verloren haben, wieder aufzutischen.[89]

Koselleck betrachtet die mit und nach der Französischen Revolution sich herauskristallisierenden Ideologien und Bewegungsbegriffe – wie etwa Fortschritt – als Versuche, die Kluft zwischen Erfahrung und Erwartung zu überbrücken.[90] Diese Denkweise setzt Geschichte als einmalige, prozessuale und vor allem herstellbare voraus, als eine nach bestimmten Mechanismen funktionierende Ganzheit. Arendt begegnet der Lücke zwischen Vergangenheit und Zukunft hingegen in exemplarischer Weise mit ihren Übungen im politischen Denken, bei denen es nicht darum geht, die Lücke zu schließen, sondern „ausschließlich darum, wie man sich in dieser Lücke – der einzigen Sphäre, in der Wahrheit eventuell erscheinen mag – bewegt".[91] Da Arendt sich mit ihren Übungen im politischen Denken im Bereich der Theorie bewegt, wäre es voreilig, diesen Wahrheitsanspruch auf die Wirklichkeit zu übertragen, allerdings reklamiert sie nichtsdestotrotz, „daß das Denken aus Geschehnissen der lebendigen Erfahrung erwächst" und an diese im Sinn der Orientierungshilfe gebunden bleiben muss.[92] Daraus ergibt sich zumindest ein grundlegendes Naheverhältnis zwischen Wirklichkeit und Wahrheit, auf das Hannah Arendt im Zusammenhang mit faschistischer Propaganda auch hinweist.[93] Nicht unter den Vorzeichen von Propaganda oder dem Auseinanderdriften von Denken und Wirklichkeit, sondern und den Vorzeichen einer radikal ent-setzten Wirklichkeit definiert Giorgio Agamben die vollständige Überlagerung von Wahrheit und Wirklichkeit im Zusammenhang mit der Erfahrung des Holocaust als „Aporie von Auschwitz":

> Der Unterschied [zur allgemeinen Schwierigkeit, Erfahrungen mitzuteilen, VZ] betrifft die Struktur des Zeugnisses selbst. Einerseits nämlich erscheint den Überlebenden das, was in den Lagern geschehen ist, als das einzig Wahre und als solches Unvergeßliche; andererseits ist diese Wahrheit in genau demselben Maß unvorstellbar, d.h. nicht auf die sie konstituierenden Wirklichkeitselemente reduzierbar. Tatsachen, die so wirklich sind, daß verglichen damit nichts mehr wahr ist; Wirklich-

---

89 Arendt, „Die Lücke zwischen Vergangenheit und Zukunft", S. 10.

90 Siehe Koselleck, *Vergangene Zukunft*, S. 339 ff.

91 Arendt, „Die Lücke zwischen Vergangenheit und Zukunft", S. 18.

92 Ebda.

93 „Wesentlich an ihr [faschistischer Propaganda, VZ] war, daß sie die uralte vorurteilsvolle abendländische Neigung, Wirklichkeit und Wahrheit durcheinander zu bringen, ausnutzte, und das ,wahr' machte, was bislang nur als Lüge bezeichnet werden konnte." Siehe Arendt, „Antisemitismus und faschistische Internationale", in: dies., *Nach Auschwitz*, S. 31-48, S. 42.

keit, die notwendig ihre faktischen Elemente übersteigt: das ist die Aporie von
Auschwitz.[94]

Nicht zuletzt die von Agamben konstatierte Aporie unterstreicht die Notwendigkeit, dass Erfahrung offensichtlich eine Sphäre außerhalb des Individuums erfordert – einer politischen, kulturellen, wirtschaftlichen, gesellschaftlichen Wirklichkeit –, die dieser entspricht. Seit der so genannten Neuzeit, die, wie Koselleck in
überzeugender Weise ausführt, ihren Namen nicht zuletzt der Auseinanderbewe-
gung von Erfahrung und Erwartung verdankt, oder, wie Arendt feststellt, in deren Verlauf Denken und Wirklichkeit zunehmend auseinanderdriften, wird Erfahrung zum Problem – und dieses Problem scheint sich in dem Maße zu ver-
schärfen, als der Mensch sich anschickt, Wirklichkeit und Geschichte unter den
Prämissen des Herstellens zu gestalten. Die daraus resultierende Tatsache fasst
Kertész in prägnanter Weise zusammen: „Unsere moderne Mythologie beginnt
mit einem gigantischen Negativum: Gott erschuf die Welt, der Mensch erschuf
Auschwitz."[95]

2.2. Verlust von Erfahrung und das Verschwinden von Tatsachen

Erfahrung beruht sowohl auf der Transformation eines Ereignisses im Bereich des
Subjekts beziehungsweise auf der (diskursiven) Aneignung von Ereignissen durch
das Subjekt – was immer schon eine bestimmte Öffnung hin auf gesellschaftliche
Diskurse und Narrationen voraussetzt – als auch auf einer Transformation des
Ereignisses durch das, wie Castoriadis formuliert, gesellschaftlich-geschichtliche
Imaginäre. Erfahrung bezieht sich nicht nur auf das Subjekt im Sinne von „Cha-
rakter" oder „Persönlichkeit", sondern darüber hinaus auf die Übersetzung des
Ereignisses in gesellschaftlich gültige, kulturelle und nicht zuletzt ethische Werte,
in denen das Subjekt sich wiedererkennt. Erfahrung setzt die grundlegend ethi-
sche Möglichkeit voraus, Rechenschaft von sich selbst ablegen zu können.

> Denn für sie alle [die einen der Totalitarismen des letzten Jahrhunderts erlebt ha-
> ben, VZ] gab es eine Phase ihres Lebens, da sie gleichsam nicht ihr eignes Leben
> lebten, [...] da sie so handelten, wie sie aus eigener Einsicht niemals gehandelt hät-
> ten, Entscheidungen trafen, die nicht die innere Ausfaltung ihres Charakters, son-
> dern eine alptraumartige äußere Macht ihnen abnötigte, und es war eine Le-
> bensphase, an die sie sich später nur noch undeutlich, ja, unwillig erinnerten, in der
> sie sich selbst nicht mehr wiedererkannten, die ihnen zwar nicht gelang zu verges-
> sen, die sich jedoch mit der Zeit allmählich zur Anekdote verfremdete, die also – je-
> denfalls empfinden sie es so – nicht zum organischen Teil der Person wurde, zu ei-
> nem fortsetzbaren, die Persönlichkeit weiterentwickelnden Erlebnis, mit einem

---

94 Agamben, *Was von Auschwitz bleibt*, S. 8.
95 Imre Kertész, „Wer jetzt kein Haus hat. Münchner ‚Rede über das eigene Land'", in: ders., *Eine
   Gedankenlänge Stille*, S. 111-127, S. 118. Siehe ebenso Imre Kertész, *Ich – ein anderer*, übers. v.
   Ilma Rakusa, Reinbek bei Hamburg, 1998, S. 100. In diesem Roman findet sich obiges Zitat als
   Antwort auf die Frage: „Gibt es noch gültige Sinnbilder?"

Wort, die sich im Menschen einfach nicht zur Erfahrung hat verdichten wollen. Dieses Nicht-Aufgearbeitete, ja, oft Nicht-Aufarbeit*bare* von Erfahrungen: ich glaube, das ist die für dieses Jahrhundert charakteristische und neue Erfahrung.[96]

Die Unmöglichkeit der Erfahrung in einer totalitär errichteten Wirklichkeit, gleichzeitig aber das Ringen um diese Erfahrung zieht sich wie ein roter Faden durch die Essays, Tagebuchnotizen und Romane von Imre Kertész. Gleichzeitig findet sich darin, wie auch in den Schriften von unter anderen Améry, Semprun, Levi oder Appelfeld, gerade wieder jenes „an das Geschehnis wie der Kreis an seinen Mittelpunkt gebundene Denken",[97] von dem Arendt spricht. Robert Eaglestone sieht in dieser konsequenten Weigerung eines Abschlusses, ein Charakteristikum von Holocaust-Zeugnissen, das die Möglichkeit der Identifikation unterminiert:

Closure, then, for these testimony writers, seems impossible: the compulsion to write, the ‚bursting out' of the skin of their memories, and the changing relation of the contemporary world to the events of the Holocaust mean that these texts are never finished. This, too, serves as an interruption to an identification as it disrupts the expectations of closure and comprehension.[98]

Gleichzeitig impliziert dieses „an seinen Mittelpunkt gebundene Denken" nicht nur eine erzähltechnische Unterbrechung bezogen auf den Leser, sondern bringt nicht zuletzt das Bemühen um eine Neuverhandlung von Welt/Wirklichkeit und Wahrheit zum Ausdruck:

Ich dagegen mußte wieder einmal erkennen, daß mich nichts wirklich interessiert als einzig und allein der Auschwitz-Mythos. Denke ich an einen neuen Roman, denke ich wieder nur an Auschwitz. Ganz gleich, woran ich denke, immer denke ich an Auschwitz. Auch wenn ich scheinbar von etwas ganz anderem spreche, spreche ich von Auschwitz. Ich bin ein Medium des Geistes von Auschwitz, Auschwitz spricht aus mir. Im Vergleich dazu erscheint mir alles andere als Schwachsinn.[99]

Diesem „Schwachsinn" gegenüber gilt es eine Sprache zu erhalten, „in der das Opfer seinem Leid noch Ausdruck zu geben, seine Anklagen noch zu formulieren vermag".[100] Mit der Forderung nach einer Sprache der Klage und Anklage entgegnet Kertész nicht zuletzt Adornos Zugeständnis in der *Negativen Dialektik*: „Das perennierende Leiden hat soviel Recht auf Ausdruck wie der Gemarterte zu brüllen; darum mag falsch gewesen sein, nach Auschwitz ließe kein Gedicht mehr sich schreiben."[101] Allerdings erweist sich der Erhalt dieser Sprache als zunehmend schwierig, weil, so Kertész, „niemand da ist, zu dem sich sprechen läßt".[102] In die-

---

96 Kertész, „Rede über das Jahrhundert", S. 15 (Herv. im Text).
97 Arendt, „Die Lücke zwischen Vergangenheit und Zukunft", S. 10.
98 Eaglestone, *The Holocaust and the Postmodern*, S. 67.
99 Kertész, *Galeerentagebuch*, S. 32. Diese Eintragung erfolgt gleichsam als Erwiderung auf die Ablehnung seines Buchs *Roman eines Schicksallosen* mit der Begründung, Kertész käme mit „diesem Thema" zu spät.
100 Kertész, „Der überflüssige Intellektuelle", in: ders., *Eine Gedankenlänge Stille*, S. 70-92, S. 80.
101 Adorno, *Negative Dialektik*, S. 355.
102 Kertész, „Der überflüssige Intellektuelle", S. 80.

sem Sinn impliziert das unablässige Schreiben jedoch nicht nur die Verunmöglichung der Identifikation auf Seiten der Leser, sondern hält vor allem die Möglichkeit einer „ansprechbaren Wirklichkeit"[103] offen. Gleichzeitig führt Kertész einen Begriff in die Diskussion ein, der, wie James E. Young in seinem Essay „Zwischen Geschichte und Erinnerung" feststellt, seit dem Holocaust einem tiefen Zweifel unterliegt,[104] und zwar den Begriff der Erlösung.

> Einst war der Mensch das Geschöpf Gottes, eine tragische, erlösungsbedürftige Kreatur. [...] Die Ideologie hat ihn seines Kosmos beraubt, seiner Einsamkeit und der tragischen Dimension des menschlichen Schicksals. [...] Dem Künstler ist es aufgegeben, der Ideologie die menschliche Sprache entgegenzusetzen, der Vorstellungskraft Raum zu geben und an den Ursprung, die wahre Situation und das Los des Menschen zu erinnern.[105]

So antiquiert der Begriff „Erlösung" auch anmuten mag – ebenso wie Hegels philosophisches Äquivalent einer „Versöhnung mit der Wirklichkeit" –, so bringt diese unzeitgemäße Rede doch nichts weniger zum Ausdruck als ein tiefes Unbehagen gegenüber der Wirklichkeit.

Auch Arendt weist auf die Folgen für Wirklichkeit und Wahrheit unter den Bedingungen geschlossener Systeme – wie sie totalitäre Herrschaftssysteme darstellen – hin, die Kertész mit dem Phänomen der Nicht-Erfahrbarkeit bezeichnet, Arendt hingegen mit dem Verlust des Orientierungssinnes im Bereich des Wirklichen:

> Wo Tatsachen konsequent durch Lügen und Totalfiktionen ersetzt werden, stellt sich heraus, daß es einen Ersatz für die Wahrheit nicht gibt. Denn das Resultat ist keineswegs, daß die Lüge nun als wahr akzeptiert und die Wahrheit als Lüge diffamiert wird, sondern daß der menschliche Orientierungssinn im Bereich des Wirklichen, der ohne die Unterscheidung von Wahrheit und Unwahrheit nicht funktionieren kann, vernichtet wird.[106]

Merkwürdigerweise macht sich der Verlust des Orientierungssinns im Bereich des Wirklichen jedoch nicht nur unter den Vorzeichen des Totalitarismus bemerkbar, sondern prägte, so meine These, in den letzten Jahrzehnten zutiefst das wissenschaftliche Denken des „offenen" Westens.[107] Diese These werde ich exemplarisch entlang den Ausführungen von Slavoj Žižek zu den Lacanschen Definitionen des Realen weiter ausführen. Eine bündige Definition des Verhältnisses von Tatsachen und Wirklichkeit, die das Verhältnis von Wirklichkeit und Wahrheit nicht explizit anspricht, findet sich in Kertész' *Galeerentagebuch*: „Konformismus.

---

103 Siehe Celan, „Bremer Rede", S. 186.
104 Siehe Young, „Zwischen Geschichte und Erinnerung", S. 43.
105 Kertész, „Der überflüssige Intellektuelle", S. 80 f.
106 Arendt, „Wahrheit und Politik", S. 361.
107 Robert Eaglestone argumentiert das Verhältnis von Postmoderne und dem Holocaust zwar nicht unter dem Vorzeichen eines „Verlusts des Orientierungssinns im Bereich des Wirklichen", doch ist es sein Anliegen, „to show that postmodernism in the West begins with thinking about the Holocaust, that postmodernism [...] is a response to the Holocaust". Eaglestone, *The Holocaust and the Postmodern*, S. 2.

Wenn der Mensch nicht Einklang mit der Wirklichkeit sucht, sondern mit Tatsachen. Was ist Wirklichkeit? Verkürzt gesagt: wir selbst. Was sind Tatsachen?
Verkürzt gesagt: Absurditäten. Die Verbindung von beiden, verkürzt gesagt: ein
moralisches Leben, Schicksal."[108] Wenn Kertész Tatsachen kurzerhand zu Absurditäten erklärt, so beruht die Absurdität in eben der Unterbrechung von Tatsachen und Wirklichkeit, die in Jacques Lacans philosophisch-psychoanalytischen
Arbeiten zur Unfassbarkeit des Realen schlechthin führt. Die Auseinandersetzung
mit dem Realen nimmt in Lacans Werk eine zentrale Rolle ein, die er immer
wieder neu zuordnet und definiert. Das Reale taucht letztlich immer in Form eines traumatischen Ereignisses auf, doch, so Žižek, bezeichnet dieses in den frühen
Schriften Lacans

> a point of failure of symbolization, but at the same time never given in its positivity
> – it can be constructed only backwards, from its structural effects. All its effectivity
> lies in the distortions it produces in the symbolic universe of the subject: the trau-
> matic event is ultimately just a fantasy-construct filling out a certain void in a sym-
> bolic structure and, as such, the retroactive effect of this structure.[109]

Demgegenüber bestimmt Lacan das Trauma in den 1970er Jahren als real,

> it is a hard core resisting symbolization, but the point is that it does not matter if it
> has had a place, if it has ‚really occurred‘ in so-called reality; the point is simply that
> it produces a series of structural effects (displacements, repetitions, and so on). The
> Real is an entity which must be constructed afterwards so that we can account for
> the distortions of the symbolic structure.[110]

Unabhängig davon, in welche paradoxalen Spannungen Lacan das Reale einfügt,
es birgt offensichtlich immer wieder die Merkmale eines traumatischen Ereignisses in sich, das nur aufgrund seiner nachträglichen Symptomatik in der symbolischen Ordnung zum Ausdruck kommt. Trauma wird auf diese Weise zum Synonym für das Reale, das allein in Form einer Symptomatik der Entstellung in der
symbolischen Struktur auftaucht. Das Reale kann daher keineswegs mit der
Wirklichkeit gleichgesetzt werden, die in der Lacanschen Systematik viel eher den
Entstellungen der symbolischen Ordnung entspricht. Das Reale im Sinn Lacans
verweist auf das Ereignis in seinem unmittelbaren, unsagbaren Da-Sein. Doch
trotz dieser zweifellos wichtigen Differenzierung bleibt die Tatsache relevant, dass
diese Herangehensweise kaum Raum für eine Kategorie wie Wahrheit lässt. Nun
könnte dieser Schwierigkeit leicht mit Lessings bekannter Aussage begegnet werden: „Jeder sage, was ihm Wahrheit dünkt, die Wahrheit selbst sei Gott befoh-
len",[111] wäre Gott als Garant für Wahrheit nicht mit Nietzsche für tot erklärt
worden. Allerdings waren Nietzsche die Folgen dieser Todeserklärung durchaus

---

108 Siehe Kertész, *Galeerentagebuch,* S. 15.
109 Slavoj Žižek, *The Sublime Object of Ideology,* London/New York, 1989, S. 169.
110 Ebda., S. 162.
111 Gotthold Ephraim Lessing, *Werke und Briefe,* Bd. 12: Briefe von und an Lessing. 1776–1781,
   hg. v. Helmuth Kiesel, Frankfurt/Main, 1994, S. 144 (Brief 1358 an Johann Albert Heinrich
   Reimarus vom 6. April 1778).

bewusst: „Die wahre Welt haben wir abgeschafft: welche Welt blieb übrig? die scheinbare vielleicht? ... Aber nein! *mit der wahren Welt haben wir auch die scheinbare abgeschafft!*"[112] In einer Welt von Erscheinungen ohne verbindend verbindliches Moment treten denn an Stelle der Ideen, nach denen sich handeln ließe, Ideologien, nach denen die Welt hergestellt wird. Diese Feststellung soll keineswegs einer Mystifizierung vergangener Denktraditionen den Weg bereiten, die weit entfernt davon waren, ein gewaltfreies Zusammenleben zu garantieren. Vielleicht geht es einzig darum, eine Antwort darauf zu finden, „wer [...] den Menschen im Auge hat; direkt gesagt, *in wessen Angesicht wir leben*, wem der Mensch Rechenschaft schuldet, im ethischen und, man möge mir verzeihen, sehr wohl auch *transzendentalen* Sinne des Wortes".[113]

Tatsachen kommt trotz aller Kontingenz in ihrem Zustandekommen zwingende Evidenz in ihrem Da-Sein zu, die sich Arendt zufolge ungeachtet mannigfaltiger Interpretationsmöglichkeiten weder von Fiktion noch durch Lüge beherrschen lässt. Tatsachen stellen daher eine permanente Gefahr für Ideologen des Totalitarismus dar.[114] Ganz ähnlich argumentiert Kertész den Versuch der Ausgrenzung von Erfahrung durch „theoretische Intellektuelle", unter denen er vor allem ideologische Intellektuelle versteht.

> Diesen *theoretischen Intellektuellen* stört die Erfahrung nur, weil sie etwas ist, das er ständig aus dem Griff verliert und der Verwirklichung seiner großen Ziele unerwartete Hindernisse in den Weg legt. Für ihn ist die Erfahrung ein in jedem Winkel steckender geheimnisvoller Widerstand, ein unbegreiflicher dämonischer Geist, den es auf jede erdenkliche Weise zu bekämpfen und auszuschalten gilt. Ein bekanntes und bewährtes Mittel dazu ist die Ideologie.[115]

Selbst wenn Tatsachen in ihrem Entstehen der zwingenden Notwendigkeit entbehren, so bleiben Denken und Erfahrung doch an dieses Ereignis als „bedrock of evidence" gebunden.[116] Das Dilemma, das Denkrichtungen wie Postmoderne und Dekonstruktion in sich bergen, beruht darauf, dass Tatsachen in ihre vorwirkliche Potentialität zurückverwandelt werden,[117] wodurch nicht nur die Möglichkeit, die Wirklichkeit zu ändern, untergraben, sondern Wirklichkeit als solche zur Chimäre erklärt wird.

---

112 Friedrich Nietzsche, *Götzen-Dämmerung oder Wie man mit dem Hammer philosophirt,* in: ders., *Sämtliche Werke,* Kritische Studienausgabe in 15 Bänden, Bd. 6, hg. v. Giorgio Colli u. Mazzino Montinari, München, 1980, S. 55-161, S. 81 (Herv. im Text).

113 Kertész, „Die Unvergänglichkeit der Lager", S. 43 (Herv. im Text). Ich komme in Kapitel IV auf diese Frage zurück.

114 Arendt, „Wahrheit und Politik", S. 360 f.

115 Kertész, „Der überflüssige Intellektuelle", S. 73 (Herv. im Text).

116 Siehe van Alphen, „Symptoms", S. 24.

117 Siehe Arendt, „Wahrheit und Politik", S. 363. Arendt bezieht sich an dieser Stelle auf politisch strategisches Handeln, das Tatsachen seinen Zwecken entsprechend in einer lügenhaften Art verändert. Mit meiner auf Arendt verweisenden Schlussfolgerung spiele ich in Bezug auf Postmoderne und Dekonstruktion selbstverständlich nicht auf die Konsequenz von Lügen im Bereich der Politik an, sondern auf die Schwierigkeit, einen Begriff wie „Wahrheit" zu definieren.

Obwohl Autoren kulturwissenschaftlicher Studien in der Regel nicht explizit
auf den Holocaust verweisen, steht die in diesen Untersuchungen zum Ausdruck
kommende Kritik an der Konstruktion von Wirklichkeit, Sinnzuschreibung und
an diskursiven Bedeutungsmächten in seltsamem Widerspruch zur absoluten
Wirklichkeit von Konzentrations- und Vernichtungslagern. Je nachdrücklicher
der Holocaust seit den 1960er Jahren vor allem das westeuropäische und US-
amerikanische Bewusstsein prägt,[118] desto entschiedener wird die Wirklichkeit
und mit ihr die Referentialität aus (literarischen) Texten als relevante Kategorie in
Frage gestellt. Wo sich Wirklichkeit und Wahrheit als Zentren des Denkens befanden, befindet sich eine traumatisierende Leerstelle, absolute Negativität,
Nichts. Als ließe sich eine Welt, die sich in Nichts aufgelöst hat, nur durch die
nachträgliche Auflösung von Wirklichkeit in Nichts retten. Überlebende des
Holocaust hingegen sind zwar immer mit Fragen des *Wie* des Erzählens, des
Zeugnisablegens konfrontiert, nie aber mit Fragen der Faktizität des Geschehenen. Ihr Schreiben stellt viel eher einen Versuch dar, Wirklichkeit und Wahrheit
zu vermitteln, als die Wirklichkeit zu entthronen.[119]

In seinem Essay „Rede über das Jahrhundert" räumt Kertész zunächst ein, dass
wir „[a]ngesichts eines Phänomens wie Auschwitz mit der Logik zweifellos nicht
sehr weit [kommen]".[120] Diese Feststellung sei allerdings insofern opportun, als
mit der Verortung von Auschwitz jenseits der Logik jede Möglichkeit des Be-
greifens von vornherein ausgeschlossen werde. Mit der Zuweisung des Holocaust in den Bereich des Irrationalen kommt für Kertész die Entschlossenheit
zum Ausdruck, „mit der wir es ablehnen, das pure Faktum, den wirklichen Tatbestand, das ‚Ding an sich' zu begreifen".[121] Was aber, so Kertész, ist in der Geschichte des 20. Jahrhunderts tatsächlich unbegreiflich? Eine Frage, die sich wei-
terführen ließe mit: Was ist nicht diskursivierbar und letztlich nicht erfahrbar?

> Die grausame Absurdität dieser Ideologien, mehr noch das darauf gegründete Herr-
> schaftssystem, die Effizienz des totalitären Staates sind erschreckend: unbegreiflich
> aber sind sie nicht, [...]. Was wir also als irrational, als unbegreiflich empfinden be-
> ziehungsweise dazu erklären, hängt nicht so sehr mit den äußeren Fakten als viel-
> mehr mit unserer Innenwelt zusammen. Wir können und wollen und wagen es
> einfach nicht, uns mit der brutalen Tatsache zu konfrontieren, daß jener Tiefpunkt
> der Existenz, auf den der Mensch in unserem Jahrhundert zurückgefallen ist, nicht
> nur die eigenartige und befremdliche – ‚unbegreifliche' – Geschichte von ein oder
> zwei Generationen darstellt, sondern zugleich eine generelle Möglichkeit des Men-
> schen, das heißt eine in einer gegebenen Konstellation auch unsere eigene Möglich-
> keit einschließende Erfahrungsnorm.[122]

---

118 Diese Tatsache ändert sich auch nicht durch die bereits erwähnte und durchaus berechtigte
    Kritik an der Art und Weise der Gestaltung dieses Bewusstseins. Siehe u.a. die kritische Analyse
    von Lentin, „Nach-Gedächtnis und der Auschwitz-Code".
119 Siehe Judith Klein, *Literatur und Genozid. Darstellungen der nationalsozialistischen Massenver-
    nichtung in der französischen Literatur*, Wien/Köln/Weimar, 1994, S. 31 ff.
120 Kertész, „Rede über das Jahrhundert", S. 16.
121 Ebda.
122 Ebda., S. 20 f.

Was Kertész an dieser Stelle einfordert, ist eine „*existentielle Begegnung* mit der Geschichte",[123] und das tatsächlich Erschreckende in dieser Rede ist die wörtlich zu verstehende Verwendung der Personalpronomen „wir" und „uns". Kertész geht es auf der Ebene des Geschichtsbewusstseins nicht um die Fortschreibung der Polarisierung von Tätern und Opfern, sondern einzig und allein um die Aufforderung, „daß wir zumindest einmal in unserem Leben versucht haben, uns *vorzustellen*, was im zwanzigsten Jahrhundert geschehen ist, und daß wir versucht haben, uns mit dem Menschen zu identifizieren, dem all das geschah – mit uns selbst"[124]: nicht „mit uns selbst" als Opfer oder Täter, Zuschauer oder so genannte Nachgeborene, sondern mit „uns" als Menschen. Und wenn in den letzten Jahrzehnten auch dieser Begriff ausgehöhlt und zu Recht oder zu Unrecht in Verruf geraten ist, so fordert Kertész in Bezug auf die Vorstellung des Mensch-Seins – wie Celan in Bezug auf die Sprache – nicht mehr und nicht weniger als zu begreifen, dass der Mensch als Gattung – ebenso wie die Sprache – aus diesem Geschehen „angereichert' von all dem"[125] zurückblieb.[126] Wer Kertész' Herausforderung annimmt, begreift zumindest das Eine, dass letztlich kein Mensch und auch nicht die Sprache „heil und unbeschädigt aus Auschwitz hervorgeht".[127] Mit dieser Feststellung sollen Unterschiede jedoch keineswegs relativiert werden, im Gegenteil. Kertész lässt keinen Zweifel daran aufkommen, wo die Grenze zwischen Geschichte im Allgemeinen und Geschichte im Besonderen verläuft:

> Für mich ist das einzig wirklich Spezifische dieser Geschichte, daß sie *meine Geschichte* ist, daß sie *mir* passiert ist. Und vor allem, daß ich über die Bewertung des von mir Erlebten frei entscheiden kann: Es steht mir frei, es nicht zu begreifen, es steht mir frei, es als moralisches Urteil, als Ressentiment auf andere zu projizieren oder es umgekehrt zu rechtfertigen – doch es steht mir auch frei, es zu begreifen, darüber erschüttert zu sein und in dieser Erschütterung meine Befreiung zu suchen, es also zur Erfahrung zu verdichten, zu Wissen zu formen und dieses Wissen zum Inhalt meines weiteren Lebens zu machen.[128]

In ähnlicher Weise versucht Saul Friedländer als Historiker dem Dilemma zwischen historischen Fakten und deren Interpretation durch die Verbindung von persönlichen Erfahrungswelten und historischem Narrativ zu begegnen. „Die einzige konkrete Geschichte, die sich bewahren läßt, bleibt diejenige, die auf persönlichen Erzählungen beruht."[129] Nichtsdestotrotz ist der Holocaust keine „Privatangelegenheit" der Betroffenen, sondern muss, so Kertész, als Welterfahrung aufgefasst werden, wenn das Sprechen darüber nicht zur leeren Phrase oder zum

---

123 Ebda., S. 17 (Herv. im Text).
124 Ebda. (Herv. im Text).
125 Celan, „Bremer Rede", S. 186.
126 Das Unbehagen mit dem Begriff „Menschsein" wird deutlich, wenn etwa Jörn Rüsen diesen mit dem Neologismus „Menschheitlichkeit" ersetzt. Siehe Rüsen, „Die Logik der Historisierung", S. 58.
127 Kertész, „Wem gehört Auschwitz", S. 150.
128 Kertész, „Rede über das Jahrhundert", S. 24.
129 Saul Friedländer, *Das Dritte Reich und die Juden,* Bd. 1: Die Jahre der Verfolgung 1933–1939, übers. v. Martin Pfeiffer, München, 1998, S. 16.

Kitsch verkommen soll.[130] Das heißt, auch wenn die Erklärung von Auschwitz nicht auf einer geschichtlichen Ebene zu haben ist, sondern „ausschließlich in den einzelnen Leben und nirgend anders",[131] so bleibt es der jeweiligen Gesellschaft nicht erspart, eine Entscheidung zu treffen:

> Und wenn ihre Entscheidung lautet, daß die schwere, schwarze Trauerfeier für den Holocaust ein unverzichtbarer Bestandteil dieses Bewußtseins ist, dann gründet diese Entscheidung nicht auf irgendwelchem Beileid oder Bedauern, sondern auf einem vitalen Werturteil. Der Holocaust ist ein Wert, weil er über unermeßliches Leid zu unermeßlichem Wissen geführt hat und damit eine unermeßliche moralische Reserve birgt.[132]

Obwohl Kertész diese zuversichtliche Beurteilung der gesellschaftlichen Bereitschaft zur ethischen Auseinandersetzung mit dem Holocaust, die er 1992 im Rahmen des Jean-Améry-Symposiums in Wien zum Ausdruck brachte, im Jahr 2000 in seiner Rede „Die exilierte Sprache" modifiziert und 2002 im Rahmen eines Interviews mit der niederländischen Tageszeitung *de Volkskrant* explizit zurücknimmt,[133] kann sich letztendlich keine Gesellschaft dieser von Kertész eingeforderten Entscheidung auf Dauer entziehen. Die Frage ist, ob bislang adäquate Antworten gefunden wurden beziehungsweise ob es zumindest gelungen ist, entsprechende Fragen zu stellen. Zweifellos steht fest, dass der Holocaust zumindest im westeuropäischen Denken, aber auch darüber hinaus, nachhaltige Spuren hinterlassen hat und mitunter als Katastrophenmetapher schlechthin eingesetzt wird.[134]

Abgesehen von der zumeist in bedenklicher Weise verwendeten Katastrophenmetaphorik, erscheint mir jedoch die Übertragung jener erkenntnistheoretischen Phänomene, die sich aus der Auseinandersetzung mit dem Holocaust ergeben, wie prekäre Erinnerung, Verunmöglichung der Erfahrung sowie der Diskursivierung etc., auf epistemologische Konzepte im Allgemeinen als problematisch. Die-

---

130 Kertész, „Wem gehört Auschwitz", S. 151.
131 Kertész, *Kaddisch,* S. 51. Kertész bezieht sich hier offensichtlich auf Schopenhauer, den er im *Galeerentagebuch* mit folgender Aussage zitiert: „Denn nicht in der Weltgeschichte ... ist Plan und Ganzheit, sondern im Leben des Einzelnen." Siehe Kertész, *Galeerentagebuch,* S. 22.
132 Kertész, „Der Holocaust als Kultur", S. 68.
133 Siehe Imre Kertész, „Die exilierte Sprache", in: ders., *Die exilierte Sprache. Essays und Reden*, Frankfurt/Main 2003, S. 206-221, S. 216 f.; Imre Kertész, „Niets geleerd van de holocaust", Interview Tijn Sadée mit Kertész, in: *de Volkskrant*, 25. Mai 2002, S. 13: „Een tijd lang heb ik gedacht dat Auschwitz de nul-waarde was. Van daaruit zou men vernieuwing gaan creëren. Vanuit nul in de praktijk weer iets opbouwen. In mijn essay *Holocaust als cultuur* noem ik de holocaust een Waarde. Achteraf denk ik: ik was naïef, er is niets opgebouwd. Wat op de Balkan is gebeurd, liet al zien dat we geen les hebben getrokken." [„Eine Zeit lang dachte ich, dass Auschwitz der Null-Wert gewesen sei. Davon ausgehend könne man Erneuerung schaffen. Von Null aus in der Praxis wieder etwas aufbauen. In meinem Essay *Der Holocaust als Kultur* bezeichne ich den Holocaust als einen Wert. Im Nachhinein denke ich: ich war naiv, es wurde nichts aufgebaut. Was am Balkan geschah, zeigt, dass wir keine Lehre daraus gezogen haben." Meine Übersetzung]
134 Siehe u.a. Eaglestone, *The Holocaust and the Postmodern;* zur Katastrophenmetaphorik siehe u.a. Lentin, „Nach-Gedächtnis und der Auschwitz-Code", S. 59 ff.

se Verschiebung kann trotz ähnlicher Diskurse vor dem Zweiten Weltkrieg – mit aller gebotenen Vorsicht – letztlich als Auswirkung des Holocaust gelesen werden, allerdings wäre dies gleichzeitig eine Form der Aneignung, die weitere Differenzierungen erschwert, wenn nicht verunmöglicht.

Ein Beispiel für diese uneigentliche Aneignung findet sich wiederum bei Slavoj Žižek. In seinen Ausführungen veranschaulicht er das Reale im Bild eines Felsen, der die dialektische Erkenntnis unterbricht.

> This dialectics of overtaking ourselves towards the future and simultaneous retroactive modification of the past – dialectics by which the error is internal to the truth, by which the misrecognition possesses a positive ontological dimension – has, however, its limits; it stumbles on to the rock upon which it becomes suspended. This rock is of course the Real, that which resists symbolization: the traumatic point which is always missed but none the less always returns, although we try – through a set of different strategies – to neutralize it, to integrate it into the symbolic order.[135]

Auffallend an dieser Darstellung des Realen ist nicht so sehr dessen festgestellte Unfassbarkeit als vielmehr die Bestimmung des Realen als Trauma im Sinne eines allgemeinen Prinzips. In seinem Essay „Ein langer, dunkler Schatten" bringt Kertész ebenfalls Felsen in Erinnerung und auch er spricht von einer „unfaßbaren und unüberblickbaren Wirklichkeit", allerdings bezogen auf den Holocaust.

> Vom Holocaust, dieser unfaßbaren und unüberblickbaren Wirklichkeit, können wir uns allein mit Hilfe der ästhetischen Einbildungskraft eine wahrhafte Vorstellung machen. Die Vorstellung des Holocaust an sich hingegen ist ein so ungeheuerliches Unterfangen, eine so erdrückende geistige Aufgabe, daß sie die Belastungsfähigkeit derer, die damit ringen, meist übersteigt. Weil er stattgefunden hat, fällt die Vorstellung von ihm schwer. Anstatt Spielzeug der Einbildung zu sein – wie erfundene Gleichnisse, literarische Fiktion –, erweist sich der Holocaust als eine schwere unbewegliche Last, so wie die berüchtigten Steinquader von Mauthausen.[136]

Während das Reale in Žižeks Darstellung das Denken dezentriert, aufhebt, in unendlichen Verschiebungen vor sich hertreibt, zwingt die Realität des Holocaust das Denken stets zu dieser zurück. In gewisser Weise ähneln einander die Denkbewegungen, allein die Phänomene, auf die sie sich zu- und von denen sie sich wegbewegen, sind grundsätzlich verschieden.

Sowohl die Feststellung der Unsagbarkeit des Holocaust als auch die Unfassbarkeit des Realen lassen sich auf den Geschichtsbegriff der Moderne zurückführen. Ereignisse, die in einer dialektischen Bewegung in Geschichte übersetzt werden, sind tatsächlich immer schon überholt. Geschichte, die in einem allumfassenden Prozess gedacht wird, schließt Wiederholung und Vergleichbarkeit über weite Strecken aus. Die kritische Auseinandersetzung mit dem auf Hegel zurückgehenden Geschichtsbegriff der Moderne findet sich sowohl in Berichten von

---

135 Žižek, *The Sublime Object*, S. 69.
136 Imre Kertész, „Ein langer, dunkler Schatten", in: ders., *Eine Gedankenlänge Stille*, S. 84-92, S. 85.

Überlebenden des Holocaust als auch in gesellschaftskritischen philosophischen Arbeiten. Ich möchte ein weiteres Mal Žižek und Kertész gegenüberstellen, da beide, in unterschiedlicher Weise, auf Hegel Bezug nehmen. Žižek paraphrasiert das Hegelsche Konzept des historischen Fortschritts in seiner Studie *The Sublime Object of Ideology* folgenderweise:

> the absolute negativity which ‚sets in motion‘ dialectical movement is nothing but the intervention of the death-drive as radically non-historical, as the ‚zero degree‘ of history – historical movement includes in its very heart the non-historical dimension of ‚absolute negativity‘. In other words, the suspension of movement is a key moment of the dialectical process: so-called ‚dialectical development‘ consists in the incessant repetition of a beginning *ex nihilo*, in the annihilation and retroactive restructuring of the presupposed contents.[137]

In dieser durchaus unkonventionellen Verbindung von Hegel, Lacan und Benjamin, mit der Žižek vor allem den anti-evolutionistischen Aspekt der Hegelschen Dialektik zu unterstreichen versucht, finden sich jene Schlüsselbegriffe wieder, auf denen Kertész seine Hoffnung begründet, der Holocaust könne ethische Werte hervorbringen. In seinem Essay „Der Holocaust als Kultur" hält er fest, dass der Holocaust „dem Wesen seiner Charakteristika nach" kein Geschichtsereignis gewesen sei.[138] Der Holocaust wäre somit die historische Realität jener nicht historischen Dimension absoluter Negativität, die Žižek als Voraussetzung der historischen Bewegung nennt. Allerdings ist bei Kertész das „absolut Negative" weder ein Gedanken-Ereignis noch eine dem historischen Fortschritt verpflichtete Kategorie. Vielmehr zeigt sich das „absolut Negative" in seiner Realisierung als destruktiv kreatives Phänomen: „Alles treibt im Totalitarismus im Zeichen von Verhängnis und Schicksal. Diese Begriffe sind dazu berufen, das Nichts zu verhüllen, das absolute NICHTS, das trotzdem Leichenberge, Verwüstung und Schande erzeugt."[139]

Selbst wenn Hegel in Kertész' Roman *Kaddisch für ein nicht geborenes Kind* als „der gewaltige Seher, Philosoph, Hofnarr und auserwählte Leckerbissen aufwartende Mundschenk aller Führer, Reichskanzler und sonstiger Titularusurpatoren" es unterlässt, sich der Detailfrage zu stellen, welche Vernunft denn letztlich Bild und Tat der Weltgeschichte ist,[140] so bleibt Hegel im schwindelerregenden, „artikulierten Schweigen"[141] des Ich-Erzählers präsent: nicht zuletzt in der Formulierung einer Phänomenologie von Tatsachen:

> Tatsache ist aber, daß eine Tatsache wenigstens zwei Leben hat, ein Tatsachen-Leben und, um es so zu formulieren, ein Geistes-Leben, eine geistige Existenzform, und das ist nichts anderes als eine Erklärung, eine Anhäufung von Erklärungen, die die Tatsachen sogar zu Tode erklärt, das heißt, die diese Tatsachen letzten Endes vernichtet, oder aber zumindest vernebelt, dieser unglückliche Satz: ‚Für Auschwitz gibt es keine

---

137 Žižek, *The Sublime Object*, S. 144.
138 Kertész, „Der Holocaust als Kultur", S. 67.
139 Kertész, *Galeerentagebuch*, S. 24 (Herv. im Text).
140 Kertész, *Kaddisch*, S. 51.
141 Ebda., S. 45.

Erklärung' ist auch eine Erklärung, der unglückliche Autor erklärt damit, daß wir über Auschwitz besser schweigen sollen, daß Auschwitz nicht existent ist, vielmehr gewesen sei, denn es gibt nur für das keine Erklärung, nicht wahr, was nicht ist oder was nicht gewesen ist. [...] ja, es gibt gerade für die Nicht-Existenz von Auschwitz keine Erklärung, folglich hängt Auschwitz da seit undenklichen Zeiten in der Luft, wer weiß, vielleicht schon seit Jahrhunderten, [...] letzten Endes ist, was ist, und daß es ist, ist nun einmal unumgänglich, denn es ist ja da: Die Weltgeschichte ist das Bild und die Tat der Vernunft (Zitat von H.), denn wollte ich die Welt als eine Aneinanderreihung willkürlicher Zufälle betrachten, so wäre das doch eine, nun, recht unwürdige Betrachtungsweise der Welt (Zitat von mir)[...].[142]

Eben diese Befürchtung, Tatsachen durch Erklärungen, durch Begriffe zu vernichten, führte unter anderem zum Gebot des Schweigens, welches allein die Wahrheit zu bewahren vermag.[143] Allerdings würde Hegel zufolge eine derartige Befürchtung einzig dem sinnlichen Bewusstsein entsprechen.[144] Wenngleich Kertész der Hegelschen Dialektik der Geschichte mit einem gewissen Sarkasmus begegnet, bietet die *Phänomenologie des Geistes* zumindest ansatzweise eine brauchbare Betrachtung des Lebens: dieses nämlich nicht als eine Aneinanderreihung von Zufällen betrachten zu müssen, sondern „daß ich es statt dessen eher als eine Aneinanderreihung von Erkenntnissen sehen muß und will".[145] Kertész lehnt jedoch mit Bestimmtheit ab, aus dieser Einsicht einen *apriori* verfügten Sinn abzuleiten.

Als Angelpunkt der Auseinandersetzung mit Tatsachen und Erfahrung lässt sich der von Hannah Arendt konstatierte Verlust des Orientierungssinns im Bereich des Wirklichen bezeichnen, ein Verlust, den sie als Folge totalitärer Regime, „wo die Tatsachen konsequent durch Lügen und Totalfiktionen ersetzt werden",[146] analysiert. In diesem Sinn geradezu konsequenterweise lässt sich ein nachhaltiger Verlust dieses Orientierungssinnes in zahlreichen kulturwissenschaftlichen Auseinandersetzungen der letzten Jahrzehnte als epistemologisches Konzept feststellen, der sich in Form einer grundlegenden Infragestellung von Wirklichkeit äußert. Damit sollen diese kultur- und gesellschaftskritischen Ansätze keineswegs verworfen werden, allerdings scheint mir der Zweifel gerechtfertigt, ob sich diese Infragestellung auf einer strukturellen Ebene beziehungsweise auf der Ebene von Konstruktion und Dekonstruktion in ausreichender Weise beantworten lässt. Als Folge dieses Verlustes des Orientierungssinnes im Bereich des Wirklichen wird offensichtlich sowohl die Etablierung von Tatsachen als auch von Erfahrung zum Problem.

Die Voraussetzung dafür, dass Wirklichkeit überhaupt „umgelogen" werden kann,[147] beruht, so mein Argument, auf der von Koselleck als Kluft zwischen

---

142 Ebda., S. 49-51.
143 Siehe u.a. Lyotard, *Heidegger und „die Juden"*.
144 Siehe u.a. die Diskussion Hegels zur Aussage, „daß *das Sein des Geistes ein Knochen ist*". Georg Wilhelm Friedrich Hegel, *Phänomenologie des Geistes*, Frankfurt/Main, 1991, S. 260 ff. (Herv. im Text).
145 Kertész, *Kaddisch*, S. 91.
146 Arendt, „Wahrheit und Politik", S. 361.
147 Siehe Arendt, „Antisemitismus und faschistische Internationale", S. 42.

„Erfahrungsraum" und „Erwartungshorizont" bezeichneten Leerstelle in der Gegenwart[148] sowie auf der nachhaltigen Veränderung, die politisches Handeln unter den Prämissen des Herstellens nach sich zog.[149] Diese Veränderung steht in engem Zusammenhang mit dem sich durchsetzenden Geschichtsbewusstsein der Moderne, das die Vorstellung der Machbarkeit von Geschichte zwar nicht als Notwendigkeit, aber als Potential impliziert. Damit einher geht eine zunehmende Säkularisierung von Geschichte und paradoxerweise von Wirklichkeit. Denn worauf beruht das Trauma, das Reale nicht fassen zu können, beziehungsweise die Erkenntnis, das Reale als Trauma zu fassen? Es stellt sich die Frage, ob dieser Schattenkampf nicht damit zu tun hat, dass Ereignisse nicht in verbindend verbindliche Wirklichkeit transformiert werden können, dass die Fähigkeit abhanden gekommen zu sein scheint, das Reale auf eine „Welt" hin zu entwerfen. Eine zentrale Rolle nehmen in dieser Hinsicht soziale respektive narrative Bezugsrahmen ein, die ja letztendlich Wirklichkeit repräsentieren. Mit dem proklamierten „Ende der großen Erzählungen" (Lyotard) scheint die Möglichkeit verloren gegangen zu sein, Tatsachen etablieren zu können und Erfahrungen weiterzugeben. Diese beiden Folgeerscheinungen habe ich auf eine Krise des Tatsächlichen zurückgeführt. Kertész, der sich, wie sich gezeigt hat, nicht scheut, unzeitgemäße Begriffe aus dem Bereich der Ethik in die Diskussion einzubringen, konstatiert in seiner „Rede über das Jahrhundert" nicht so sehr eine Krise des Tatsächlichen als vielmehr das Unglück, das das letzte Jahrhundert kennzeichnet. In diesem Zusammenhang stellt er die Frage,

> warum wir die moralische Berechtigung zum Glück verloren haben – zumindest jedoch das Gefühl haben, wir hätten sie verloren. [...] Wir spüren und erfahren nur einfach unsere Glücklosigkeit, und zwar nicht allein auf der hohen Ebene des Verstands und der Ethik, wo die Voraussetzungen keine andere Wahl zulassen, sondern wir spüren und erfahren es in der Tiefe der Masse und wissen nicht, handelt es sich um die Glücklosigkeit des Menschen nach Auschwitz, oder handelt es sich um die Glücklosigkeit, die zu Auschwitz geführt hat.[150]

Obwohl einiges dafür spricht, dass sowohl das eine als auch das andere zutrifft, lässt sich damit allerdings noch nicht die Frage beantworten, in welcher Weise eine Tatsache wie der Holocaust erinnert werden kann, ohne an dessen Vergessen mitzuwirken. Im folgenden Kapitel werde ich mich dieser Frage weiter annähern, indem ich die Voraussetzungen der Herstellung von Wirklichkeit sowohl in Bezug auf das Subjekt als auch auf die Gesellschaft analysiere. Insofern der Holocaust auf dem radikalen Ausschluss insbesondere von Juden und Jüdinnen aus der gesellschaftlichen Wirklichkeit beruht, wird zu fragen sein, ob dieses Ereignis als Tatsache entschieden anders gestaltete gesellschaftliche Rahmen voraussetzt, um zur erinnerbaren und erfahrbaren Wirklichkeit werden zu können.

---

148 Siehe Koselleck, *Vergangene Zukunft*, S. 349-375.
149 Dieser Veränderung ging die eingangs erwähnte grundlegende „Akzentverschiebung des Wissenwollens" (Arendt) voraus beziehungsweise ging diese mit jener einher.
150 Kertész, „Rede über das Jahrhundert", S. 36 f.

III.
SUBJEKT UND WIRKLICHKEIT

Ich war ein Mensch, der nicht mehr ‚wir‘ sagen konnte und darum nur noch gewohnheitsmäßig, aber nicht im Gefühl vollen Selbstbesitzes ‚ich‘ sagte.
(Jean Améry, Wieviel Heimat braucht der Mensch?)

In den letzten Jahrzehnten geriet das Subjekt zumindest von Seiten poststrukturalistischer und dekonstruktiver Theorieproduktion zunehmend unter Druck. Doch trotz der Rede von einem dezentrierten oder diskursiv hergestellten Subjekt, von fragmentiertem Ich und von Körpern als Text handelt die Debatte letztlich von der Herausbildung von Bedeutung, Geschichte, Erfahrung sowie der Beziehung zwischen Kollektiv/Gesellschaft und Individuum.

Die Auseinandersetzung mit Zeugenberichten des Holocaust erfordert eine erneute Infragestellung von Selbst- und Subjekt-Definitionen, da es sich bei diesen Berichten in erster Linie um Narrative einer von außen gewaltsam forcierten Selbst-Zerstörung handelt. Unter dieser Voraussetzung würde einem Genre wie der Autobiographie nicht nur ihr Referent abhanden kommen, sondern dieses gleichzeitig *ad absurdum* führen. Allerdings begreifen sich die meisten Texte von Überlebenden des Holocaust nicht in erster Linie als Autobiographien, sondern als Zeugenberichte oder auch als autobiographische Berichte. So bemerkt etwa Imre Kertész im *Galeerentagebuch* zur durchaus denkbaren und häufig auch praktizierten Lektüre seines *Roman eines Schicksallosen* als Autobiographie:

> Das Autobiographischste in meiner Biographie ist, daß es in ‚Schicksallosigkeit‘ nichts Autobiographisches gibt. Autobiographisch ist, wie ich darin um der großen Wahrhaftigkeit willen alles Autobiographische weggelassen habe. Und wie aus diesem erkämpften Individualitätsmangel am Ende doch ein Sieg und der Inbegriff des in seiner Partikularität stummen Individuums hervorgeht.[1]

Wenn Kertész an dieser Stelle zwischen Autobiographie und Biographie unterscheidet, so unterstreicht er damit die Unmöglichkeit über ein Selbst zu schreiben, d.h. beschreiben oder schreiben lässt sich einzig das Geschehen, das das Selbst radikal unterbrach. In diesem Sinn notiert Kertész im *Galeerentagebuch*, das er ebenfalls als „Roman" bezeichnet, zum Stichwort Romanheld: „Wie aber, wenn der Mensch nicht mehr ist als seine Situation, die Situation im ‚Gegebenen‘?"[2] Gleichzeitig sind Texte von Überlebenden des Holocaust Zeugnisse des Überlebens, eines Überlebens jedoch, das nicht selten bezweifelt, in Frage gestellt wird, das sich letztendlich als unmöglich herausstellt. Beredtes Beispiel für die Schwierigkeit, das Überleben zu überleben, findet sich im dritten Teil von Char-

---

1 Kertész, *Galeerentagebuch*, S. 185.
2 Ebda., S. 21. Kertész fügt dieser Frage gleichsam als Anwort hinzu: „Vielleicht ist nichtsdestotrotz etwas zu retten, eine kleine Ungereimtheit, etwas letztlich Komisches und Hinfälliges, das vielleicht ein Zeichen von Lebenswillen ist und das immer noch Sympathie erweckt." Ebda. Kertész benennt mit diesem „vielleicht" die irritierende Bereitschaft seines Protagonisten in *Roman eines Schicksallosen*, die Ereignisse zu begreifen.

lotte Delbos Trilogie *Auschwitz und danach,* in der Mado, eine der Überlebenden des Transportes, in dem sich auch Delbo befand, ihren Bericht mit den Worten beendet: „Ich bin in Auschwitz gestorben, und niemand sieht das."[3]

Wie und aufgrund welcher Bedingungen ist es zum einen möglich, eine derartige Aussage zu treffen, die nicht metaphorisch, sondern buchstäblich gemeint ist, und zum anderen, diese zu verstehen oder zumindest zu versuchen, sie zu verstehen. In den folgenden Ausführungen werde ich den doppelten Prozess der Selbst-Setzung/Selbst-Ent-setzung, der in Mados Aussage zum Ausdruck kommt, unter drei Aspekten diskutieren: Ausgangspunkt der Untersuchung ist die Differenzierung von Selbst und Subjekt, wobei ich insbesondere auf die Konsequenzen eines sprachlich verfassten Subjekt-Begriffes eingehen werde. Eine weitere Annäherung an die Mechanismen der Desintegration des Individuums in nationalsozialistischen Konzentrations- und Vernichtungslagern erlaubt die darauf folgende Auseinandersetzung mit der Rolle von Sprache bei der Herstellung von Welt/Wirklichkeit. Abschließend kommt der im Zusammenhang mit dem Holocaust durchaus umstrittenen Kategorie der Einbildungskraft besondere Aufmerksamkeit zu, die jedoch, wie ich ausführen werde, der häufig in Zeugenberichten geäußerten Wahrnehmung von Konzentrations- und Vernichtungslagern als „irreal" oder als „nackte" Wirklichkeit zugrunde liegt.

---

3 Delbo, *Maß unserer Tage,* S. 373.

1. DIFFERENZIERUNG VON SELBST UND SUBJEKT

Welches Subjekt/Selbst spricht in dem von Mado formulierten Satz „Ich bin in Auschwitz gestorben, und niemand sieht das"? Zugespitzt könnte an dieser Stelle die Frage formuliert werden: Welche Konsequenzen zieht es nach sich, wenn dem Tod des Subjekts der Tod des Subjekts in Auschwitz gegenübergestellt wird. Diese Frage ist letztlich weniger provokant als es den Anschein haben mag: Denn einerseits lässt sich die Debatte um das Subjekt, um dessen Definition und Seins-Bestimmung auf die Auseinandersetzungen mit dem so genannten Zivilisationsbruch, den der Holocaust repräsentiert, zurückführen; andererseits verweist gerade die vermeintliche Entlarvung des Subjekts als sprachlich verfasstes auf einen zentralen Mechanismus der nationalsozialistischen Vernichtungspolitik: auf die in und durch Sprache und Tun gewalttätig erzwungene Desintegration des Individuums, verstanden als physisch-psychische Selbst-Setzung.

Die Schwierigkeit, die bei der Differenzierung zwischen Selbst und Subjekt sowohl implizit wie explizit auftaucht, ist die damit einhergehende Dichotomisierung von innen–außen beziehungsweise der Versuch, dem Subjekt gleichzeitig ein Höchstmaß an Selbstbestimmung sowie an Vergesellschaftung zuzuweisen. „Selbst" steht je nach theoretischer und methodologischer Herangehensweise für psychische Geschlossenheit, für eine ontologische Entität, für ein ideologisch entworfenes, universalistisches Konzept oder für ein Bündel sozialer und politischer Relationen. Dem „Subjekt" wird demgegenüber die Möglichkeit des Über-sich-Hinausgehens mittels Reflexion, Bewusstsein, Sprache und Handeln zugeschrieben. Die Subjekt-Setzung bedeutet in diesem Sinn zum einen die Öffnung zur, aber auch das Ausgeliefertsein des Individuums an die es umgebende „Welt", zum anderen aber stellt diese Setzung die Voraussetzung zur Entstehung von Welt und Wirklichkeit dar. Sobald das Subjekt jedoch als Relation gedacht wird, hat dies zur Folge, dass es in unterschiedlichen Gesellschaften unterschiedlich gesetzt werden kann und wird. Innerhalb der feministischen Theorie wurde konsequenterweise nicht nur auf die historische Determiniertheit des Subjektstatus hingewiesen, sondern vor allem auf die unterschiedliche Setzung beziehungsweise Diskursivierung von Subjekten innerhalb einer Gesellschaft. Darüber hinausgehend verweist etwa Sidonie Smith in ihrer Analyse autobiographischer Texte von Frauen auf die vielfältigen diskursiven Felder (Gender, Klasse, Religion, Ethnizität etc.), durch die sich das autobiographische Subjekt als permanent widerständiges konstituiert.[4] Widerständig deshalb, weil dieses die Setzung eines als ein-

---

4 Siehe Sidonie Smith, „The Autobiographical Manifesto: Identities, Temporalities, Politics", in: Shirley Neuman (Hg.), *Autobiography and the question of gender,* London/Portland, 1991, S. 186-212.

heitlich und universal bestimmten und normierten Subjekts kontinuierlich unterläuft. Ein Sprechen aus multiplizierten und marginalen Positionen schließt die
Möglichkeit der Identität bzw. Identitätsbildung mit einzelnen gesellschaftlichen
Instanzen oder Bedeutungsfeldern zwar nicht aus, doch wird diese einigermaßen
vielschichtig und zunehmend brüchig.

Trotz Kritik an autoritären, prädeterministischen und vereinheitlichenden
Subjekt-Konzeptionen – vor allem im Rahmen poststrukturalistischer, dekonstruktiver sowie entsprechender feministischer Herangehensweisen – bleibt gerade
die Herstellung von Identität als verbindendes und verbindliches Moment zwischen Selbst und Subjekt sowie zwischen Individuum und Gesellschaft eine nicht
weiter hinterfragbare Voraussetzung.[5] Denn selbst die Annahme eines marginali-
sierten, fragmentierten und multiplizierten Subjekts setzt eine minimale Bedeu-
tungsübereinstimmung voraus, die es dem oder der Einzelnen erlaubt, sich mit
der jeweiligen Gesellschaft oder mit gesellschaftlichen Gruppen zu identifizieren,
und sei es durch Abgrenzung – andernfalls wäre auch jedes Sprechen unmöglich.
Wird mit dem erwähnten Postulat des Tods des Subjekts auch nachhaltig auf die
gesellschaftliche Konstruktion dieser Entität oder Nicht-Entität hingewiesen, so
ändert der endlose Aufschub der Signifikation nichts an dem permanenten Ringen um die Herstellung dieses Status sowie der damit einhergehenden Überwin-
dung der Differenz zwischen Selbst, Subjekt und Gesellschaft.

Obwohl Zeugenberichte, wie eingangs erwähnt, nur bedingt dem Genre der
Autobiographie zugeordnet werden können, unterliegen sie dennoch dem Dilemma der doppelten Selbst- und Subjektsetzung, das autobiographisches Schreiben impliziert, allerdings unter anderen Vorzeichen. In ihrer Studie zur Autobiographie stellt Almut Finck fest:

> Die Kluft, die das autobiographische Subjekt von sich selbst als Objekt der autobio-
> graphischen Reflexion trennt, läßt sich nicht überbrücken, denn jeder Versuch des-
> sen vollzieht sich in eben dem distanzierenden Reflexionsmedium und verhindert
> die Annäherung an das Selbst genau da, wo er sie unternimmt. Die Autobiographie
> ist Depräsentation in dem Maße, wie sie zu repräsentieren sucht.[6]

Die Autobiographie führt demzufolge nicht zur Aneignung des Selbst, sondern,
so Rudolphe Gasché, „into a most radical disappropriation of a subject in search
of identity".[7] Obwohl Selbst-Entfremdung ein immer wiederkehrender Topos in
Zeugenberichten von Überlebenden des Holocaust ist, lässt sich diese nur peri-
pher auf die aporetische Funktionsweise sprachlicher Selbstreflexivität zurückführen. Die Seinsweise des Referenten/der Referentin, die dem diskursivierten,
sprachlich hergestellten Subjekt abhanden zu kommen scheint, wird in diese
Texte nachdrücklich als (auch) physische eingeschrieben: „Wie legt man Zeugnis

---

5 Detaillierter widmet sich Robert Eaglestone Fragen der Identität und insbesondere der Identifikation. Siehe Eaglestone, *The Holocaust and the Postmodern*, S. 72-100.

6 Almut Finck, *Autobiographisches Schreiben nach dem Ende der Autobiographie,* Berlin, 1999, S. 30.

7 Rudolphe Gasché, „Autobiography and the Problem of the Subject", *Sonderheft: MLN* 93/4,
1978, S. 574 (Foreword).

ab, befangen in den Ketten des eigenen Körpers, des eigenen Wahrnehmungs-
vermögens?"[8], fragt etwa Ruth Klüger in ihrem Aufsatz „Zum Wahrheitsbegriff in
der Autobiographie". Aharon Appelfeld thematisiert im Vorwort zu seinen Vorlesungen gleichfalls die Diskrepanz zwischen Erinnerung und Schreiben beziehungsweise zwischen Schreiben und der Erfahrung des Holocaust als Körpererfahrung: „After I placed it in writing, my childhood experience of the Holocaust,
which was in my bones – and even over the distance of years it remains clear and
precise – sounded unreliable to me, more like fictional material."[9] Das heißt die
Selbst-Entfremdung im Text beruht nicht in erster Linie auf der vermeintlichen
Unmöglichkeit der autobiographischen Selbst-Setzung, sondern darauf, eine
Sprache für eine extreme Körpererfahrung zu finden, die sich der Sprache entzieht, weil sie durch sprachliche Referenzialität nicht eingeholt werden kann.

Sowohl Klüger und Delbo als auch Appelfeld und Kertész gehen von der
Möglichkeit wahrhaftigen Sprechens aus. In diesem Sinn konstatiert Klüger: „Ich
gehe von der Voraussetzung wahrhaftigen Sprechens als Kitt und Zement jeder
gesellschaftlichen Kommunikation aus, als das Mögliche, wenn nicht das Übli-
che."[10] Die Frage von Wahrheit und Wahrhaftigkeit gleichsam antizipierend,
stellt Delbo dem ersten Band ihrer Trilogie das Motto voraus: „Heute bin ich
nicht sicher, ob das, was ich geschrieben habe, wahr ist. Sicher bin ich, daß es der
Wahrheit entspricht."[11] Sowohl Ruth Klüger als auch Charlotte Delbo verweisen
implizit auf Kategorien der Poetik, und zwar einer Poetik unter den Vorzeichen
der Mimesis. Aharon Appelfeld beruft sich explizit auf Mittel der Kunst, um den
Holocaust wahrhaft darstellen zu können, denn der Versuch, die Ereignisse an
sich darzustellen, würde der Glaubwürdigkeit zuwiderlaufen. „It is astounding
how easily true life can be falsified when it is clothed in words."[12] Die Vorstellung, Erinnerung und wahres Leben in Worte zu kleiden, entspricht ebenfalls der
traditionellen Poetik der Nachahmung. Obwohl Appelfeld auf die Grenzen dieser
Poetik hinweist, versucht er dennoch, diese Poetik mit „wahrem Leben" zu konfrontieren. Die Schwierigkeit, der sich Appelfeld gegenübersieht, beruht jedoch
nicht darauf, dass sich, wie Finck feststellt, das „autobiographische Subjekt von
sich selbst als Objekt der autobiographischen Reflexion"[13] ständig entfernt, die
Kluft zwischen schreibendem und beschriebenem Selbst ist nicht Effekt eines
Sprachspieles, sondern bezieht sich auf eine genuin andere Wirklichkeit. Bei Jorge Semprun wird die Frage „Schreiben oder Leben" schließlich zur existenziellen
Entscheidung. Die Voraussetzung, Schreiben als Möglichkeit des Lebens zu sehen, ist für Semprun erst nach einem mühsamen Transformations- beziehungsweise Integrationsprozess gegeben, oder anders ausgedrückt, nachdem es ihm,

---

8 Ruth Klüger, „Zum Wahrheitsbegriff in der Autobiographie", in: Magdalene Heuser (Hg.), *Autobiographien von Frauen: Beiträge zu ihrer Geschichte,* Tübingen, 1996, S. 405-410, S. 406.
9 Appelfeld, *Beyond Despair,* S. xi (Vorwort).
10 Klüger, „Zum Wahrheitsbegriff", S. 406.
11 Delbo, *Keine von uns wird zurückkehren,* S. 6.
12 Appelfeld, *Beyond Despair,* S. xii.
13 Finck, *Autobiographisches Schreiben,* S. 30.

wenngleich im Bewusstsein durchlässiger Grenzen, gelungen war, das Erleben in Erfahrung zu übersetzen:

> [W]enn das Schreiben mehr als ein Spiel oder ein Spieleinsatz sein will, dann ist es nichts anderes als eine lange, endlose Arbeit der Askese, eine Art und Weise, sich von sich selbst zu lösen, indem man sich selbst überwindet: indem man sich selbst wird, weil man den anderen, der man stets ist, erkannt und zur Welt gebracht haben wird.[14]

Dezidiert wendet sich Klüger in ihrem Aufsatz „Zum Wahrheitsbegriff in der Autobiographie" gegen feministische und poststrukturalistische Subjekt-Konzeptionen:

> Falsches, inadäquates, von der Subjektivität geprägtes Erinnern ist ein Thema in meinem Buch. Denn ich glaube natürlich nicht, daß subjektive Wahrnehmung und objektives Geschehen nahtlos ineinander übergehen. Kein Thema jedoch ist ein fragmentiertes, zersplittertes Ich (abgesehen von krankhaften Ausnahmefällen).[15]

Dennoch schreibt sie einige Zeilen weiter, in denen sie sich auf das Gedicht von Ingeborg Bachmann „Was wahr ist"[16] bezieht: „Ich erkenne mich in diesen Zeilen, es ist die Haltung, die einen Menschen im Käfig, sagen wir, einer Krankheit, nach Worten suchen läßt, um die Vergangenheit zu sprengen und das Weiterleben zu rechtfertigen."[17] Klüger benennt mit dieser Feststellung sehr präzise den Unterschied zwischen einer diskursiven Subjekt-Auffassung, die von der Möglichkeit der Identitätsbildung in verschiedenen diskursiven Feldern einer Gesellschaft ausgeht, und den Schwierigkeiten, denen sie sich gegenübersieht. Es geht nicht darum, die Vergangenheit einzuholen, sondern diese aufzusprengen, nicht darum, sich in der Endlosbewegung der Selbst-Signifikation zu ent-setzen, sondern um einen radikalen Bruch, den zu überbrücken gleichzeitig wesentlich und, wie in Zeugenberichten häufig zum Ausdruck kommt, nur bedingt möglich beziehungsweise häufig unmöglich ist.

Lawrence L. Langer unterscheidet in seiner Studie *Holocaust Testimonies. The Ruins of Memory* fünf Ausformungen des Selbst, denen er jeweils unterschiedliche Formen der Erinnerung zuordnet.[18] Die Kategorie „buried self" (deep memory) übernimmt er von Charlotte Delbo, die in ihrem Buch *La mémoire et les jours* der unaufhebbaren Spaltung des Selbst nachgeht:

> I have the feeling, that the ‚self' who was in the camp isn't me, isn't the person who is here, opposite you. No, it's too unbelievable. And everything that happened to

---

14 Semprun, *Schreiben oder Leben*, S. 347.
15 Klüger, „Zum Wahrheitsbegriff", S. 410.
16 Ebda., S. 410. Klüger zitiert an dieser Stelle die letzte Strophe von Bachmanns Gedicht: „Du haftest in der Welt, beschwert von Ketten, / doch treibt, was wahr ist, Sprünge in die Wand. / Du wachst und siehst im Dunkeln nach dem Rechten, / dem unbekannten Ausgang zugewandt."
17 Ebda.
18 Lawrence L. Langer, *Holocaust Testimonies. The Ruins of Memory*, New Haven/London, 1991. Die fünf Formen der Erinnerung/des Selbst sind: deep memory/buried self; anguished memory/divided self; humiliated memory/besieged self; tainted memory/impromptu self; unheroic memory/diminished self.

this other ‚self‘, the one from Auschwitz, doesn't touch me now, me, doesn't concern me, so distinct are deep memory (*mémoire profonde*) and common memory (*mémoire ordinaire*).[19]

Delbo unterscheidet an dieser Stelle zwischen „Selbst“, „mich“ und „Person“, die sich an ein „Du“ wenden kann. Mit diesen Kategorien ist das Moment der Reflexivität angesprochen sowie ein Gegenüber, das die Möglichkeit eines Über-sich-Hinausgehens voraussetzt. „Ich“, „mich“ und „Person“ entsprächen somit gängigen Subjekt-Zuschreibungen, während „Selbst“ unbestimmt und gleichsam eine Leerstelle bleibt. Die bislang angeführten Differenzierungen von Selbst und Subjekt ermöglichen nur bedingt, die Aussage von Mado/Delbo „Ich bin in Auschwitz gestorben, und niemand sieht das“ zu fassen. Während diese Aussage mit einem traditionellen Subjekt-Begriff immer nur als Paradox stehen bleiben kann, verlieren sich dekonstruktive Subjekt-Konzepte – trotz verstärkter Berücksichtigung von Performanz und Performativität, die in erster Linie als Phänomen der Sprache diskutiert werden – häufig im endlosen Entgleiten der Signifikate. Auf diese Weise bleibt das Moment des Tuns/Handelns und damit des Zurichtens, nicht zuletzt von Körper, ein Randphänomen.

Ich möchte daher in der Folge versuchen, mich der Differenzierung von Selbst und Subjekt mit den Ausführungen von Cornelius Castoriadis zu nähern. In seinem Aufsatz „Der Zustand des Subjekts heute“ unterscheidet er zwischen Für-sich und Subjekt, wobei sich das Für-sich in wesentlicher und „vollkommen fundierter Weise“ durch die Kategorien Zweck, Berechnung, Selbsterhaltung sowie die Errichtung einer Eigenwelt auszeichnet.[20]

> In diesen vier Regionen haben wir es mit dem *lediglich Realen* zu tun. Was wir hier aber nicht antreffen, [...] ist das *menschliche Subjekt* im eigentlichen Sinn. [...] Denn dieses Subjekt ist nicht lediglich real, es ist nicht gegeben. Es ist zu machen, und es macht sich vermittels bestimmter Bedingungen und unter bestimmten Umständen. [...] Dieses Subjekt, die *menschliche Subjektivität* ist charakterisiert durch die *Reflexivität* [...] und den *Willen* oder die Fähigkeit zu beratendem, beschlußfassendem Tun im strengen Sinn des Wortes.[21]

Castoriadis versteht unter dem „lediglich Realen“ unmittelbar Gegebenes im Gegensatz zur Wirklichkeit, die immer schon eine gestaltete ist. Die „nackte“ oder „fatale“ Wirklichkeit, auf die unter anderem Appelfeld, Klüger, Améry und Delbo verweisen, ist in diesem Sinne eine gestaltete Wirklichkeit. Es ist eine nach nationalsozialistischen Grundsätzen gestaltete und eingerichtete Gesellschaft, als deren Zentrum und Peripherie sich die auf Vernichtung abzielende Wirklichkeit

---

19 Charlotte Delbo, *La mémoire et les jours*, Paris, 1985 – zit. n. Langer, *Holocaust Testimonies*, S. 5 (Herv. im Text).
20 Cornelius Castoriadis, „Der Zustand des Subjekts heute“, in: Alice Pechriggl/Karl Reitter (Hg.), *Die Institution des Imaginären: zur Philosophie von Cornelius Castoriadis*, Wien/Berlin, 1991, S.11-53, S. 17. Castoriadis unterscheidet vier Regionen des Für-sich: das Lebendige; das Psychische als solches wie auch in seiner Pluralität; das gesellschaftlich hergestellte Individuum sowie die als solche gegebene Gesellschaft. Ebda., S. 17 f.
21 Ebda., S. 18 (Herv. im Text).

von Konzentrations- und Vernichtungslagern erweist: Denn wiewohl der Vernichtungspolitik in ideologischer Hinsicht eine zentrale Bedeutung zukam, befanden sich die Vernichtungslager topographisch zumeist an den Peripherien. Es ist eine in und durch die Sprache sowie in und durch Tun/Handeln hergestellte gesellschaftliche Wirklichkeit, die sich durch die Inanspruchnahme absoluter Bedeutungsmacht und Bedeutungsgewalt über das Eine/Eigene/Selbe auszeichnet. Dies führt nicht nur zur Negation eines möglichen Subjektstatus des oder der Anderen, sondern zu dessen Auslöschung. Grundlage der daraus folgenden Desintegration des gesellschaftlichen Individuums war die radikale Reduktion menschlichen Seins – zu dem wesentlich sich selbst als Subjekt in einer bestimmten Gesellschaft zu setzen gehört – auf die Funktionen des Lebendigen (das keinesfalls mit dem Animalischen zu verwechseln ist). Als radikal im buchstäblichen Sinne ist die Reduktion des menschlichen Seins auf die Funktionen des Lebendigen dahin gehend zu bezeichnen, dass in Konzentrations- und Vernichtungslagern die Vorstellung der Erhaltung von Leben durch unablässige Folter *ad absurdum* geführt wurde.

Jedes Für-sich, so Castoriadis, bedeutet Selbstzweck und Erstellung einer Eigenwelt, was auch für das Lebendige zutrifft. Erstellen einer Eigenwelt impliziert zudem Repräsentation, Vertretung und In-Verbindung-Setzen dessen, was repräsentiert wird. Im Wesentlichen, so Castoriadis, „erstellt, oder besser schöpft jedes Für-sich *seine* Welt".[22] Wenn Robert Eaglestone Giorgio Agambens Analyse des Muselmanns als „geheime Chiffre" der Bio-Macht[23] mit Levinas entgegnet, so entspricht seine Argumentation durchaus der Castoriadischen Konzeption des Für-sich des Lebendigen:

> [...] from a Levinasian perspective, Agamben's bare life is too bare, too much like Heidegger's abstract *Dasein*. For Levinas, the ‚bare fact of life is never bare'. ‚Bare life' is intentional, not simply ‚there', even in the case of the Muselmann. We do not have ‚bare life' and then eat or warm ourselves. Eating and warming are what life consists of. ‚Bare life' is not hungry or cold: cold and hunger are what makes up ‚bare life'.[24]

Gleichzeitig wendet Eaglestone gegen Agamben ein, dass dieser nicht näher auf den Prozess eingeht, der zwischen „nacktem Leben" und „Menschsein" vermittelt. Mit dieser Kritik vernachlässigt er jedoch über die Fokussierung dieser zweifellos wichtigen Vermittlungsinstanz die spezifische Trennung, die Agamben herausarbeitet: „Der höchste Ehrgeiz der Bio-Macht besteht darin, in einem menschlichen Körper die absolute Trennung von Lebewesen und sprechendem Wesen, von z   und *bíos*, von Nicht-Mensch und Mensch zu erzeugen: das Überleben."[25] D.h. die Vernichtungspolitik der Nationalsozialisten beruhte nicht nur auf Entsubjektivierung, sondern auf der Desintegration des Individuums,

---

22 Ebda., S. 20, S. 23 (Herv. im Text).
23 Agamben, *Was von Auschwitz bleibt*, S. 136.
24 Eaglestone, *The Holocaust and the Postmodern*, S. 323.
25 Agamben, *Was von Auschwitz bleibt*, S. 136 (Herv. im Text).

oder wie Agamben formuliert auf „der Trennung von Lebewesen und sprechendem Wesen". Die Reduktion auf die Funktionen des Lebendigen oder des „biologischen Selbst" sprechen unter anderem Appelfeld und Klüger an. In seiner ersten Vorlesung stellt Appelfeld die Frage: „Who can restore the violated honor of the self?" Wie bereits die Frage andeutet, geht es um das Selbst als geistige und moralische Instanz, der er jedoch ein „biologisches Selbst" als widerstreitende Instanz gegenüberstellt:

> The dread horrors of the Holocaust challenged the existence of the self, and I do not refer to the biological self which seeks to further its own existence. On the contrary, that self did everything it could, sometimes the impossible, and, if you will, even the inhuman, in order to stay alive. But the self as a spiritual essence, the self as an existing entity with obligations, that self, the essence of the human spirit, was endangered.[26]

Klüger kontrastiert in ihrem autobiographischen Bericht *weiter leben* die Fähigkeit zur freien Entscheidung als das Außergewöhnliche gegenüber der in Konzentrations- und Vernichtungslagern herrschenden Norm der autozentristisch ausgerichteten Selbsterhaltung: „Je genauer ich über die folgende Szene nachdenke, desto halt- und stützenloser scheint das Eigentliche daran, daß ein Mensch aus freier Entscheidung einen fremden rettet, an einem Ort, der den Selbsterhaltungstrieb bis zur Kriminalität gefördert hat."[27] Sämtliche Techniken der Zurichtung, die in Konzentrations- und Vernichtungslagern angewandt wurden – die Techniken der Auslöschung waren (und es sind Techniken, die bis zum funktionalen Gebrauch der Sprache reichen) –, liefen der Möglichkeit, sich „seine Welt" zu schaffen, zuwider, weil diese Welt durch Willkür jederzeit vernichtet werden konnte. Denn, so Klüger: „Das war der Rahmen der Denkstruktur unserer Existenz, dieses Kommen und Gehen von Menschen, die nicht über sich selbst verfügten, keinen Einfluß darauf hatten, was und wie über sie verfügt wurde, und nicht einmal wußten, wann und ob wieder verfügt werden würde. Nur daß die Absicht eine feindliche war."[28] Diese absolute Ohnmacht gegenüber einer Macht, die wesentlich auf Gewalt beruhte, hatte zur Folge, dass es auch auf der Ebene des Für-sich des Lebendigen nicht möglich war, sich „seine Welt" zu schöpfen, weil alle Anstöße der Umgebung auf deren Zerstörung hinausliefen. Diese absolute Reduktion auf die Funktionen des Lebendigen, die so gut wie keine Vergesellschaftung erlaubte, wird in den meisten Zeugenberichten mit Grauen erinnert beziehungsweise ist diese Reduktion, die auf der bis dahin nicht für möglich erachteten Desintegration des Individuums beruhte, eines der Zentren des Schweigens und des Unsagbaren.[29]

---

26 Appelfeld, *Beyond Despair*, S. 22.
27 Klüger, *weiter leben*, S. 198.
28 Ebda., S. 129.
29 Agamben spricht in diesem Zusammenhang vom „Unbezeugbaren". Siehe Agamben, *Was von Auschwitz bleibt*, S. 36 ff.

Castoriadis unterscheidet Selbst und Subjekt, indem er dem Subjekt die Fähigkeit der Reflexion sowie Willen als unterscheidende Kriterien zuschreibt. Beide Fähigkeiten zielen auf Entscheiden und Handeln ab, also auf die Möglichkeit, Gegebenes zu verändern und zu interpretieren. Durch die Fähigkeit des Über-sich-Hinausgehens sowie durch schöpferische Gestaltung eignet sich das Subjekt die es umgebende Welt an und konstituiert sich auf diese Weise als solches. Appelfeld stellt diesem dem Subjekt *per definitionem* zugeschriebene Ausgeliefertsein an eine ihm fremde Welt ein Ausgeliefertsein an das blinde Schicksal gegenüber. „Choice and determination were stolen away completely. It was not who you were, not what you have done, but your being a Jew that was the determining factor in every case. For years we were subject to the blindness of fate."[30] Unter Verwendung derselben Metapher stellt Kertész' Protagonist in *Roman eines Schicksallosen* nach seiner Rückkehr fest: „Auch ich habe ein gegebenes Schicksal durchlebt. Es war nicht mein Schicksal, aber ich habe es durchlebt – [...]."[31] Mit dem Vergleich von totalitärer nationalsozialistischer Machtpolitik mit dem blinden Schicksal respektive mit Schicksallosigkeit zeigen Appelfeld und Kertész die Unmöglichkeit der reflexiven Aneignung jener Welt auf, in der es schlichtweg nicht möglich war, das willkürlich zugewiesene Schicksal als „sein" Schicksal umzugestalten.

„Die Reflexivität", so Castoriadis, „setzt für die Einbildungskraft die Möglichkeit voraus, etwas als seiend zu setzen, was nicht ist, Y in X zu sehen und insbesondere, doppelt zu sehen, *sich* doppelt zu sehen, *sich* im Sich-als-anderes-Sehen zu sehen."[32] Während Reflexion bei Almut Finck als distanzierendes Medium verstanden wird, bestimmt Castoriadis Reflexivität als die Möglichkeit, sich selbst als „Selbst" zu sehen, sie ist somit Voraussetzung des Subjekts beziehungsweise von Subjektivität, das heißt Reflexion distanziert das Subjekt nicht von sich selbst, sondern bringt dieses überhaupt erst hervor. Reflexivität ermöglicht also den doppelten Blick, der dem Satz „Ich bin in Auschwitz gestorben, und niemand sieht das" zugrunde liegt. Allerdings trifft dies nur auf den ersten Blick zu, denn während der Castoriadische Subjektbegriff letztlich ebenfalls die platonische Aussage „der ich einer bin"[33] voraussetzt, bedeutet die Feststellung von Mado, die Charlotte Delbo im letzten Band ihrer Trilogie anführt, eine radikale Unterbrechung zwischen mir und mir. Was mit der Aussage von Mado, aber ebenso mit jenen von Appelfeld und Kertész, in vehementer Weise in Frage gestellt wird, ist

---

30 Appelfeld, *Beyond Despair*, S. 34.
31 Kertész, *Roman eines Schicksallosen*, S. 283.
32 Castoriadis, „Der Zustand des Subjekts heute", S. 38 (Herv. im Text).
33 Platon, *Gorgias,* in: ders., *Werke,* Bd. 2, griech./deutsch, hg. v. Gunther Eigler, bearbeitet v. Heinz Hofmann, Darmstadt, 1973, 482b: „Und ich wenigstens, du Bester, bin der Meinung, daß lieber [...] die meisten Menschen nicht mit mir einstimmen, sondern mir widersprechen mögen, als daß ich allein mit mir selbst nicht zusammensein, sondern mir widersprechen müßte." Arendt weist in ihren Ausführungen zu dieser Aussage des Sokrates auf die Tatsache hin, dass in den meisten Übersetzungen, wie eben auch in der vorliegenden, die Schlüsselworte, „der ich einer bin", weggelassen werden. Siehe Arendt, „Über den Zusammenhang von Denken und Moral", in: dies., *Zwischen Vergangenheit und Zukunft*, S. 128-155, S. 148 f.

jede Vorstellung von Kontinuität und/oder Einheit, die autobiographischen Selbst-Setzungen zugrunde liegt – und dies trifft schlussendlich auch auf diskursivierte, fragmentierte und multiplizierte Subjekt-Konzeptionen zu. Die Zerstörung eines Selbst, eines Selbstbildes aufgrund absoluter Ohnmacht in Bezug auf Sprache, Gestaltungsmöglichkeit von Welt, Willen und Reflexion ermöglicht ein Sprechen über, von oder mit erst in dem Moment, in dem der oder die Betroffene wieder Zugang zu „dieser Welt" hat. Die Zerstörung des Selbst beruhte jedoch auf der völligen Desintegration des Individuums, die im Nachhinein nur schwer in einer wie auch immer gestalteten „gemeinsamen Welt" aufgehoben werden kann. Die Unmöglichkeit des stummen Dialogs zwischen mir und mir selbst[34] verdeutlicht wiederum Imre Kertész:

> Denn eben das ist die große Magie, wenn man so will, das Dämonische: daß die totalitaristische Geschichte unseres Jahrhunderts von uns die ganze Existenz fordert, uns aber, nachdem wir sie ihr restlos gegeben haben, im Stich läßt, einfach weil sie sich anders, mit einer grundlegend anderen Logik fortsetzt. Und dann ist für uns nicht mehr begreiflich, daß wir auch die vorhergehende begriffen haben, das heißt, nicht die Geschichte ist unbegreiflich, sondern wir begreifen uns selbst nicht.[35]

Eine geradezu fatale Umkehr von Ursache und Wirkung scheint mir hingegen in Appelfelds Schlussfolgerung zu liegen: „The individual, or what was left of him, was nullified, and only a barren gaze remained, or, rather, apathy. After the Holocaust as well, there was shame in talking about oneself. The Jewish belief that the world depends upon the individual failed the test."[36]

Die meisten Auseinandersetzungen hinsichtlich Selbst und Subjekt gehen von einer selbstverständlich gegebenen Einbildungskraft aus. Selbst der Tod des Subjekts als gesellschaftskritische Feststellung beruht letztlich auf der Erkenntnis, dass es dem gesellschaftlichen Individuum nicht möglich ist, sich auf eine gesellschaftlich institutionalisierte Wirklichkeit hin zu entwerfen beziehungsweise wird diese Wirklichkeit zu Recht als konstruierte dekonstruiert. Allerdings setzt selbst das Scheitern dieses Entwurfs die Einbildungskraft voraus. Der Tod des Subjekts in Auschwitz lässt sich hingegen nicht auf das Scheitern der Einbildungskraft zurückführen, sondern auf die bis dahin undenkbare Desintegration des Individuums, die auf der völligen Unterminierung der Einbildungskraft beruht.[37] Wie unter anderem Primo Levi[38] verweist auch Charlotte Delbo auf die Einbildungskraft als ersten Luxus des Körpers:

> Ihr werdet sagen, man kann einem Menschen alles nehmen, außer seiner Fähigkeit zu denken und zu träumen. Ihr habt keine Ahnung. Man kann aus einem Menschen ein Gerippe machen, in dem die Diarrhöe blubbert, ihm die Zeit zum Den-

34 Siehe Platon, *Theaitetos,* in: ders., *Werke,* Bd. 6, 189c; Platon, *Sophistes,* in: ders., *Werke,* Bd. 6, 263e.

35 Kertész, „Rede über das Jahrhundert", S. 22.

36 Appelfeld, *Beyond Despair,* S. x.

37 Dieser Aspekt wird im dritten Abschnitt dieses Kapitels noch detaillierter ausgeführt.

38 Siehe Primo Levi, „Der Intellektuelle in Auschwitz", in: ders., *Die Untergegangenen und die Geretteten,* S. 129-151, S. 140 f.

ken, die Kraft zum Denken nehmen. Das Imaginäre ist der erste Luxus des Körpers, der genügend Nahrung erhält, Freizeit genießt, über Grundlagen zur Gestaltung seiner Träume verfügt. In Auschwitz träumte man nicht, man delirierte.[39]

Wenn in Bezug auf Überlebende des Holocaust von einer doppelten Selbst-Setzung die Rede ist, so ist dies buchstäblich zu verstehen. Es handelt sich demzufolge nicht um ein Scheitern der Repräsentation, sondern um die tatsächlich ins Werk gesetzte Ent-setzung des Selbst.

---

39 Delbo, *Eine nutzlose Bekanntschaft*, S. 239.

2. Die Rolle von Sprache und Tun bei der Herstellung von Wirklichkeit

Jean Améry paraphrasiert in seinem Essay „An den Grenzen des Geistes" den letzten Vers jenes Gedichtes von Karl Kraus, mit dem dieser sich in der einzigen Fackelausgabe des Jahres 1933 zur Machtergreifung Hitlers äußert: „Das Wort entschlief, als jene Welt erwachte."[40] Dem entgegnet Améry: „Das Wort entschläft überall dort, wo eine Wirklichkeit totalen Anspruch stellt. Uns [den ehemaligen Lagerhäftlingen, VZ] ist es längst entschlafen. Und nicht einmal das Gefühl blieb zurück, daß wir sein Hinscheiden bedauern müssen."[41] Mit dieser Replik von Améry soll vor allem die Rolle der Sprache bei der Konstitution von Bedeutung und Wirklichkeit hervorgehoben werden. Obwohl Kraus zu den schärfsten Kritikern des auf Gewalt abzielenden Sprachgebrauchs der Nationalsozialisten gehörte, verschleiert er mit den Metaphern des Entschlafens und Erwachens die Dimension der realen Gewalt, die mit dem Erwachen „jener Welt" verbunden war. Améry begegnet Kraus' Poetisierung von Wirklichkeit mit Ironie und stellt sie gleichzeitig als Sprachspiel bloß.

Kraus war jedoch durchaus bewusst, dass mit dem Wort nicht nur eine ganze Welt an Bedeutungen, eine bestimmte Vorstellung einer Gesellschaft und damit eine nach bestimmten Vorstellungen gestaltete Wirklichkeit „entschlief", sondern „jene Welt" mit Anspruch auf totale Wirklichkeit ebenso durch Wort und Sprache erwachte. Sein erst 1952 posthum veröffentlichter, aber bereits 1933 verfasster Rechtfertigungsbericht für sein Schweigen nach der Machtergreifung Hitlers in Deutschland *Dritte Walpurgisnacht* stellt wohl eine der ersten Analysen des Sprachmissbrauchs der Nationalsozialisten dar. Im Rahmen dieser sprachkritischen Auseinandersetzung stellt sich Kraus unter anderem die Frage: „Das Staunen vor der Neuerung, die mit der Elementarkraft einer Gehirnpest Grundbegriffe vernichtet, als wären schon die Bakterienbomben des entwickelten Luftkriegs im Schwange – könnte es den Sprachlosen ermuntern, der da gewahrt, wie die Welt aussieht, die sich beim Wort genommen hat?"[42] Über Hunderte von Seiten wird Kraus nicht müde, Beispiel um Beispiel vorzubringen, um aufzuzeigen, in welcher Weise das Wort respektive die Sprache durch ihre gewalttätige Realisation buchstäblich zu Grunde gerichtet wird. „Seht hin, wie die Erneuerung deutschen Lebens der alten Redensart zu ihrem unseligen Ursprung half – bis sie ihrer Verwendbarkeit im übertragenen Wirkungskreis verlustig wurde!"[43] Wort und Wirklichkeit stehen einander nicht gegenüber – ebensowenig wie Sprechen

---

40 Karl Kraus, *Die Fackel*, Nr. 888, Oktober 1933, S. 4.
41 Améry, „An den Grenzen des Geistes", S. 45.
42 Karl Kraus, *Dritte Walpurgisnacht*, hg. v. Christian Wagenknecht, Frankfurt/Main, 1989, S. 33.
43 Ebda., S. 138.

und Tun –, wie dies Kraus zumindest in der eingangs zitierten Gedichtzeile zum Ausdruck bringt, sondern bedingen einander, selbst wenn dies zum Untergang der Sprache, aber eben nur einer bestimmten Sprache, führt.

Die von den Nationalsozialisten errichtete Wirklichkeit, und damit auch deren Welt an Bedeutungen, beruhte ebenso auf Sprache wie die Wirklichkeit jeder anderen Gesellschaft, denn, so Castoriadis, „[e]s gibt keine Kultur ohne Sinnkerne, zentrale Bedeutungen, die die [...] Welt dieser Kultur ausgestalten und deren Präsenz und Wirksamkeit ohne die Sprache nicht denkbar ist".[44] Die Herstellung der nationalsozialistischen Wirklichkeit setzte demgemäß die Einsetzung neuer Bedeutungen und Sinnkerne voraus,[45] die zum einen, wie Kraus formuliert, „der alten Redensart zu ihrem unseligen Ursprung" halfen, zum anderen unter den Vorzeichen der Erneuerung einen neuen Heldenmythos schufen. Mit der Auslöschung „alter" Sinnkerne geht die Überdeterminierung „neuer" zentraler Bedeutungen in Form der Selbstidealisierung als erneuernde Kraft einher.[46]

Wenn Hannah Arendt Macht als von der Unterstützung des Volkes abhängig definiert, während Gewaltherrschaft mit einigen wenigen Helfern auskommt,[47] so lässt sich der Schluss ziehen, dass Macht die Gefahr des Missbrauchs von Sprache impliziert, Gewalt hingegen immer einen Missbrauch von Handeln und Tun darstellt. Der Nationalsozialismus beruhte in diesem Sinne auf einer fatalen Allianz von Macht und Gewalt, die konsequenterweise die Setzung absoluter Subjekte zur Folge hatte. Gleichzeitig führt die Vorstellung eines absoluten Subjekts notwendigerweise jede andere Subjekt-Setzung *ad absurdum,* und zwar sowohl im Sinne des Handelns als auch im Sinne eines sprachlichen Subjekts. In ihrer Studie zur Autobiographie bestimmt Almut Finck das Verhältnis von Subjekt und Wirklichkeit als wechselseitig abhängiges: „Das Subjekt ist situiert in einer Welt, die in ihrer Bedeutsamkeit immer schon Effekt ihrer sprachlichen Codierung ist. Gleichzeitig aber, und das ist entscheidend, konstituiert es sich als sprachliches in eben der Diskursivierung seiner Welt."[48] Finck kommt dem möglichen Vorwurf der Fiktionalisierung der Wirklichkeit zwar zuvor, indem sie darauf hinweist, dass „[m]it der Behauptung ihrer sprachlichen Bedingtheit nicht die Realität [verschwindet], sondern nur die Illusion ihrer Unbedingtheit, der Mythos des Gegebenen".[49] Dennoch greift die Vorstellung, die Welt sei in ihrer Bedeutsamkeit Effekt ihrer sprachlichen Codierung insofern zu kurz, als ein sprachlicher Code zwar über Operationsschemata der Sprache verfügt, nicht aber über Bedeutungs-

---

44 Cornelius Castoriadis, „Das Sagbare und das Unsagbare", in: ders., *Durchs Labyrinth. Seele, Vernunft, Gesellschaft,* übers. v. Horst Brühmann, Frankfurt/Main, 1983, S. 107-126, S. 116.

45 Arendt analysiert die Einsetzung neuer gesellschaftlicher Bedeutungskerne unter den Vorzeichen des Nationalsozialismus als Umlügen der Wirklichkeit. Siehe Arendt, „Antisemitismus und faschistische Internationale", S. 42.

46 Siehe dazu die nach wie vor erhellenden Aufzeichnungen von Victor Klemperer zur „Sprache des Dritten Reiches", die er mit einer parodierenden Geste als *Lingua Tertii Imperii* (LTI) bezeichnet. Victor Klemperer, *LTI. Notizbuch eines Philologen,* Stuttgart, 1975.

47 Siehe Hannah Arendt, *Macht und Gewalt,* übers. v. Gisela Uellenberg, München, 1970, S. 36 ff.

48 Finck, *Autobiographisches Schreiben,* S. 40.

49 Ebda., S. 39.

produktion. Castoriadis definiert sprachliche Bedeutung als „die Zugehörigkeit eines Terms zu dem, worauf er schrittweise, unmittelbar oder mittelbar *verweist*".[50] Das Wort verweist in diesem Sinne sowohl auf seine sprachlichen Signifikate, wobei wesentliches Merkmal einer lebendigen Sprache die Möglichkeit des Auftauchens neuer und anderer Signifikate darstellt, als auch auf seinen oder seine Referenten. Weder Signifikation noch Referent sind absolut zu sehen, das heißt sprachliche Bedeutung ist als Bündel an Verweisungen offen, der Referent ist „niemals etwas absolut für sich Bestehendes".[51] Wird die in Amérys Erwiderung auf Kraus erwähnte Wirklichkeit, die „totalen Anspruch" stellt, als sprachliche verstanden, so trifft in der Tat zu, dass jedes andere Wort „entschlafen" musste, damit aber auch dessen Welt an Bedeutungen. Gleichzeitig rückt Améry mit seiner bekannten Modifikation von Wittgensteins Satz *„Die Grenzen meiner Sprache* bedeuten die Grenzen meiner Welt"[52] den Aspekt des Tuns nachdrücklich ins Licht: „Die Grenzen meines Körpers sind die Grenzen meines Ichs. Die Hautoberfläche schließt mich ab gegen die fremde Welt: auf ihr darf ich, wenn ich Vertrauen haben soll, nur zu spüren bekommen, was ich spüren will."[53] Was sich der Sprache nicht nur aufgrund der Ohnmacht dieser Sprache gegenüber entzieht, ist die unfassbare Gewalt, mit der Körper zugerichtet und vernichtet wurden. Arendt bezeichnet Konzentrations- und Vernichtungslager als Laboratorien „für das Experiment der totalen Beherrschung", in denen nicht zuletzt die Desintegration der Persönlichkeit stattfand, zu der auch die Zerstörung der Individualität gehörte, „was vor allem durch permanente und systematisch organisierte Folter besorgt wird. Das Endergebnis ist die Reduktion menschlicher Wesen auf den kleinsten gemeinsamen Nenner von ‚identischen Reaktionen'."[54] Anders ausgedrückt kommt es sowohl dort, „wo eine Wirklichkeit totalen Anspruch stellt", als auch dort, wo totaler Anspruch auf Wirklichkeit gestellt wird, offensichtlich zur Überlagerung der Operationsschemata von Sprache und Tun beziehungsweise von Sprache und Herstellen. Auf der Ebene des Politischen wiederum setzt dies die Verquickung von Macht und Gewalt voraus.

Wenn Sprache als Bedingung der Entstehung und somit Erfahrbarkeit von Wirklichkeit gilt, muss der Ausschluss aus dieser Sprache zu einer Krise der Wirklichkeits- und Selbsterfahrung führen oder wie Kertész im *Galeerentagebuch* feststellt: „Was die Sprache angeht: Die Totalität grenzt den Menschen sogar aus seinem eigenen inneren Leben aus, das ist immer zu beachten."[55] Gleichzeitig kommt es zu einem Aufeinanderprallen zweier entgegengesetzter Sprach- und Bedeutungswelten, von denen eine Anspruch auf totale Bedeutungsmacht erhebt. Wie unter anderen James E. Young in seinem Buch *Writing and Rewriting the*

---

50 Castoriadis, *Gesellschaft*, S. 566 (Herv. im Text).
51 Ebda.
52 Ludwig Wittgenstein, *Tractatus logico-philosophicus. Logisch-philosophische Abhandlung*, Frankfurt/Main, 1963, S. 89 (Herv. im Text).
53 Jean Améry, „Die Tortur", in: ders., *Jenseits von Schuld und Sühne*, S. 46-73, S. 56.
54 Hannah Arendt, „Die vollendete Sinnlosigkeit", in: dies., *Nach Auschwitz*, S. 7-30, S. 24 f.
55 Kertész, *Galeerentagebuch*, S. 30.

Holocaust hebt Ernst van Alphen in seiner Studie *Caught by History* die Bedeutung kultureller und narrativer Rahmen hervor, die es erlauben, Geschichte zu erfahren: „Such frames do not distort history; instead, they allow history to be experienced or witnessed."[56] Rahmen, Kontext oder Bedeutungswelten sind jedoch nur unter der Bedingung sinngebend, dass sie von den einzelnen Mitgliedern einer bestimmten Gesellschaft geteilt oder interpretiert werden können. Kertész stellt in seinem *Roman eines Schicksallosen* mit unerschütterlicher Konsequenz den Weg seines Protagonisten dar, der die von den Nationalsozialisten eingesetzten neuen Bedeutungen so lange missinterpretiert und in den gewohnten Deutungsmustern einer „gemeinsamen Welt" versteht, bis er vor den Krematorien von Auschwitz steht. Erst dann begreift er die Bedeutungslosigkeit seiner humanistischen Schulbildung unter dem Motto „non scolae, sed vitae discimus": „Dann hätte ich jedoch, das war meine Ansicht, die ganze Zeit für Auschwitz lernen müssen. Es wäre alles erklärt worden, offen, ehrlich, vernünftig."[57] Der Protagonist in Kertész' *Roman eines Schicksallosen* fordert hier im Grunde einen narrativen Rahmen für den Ort, an dem er sich befindet. Neue, zentrale Bedeutungen können freilich nicht beliebig ein- und umgesetzt werden. Den zahlreichen euphemistischen Sprachregelungen der Nationalsozialisten (wie unter anderem auch Konzentrations- oder Arbeitslager) kommt in dieser Hinsicht die Funktion zu, zwischen alten und neuen Bedeutungsschichten zu oszillieren. Damit wird nicht zuletzt die Schwierigkeit deutlich, diese neuen Bedeutungen, die auf den Ausschluss aus der Sprache und von Handeln hinausliefen, rechtzeitig in ihrem Ausmaß zu begreifen und zu interpretieren. Ich habe bereits im vorigen Kapitel mit Bezug auf van Alphen darauf hingewiesen, dass diese De-formation der Sprache zur Problematik führte, Wirklichkeit als Wirklichkeit zu erfahren, denn, so Ernst van Alphen: „I contend that the problem Holocaust survivors encounter is precisely that the lived events could not be experienced because language did not provide the terms with which to experience them. This unrepresentability defines those events as *traumatic*."[58]

   Neben dieser Schwierigkeit, die Erfahrung als sprachlich gestaltete ausweist, stellt sich die Frage nach der Möglichkeit der Teilnahme an einer nach bestimmten Vorstellungen und Bedeutungen gestalteten Wirklichkeit: das heißt, in welchem Ausmaß ist es für den Einzelnen oder die Einzelne möglich, an dieser Wirklichkeit teilzunehmen, deren Begriffe und Bedeutungen mitzugestalten und damit die Wirklichkeit für sich zu interpretieren. In ihrem Aufsatz „Die vollendete Sinnlosigkeit" unterscheidet Arendt die Form der Isolation von Gefängnissen, Gettos und Arbeitslagern von jener der Konzentrations- und Vernichtungslager. Gefängnisse, so Arendt, bilden trotz Isolation einen wichtigen Teil der Gesellschaft, in Gettos wurden „Familien und nicht Einzelpersonen abgesondert, so daß eine Art geschlossene Gesellschaft entstand und der Anschein eines normalen

---

56 Van Alphen, *Caught by History*, S. 25.
57 Kertész, *Roman eines Schicksallosen*, S. 127.
58 Van Alphen, *Caught by History*, S. 44 (Herv. im Text).

Lebens gewahrt wurde".[59] Demgegenüber „ist kaum nachvollziehbar, und man macht sich nur unter Grausen eine Vorstellung davon, wie total die Lager von der Außenwelt isoliert waren: so als wären die Lager und ihre Insassen nicht mehr Teil dieser Welt".[60] Die zahlreichen Hinweise in Zeugenberichten auf die Wahrnehmung der Wirklichkeit als irreal einerseits sowie auf eine „nackte" Wirklichkeit andererseits unterstreichen die Tatsache, dass in einem kaum vorstellbaren Ausmaß verunmöglicht wurde, eine Welt von Bedeutungen und damit eine Gesellschaft oder auch nur eine Gruppe außerhalb der Gesellschaft zu gestalten.[61]

In Zeugenberichten wird darüber hinaus immer wieder auf die, wie es heißt „rohe Sprache" der Deutschen hingewiesen. Es ist bezeichnend, dass die Sprache von SS-Funktionären und Aufsehern beinahe immer in Deutsch (in Bezug auf Auschwitz teilweise auch Polnisch) wiedergegeben wird. Es handelt sich hierbei zumeist um extrem reduziert formulierte Befehle wie „Schneller, Schneller", um die Wiedergabe des Abzählens und Registrierens beim Appell, aber auch um Orts- und Funktionsbezeichnungen wie „Lagerstraße" oder „Blockältester", die unter den gegebenen Umständen Euphemismen der Lagerwirklichkeit darstellten. Die „Verrohung" der Sprache durch die Reduktion auf einen funktionalen Kern stellt jedoch nur eine Seite der Wirklichkeit in Konzentrations- und Vernichtungslagern dar. Gleichzeitig wurde offensichtlich eine jeder Bedeutungs- oder Sinnstiftung entblößte Welt konstituiert, indem die Wörter auf das extrem Reale zurückgeführt wurden. Ein Hinweis dazu findet sich in den Erinnerungen von Delbo:

> Otherwise, someone [in the camps, VZ] who has been tormented by thirst for weeks would never again be able to say: ‚I'm thirsty. Let's make a cup of tea.‘ ... ‚Thirst‘ [after the war, VZ] has once more become a currently used term. On the other hand, if I dream of the thirst that I felt in Birkenau [...], I see myself as I was then, haggard, bereft of reason, tottering. I feel again physically that *real* thirst, and it's an agonizing nightmare.[62]

Die Rückführung auf den extrem realen Kern der Wörter bedeutet hier die Rückführung auf das rein Physische, das nur über den Körper erinnert werden kann, weil sich dieses „Wort" offensichtlich jeder (Re)Präsentation in der und durch die Sprache und Vorstellung entzieht. In seinem autobiographischen Bericht *Ist das ein Mensch?* verweist Primo Levi ebenfalls auf die De-Signifikation von Wörtern:

> Wir sagen ‚Hunger‘, wir sagen ‚Müdigkeit‘, ‚Angst‘ und ‚Schmerz‘, wir sagen ‚Winter‘, und das sind andere Dinge. Denn es sind freie Worte, geschaffen und benutzt

---

59 Arendt, „Die vollendete Sinnlosigkeit", S. 23.
60 Ebda., S. 23.
61 Wie ich noch genauer ausführen werde und worauf ich bereits hingewiesen habe, hängt die Verunmöglichung der Kollektivbildung nicht zuletzt mit der Überwältigung der Einbildungskraft zusammen. Siehe Abschnitt drei dieses Kapitels.
62 Delbo, *La mémoire et les jours;* zit. n. Langer, *Holocaust Testimonies,* S. 8 (Herv. im Text).

von freien Menschen, die Freud und Leid in ihrem Zuhause erlebten. Hätten die Lager länger bestanden, wäre eine neue, harte Sprache geboren worden; [...].[63]

Allein diese „neue, harte Sprache", so Levi, wäre in der Lage, die Bedeutung der Worte unter den Bedingungen von Konzentrations- und Vernichtungslagern zu erklären. Diese Sprache wäre in der Tat eine Sprache ohne Referenz, weil die Bedeutung der Worte völlig auf ihre Tatsächlichkeit reduziert ist.

Autobiographische Berichte von Überlebenden des Holocaust sind sowohl Dokumente zerstörerischer Narrative als auch Narrationen der Zerstörung. Die Schwierigkeit, die sich hierbei stellt, ist, eine Sprache für zerstörerische Narrative zu finden, ohne diese zu reproduzieren. Das heißt es stellt sich die Frage, die Imre Kertész im *Galeerentagebuch* formuliert: „Wie können wir eine Darstellung aus dem Blickwinkel des Totalitären vornehmen, ohne den Blickwinkel des Totalitären zum eigenen Blickwinkel zu machen?"[64] Dabei handelt es sich jedoch nicht um jene Problematik, der sich das autobiographische Subjekt als diskursiv gesetztes gegenübersieht:

> Wenn Realität nicht mehr als transzendental verortet gelten kann, sondern der Übereinkunft zwischen Kommunikationspartnern zu verdanken ist, dann erfährt Sprache zwar einerseits eine ungeheure Aufwertung, nämlich als konstitutives Moment unseres Wirklichkeitsverständnisses [...]. Andererseits geht die Sprachlichkeit von Realität Hand in Hand mit dem Obsoletwerden des Repräsentationsmodells von Sprache, denn wo sich Realität erst primär in Sprache konstituiert, kann nicht dieselbe Sprache den Anspruch erheben, Realität sekundär abzubilden. Sprache vermag ihren Gegenstand hervorzubringen, nicht aber, ihn einzuholen und mit ihm zur Deckung zu gelangen.[65]

Diese These trifft nur zu, wenn von einem Sprachverständnis ausgegangen wird, das der Sprache zwar zugesteht, Realität an und für sich hervorzubringen und zu bestimmen, die Bezeichnungsfunktion von Sprache aber außer Acht lässt. Doch ändert die sprachliche Hervorbringung von Realität (und der daraus resultierende Verlust von Wirklichkeit) nichts an dem Dilemma, dass Wirklichkeit nicht völlig bestimmbar ist, was letztendlich auch auf deren transzendentale Setzung zutrifft. Auch James E. Young weist im Zusammenhang mit der Darstellung von Holocaust-Erfahrungen darauf hin, dass die Vorstellung der sprachlichen oder rhetorischen Verfasstheit von Wirklichkeit keineswegs deren Fiktionalisierung zur Folge hat, sondern das Problem vielmehr darauf beruht, dass die Wirklichkeit hinter einer Rhetorik des Faktischen zu verschwinden droht.[66] Auf dieses Verschwinden der Wirklichkeit hinter der Sprache verweist etwa Aharon Appelfeld:

> If you read the many collections of testimony written about the Holocaust, you will immediately see that they are actually repressions, meant to put events in proper chronological order. They are neither introspection nor anything resembling intro-

---

63 Levi, *Ist das ein Mensch?*, S. 148 f.
64 Kertész, *Galeerentagebuch*, S. 21.
65 Finck, *Autobiographisches Schreiben*, S. 42.
66 Siehe Young, *Writing and Rewriting the Holocaust*, S. 5 ff.

spection, but rather the careful weaving together of many external facts in order to veil the inner truth. The survivor himself was the first, in the weakness of his own hand and in the denial of his own experiences, to create the strange plural voice of the memoirist, which is nothing but externalization upon externalization, so that what is within will never be revealed.[67]

Appelfeld fragt, wie auch Semprun und Kertész, nach dem Wesen, nach der „inneren Wahrheit" der Ereignisse, die sich nicht in der Darstellung des Grauens erschöpft, sich also nicht auf Äußerlichkeiten und damit auf traditionell als Akzidenzien aufgefasste Gegebenheiten beschränkt.[68] Damit gehen Autoren wie Appelfeld, Semprun und Kertész davon aus, dass Dingen, Ereignissen, Erfahrungen ein bestimmter Sinnkern zukommt, auch wenn dieser auf der völligen Sinnlosigkeit der Ereignisse beruht. Doch obwohl das in den Texten zum Ausdruck kommende Ringen um das Wesentliche der Erfahrung, bei allen Unterschieden, auf die Hegelsche Geschichtsphilosophie zurückführbar zu sein scheint, lässt sich dieses Ringen nicht als Suche nach ontologischen oder phänomenologischen Erklärungsmuster beschreiben. Vielmehr handelt es sich um ein nicht zuletzt selbstversicherndes Streben nach Erkenntnis, denn, so Kertész' Protagonist am Ende des *Roman eines Schicksallosen:* „Man könne mir, das sollten sie doch versuchen zu verstehen, man könne mir doch nicht alles nehmen; [...] ich könne die dumme Bitternis nicht herunterschlucken, einfach nur unschuldig sein zu sollen."[69]

Die Vorstellung einer letzten Wahrheit oder Wesenheit findet sich schließlich noch, wie Jonathan Culler feststellt, in der Definition der Metapher als kognitive, kreative Leistung und nicht als Substitut für etwas anderes, die er im Gegensatz zur traditionellen Metaphern-Auffassung, der *via rhetorica,* als *via philosophica* bezeichnet.[70] Allerdings ist Sprache als bezeichnende und bedeutungsgebende immer schon metaphorisch, sie setzt immer schon etwas als Seiend oder So-Seiend, was realiter nicht ist beziehungsweise was realiter nicht in dieser Form/Gestalt ist.[71] In diesem Sinne ist Sprache immer schon (Re-)Präsentation. Obwohl die Auseinandersetzung in Bezug auf Dichtung und Wahrheit weit über Goethes autobiographisches Werk gleichen Titels hinausgeht, wurde die Möglichkeit poetischer Wahrheit und Wahrhaftigkeit im Zusammenhang mit dem Holocaust erneut in Frage gestellt. Ernst van Alphen gehörte neben James E. Young und Alvin H. Rosenfeld zu den ersten Holocaust-Forschern, die figurative Sprache als legitimen Darstellungsmodus des Holocaust in Erwägung zogen. In Anlehnung an Cullers Definition der Metapher als kognitiven Prozess sieht van Alphen gerade in figurativer Sprache die Möglichkeit, Nicht-Darstellbares darzustellen: „This

---

67 Appelfeld, *Beyond Despair,* S. 14.
68 Die „dunkle, gleißende Wahrheit" dieser Erfahrung beruht für Semprun auf der Erfahrung des radikal Bösen. Das Grauen jedoch „war nicht das Böse, war zumindest nicht sein Wesen. Es war nur sein Gewand, sein Schmuck, sein Prunk". Siehe Semprun, *Schreiben oder Leben,* S. 108 f.
69 Kertész, *Roman eines Schicksallosen,* S. 285.
70 Siehe Jonathan Culler, *The Pursuit of Signs. Semiotics, Literature, Deconstruction,* London/Henley, 1981, S. 188 ff.
71 Siehe Castoriadis, *Gesellschaft,* S. 566 ff.

approach to figuration makes imaginative discourse not suspect, but absolutely necessary. Only figurative discourse allows expression of that which is unrepresentable in so-called literal, factual, historical language."[72]

Doch wofür stehen die endlos wiederholten Hinweise auf das Nicht-Darstellbare, das Nicht-Vorstellbare, Nicht-Aussagbare, auf die Wortschichten und -masken über der solcherweise konstruierten Leerstelle, die auf den Holocaust verweisen, diesen aber nie erreichen? Ich bin freilich nicht die erste, die in diesem Zusammenhang auf die Gefahr der Sakralisierung und Mystifizierung aufmerksam macht, die damit sicherlich verbunden ist. So stellt etwa Gillian Rose in ihrer Auseinandersetzung mit philosophischen Konzepten der Repräsentation dezidiert fest:

> To argue for silence, prayer, the banishment equally of poetry and knowledge, in short, the witness of ,ineffability', that is, the non-representability, is *to mystify something we dare not understand*, because we fear that it may be all too understandable, all too continuous with what we are – human, all too human.[73]

Zwar nicht mit einem Verweis auf Nietzsche, aber doch mit der Forderung, die Erfahrung des Holocaust in den „Bereich des Menschlichen" zurückzubringen, zeigt Aharon Appelfeld Formen der Mythologisierung als problematisch auf: „Everything in it [the Holocaust, VZ] already seems so thoroughly unreal, as if it no longer belongs to the experience of our generation, but to mythology. Thence comes the need to bring it down to the human realm."[74] Für Appelfeld impliziert diese Forderung, dem Individuum wieder seine Sprache, seinen Namen, seine menschliche Form und Gestalt zurückzugeben, das Leiden von ungeheuerlichen Zahlen und von der Anonymität zu befreien.[75]

Dieses Zurückholen des Holocaust in den menschlichen Bereich gelingt allerdings nur unter der Voraussetzung der Teilnahme an einer „gemeinsamen Welt" von Bedeutungen. Autobiographisches Schreiben von Überlebenden des Holocaust heißt demzufolge, sich wieder in eine Welt von Bedeutungen einzuschreiben, retrospektiv eine Wirklichkeit zu um- und zu beschreiben, die sich der Sprache durch den radikalen Ausschluss aus der sprachlichen Gestaltung entzog. Durch die Narration der Selbst-Zerstörung lässt sich die Gewalt zerstörerischer Narrative wohl kaum aufheben, doch handelt es sich gleichzeitig um eine Narration der Selbst-Gestaltung und der Subjekt-Setzung, die eventuell, wie Kertész in seinem Roman *Fiasko* feststellt, einen Übergangsfrieden erzeugen kann:

> Vielleicht habe ich zu schreiben angefangen, um an der Welt Rache zu nehmen. Um Rache zu nehmen und um ihr zu entreißen, wovon sie mich ausgeschlossen hat. [...] Schließlich steckt auch im Darstellen eine Macht, die den Aggressionstrieb für einen Moment besänftigen und einen Ausgleich, einen vorübergehenden Frie-

---

72 Van Alphen, *Caught by History*, S. 29.
73 Gillian Rose, *Mourning becomes the Law. Philosophy and Representation*, Cambridge, 1997, S. 43 (Herv. im Text).
74 Appelfeld, *Beyond Despair*, S. 39.
75 Siehe ebda.

den herstellen kann. Vielleicht wollte ich das, ja: wenngleich nur in der Vorstellung und mit künstlerischen Mitteln, so dennoch die Wirklichkeit, die mich – überaus wirklich – in ihrer Macht hält, in meine Macht kriegen; aus meinem ewigen Objekt-Sein zum Subjekt werden; selber benennen, statt benannt zu werden.[76]

---

76 Kertész, *Fiasko,* S. 113 f.

3. Wirklichkeit und Imagination

In ihren Erinnerungen *La mémoire et les jours* hält Charlotte Delbo fest, dass es in den Lagern nicht möglich war, sich der Wirklichkeit zu entziehen: „In the camp you could never pretend; you could never take refuge in the imaginary. [...] The reality was there, fatal. Impossible to withdraw from it."[77] Die Unmöglichkeit, sich in den Bereich der Imagination zu flüchten, die auch Appelfeld hervorhebt,[78] kann zum einen als Ausdruck absoluter Ohnmacht in Bezug auf Selbstgestaltung und Gestaltung dieser Wirklichkeit gelesen werden, zum anderen als Konsequenz der Desintegration des Individuums. Dieses Auseinanderbrechen von „Ich" und Wirklichkeit beschreibt Jean Améry in nachdrücklicher Weise in seinem Essay „An den Grenzen des Geistes":

> Ich erinnere mich eines Winterabends, als wir uns nach der Arbeit im schlechten Gleichschritt unter dem entnervenden ‚Links zwei, drei, vier' der Kapos vom IG-Farben-Gelände ins Lager zurückschleppten und mir an einem halbfertigen Bau eine aus Gott weiß welchem Grunde davor wehende Fahne auffiel. ‚Die Mauern stehn sprachlos und kalt, im Winde klirren die Fahnen', murmelte ich assoziativ-mechanisch vor mich hin. Dann wiederholte ich die Strophe etwas lauter, lauschte dem Wortklang, versuchte dem Rhythmus nachzuspüren und erwartete, daß das seit Jahren mit diesem Hölderlin-Gedicht für mich verbundene emotionelle und geistige Modell erscheinen werde. Nichts. Das Gedicht transzendierte die Wirklichkeit nicht mehr. Da stand es und war nur noch sachliche Aussage: so und so, und der Kapo brüllt ‚links', und die Suppe war dünn, und im Winde klirren die Fahnen.[79]

Doch trotz dieser Hinweise auf die Unterminierung der Einbildungkraft belegen zahlreiche Zeugenberichte, dass die Einbildungskraft in Form von Erinnerungen an „vorher" oder der Ausgestaltung einer Zukunft „nachher" eine wesentliche Rolle spielte, um die Zeit in irgendeiner Form unter Kontrolle zu bekommen,[80] um sich kurzfristig der unerträglichen Umgebung zu entziehen oder der Allgegenwart des Todes zu entgehen.

---

77 Delbo, *La mémoire et les jours*, zit. n. Langer, *Holocaust Testimonies*, S. 4.
78 Siehe Aharon Appelfeld, „A Conversation with Philip Roth", in: ders., *Beyond Despair*, S. 59-80, S. 64.
79 Améry, „An den Grenzen des Geistes", S. 26.
80 Siehe u.a. Klüger, *weiter leben*, S. 185 f.: „Viele KZ-Insassen haben Trost in den Versen gefunden, die sie auswendig wußten. [...] Mir scheint es indessen, daß der Inhalt der Verse erst in zweiter Linie von Bedeutung war und daß uns in erster Linie die Form selbst, die gebundene Sprache eine Stütze gab. Oder vielleicht ist auch diese schlichte Deutung schon zu hoch gegriffen, und man sollte zu allererst feststellen, daß Verse, indem sie die Zeit einteilen, im wörtlichen Sinne ein Zeitvertreib sind."

Die Wahrnehmung der Wirklichkeit als nackt, wie Appelfeld sie bezeichnet, oder fatal, wie Delbo, als unwirklich oder als Schabernack, wie Kertész, oder irreal, wie Semprun, sind letztlich Versuche, das Ereignis in seiner extremen Erscheinungsweise zu beschreiben beziehungsweise handelt es sich um die Benennung zweier Seiten desselben Phänomens: denn beide Sichtweisen werfen die Frage der Bestimmtheit oder Unbestimmtheit auf. Der Begriff „nackte Wirklichkeit" verweist auf die rein funktionale Bestimmung von Wirklichkeit, die sich dem Vorstellungsvermögen entzieht. Demgegenüber ermöglicht eine als irreal erlebte Wirklichkeit durch die Überdeterminierung von Bestimmung und Bedeutung offensichtlich ebenfalls keinerlei Gestaltung durch die Vorstellungskraft. Diese Überdeterminierung lässt sich unter anderem auf die Kluft zwischen neuen und alten Bedeutungszuschreibungen zurückführen, also auf den fehlenden Kontext oder narrativen Rahmen, der es erlauben würde, diese Wirklichkeit zu interpretieren oder vorzustellen. In diesem Sinne beruht die Wahrnehmung der Lagerwirklichkeit als irreal auch eher auf De-Determination als auf Überdetermination. Doch von welcher Einbildungskraft ist die Rede? Handelt es sich um dieselbe Einbildungskraft, wenn Delbo feststellt: „you could never take refuge in the imaginary. [...] The reality was there, fatal"[81], und wenn Appelfeld bemerkt: „My real world was far beyond the power of imagination, and my task as an artist was not to develop my imagination but to restrain it, and even then it seemed impossible to me, because everything was so unbelievable that one seemed oneself to be fictional."[82]

Cornelius Castoriadis unterscheidet in seinen Arbeiten zwischen primärer und sekundärer Einbildungskraft, und zwar sowohl in Bezug auf das Individuum als auch auf die Gesellschaft. Sekundäre Einbildungskraft bezieht sich auf jene Fähigkeit, die Appelfeld anspricht, also die Fähigkeit des Abbildens, Nachahmens, künstlerischen Schaffens. Die primäre Einbildungskraft hingegen ist „logische und ontologische Bedingung des Realen", sie „ist das, wodurch wir selbst uns gegenwärtig sind, auch wenn uns etwas gegenwärtig ist, was nicht bloß wir sind, auch wenn uns kein ‚Ding' gegenwärtig ist", die Vorstellung ist „fortwährendes Anwesendseinlassen, [...] in und mit dem alles gegeben ist, was es auch sei. Sie gehört nicht *zum* Subjekt, sie *ist* das Subjekt." Die Vorstellung ist somit „kein Lieferant verblaßter ‚Bilder' von ‚Dingen', sondern etwas, das bestimmte Bereiche mit dem Gewicht eines ‚Realitätszeichens' belastet und das sich, wenn auch nur unvollkommen und niemals endgültig, zu ‚Dingwahrnehmungen' verdichten und verfestigen kann".[83] Die Vorstellungskraft ist Castoriadis zufolge grundlegendes Vermögen zur Bildung von Gestalten, Formen und Operationsschemata wie

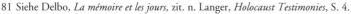

81 Siehe Delbo, *La mémoire et les jours*, zit. n. Langer, *Holocaust Testimonies*, S. 4.
82 Appelfeld, „A Conversation", S. 64.
83 Siehe Castoriadis, *Gesellschaft*, S. 546 ff. (Herv. im Text). Zur Imagination/Einbildungskraft bei Castoriadis siehe u.a.: Gudrun Perko, *Aufschlüsse der Einbildungskraft. Auswirkungen und Wirkungsweisen der Phantasie*, Pfaffenweiler, 1993; Pechriggl/Reitter (Hg.), *Die Institution des Imaginären*; Alice Pechriggl, *Utopiefähigkeit und Veränderung. Der Zeitbegriff und die Möglichkeit kollektiver Autonomie*, Pfaffenweiler, 1993.

Sprache und Tun und somit Voraussetzung von Wahrnehmung und Erfahrung. Momente primärer Einbildungskraft finden sich in Appelfelds Beschreibung der „schöpferischen Einbildungskraft" als ordnende und bildende Kraft:

> Memory is doubtless the essence of creation. But occasionally memory [...] is also a mass in which important and unimportant things are mingled together, and it demands a dynamic element to make it move and give it wings, and this is what the imagination usually does. The power of creative imagination does not lie in intensity and exaggeration, as it sometimes seems, but rather in giving a new order to facts.[84]

Bemerkenswert ist, dass Appelfeld die Bedeutung der schöpferischen Einbildungskraft als wichtigen Aspekt erwähnt, um über die Erfahrung des Holocaust zu schreiben, nicht aber als Aspekt der Erfahrung des Holocaust selbst. Dasselbe trifft auf Imre Kertész zu, der, konfrontiert mit Erinnerungsbildern, die sich Jahre später nicht mehr auf die Orte des Geschehens zurückführen lassen, zur Einsicht kommt, „daß ich, um der eigenen Vergänglichkeit und den sich wandelnden Schauplätzen zu trotzen, mich auf mein schöpferisches Gedächtnis zu verlassen und alles neu zu erschaffen hatte".[85] Sowohl Kertész als auch Appelfeld geht es in diesen Überlegungen um die Aufgabe der Kunst beziehungsweise des Künstlers/der Künstlerin angesichts des Holocaust – denn die immense Herausforderung der Zeugenschaft liegt schlussendlich in einer nahezu unmöglichen Doppelbewegung: zum einen in der Wiedererlangung der primären Einbildungskraft, die das Geschehene (nachträglich) zur „Dingwahrnehmung" verdichten kann, zum anderen in der Gestaltung beziehungsweise Neuschöpfung des Erlebten durch die ästhetische oder sekundäre Einbildungskraft. Diese Doppelbewegung bringt Robert Antelme in seinem Bericht *Das Menschengeschlecht* sehr präzise zum Ausdruck:

> Kaum begannen wir zu erzählen, verschlug es uns schon die Sprache. Was wir zu sagen hatten, begann uns nun selber *unvorstellbar* zu werden. [...] Wir hatten es also tatsächlich mit einer jener Wirklichkeiten zu tun, von denen es heißt, daß sie die Vorstellung übersteigen. Damit war klar, daß wir nur durch Auswählen, und das heißt wiederum durch unsere Vorstellungskraft versuchen konnten, etwas über sie auszusagen.[86]

Eine Wirklichkeit, die das Vorstellungsvermögen überschreitet, lässt sich, wie bereits ausgeführt, in Anlehnung an Kant als Wirklichkeit bezeichnen, an der die primäre Einbildungskraft scheitert. Antelme unterscheidet an dieser Stelle sehr genau zwischen dem Scheitern der primären Einbildungskraft und den Möglichkeiten der sekundären Einbildungskraft, die ein Schreiben und Sprechen über diese Erfahrung erst ermöglicht. Doch welche Konsequenzen ergeben sich für das Subjekt, wenn kein Rückzug in Vorstellungen möglich ist, wenn es der Vorstel-

---

84 Appelfeld, *Beyond Despair*, S. xii f.
85 Imre Kertész, „Das sichtbare und das unsichtbare Weimar", in: ders., *Eine Gedankenlänge Stille*, S. 139-144, S. 143.
86 Robert Antelme, *Das Menschengeschlecht*, übers. v. Eugen Helmlé, München/Wien, 1987, S. 7 (Herv. im Text).

lungskraft nicht gelingt, „bestimmte Bereiche mit dem Gewicht eines ‚Realitäts-zeichens'" zu belasten?[87] Wenn die Wirklichkeit der Konzentrations- und Ver-nichtungslager jenseits der Vorstellungskraft anzusiedeln ist, wenn es nicht mehr möglich ist, *sich* vorzustellen, und wenn davon ausgegangen wird, dass das Sub-jekt Vorstellung *ist*, dann würde dies in der Tat den Tod des Subjekts bedeuten – nicht metaphorisch, nicht als Kampfansage gegen ein metaphysisch gesetztes Subjekt, sondern tatsächlich.

Die Überwältigung der Einbildungskraft als wesentliches Seinsmoment des Subjekts findet sich in Zeugenberichten wiederum in zweierlei Hinsicht: Einer-seits wird diese Überwältigung in den bereits erwähnten Verweisen auf das ex-trem Reale, das sich der Sprache und damit der Vorstellung entzieht, manifest. Andererseits ist in diesem Zusammenhang auf die Bedeutung des gesellschaftli-chen Imaginären hinzuweisen, denn nur in und durch die Teilhabe an gesell-schaftlichen Vorstellungen werden subjektive Vorstellungen wirklich wirkend. Von dieser Teilhabe waren vor allem Juden und Jüdinnen radikal ausgeschlossen, gleichzeitig wurde die Gestaltung einer anderen gesellschaftlichen Wirklichkeit in ebenso radikaler Weise unterbunden, wie unter anderen Klüger ausführt: „Auto-ritätsgebaren in Auschwitz war stets auf Aberkennung gerichtet, Ablehnung der menschlichen Existenz des Häftlings, seines oder ihres Rechts dazusein."[88] Diese Aberkennung des „Rechts dazusein" geht jedoch weit über den Verlust des Sub-jektstatus hinaus und führte in Verbindung mit Gewalt und permanenter Folter zur Desintegration des Individuums, verstanden als irreduzible Psyche-Soma-Einheit sowie als gesellschaftliche Setzung.

Die von Castoriadis in Anlehnung an die Freudsche Psychoanalyse vorge-nommene Bestimmung des psychischen Selbst verdeutlicht, in welch unfassba-rem Ausmaß die Desintegration des Individuums in Konzentrations- und Ver-nichtungslagern erreicht wurde. In seinem Aufsatz „Der Zustand des Subjekts heute" verweist Castoriadis in Bezug auf das Selbst des Psychischen unter ande-rem auf zwei Besonderheiten: auf die „Entfunktionalisierung der psychischen Prozesse bezüglich des biologischen Substrats" sowie auf die „Herrschaft der Vor-stellungslust über die Organlust".[89] Diese beiden Besonderheiten, so Castoriadis, können dazu führen, „daß man um der ‚Funktionalität' der Erhaltung des ‚Bildes von sich' willen soweit geht, sich selbst zu töten".[90] Die erwähnten Beispiele aus autobiographischen Berichten belegen in nachdrücklicher Weise, dass in Kon-zentrations- und Vernichtungslagern weder der „Entfunktionalisierung" noch der „Herrschaft von Vorstellungslust über Organlust" eine besondere Rolle zukam. Das zivilisierte menschliche Zusammenleben, so Kertész in seiner „Rede über das Jahrhundert",

---

87 Siehe Castoriadis, *Gesellschaft*, S. 546.
88 Klüger, *weiter leben*, S. 168.
89 Castoriadis, „Der Zustand des Subjekts heute", S. 26 f.
90 Ebda., S. 27.

gründet sich schließlich auf jene stillschweigende Übereinkunft, den Menschen nicht gewahr werden zu lassen, daß ihm sein nacktes Leben mehr, sogar sehr viel mehr bedeutet als alle sonst verkündeten Werte. Sobald das aber evident ist – weil er durch Terror in eine Situation gedrängt wird, in der Tag um Tag, Stunde um Stunde, Minute um Minute nichts anderes als ebendies evident wird –, können wir in Wahrheit nicht mehr von Kultur reden, weil sämtliche Werte gegenüber dem Überleben hinfällig geworden sind; ein solches Überleben hingegen ist kein kultureller Wert, einfach, weil es ein nihilistisches Existieren ist auf *Kosten* anderer, nicht *für* andere – in kultureller und gemeinschaftlicher Hinsicht also nicht nur wertlos, sondern zwangsläufig auch destruktiv durch den Zwang des darin verborgenen Exempels. Dieses Exempel ist nichts als die Apologie des Lebens um jeden Preis, begleitet von satanischem Gelächter.[91]

Dieses „nihilistische Existieren" auf Kosten eines „wir", letztlich aber auf Kosten einer „Ich-Vorstellung", mit anderen Worten dieses extreme Zurückgeworfensein auf das Organische/Lebendige, gerade dieses „Aufgeben des Bildes von sich" zugunsten des biologischen Substrats, scheint eine Überbrückung zwischen einem Selbst vor, im und nach dem Überleben eines Konzentrations- oder Vernichtungslagers zu verunmöglichen.

Diese Spaltung benennt Kertész nicht nur in der eben erwähnten „Rede über das Jahrhundert", sondern sie kündigt sich bereits als Leitmotiv im Titel seines Buchs *Roman eines Schicksallosen* an, wo Schicksallosigkeit für den absoluten Ausschluss aus gesellschaftlichen Bedeutungs- und Vorstellungswelten und damit für die Verunmöglichung subjektiver Selbstgestaltung steht. Als Verlust des Standpunktes bezeichnet Appelfeld diesen Bruch, als Suche nach einer Grundlage zur Wiederaufnahme des stummen Dialoges zwischen mir und mir: „For years I sought a way out, a standpoint from which I could begin to converse with myself."[92] Dennoch wird in zahlreichen Zeugenberichten deutlich, dass weder ein Anknüpfen an eine „gemeinsame Welt" vorher noch eine unbefangene Teilnahme an einer „gemeinsamen Welt" nachher möglich ist:

> [N]ein, es ist reinstes Dichten und Moralisieren, insofern es [euer Verfahren, die Welt weiterhin als vernünftig anzusehen, VZ] wieder eine rationale, das heißt lebbare Weltordnung herstellen will, und die aus der Welt Vertriebenen stehlen sich dann durch diese Tore und Hintertürchen wieder in die *Welt* zurück, zumindest die, die dazu Lust verspüren und die glauben, daß die *Welt* in Zukunft ein Ort für Menschen sein wird [...].[93]

Autobiographische Berichte von Überlebenden des Holocaust können trotz dieses Einwandes von Kertész zumindest als Ausdruck der Suche nach einem Standpunkt gelesen werden oder auch als der Versuch der Wiederherstellung eines Sprechens mit sich zu anderen. Allerdings meint Wiederherstellen hier nicht die Re-Konstruktion von Kontinuität, die Schaffung einer Verbindung von „vorher" und „nachher", sondern den Versuch des Benennens der Erfahrung der Selbst-

---

91 Kertész, „Rede über das Jahrhundert", S. 19 (Herv. im Text).
92 Appelfeld, *Beyond Despair*, S. xi.
93 Kertész, *Kaddisch*, S. 53 (Herv. im Text).

Entsetzung. Die Unterscheidung von Selbst und Subjekt, wie sie Castoriadis vornimmt, ermöglichte eine gewisse Annäherung an jene Leerstelle, die mit der Erklärung des Holocaust als nicht-darstellbar oder nicht-vorstellbar auftaucht. Diese Leerstelle gründet einerseits auf dem völligen Ausschluss von Juden und Jüdinnen aus einer „gemeinsamen Welt" durch den totalen Anspruch auf Bedeutung und somit Wirklichkeit der Nationalsozialisten, andererseits in der durch unablässigen Terror und ständiger Gewalttätigkeit erreichten Reduktion auf das Selbst des Lebendigen in Konzentrations- und Vernichtungslagern. Autobiographisches Schreiben als Narrationen der Selbst-Zerstörung impliziert die Voraussetzung einer nachträglichen Selbst-Verortung des Subjekts in der Geschichte, der jedoch ein radikaler Ausschluss aus der Geschichte vorangeht. Autobiographisches Schreiben in diesem Sinne bedeutet, sich selber wieder eine Gestalt zu geben, sich selbst als Subjekt und Objekt der Geschichte einzuschreiben, oder, wie Ruth Klüger es formuliert: „Ich bin die, die (be)schreibt und die, die (be)geschrieben wird."[94]

---

94 Klüger, „Zum Wahrheitsbegriff in der Autobiographie", S. 407.

IV.
DISKURSIVE FELDER
DER ZEUGENSCHAFT

Einer wird immer bleiben, um die Geschichte zu erzählen.
(Hannah Arendt, Eichmann in Jerusalem)

Berichte von Überlebenden des Holocaust lassen sich, wie im vorigen Kapitel bereits ausgeführt, nur unter Vorbehalt dem Genre der Autobiographie zuordnen: Zwar sind die Texte dahin gehend autobiographisch, dass sie das eigene Überleben dokumentieren, doch handelte es sich in den ersten Jahrzehnten nach dem Ende des Zweiten Weltkriegs vor allem um Berichte, die die Evidenz der Ereignisse bezeugen. Dementsprechend handelt es sich viel eher um Zeugenberichte, die jedoch von Beginn an auf unterschiedliche diskursive Felder verweisen.[1] Gleichzeitig gilt es zwischen Zeugen und Zeugnis zu unterscheiden, worauf unter anderen Elie Wiesel hinweist.

> But then there are the witnesses and there is their testimony. If the Greeks invented tragedy, the Romans the epistle, and the Renaissance the sonnet, our generation invented a new literature, that of testimony. We have all been witnesses and we all feel we have to bear testimony for the future.[2]

Die Unterscheidung zwischen Zeugen und Zeugnis spielt nicht nur für die Jurisdiktion und Historiographie eine wichtige Rolle, sondern wird insbesondere im Bereich der Ethik von Bedeutung. Wiesel nennt als Beweggrund für Zeugenschaft, Zeugnis für die Zukunft abzulegen. Damit wendet er sich zwar zum einen an die Historiographie, zum anderen aber an die Poetik, der er jedoch die Fähigkeit, diese Aufgabe bewältigen zu können, in dezidierter Weise abspricht. Obwohl der Titel seiner Vorlesung an der Northwestern University „The Holocaust as Literary Inspiration" lautet, handelt es sich hierbei, so Wiesel, um „a contradiction in terms. As in everything else, Auschwitz negates all systems, destroys all doctrines. They cannot but impoverish the experience which lies beyond our reach."[3] Wenn Auschwitz alle Systeme negiert, so betrifft dies auch die Historiographie. Wie die folgenden Ausführungen zeigen, trifft dies zweifellos in dem Sinne zu, dass weder Jurisdiktion noch Historiographie die geeigneten Rahmenbedingungen erarbeiten konnten, um die Erfahrung des Holocaust in adäquater Weise zu erinnern bzw. zu diskursivieren. Georges Didi-Huberman stellt zwar in seiner Streitschrift *Bilder trotz allem* mit Verweis auf Hannah Arendt fest: „Über-

---

1 Diesem mehrfachen diskursiven Verweischarakter von „Zeugenschaft" widmet sich auch das Jahrbuch 2007 des Fritz Bauer Instituts, in dem unter anderem die Schwerpunkte Rechtswissenschaft, Geschichte, Ethik, Literatur-, Film- und Kulturwissenschaft, Trauma und Pädagogik gesetzt werden. Siehe Fritz Bauer Institut/Michael Elm/Gottfried Kößler (Hg.), *Zeugenschaft des Holocaust. Zwischen Trauma, Tradierung und Ermittlung*, Frankfurt/Main, 2007.

2 Elie Wiesel, „The Holocaust as Literary Inspiration", in: Elie Wiesel, Lucy Dawidowicz, Dorothy Rabinowitz, Robert McAfee Brown, *Dimensions of the Holocaust*, Evanston, Ill, 1990, S. 5-19, S. 9.

3 Ebda., S. 7.

steigt Auschwitz jedes rechtliche Denken, jede Vorstellung von Vergehen und Gerechtigkeit? Dann muss man eben die politischen Wissenschaften und das Recht im ganzen neu überdenken."[4] Robert Eaglestone weist in seiner Studie *The Holocaust und the Postmodern* nach, dass dies in einem gewissen Ausmaß auch geschehen ist, doch stellt sich die Frage, welche Rolle Zeugen und Zeugenberichte in diesem Reflexionsprozess einnehmen. Obwohl Manuela Günter Zeugenberichte wiederum als autobiographische Texte liest, stellt sie in diesem Zusammenhang fest: „Die aufs Undarstellbare zielenden philosophischen Erörterungen beziehen die konkreten literarischen Texte in der Regel in ihre Reflexionen nicht ein, und innerhalb der Historiographie erscheinen sie lediglich als ‚Quellen‘, die mit anderen verglichen, abgewogen und letztlich relativiert werden."[5] In den folgenden Abschnitten werde ich daher Grenzen und Möglichkeiten der unterschiedlichen Konzepte von Zeuge und Zeugenschaft in den diskursiven Feldern der Jurisdiktion, Historiographie, Epistemologie und Ethik untersuchen.

---

4 Georges Didi-Huberman, *Bilder trotz allem*, übers. v. Peter Geimer, München, 2007, S. 45.
5 Manuela Günter, „Überleben schreiben", in: dies. (Hg.), *Überleben schreiben. Zur Autobiographik der Shoah*, Würzburg, 2002, S. 9-17, S. 12.

1. Jurisdiktion

Giorgio Agamben leitet in seiner Auseinandersetzung mit Zeuge und Zeugenschaft unter dem Titel *Was von Auschwitz bleibt* den Begriff Zeuge zum einen von den lateinischen Begriffen *testis* und *superstes* ab, zum anderen vom griechischen Begriff *mártys*.[6] Für die Diskursivierung des Begriffes Zeuge im Bereich der Jurisdiktion sind jedoch vor allem die Etymologien der ersten beiden Begriffe von Bedeutung. Verweist der Begriff *testis,* so Agamben, auf denjenigen, „der sich in einem Prozeß oder Streit als Dritter *(*terstis)* zwischen zwei Parteien stellt",[7] so bezeichnet *superstes* denjenigen, „der etwas erlebt hat, der ein Ereignis bis zuletzt durchgemacht hat und deswegen Zeugnis davon ablegen kann".[8] Die Differenzierung dieser Konzepte verdeutlicht, dass Überlebende des Holocaust nur im Sinne des *superstes* Zeugnis ablegen können, da sie unter Berücksichtigung des gerichtsförmigen Diskurses, der den Holocaust prägt,[9] immer schon eine der beiden diesen Diskurs bestimmenden Parteien repräsentieren. In diesem Sinn stellt denn auch Agamben in Bezug auf Primo Levi fest: „er ist, in jedem Sinn des Wortes, *super-stes,* Über-stehender, Überlebender und, als solcher, Zeuge. Das bedeutet aber auch, daß sein Zeugnis nicht der Feststellung der Tatsachen im Hinblick auf einen Prozeß dient (dazu ist er nicht neutral genug, ist kein *testis*). Ihm ist letztlich nicht das Urteil wichtig – und noch weniger die Vergebung."[10] Mirjam Wenzel weist in ihrer grundlegenden Untersuchung zur Gerichtsformation des Holocaust-Diskurses, die im Gegensatz zu Dan Diner die für diese Formation bedeutende Position des/der Dritten berücksichtigt, mit Foucault darauf hin, dass

> sich das Gericht […] als ein Ort beschreiben [lässt], der qua Funktion und Konstitution in besonderem Maße dazu prädestiniert ist, ein Wissen über den Holocaust zu generieren, in welchem das, was geschah, und die Parameter dessen, wie es zu verstehen sei, verbindlich festgeschrieben werden. Jede Repräsentation des Holocaust, die sich der historischen Wahrheit verpflichtet sieht, muss sich damit notwendigerweise mit dem Gerichtswesen auseinandersetzen, das sie garantieren soll und möchte.[11]

---

6 Agamben, *Was von Auschwitz bleibt*, S. 14 ff., S. 23 f.
7 Ebda., S. 14.
8 Ebda., S. 14 f.
9 Zur Gerichtsförmigkeit des Holocaustdiskurses siehe Diner, „Ereignis und Erinnerung".
10 Agamben, *Was von Auschwitz bleibt*, S. 15.
11 Wenzel, „Im Gericht mit sich und den anderen", S. 4.

Doch werden gerade hinsichtlich der Ermittlung „historischer Wahrheit" die Grenzen juristischer Verfahrensweisen gesehen. Diese Grenze zieht Agamben nicht in Bezug auf die Art und Weise der Faktenermittlung, sondern als eine dem Recht inhärente Grenze:

 Denn dem Recht – das wissen die Juristen genau – geht es letztlich nicht um Gerechtigkeit. Und schon gar nicht um Wahrheit. Dem Recht geht es ausschließlich um das Urteil, unabhängig von Wahrheit oder Gerechtigkeit. Das beweist ohne jeden Zweifel die *Rechtskraft*, die auch einem ungerechten Urteilsspruch zukommt. Die Herstellung der *res iudicata*, mit der das Urteil an die Stelle des Wahren und Gerechten tritt, die als wahr gilt, auch wenn sie falsch und ungerecht ist, bildet den Endzweck des Rechts. In diesem hybriden Gebilde – unentscheidbar, ob Faktum oder Norm – findet das Recht Frieden; weiter kann es nicht gehen.[12]

Dem kann mit Didi-Huberman entgegnet werden, dass diese Vorstellung von Recht eben überdacht werden muss und auch eine Lesart möglich ist, mit der das Urteil nicht an die Stelle des Wahren und Gerechten tritt, sondern das Wahre und Gerechte neu befragt. Gleichzeitig stößt das Gericht als Ort gerade bei der Ermittlung von Wahrheit an seine Grenzen, denn, so Agamben: „Es gibt einen nicht-juristischen Gehalt der Wahrheit, bei dem die *quaestio facti* niemals auf die *quaestio iuris* reduziert werden kann."[13] Anders ausgedrückt werden Zeugenberichte im Bereich der Jurisdiktion auf ihre Beweisfunktion beziehungsweise Beweisfähigkeit reduziert. Dass die Vorstellung von Tatsachen als Beweise den Holocaust-Diskurs nachhaltig prägt, verdeutlicht unter anderem Didi-Hubermans Replik auf Gérard Wajcmans Vorwurf, die Veröffentlichung der so genannten Auschwitz-Bilder würde den Revisionisten in die Hand spielen: „Die Suche nach dem Bild als Fakt wird mit der Suche nach der Beweisfunktion des Bildes kurzgeschlossen und diese wird umgehend mit ,der Logik der Negationisten' selbst in Verbindung gebracht […]".[14] Didi-Huberman geht es hingegen darum, das „Bild als Riß" zu lesen, das zwar nicht die „gesamte Wahrheit"[15], so doch Momente von Wahrheit zum Vorschein bringt.

Trotz dieser berechtigten Kritik antizipieren Zeugenberichte die Beweisfunktion von Schrift und Bild. Dies verdeutlichen etwa Dokumentationsprojekte im Warschauer Getto, wo es nicht zuletzt auch um das Sichtbarmachen und Bewahren einer Gemeinschaft über die Zerstörung hinweg ging.[16] Auf die implizite Beweisfunktion von Zeugenschaft verweist auch Ruth Klüger in ihrem autobiographischen Bericht *weiter leben*, wobei sie den Gedanken der Zeugenschaft in enge Verbindung mit dem Willen zu überleben bringt:

---

12 Agamben, *Was von Auschwitz bleibt*, S. 15 f. (Herv. im Text).
13 Ebda., S. 15.
14 Didi-Huberman, *Bilder trotz allem*, S. 134.
15 Ebda., S. 119.
16 Zu Dokumentationsprojekten im Warschauer Getto siehe u.a. Zoë Vania Waxman, *Writing the Holocaust. Identity, Testimony, Representation*, Oxford [et al], 2006.

Zeuge sein wollen bedeutet ja: Es wird eine Zeit geben, wo das hier vorbei sein wird, und diese Nummer nur noch Indiz, Beweismaterial. Dazu der Kinderwunsch, etwas Abenteuerliches zu erleben, verstärkt durch die Langeweile des Gefangenenalltags. Hunger, Durst, schleichendes körperliches Unbehagen ist langweilig, insofern es kein Ende nimmt, insofern als man sich wünscht, es wäre schon später. Hier war etwas Neues, Verblüffendes, diese Nummer, die im Kind nicht so sehr Schrecken auslöste, wie eine gesteigerte Verwunderung darüber, was es alles gab, zwischen uns und den Nazis.[17]

Wenn sich Zeugenschaft Klüger zufolge somit durch Indizien und Beweismaterialien auszeichnet, so verweist dies zunächst auf einen juristischen Diskurs. Doch wäre es voreilig, Klügers Wunsch der Zeugenschaft einzig in diesem Sinne zu interpretieren, da sie sich nicht explizit darauf festlegt, wofür die Indizien in Zukunft Zeugnis ablegen sollen. Im narrativen Kontext belegt das von ihr erwähnte Indiz, „die Nummer", jedoch ihr „Abenteuer", begründet es die Verwunderung darüber, „was es alles gab, zwischen uns und den Nazis". Die Vorstellung der eintätowierten Nummer als Beweismaterial steht vor allem für eine andere Zeit. Der Satz „Es wird eine Zeit geben", eine Zeit, die als eine andere als die gegenwärtige Zeit vorgestellt wird, gerinnt solcherweise zur Umkehrung der bekannten Formel „Es war einmal", mit der die zu Märchen verdichteten Zeugnisse der Vorzeit beginnen. „Die Nummer" stellt somit nicht in erster Linie ein Indiz für zukünftige Gerichtsverfahren dar, sondern vielmehr den Kristallisationspunkt einer unglaublichen „Geschichte".

In Klügers Kommentaren zur Zeugenschaft kommt darüber hinaus die Verschränkung von Symbolischem und Leiblichem zum Ausdruck, die Sigrid Weigel in ihrem Aufsatz „Télescopage im Unbewußten" herausarbeitet:

> Wo die Überlebenden mit ihren Erinnerungen und ihrem leibhaftigen Dasein von einem *anders nicht* tradierten Wissen zeugen – von den Erfahrungen derjenigen, die von den Nazis zur Vernichtung bestimmt waren, und von einem Erfahrungsort unmittelbar zur ‚Endlösung' –, unterstellt die Kontroverse über den historiographischen Status ihrer Zeugnisse diese den Normen eines juristischen Diskurses. Dort aber gilt ihr Wort als *corpus delicti*. Die Worte und Schriften der Überlebenden, die immer auch Klage oder Toten-Klage bedeuten, werden damit einer Logik der Anklage unterstellt, die doch vor allem dem Zweck einer Identifizierung von Tätern dienen soll.[18]

Weigel geht es an dieser Stelle also weniger um die Verschränkung als vielmehr um die Verwechslung von Leiblichem und Symbolischem als Entstellung von Zeugung und Zeugnis. Doch benennt Weigel mit dieser Analyse das grundsätzliche Dilemma, dem sich Zeugen im Gerichtssaal häufig gegenübersahen. Denn indem, so Weigel, „die Erinnerungen der sogenannten Holocaust-Zeugen einem juristischen Zeugnisbegriff unterworfen und damit ihrer Klage-Momente beraubt werden, bleiben letztere auf ein anderes Medium der Tradierung, das heißt wie-

---

17 Klüger, *weiter leben*, S. 175.
18 Weigel, „Télescopage", S. 73.

derum auf die genealogische Fortzeugung der Generationen verwiesen".[19] Die „Leiblichkeit", auf die Klüger verweist, bezieht sich jedoch weniger auf die „Verwechslung von Wort und *corpus delicti*"[20], sondern auf die tatsächliche Leiblichkeit der Indizien – wie etwa die eintätowierte Nummer.[21] Darauf, dass Zeugenschaft im Sinn „leibhaftigen Daseins" dem juristischen Diskurs nicht entspricht, verweist auch Giorgio Agamben mit dem Begriff *superstes*. Dass die „Logik der Anklage" keinen Raum lässt für die „Sprache der Klage" zieht sich wiederum wie ein roter Faden durch kulturwissenschaftliche Untersuchungen der verschiedenen Nachkriegsprozesse. So stellt etwa Cornelia Vismann in ihrer Analyse der Position der Übersetzer im Nürnberger Kriegsverbrecherprozess fest:

> Der Nürnberger Kriegsverbrecherprozess hatte noch mit ganz anderen Sprachschwierigkeiten und Verwirrungen zu kämpfen. Die Mittel zu ihrer Bewältigung dramatisieren und exponieren, was man die Aporien eines jeden gerichtlichen Verfahrens nennen könnte: die kategoriale Unübersetzbarkeit von Handlung in Worte. Immer bleibt ein Rest, der nicht in Worten aufgeht.[22]

Zu einem ganz ähnlichen Schluss kommt Vivian Liska in ihren Ausführungen zu Marie Luise Kaschnitz als Beobachterin der Frankfurter Auschwitz-Prozesse. „Die Erörterung und Aufnahme der Tatbestände im Gerichtssaal dienen einer Rekonstruktion des Vergangenen. Sie blenden die erfühlte Wahrnehmung des Leids der Opfer aus und neutralisieren die Anteilnahme an ihrer Qual."[23]

Eine Ausnahme scheint diesbezüglich der Eichmann-Prozess in Jerusalem gewesen zu sein, wo Zeugen des Holocaust erstmals bewusst in einen Prozess eingebunden wurden.[24] Interessanterweise beruht Hannah Arendts Kritik an diesem Verfahren unter anderem gerade in der dramatischen Inszenierung der Zeugen.[25] Susan Sontag hingegen skizziert in ihren Reflexionen zum Eichmann-Prozess, so Mirjam Wenzel, „das Spannungsverhältnis zwischen den Paradigmen von Legalität und Moral auf der einen und denen einer Tragödie auf der anderen Seite".[26] Im Zentrum des Prozesses steht Sontag zufolge nicht Eichmann, der Angeklagte, sondern es sind dies die Zeugen. „Der Prozess vollzog ihrer Ansicht nach einen ‚großartigen Akt der Überantwortung', der von den ‚Erinnerungen' und der ‚Er-

---

19 Ebda., S. 74.

20 Ebda., S. 73. Weigel bezieht sich an dieser Stelle auf Walter Benjamins Aufsatz über Karl Kraus, in dem er dessen „Sprachlehre" als Beitrag zur Sprachprozessordnung bezeichnet. Siehe: Walter Benjamin, „Karl Kraus", in: ders., *Illuminationen*, S. 353-384, S. 367.

21 Klüger kommentiert die Tatsache, dass die SS ebenfalls eine Tätowierung in der Achselhöhle hatten, mit: „Dasselbe Verfahren für Ehre und Schande." Klüger, *weiter leben*, S. 174. Zum Ausdruck kommt in dieser abgründigen Parallele die im vorigen Kapitel dargestellte Spannung zwischen Selbstidealisierung und De-Formation.

22 Vismann, „Sprachbrüche im Nürnberger Kriegsverbrecherprozess", S. 47.

23 Vivian Liska, „Das Aktenkundige und die Dichtung. Zu Marie Luise Kaschnitz' ‚Zoon Politikon'", in: Braese (Hg.), *Rechenschaften*, S. 102-116, S. 109.

24 Siehe u.a. Cesarani, „Trial And Testimony".

25 Siehe Arendt, *Eichmann in Jerusalem*, S. 264 ff.

26 Wenzel, „Im Gericht mit sich und den anderen", S. 146; Siehe Susan Sontag, „Reflections on *The Deputy*", in: dies., *Against Interpretation: And Other Essays*, New York, 2001, S. 124-131.

neuerung der Trauer' durch die Zeugen ausging und sich gegen den Angeklagten und an die Öffentlichkeit richtete."[27] Wendet Susan Sontag gegen Arendts Prozessbericht ein, dass diese sich mit ihrer Kritik auf die juridischen Prämissen eines Gerichtsverfahren beschränkt, so übersieht sie die Form von Arendts Prozessbericht, denn diese rezipiert, wie Wenzel ausführt, „das Geschehen auf der Bühne des Gerichtssaals als episches Theater im Sinne Brechts und greift in der Darstellung desselben Grundsätze der zeitgenössischen dokumentarischen Dramatik auf".[28] Von Interesse ist in diesem Zusammenhang nicht nur, dass mit Sontags Ausführungen zum Eichmann-Prozess und Wenzels Analyse von Arendts Prozessbericht die Unzulänglichkeiten der Jurisdiktion entweder in der Form der Tragödie oder des epischen Theaters aufgehoben werden; darüber hinaus ist signifikant, dass der Ursprung von Rechtsprechung – und zwar im Sinn der Klage über sowie der Anklage eines Vertragsbruchs – im Rahmen einer Tragödie erzählt wird, und zwar im dritten Teil der *Orestie* von Aischylos.[29] In dieser Tragödie führt ein ungeheuerlicher Rechtsbruch durch Klage und Anklage hindurch zur Schaffung einer neuen Rechtsordnung. Möglicherweise ist es eines der großen Versäumnisse nach dem Zweiten Weltkrieg, dass es, abgesehen von der Menschenrechtskonvention, nicht gelungen ist, eine Form der Rechtsprechung zu schaffen, die die Wiederherstellung von Gerechtigkeit ermöglicht.[30] Dieser Anspruch mag angesichts des Ausmaßes des Verbrechens als utopisch erscheinen – doch wird mit einer „Logik der Anklage", die sich, wie Weigel feststellt, auf den „Zweck einer Identifizierung von Tätern" beschränkt, dem Grundgedanken der Rechtsprechung mit Sicherheit nicht Genüge getan.

Trotz aller Einwände bleibt die Jurisdiktion für den Holocaust-Diskurs bestimmend, sei es in Form eines gerichtsförmigen Diskurses im Sinn Dan Diners oder im Sinn der Gerichtsformation, wie dies Mirjam Wenzel ausführt. Auffallend ist hierbei, dass vor allem die Struktur der Jurisdiktion in andere diskursive Felder wie etwa der Historiographie übernommen wird, worauf auch Sigrid Weigel hinweist. Dass unter anderem mit den Begriffen „Schuld", „Unschuld", „Verantwortung" zudem Kategorien des Rechts in den Bereich der Ethik übernommen wurden und werden, verdeutlicht Giorgio Agamben: „Eines der am weitesten verbreiteten Mißverständnisse – nicht nur in bezug auf das Lager – ist die stillschweigende Vermengung ethischer und juristischer Kategorien [...]. So gut wie alle Kategorien, die wir auf dem Gebiet der Moral oder der Religion anwen-

---

27 Wenzel, „Im Gericht mit sich und den anderen", S. 146 f.
28 Ebda., S. 157.
29 Siehe Aischylos, *Die Eumeniden (Orestie III)*.
30 Arendt stellt wiederholt fest, dass das Ausmaß der Nazi-Verbrechen die bestehenden Rechtsordnungen übersteigt, u.a. in Arendt, *Eichmann in Jerusalem*, S. 316 ff.; dies., „Der Auschwitz-Prozeß", S. 118 f.; Hannah Arendt/Karl Jaspers, *Briefwechsel 1926–1969*, hg. v. Lotte Köhler u. Hans Saner, München/Zürich, 1985, S. 90 f. Siehe dazu u.a. auch Lawrence Douglas, „Der Film als Zeuge. *Nazi Concentration Camps* vor dem Nürnberger Gerichtshof", in: Baer (Hg.), *„Niemand zeugt für den Zeugen"*, S. 197-218; Stephan Braese (Hg.), *Rechenschaften*.

den, sind in gewissem Maß mit dem Recht vermischt."[31] Doch möglicherweise zeigt diese Verschränkung und Vermischung der unterschiedlichen Diskurse den Zusammenbruch der „Stützen der bekanntesten Wahrheiten"[32] deutlicher als die Kritik der jeweiligen Grenzen und Beschränkungen.

---

31 Agamben, *Was von Auschwitz bleibt*, S. 15.
32 Arendt, „Gedanken zu Lessing, S. 19.

2. Historiographie

Die Übernahme diskursiver Strukturen der Jurisdiktion in den Bereich der Historiographie zeigt sich nicht nur in der „Unvereinbarkeit der Perspektiven von Opfer und Täter",[33] in der sich die „prozeßförmige Entgegensetzung von Anklage und Verteidigung"[34] fortschreibt, sondern darüber hinaus in der unterschiedlichen Zeiterfahrung von Tätern und Opfern. So stehen die Schlussstrichdebatten in Deutschland oder auch Österreich für das „eher restriktive Erinnerungsvermögen des Beklagten", während in der bereits erwähnten Ausformung eines Auschwitz-Codes die weit zurückreichende Erinnerung des Klägers[35] zum Ausdruck kommt. Doch welche Rolle kommt in diesem Diskurs dem Zeugen/der Zeugin sowie dem Zeugnis zu? In ihrem Essay „Wahrheit und Politik" stellt Hannah Arendt fest: „Keine Dauer, wie immer man sie sich vorstellen mag, kann auch nur gedacht werden ohne Menschen, die Zeugnis ablegen für das, was ist und für sie in Erscheinung tritt, weil es ist."[36] In diesem Sinne garantieren Zeugen die Erinnerung an ein Ereignis, wobei sich wiederum die Frage stellt, was genau bezeugt sowie in der Folge erinnert werden soll und kann. Zunächst bestätigen zahlreiche Eintragungen der Chronisten des Warschauer Gettos um Emanuel Ringelblum oder die Tagebuchnotizen von Chaim Kaplan das von Arendt genannte Konzept des Bewahrens. So notiert etwa Chaim Kaplan am 31. Juli 1942: „Most of all, I am worried that I may be consuming my strength for naught. Should I too be taken all my efforts will be wasted. My utmost concern is for hiding my diary so that it will be preserved for future generations."[37] Die Vorstellung, Zeugnis für zukünftige Generationen abzulegen, findet sich ebenfalls in dem eingangs erwähnten Zitat von Elie Wiesel. Doch so sehr Zeugenschaft darauf gerichtet ist, den Ereignissen Dauer zu verleihen, so sehr ermöglicht Zeugenschaft vor allem auch, dem Vergessen bewusst entgegenzuarbeiten. Paradoxerweise ist für das Erinnern des Holocaust gerade die Angst vor dem Vergessen charakteristisch, oder, wie Imre Kertész in seiner Rede „Der Holocaust als Kultur" formuliert:

> [V]om ersten Augenblick an war der Holocaust mit einem schrecklichen Bangen behaftet: dem Bangen vor dem Vergessen. Dieses Bangen ging über das Grauen,

---

33 Weigel, „Télescopage", S. 68. In seiner Studie *Das Dritte Reich und die Juden* versucht Saul Friedländer diese Unvereinbarkeit der Perspektiven aufzubrechen. Siehe Saul Friedländer, *Das Dritte Reich und die Juden,* Bd. 1: Die Jahre der Verfolgung 1933–1939.
34 Diner, „Ereignis und Erinnerung", S. 20.
35 Siehe ebda., S. 19; siehe dazu auch Aleida Assmann zu Opfer- und Tätergedächtnis, in: Assmann/Frevert, *Geschichtsvergessenheit – Geschichtsversessenheit,* S. 41 ff.
36 Arendt, „Wahrheit und Politik", S. 329.
37 Chaim Kaplan, *The Warsaw Diary of Chaim A. Kaplan,* übers. v. Abraham I. Katsch, New York, 1973, S. 394 f.

Was ist das @ Wesentliche

über Leben und Tod des einzelnen hinaus, ging hinaus über das gierige Verlangen nach dem Walten der Gerechtigkeit, über ‚Schuld und Sühne‘, um das Buch von Améry zu zitieren; dieses Bangen war von Anfang an von einem gleichsam metaphysischen Gefühl durchdrungen, wie es für Religionen, für religiöses Empfinden charakteristisch ist.[38]

Die Furcht vor dem Vergessen bezog und bezieht sich nicht in erster Linie auf die Gräuel, nicht auf die Rechtsprechung, auch nicht auf die Ethik, sondern darauf, das Wesentliche dieses Ereignisses könnte vergessen werden. Die Grenze, die sich die Geschichtsschreibung jedenfalls teilweise selbst auferlegt, besteht darin, sich einzig auf das Sammeln von Daten zu beschränken. Obwohl eben diese Haltung für die erste Generation von Historikern, die sich mit dem Holocaust auseinandersetzte, bestimmend war, führt Zoë Waxman aus, dass sich bereits im Warschauer Getto unterschiedliche Vorstellungen davon finden lassen, was in welcher Form für die Zukunft bewahrt werden soll. Emanuel Ringelblum hält sich mit seinem Dokumentationsprojekt „Oneg Schabbat“[39] strikt an das Sammeln von Fakten und Dokumenten, denn, so Ringelblum: „Every superfluous word, every literary turn of language or embellishment grates on the ear and evokes resentment. Wartime Jewish life is so rich in tragedy that it is unnecessary to enrich it with one superfluous line.“[40] Chaim Kaplan hingegen notiert am 27. August 1940: „I don't know all the facts; those that I do know may not be sufficiently clear; and many of them I write on the basis of rumors whose accuracy I cannot guarantee. But for the sake of truth, I do not require individual facts, but rather the manifestations of the fruits of a great many facts that leave their impression on the people's opinion, on their mood and morale.“[41] Die Gegenüberstellung dieser beiden Konzepte von Zeugenschaft nimmt in gewisser Weise die Auseinandersetzung um Tatsachen und Erfahrung beziehungsweise um das Darstellbare und Undarstellbare vorweg, oder, wie Waxman anmerkt: „As Kaplan's words suggest, even by the end of the Warsaw ghetto, diarists were beginning to rethink their conceptions of testimony, taking into account the emotive and subjective presentation of experience.“[42]

Insbesondere Imre Kertész, Aharon Appelfeld und Jorge Semprun weisen das Narrativ der historischen Archivierung explizit zurück. Wie bereits der Titel des Essays „Die Unvergänglichkeit der Lager“ ankündigt, geht es Kertész nicht um das Bewahren, sondern um die Tradierung des Ereignisses. „Natürlich sind die

---

38 Kertész, „Der Holocaust als Kultur“, S. 56.

39 Im Dezember 1942 beginnt Emanuel Ringelblum seine Ausführungen zum Untergrundarchiv in Warschau mit folgenden Worten: „For the past 3 ½ years of the War, an archive was established in the Ghetto by the ‚Oneg Shabbath‘ group. This curious name stems from the fact that the group convened on Saturdays; and for reasons of secrecy, the entire institution was called ‚Oneg Shabbath‘.“ Emanuel Ringelblum, „O. S. [‚Oneg Shabbath‘]“, in: *To Live with Honor and Die with Honor! … Selected Documents from the Warsaw Ghetto Underground Archives ‚O. S.‘ [‚Oneg Shabbath‘]*, hg. u. komm. v. Joseph Kermish, Jerusalem, 1986, S. 2-21, S. 3.

40 Ringelblum, „O. S.“, S. 7.

41 Kaplan, *The Warsaw Diary*, S. 189.

42 Waxman, *Writing the Holocaust*, S. 48.

von der Geschichte angehäuften Fakten wichtig, doch sie bleiben bloße Ermittlungsdatei, wenn die Geschichte sich dieser Fakten nicht zu bemächtigen weiß."[43] Ganz ähnlich sieht Appelfeld in der Darstellung der Gräuel nichts weiter als eine Form der Verschleierung der „inneren Wahrheit". Diese darzustellen obliegt jedoch nicht der Historiographie, sondern der Kunst:

> Up to now we have subjected the experience of the Holocaust to memory. This was important. Holocaust survivors have created an impressive body of memoirs. Historical research has also produced comprehensive factual material, including the historical, social, and psychological background of the period. Now it seems to me that the time has come to ask ourselves how we are to bring this dreadful experience into the circle of life. Until now we have asked what was the case. From now on we must take the liberty of asking what must have been the case. In other words, we must transmit the dreadful experience from the category of history into that of art.[44]

Während sich Kertész' und Appelfelds Ablehnung von Historiographie auf die Zukunft sowie auf den Prozess der Erkenntnis bezieht, gründet die Zurückweisung von Semprun in der Art und Weise der Darstellung des Ereignisses selbst. In einem Gespräch mit Claude-Edmonde Magny[45] versucht Semprun die Schwierigkeit zu erklären, über seine Erfahrung zu schreiben:

> Es gibt viele Hindernisse, die dem Schreiben im Wege stehen. Zum Teil rein literarische. Denn ich will keine bloße Zeugenschaft. Ich will mir von vornherein die Aufzählung der Leiden und Schrecknisse ersparen. Andere werden sich ohnehin darin versuchen ... [...] Ich brauche also ein „ich" der Erzählung, das sich von meiner Erfahrung speist, jedoch über sie hinausgeht, fähig Imaginäres, Fiktives mit einzubeziehen ... Freilich eine Fiktion, die ebenso erhellend wäre wie die Wahrheit. Die dazu beitragen würde, daß die Realität real, die Wahrheit wahrscheinlich wirkt.[46]

Kertész, Appelfeld und Semprun erkennen die Bemühungen im Rahmen der Geschichtsschreibung durchaus an, doch zweifeln sie an deren Potenz, das Ereignis beziehungsweise „die wesentliche Wahrheit"[47] dieses Ereignisses zu tradieren oder auch nur in adäquater Weise zu bewahren. Parallel zur Einschränkung der Geschichtsschreibung auf eine Rhetorik von Fakten erfährt die Literatur aufgrund der ihr zugeschriebenen poetischen Kraft – also durch die Möglichkeit, „alles neu zu erschaffen"[48] – eine Aufwertung.

---

43 Kertész, „Die Unvergänglichkeit der Lager", S. 42.

44 Appelfeld, *Beyond Despair*, S. xiv.

45 Siehe Claude-Edmonde Magny, *Lettre sur le pouvoir d'écrire*, Préf. de Jorge Semprun, Castelnau-le-Lez, 1993. Dieser Brief, den Magny bereits an Semprun geschrieben hatte, bevor er deportiert worden war, bildet den Rahmen des 6. Abschnittes seines Buches *Schreiben oder Leben*. Siehe Semprun, *Schreiben oder Leben*, S. 173-234.

46 Semprun, *Schreiben oder Leben*, S. 199.

47 Siehe ebda., S. 152: „Die andere Art des Verstehens, die grundlegende Wahrheit der Erfahrung, die läßt sich nicht wiedergeben ... Oder vielmehr nur durch das literarische Schreiben ..."

48 Kertész, „Das sichtbare und das unsichtbare Weimar", S. 143.

Wie bereits erwähnt, erweist sich die Gegenüberstellung von Fakten und Fiktion in Bezug auf den Holocaust als grundlegend. Doch obwohl sich das Ereignis unter anderem durch die radikale Aufspaltung von Wirklichkeit und Einbildungskraft auszeichnet, wird die Imagination als Element der Darstellung bis in die 1980er Jahre dezidiert abgelehnt. So nennt etwa Terrence Des Pres drei Gebote, die sich im Rahmen der Holocaust Studies gleichsam als neue Legislatur für die Darstellung des Holocaust herauskristallisiert haben:

> 1. The Holocaust shall be represented, in its totality, as a unique event, as a special case and kingdom of its own, above or below or apart from history.
> 2. Representations of the Holocaust shall be as accurate and faithful as possible to the facts and conditions of the event, without change or manipulation for any reason – artistic reasons included.
> 3. The Holocaust shall be approached as a solemn or even a sacred event, with a seriousness admitting no response that might obscure its enormity or dishonor its dead.[49]

Diese rigiden Vorschreibungen, die sich zwischen einem geradezu dogmatischen Beharren auf Fakten und der Anrufung des Weltgerichtes bewegen, sind teils als Reaktion auf den so genannten „New Historicism" erklärbar, mit dem die vermeintliche Objektivität der Geschichtsschreibung nachhaltig hinterfragt wurde. So stellt etwa James E. Young die eher rhetorisch zu verstehende Frage in den Raum: „Are historical tracts of the Holocaust less mediated by imagination, less troped and figured, or ultimately less interpretive than the fictions of the Holocaust?", der die schon schwieriger zu beantwortende Frage folgt: „In what way do historians fictionalize and novelists historize?"[50] Mit diesen Fragen eröffnet Young die Möglichkeit, Zeugnisse von Überlebenden des Holocaust nicht nur als Quellenmaterial für die Geschichtswissenschaft zu betrachten, sondern darüber hinaus die dahinter liegenden Narrative zu befragen:

> The survivor's testimony is important to us in many more ways than merely establishing times and places, names and dates. In looking for the story of events, we need to look at how each story is being told and then being used afterward. For as immediate as the witnesses were to events, their literary testimonies are not altogether *un*mediated: in this light, our aim is to attend to the process itself of testimony, to the literal making of witness in these diaries and memoirs.[51]

Unter völlig veränderten Parametern kommt der Begriff der Zeugenschaft damit zum ursprünglichen Konzept der Geschichte und somit auch zu dessen Möglichkeiten zurück. Herodot, der immer wieder als Vater der Geschichtsschreibung bezeichnet wird, sah seine Aufgabe darin, „zu sagen, was ist", „das Gedächtnis herzustellen und sicherzustellen", „mit Worten offenbar zu machen" und „das

---

49 Terrence Des Pres, „Holocaust *Laughter?*", in: Berel Lang (Hg.), *Writing and the Holocaust*, New York/London, 1988, S. 216-233, S. 217.
50 Young, *Writing and Rewriting the Holocaust*, S. 6.
51 Ebda., S. 32 (Herv. im Text).

Große in den Raum der Öffentlichkeit zu bringen".[52] Bürgt der Zeuge/die Zeugin demzufolge ursprünglich für die Fortdauer des Ereignisses, und zwar in der Öffentlichkeit, so kehrt sich dieses Konzept im Lauf der modernen Geschichtsschreibung offensichtlich ins Gegenteil. „Sagen und Schreiben" garantiert nicht mehr Unvergänglichkeit, sondern wird vielmehr zur Grabkammer des Ereignisses. Dabei ist die Differenz zwischen der Unmittelbarkeit des Ereignisses und der Vermitteltheit des Augenzeugenberichts in der griechischen Antike mit Gewissheit nicht unbekannt, worauf die unzähligen Augenzeugen in den griechischen Tragödien in Form von Botenberichten verweisen. Doch während die Bedeutung der Ereignisse, über die die Boten berichten, in den Tragödien unmittelbar einsichtig ist und die Handlung weitertreibt, sind Historiker der Post-Moderne – und darin liegt der wesentliche Unterschied – darauf angewiesen, die Auswirkungen des Ereignisses in den entstellten Strukturen der „symbolischen Ordnung" aufzuspüren oder, wie dies unter anderen Young versucht, aus dem jeweiligen Narrativ, in das der Zeugenbericht eingebettet ist, herauszufiltern. Das heißt, der Historiker wird nicht zum sekundären Zeugen des Ereignisses, sondern zum primären Zeugen des Prozesses der Zeugenschaft.

Die Differenz zwischen Ereignis und „Geschichte" liegt freilich bereits im Begriff „Historia" begründet. „Historia", so Hannah Arendt, wird im Griechischen von „Sehen" abgeleitet, „histor" ist „ursprünglich der Augenzeuge, dann der Schiedsrichter, der Augenzeugen verhört und so die Wahrheit ermittelt".[53] Dori Laub unterscheidet in Bezug auf den Holocaust drei Ebenen der Zeugenschaft, wobei zwei Ebenen zunächst auf den Begriff „histor" zurückgeführt werden können, aber auch auf die von Agamben erwähnten lateinischen Begriffe *testis* und *superstes*. Laub nennt die Ebene „of being witness to oneself within the experience; the level of being a witness to the testimonies of others; and the level of being a witness to the process of witnessing itself".[54] Die ersten beiden Ebenen der Zeugenschaft rufen die Bedeutungsschichten des griechischen Begriffs „histor" in Erinnerung, allerdings mit dem wesentlichen Unterschied, dass sich dieser an der Öffentlichkeit orientiert, während sich Laubs Ausführungen auf das Subjekt beziehen.

Dieser Unterschied erfordert schließlich die dritte Ebene der Zeugenschaft, und zwar „being a witness to the process of witnessing itself", in der sich die Krise der Zeugenschaft, so der Titel der Studie von Shoshana Felman und Dori Laub, manifestiert. Diese Krise ergibt sich aus der Schwierigkeit, eine Sprache für das Ereignis zu finden, dem der Augenzeuge beiwohnte – es gilt eine Sprache zu finden, die zu einem „Du" führt. In Anlehnung an Dori Laub kommt Ernst van Alphen zum Schluss: „The Holocaust survivor does not testify from the position of having been a witness, but out of the need retroactively to constitute the possibi-

---

52 Siehe Arendt, „Geschichte und Politik in der Neuzeit", S. 82.
53 Arendt, „Natur und Geschichte", FN 4, S. 390.
54 Dori Laub, „An Event Without a Witness: Truth, Testimony and Survival", in: Shoshana Felman/Dori Laub, *Testimony. Crises of Witnessing in Literature, Psychoanalysis, and History*, New York/London, 1992, S. 75-92, S. 75.

lity of witnessing. This shifts the emphasis from product to process. In this view, then, the addressee is an absolutely indispensable part of the process."[55] Im Laufe dieses Zeugnis-Prozesses kommt es jedoch zur Aufhebung der Differenz von Zeuge und Zeugnis, d.h. der Zeuge *wird* zum Zeugnis. Diese Aufhebung von Zeuge und Zeugnis findet sich bereits in einer Notiz Imre Kertész' in seinem *Galeerentagebuch*, wo er feststellt: „Ich bin ein Medium des Geistes von Auschwitz, Auschwitz spricht aus mir."[56] Manuela Günter leitet aus dieser Gleichzeitigkeit von Zeuge und Zeugnis ebenfalls einen doppelten Prozess von Zeugenschaft ab:

> Danach versteht sich der Schreiber eines solchen Zeugnisses nicht als Urheber eines Textes, sondern als Medium eines Vorgangs: Er stellt sich dem notwendigen Schreiben im doppelten Sinne von Zeugen gleichsam zur Verfügung, ohne selbst eine Intention damit zu verknüpfen. Zugleich soll durch die Beteiligung an den Ereignissen dieses Medium zur Quelle von Faktizität werden, die die Autorität hat, den eigenen Bericht zu legitimieren. Der Zeuge, selbst Spur des Ereignisses, erzeugt diese durch seine Schrift.[57]

Während Günter den doppelten Prozess der Zeugenschaft im Prozess des Schreibens ansiedelt, entwickeln Dori Laub und Ernst van Alphen quasi im Übergang von Quelle zu Medium einen möglichen Standpunkt zur Konstitution von Subjektivität. In der Konfrontation von Zeugnis als Quelle historischer Information einerseits und Zeugnis „as a humanizing transactive process" andererseits erkennt van Alphen zwei unterschiedliche Sprachkonzepte, „which focus, respectively, on language's referential capacities and language's ability to constitute subjectivity".[58] Mit der Berücksichtigung eines schöpferischen Sprachverständnisses wird die Unvereinbarkeit von Ereignis und Bericht vordergründig gelöst, doch obwohl sich solcherweise die Möglichkeit eröffnet, „die Geschichte" in die Geschichte des Subjekts zu reintegrieren, wie dies Young ausführt, wird sie gleichzeitig auf das Subjekt reduziert.

> For inasmuch as the diarists and memoirists see themselves as traces of experiences, and their words as extensions of themselves, the link between words and events seems quite literally *self*-evident: that which has touched the writers hand would now touch the reader. [...] But for the reader with only words on a page, the authority for this link is absent. [...] what was evidence for the writer at the moment he wrote is now, after it leaves his hand, only a detached and free-floating sign, at the mercy of all who would read and misread it.[59]

---

55 Van Alphen, *Caught by History*, S. 152.

56 Kertész, *Galeerentagebuch*, S. 32.

57 Manuela Günter, „Writing Ghosts. Von den (Un-)Möglichkeiten autobiographischen Erzählens nach dem Überleben", in: Manuela Günter (Hg.), *Überleben schreiben*, S. 21-47, S. 24.

58 Van Alphen, *Caught by History*, S. 153. Wie Günter Butzer ausführt, können diese beiden Sprachverfahren auch den literarischen Verfahren hinsichtlich Topographie und Topik zugeordnet werden: „Die Topographie verbürgt die Authentizität der Erzählung durch Evidenz, die Topik hingegen läßt sie zum Argument im Diskurs über den Holocaust werden." Siehe Günter Butzer, „Topographie und Topik. Zur Beziehung von Narration und Argumentation in der autobiographischen Holocaust-Literatur", in: Manuela Günter (Hg.), *Überleben schreiben*, S. 51-75, S. 52.

59 Young, *Writing and Rewriting the Holocaust*, S. 24 (Herv. im Text).

Die Kluft zwischen Ereignis und Zeugenschaft sowie zwischen Zeugnis und Leser könnte kaum deutlicher zum Ausdruck gebracht werden, gleichzeitig jedoch auch die Kluft, die in dieses Sprachverständnis eingebrochen zu sein scheint. Das Scheitern der Erzählung beziehungsweise der Zeugenschaft lässt sich daher keineswegs einzig auf das Ereignis zurückführen, sondern muss gleicherweise auf das dahinter liegende Geschichtsverständnis sowie auf das vorausgesetzte Sprachverständnis bezogen werden. Das Gedicht, so Celan in seiner „Bremer Rede", ist als Erscheinungsform der Sprache „seinem Wesen nach dialogisch". Auch wenn dieser Dialog scheitert, „so halten sie [die Gedichte, VZ] auf etwas zu. Worauf? Auf etwas Offenstehendes, Besetzbares, auf ein ansprechbares Du vielleicht, auf eine ansprechbare Wirklichkeit."[60] Das Scheitern des Dialogs, so van Alphen mit Bezug auf Celan, „turns the topic of poetry into an insistent calling out, an endless urge to get in touch".[61] Wie aber lässt sich eine „ansprechbare Wirklichkeit" vorstellen, wenn Sprache aus nichts weiter besteht als aus frei zirkulierenden Zeichen? Diesen Fragen muss sich die Historiographie zwar spätestens seit dem „linguistic turn" stellen, sie lassen sich jedoch nicht im Rahmen dieser Diskursformation beantworten – vielmehr führen sie in den Bereich der Sprachwissenschaft und der Epistemologie.

60 Celan, „Bremer Rede", S. 186.
61 Van Alphen, *Caught by History,* S. 185.

3. EPISTEMOLOGIE

Die Aufhebung des von Elie Wiesel geäußerten Satzes „But then there are the witnesses and there is their testimony"[62] führt im Rahmen der Epistemologie zu beträchtlichen Schwierigkeiten, wobei wiederum die Differenz von *testis* und *superstes* im Mittelpunkt der Auseinandersetzung steht. Als *superstes* bezeugen Überlebende des Holocaust nicht nur ein Ereignis, das sie beobachtet oder an dem sie in irgendeiner Weise teilgenommen haben, sie *sind* das Ereignis. Aufgrund dieser Überlagerung von Zeuge und Zeugnis zieht Dori Laub den Schluss, der Holocaust sei ein Ereignis, das ohne Zeugen stattgefunden habe:

> [I]t was not only the reality of the situation and the lack of responsiveness of bystanders or the world that accounts for the fact that history was taking place with no witness: it was also the very circumstance of *being inside the event* that made unthinkable the very notion that a witness could exist, that is, someone who could step outside of the coercively totalitarian and dehumanizing frame of reference in which the event was taking place, and provide an independent frame of reference through which the event could be observed.[63]

Unter „being inside the event" versteht Laub die Konstitution einer Welt, in der es nicht möglich war, den Anderen vorzustellen. Mit dem Verlust der Vorstellung des Anderen kommt jedoch die Möglichkeit des Adressaten abhanden. „But when one cannot turn to a ‚you' one cannot say ‚thou' even to oneself. The Holocaust created in this way a world in which one *could not bear witness to oneself*."[64] Der von Laub konstatierte Verlust der Zeugenschaft beruht auf der steten Aberkennung des Anderen, die nicht nur die Denkweise der Nationalsozialisten widerspiegelt, sondern von diesen mit unfassbarer Konsequenz realisiert wurde. Zweifel an der Möglichkeit, das Ereignis in seinem ganzen Ausmaß zu bezeugen, äußert unter anderen Primo Levi.

> Um die Lager zu kennen, waren gerade die Lager nicht in jedem Fall ein guter Beobachtungsgegenstand: bei den unmenschlichen Bedingungen, denen sie unterlagen, konnten die Häftlinge nur selten eine Gesamtschau ihres Universums erlangen. [...] Aus dem Abstand von Jahren läßt sich heute durchaus sagen, daß die Geschichte der Konzentrationslager fast ausschließlich von denen geschrieben wurde, die, wie ich, nicht den tiefsten Punkt des Abgrunds berührt haben. Wer ihn berührt hat, ist nicht mehr wiedergekommen, oder seine Beobachtungsgabe war durch das Leid und das Nichtbegreifen gelähmt.[65]

---

62 Wiesel, „The Holocaust as Literary Inspiration", S. 9.
63 Laub, „An Event Without a Witness", S. 81.
64 Ebda., S. 82 (Herv. im Text).
65 Levi, *Die Untergegangenen und die Geretteten*, S. 12 ff. (Vorwort). Diese Aussage Primo Levis ist Ausgangs- und Leitmotiv für Giorgio Agambens Studie *Was von Auschwitz bleibt*. Von dieser

Levi hebt in der Folge drei Gründe hervor, warum vor allem politische Häftlinge zu Historikern der Lager wurden: zum einen, „weil die Politischen, viel mehr als die Juden oder die Kriminellen [...], über einen kulturellen Hintergrund verfügten, der ihnen die Interpretation der Geschehnisse ermöglichte, an denen sie selbst teilnahmen [...]"; zum anderen, weil „sie leichteren Zugang zu den statistischen Daten hatten, weil sie oftmals nicht nur wichtige Posten im Konzentrationslager innehatten, sondern auch Mitglieder der geheimen Verteidigungsorganisationen waren"; als dritten Grund nennt Levi: „Zumindest in den letzten Jahren waren ihre Lebensbedingungen erträglich, und zwar in einem Maß, das es ihnen beispielsweise gestattete, Notizen niederzuschreiben und aufzubewahren, was für die Juden unvorstellbar gewesen wäre und die Kriminellen nicht interessierte."[66] Die Texte von Semprun und Delbo, die als politische Häftlinge die Lager Buchenwald beziehungsweise Auschwitz-Birkenau überlebten, bestätigen Levis Befund. Semprun arbeitete in Buchenwald in der so genannten Arbeitsstatistik und hatte sogar Zugang zu Büchern. In seinem Roman *Was für ein schöner Sonntag!* stellt er etwa fest:

> In den Nazilagern war die Situation der politischen Deportierten [...] ganz klar: die SS-Männer waren unsere Feinde, ihre Ideologie war das, was wir verabscheuten, wir wußten also genau, warum wir in Buchenwald waren. Wir waren da, weil wir die SS-Ordnung zerstören wollten, weil wir freiwillig Risiken und Entscheidungen auf uns genommen hatten, die uns dahin gebracht hatten, wo wir waren. Wir wußten, warum wir in Buchenwald waren. Irgendwie war es normal, daß wir dort waren. [...] Die Lager waren, wage ich zu behaupten, scharf getrennt, klar abgegrenzt. Es gab die und uns, die SS-Männer und uns, den Tod und das Leben, die Unterdrückung und den Widerstand, ihre Moral und die unsere.[67]

Jorge Semprun zufolge war es in den Konzentrationslagern der Nationalsozialisten im Gegensatz zu den Lagern des Gulag möglich, „wir" zu sagen, was er gleichzeitig mit der Feststellung kommentiert: „‚Wir', ‚die Unseren', grundsätzliche Wörter der Sprache aus Holz, aus dem man die Scheiterhaufen errichtet und die Guillotinegerüste anfertigt."[68] Doch abgesehen von einem ideologisierten „Wir" unter den Vorzeichen des Totalitarismus war es den politischen Häftlingen in Buchenwald offensichtlich nicht nur möglich, ein Gegenüber vorzustellen, sondern die Ereignisse darüber hinaus in einen narrativen Rahmen einzuordnen. Für Jean Améry, der Auschwitz als jüdischer Häftling überlebte, beruht der Unterschied zwischen den Häftlingen ebenfalls auf der Möglichkeit, die Geschehnis-

---

Aussage leitet Agamben seine These ab, der Muselmann sei der „vollständige Zeuge" und sie führt ihn in gleicher Weise zum Schluss, „daß die Identität von Mensch und Nicht-Mensch nie vollkommen ist, daß es nicht möglich ist, das Menschliche vollständig zu zerstören, daß immer ein Rest übrigbleibt. *Dieser Rest ist der Zeuge.*" Ebda., S. 117 (Herv. im Text). Auch bei dieser Schlussfolgerung kommt es zur Aufhebung der Differenz von Zeuge und Zeugnis.

66 Levi, *Die Untergegangenen und die Geretteten*, S. 14 f.
67 Semprun, *Was für ein schöner Sonntag!*, S. 217.
68 Ebda., S. 219. Semprun bezieht sich hier auf den Roman von Jewgenij Zamjatin *Wir* sowie auf den Zeugenbericht von Elizabeth Poretski mit dem Titel *Die Unseren*.

se einer politischen oder religiösen Glaubensrichtung zuordnen zu können oder nicht. In dieser Hinsicht differenziert er in seinem Essay „An den Grenzen des Geistes" nicht zwischen politischen und jüdischen Häftlingen, sondern zwischen politischen, religiösen und humanistisch-intellektuellen: „Die religiös und politisch gebundenen Kameraden waren nicht oder nur wenig erstaunt, daß im Lager das Unvorstellbare Ereignis wurde. [...] Hier geschah nichts Unerhörtes, nur das, was sie, die ideologisch geschulten oder gottgläubigen Männer, immer schon erwartet oder zumindest für möglich gehalten hatten."[69] Charlotte Delbo, die als französische Widerstandskämpferin nach Auschwitz deportiert worden war, betont in ihrem Bericht immer wieder den engen Kontakt mit ihren Mitstreiterinnen der Résistance, was das Überleben zwar keineswegs garantierte, aber doch die Präsenz eines „Du" gewährleistete.

An dieser Stelle ergibt sich offensichtlich die Notwendigkeit einer Differenzierung, und zwar jener zwischen politischen und jüdischen Opfern der nationalsozialistischen Konzentrations- und Vernichtungslager. Denn während der Tod in Bezug auf politische Häftlinge eine mitkalkulierte und darüber hinaus durch permanente Gewalt realisierte Folge der Inhaftierung war, war der Tod in Bezug auf jüdische Häftlinge deren Zweck. Juden und Jüdinnen konnten nie, selbst wenn sie wie Jean Améry oder Primo Levi als Widerstandskämpfer deportiert worden waren, wie Semprun sagen: „Es gab die und uns, die SS-Männer und uns, den Tod und das Leben."[70] Für Juden und Jüdinnen gab es immer nur den Tod.

Auch wenn es viel eher der paranoiden Logik der Nationalsozialisten[71] entspricht als dem Vermögen oder Unvermögen zur Zeugenschaft, können Überlebende des Holocaust den innersten Kern der nationalsozialistischen Vernichtungspolitik, die Vernichtung europäischer Juden und Jüdinnen, nicht bezeugen. Denn was der Zeuge/die Zeugin zunächst bezeugen kann, so Young, ist das eigene Überleben.

> As insistent as the survivor-memoirist is on establishing evidence of the crimes against him and his people, in the end it might be said that, like the diarist-victim who documented his own activity as diarist, the memoirist documents nothing more persuasively than his own existence after the Holocaust. The survivor's literature thus becomes testimony not so much to the deaths at Auschwitz but to his life after Auschwitz. A survivor's writing after the Holocaust is proof that he has defeated the ‚final solution'; [...].[72]

Die Bedeutung von „Ich bin am Leben" sagen zu können kommt in einem Brief Primo Levis an den deutschen Übersetzer seines autobiographischen Berichts *Ist das ein Mensch?* in eindringlicher Weise zum Ausdruck:

---

69 Améry, „An den Grenzen des Geistes", S. 35.
70 Semprun, *Was für ein schöner Sonntag!*, S. 217.
71 Siehe Arendt, „Die vollendete Sinnlosigkeit", S. 8.
72 Young, *Writing and Rewriting the Holocaust*, S. 37.

Vielleicht haben Sie gemerkt, daß für mich das Lager und vom Lager geschrieben zu haben ein bedeutendes Erlebnis gewesen ist, das mich zutiefst verändert, mir Reife und ein Lebensziel gegeben hat. Mag es Anmaßung sein: aber jetzt kann ich, Nummer 174 517, durch Sie zu den Deutschen sprechen, kann sie an das erinnern, was sie getan haben, und ihnen sagen: „Ich bin am Leben, und ich möchte euch verstehen, um euch beurteilen zu können."[73]

Damit möchte ich auf die These von Laub zurückkommen, der zwar keineswegs einen Dialog mit den Deutschen, wie dies Levi in seinem Brief andeutet, in Erwägung zieht, das Konzept der Dialogizität im Allgemeinen jedoch als Voraussetzung für die Wiederherstellung der Möglichkeit der Zeugenschaft begreift. „What ultimately matters in all processes of witnessing, spasmodic and continuous, conscious and unconscious, is not simply the information, the establishment of the facts, but the experience itself of *living through* testimony, of giving testimony."[74] Damit geht es nicht mehr so sehr um das *Was* der Erinnerung, sondern um die Herstellung epistemologischer Rahmenbedingungen der Zeugenschaft. Wenn, wie Laub analysiert, das Ereignis sich dadurch auszeichnet, dass es ohne Zeugen stattfand, so ist Zeugenschaft nur möglich, wenn die pragmatischen und epistemologischen Bedingungen nachträglich rekonstruiert werden: pragmatisch, durch die Bereitstellung eines Zeugen/einer Zeugin,[75] epistemologisch, durch die Wiederherstellung einer schöpferischen Sprache. Zeugnis ablegen verlangt ein Gegenüber, jemanden, der das Zeugnis sowohl verbürgt als letztendlich auch hervorbringt.

> Die Erzählung des Opfers [...] beginnt damit, daß jemand über etwas Abwesendes aussagt. Bezeugt wird ein Ereignis, das trotz seiner überwältigenden und zwingenden Realität für das Opfer noch nicht zur Wirklichkeit geworden ist. [...] Die Erzählung entsteht im Zuhören und Gehörtwerden. In diesem Prozeß wird die Kenntnis, das ‚Wissen‘ von dem Erlebnis hervorgebracht. [...] Das Bezeugen des Traumas schließt den Zuhörer mit ein, indem dieser Zuhörer als eine leere Fläche fungiert, auf der das Ereignis zum ersten Mal eingeschrieben wird.[76]

Durch das nachträgliche Einfügen eines Zeugen in Gestalt des Zuhörers rekonstruiert Laub eine „Bühne" „for a reliving, a reoccurrence of the event, in the presence of a witness. In fact, the listener (or the interviewer) becomes the Holocaust witness *before* the narrator does."[77] Der Zuhörer bildet in diesem Sinne den Ursprung eines neuen Referenzrahmens, in dem die Geschichte erzählt werden kann. Damit wird aus dem (unmöglichen) Akt der Zeugenaussage ein erneutes Ausagieren oder Durchleben des Ereignisses unter Hinzufügen eines Referenz-

---

73 Levi, *Ist das ein Mensch?*, S. 7 (aus einem Brief an den Übersetzer).
74 Laub, „An Event Without a Witness", S. 85 (Herv. im Text).
75 Siehe van Alphen, *Caught by History*, S. 185. Van Alphen bezeichnet an dieser Stelle Celans Klage über den abwesenden Zuhörer als pragmatische Krise.
76 Dori Laub, „Zeugnis ablegen oder Die Schwierigkeit des Zuhörens", in: Baer (Hg.), „*Niemand zeugt für den Zeugen*", S. 68-83, S. 68.
77 Laub, „An Event Without a Witness", S. 85 (Herv. im Text).

rahmens, in dem die Zeugenaussage schließlich möglich wird. Der Fokus verschiebt sich damit vom Ereignis auf den Prozess der nachträglichen Aneignung, den van Alphen als Prozess der Reintegration von Subjektivität und Körper beschreibt:

> During the testimony the survivor gains access to his or her self, to his or her own body. This reintegration of subjectivity and body is the result of the healing process. The survivor is ‚reembodied‘ in several aspects. First, she reclaims the position of witness to the history she has lived through. But second, thanks to the externalization of the traumatic events, she has inserted herself into the historical dimension of the listener. No longer isolated within a past event, she now finds herself in the present dialogical situation with a listener. This being-in-the-present during testimony makes it possible to look back and tell, or testify to, her story – hence, to reclaim the past, but also to relate to other human beings in the present.[78]

Obwohl Lawrence L. Langer – ebenso wie Laub und van Alphen – davon ausgeht, dass die Erfahrung des Holocaust nicht repräsentiert, sondern immer nur erneut präsentiert werden kann, weist er die Möglichkeit der nachträglichen Wiederherstellung des Subjekts im Prozess der Zeugenaussage zurück.

> Wenn wir Zeugenaussagen beiwohnen, befinden wir uns in der Gegenwart einer Vergangenheit, die weder ausgelöscht wurde noch werden kann, eines Moments, der uns weniger repräsentiert als vielmehr re-präsentiert wird, der sich uns nicht so sehr darstellt als eher erneut stellt, da, wie Lyotard betont, nur dasjenige vergessen werden kann, was eingeschrieben oder repräsentiert, was dargestellt worden ist (in Wort oder Bild oder Form). Solch eine Zeugenaussage unterbricht den Zeitverlauf, innerhalb dessen wir uns in Sicherheit befinden.[79]

Im Gegensatz zur Annahme von Laub, die Anwesenheit eines Zuhörers würde die „fortdauernde Zeit“ des Zeugen unterbrechen, zieht Langer den Schluss, dass die „fortdauernde Zeit“ andauernd in die chronologisch verlaufende Zeit einbricht.[80] Die Erzählung stellt somit nur die Illusion der Chronologie dar. Bezug nehmend auf Delbos Titel ihrer Trilogie *Auschwitz und danach* stellt Langer fest: „[S]olange man nicht versteht, daß diese zwei Begriffe eben keine Chronologie darstellen, vermag man nicht, den Abgrund des Ortes, den wir Auschwitz nennen, zu ermessen. Ein solches Zeugnis kann sich nicht nutzbringend bewähren, es *dient* zu nichts; es kann allein *bewahren*.“[81] Damit rettet Langer das Zeugnis des Holocaust zwar scheinbar vor dem Vergessen in Bild und Wort, verortet es aber gleichzeitig als zeitloses „stets Seiendes“ ohne Möglichkeit des Werdens.[82]

---

78 Van Alphen, *Caught by History*, S. 153.
79 Langer, „Die Zeit der Erinnerung“, S. 59.
80 Ebda., S. 59 f.
81 Ebda., S. 60 f. (Herv. im Text).
82 Siehe Castoriadis' Ausführungen zur philosophischen Institution der Zeit, in: ders., *Gesellschaft*, S. 317 ff.

Was Langer als „fortdauernde Zeit" beschreibt, benennt Jean Améry im Vorwort der ersten Ausgabe seines Essaybandes *Jenseits von Schuld und Sühne* in Anlehnung an Marcel Prousts Werk *À la recherche du temps perdu* als „unverlierbare" Zeit: „Ich kann nicht sagen, daß ich in der Zeit der Stille die zwölf Jahre des deutschen und meines eigenen Schicksals vergessen oder ‚verdrängt' hätte. Ich hatte mich zwei Jahrzehnte lang auf der Suche nach der unverlierbaren Zeit befunden, nur, daß es mir schwer gewesen war, davon zu sprechen."[83] Was Améry als „unverlierbare Zeit" bezeichnet, umschreibt Delbo mit „mémoire profonde" im Gegensatz zu „mémoire ordinaire". Reflektierte, denkende Erinnerung lässt sich in Sprache bringen, nicht aber „tiefe Erinnerung", jene Erinnerung, die sich in den Körper eingeschrieben hat. Langers Analyse ist aufschlussreich hinsichtlich der Konfrontation der Zeitebenen, die in Zeugenberichten auftauchen (können), allein nimmt er mit seiner Schlussfolgerung dem Zeugnisbegriff die Möglichkeit der „Fortzeugung" im Sinne der Tradierung. Die Aufgabe des Zeugen/der Zeugin würde sich demzufolge in geradezu umgekehrter Relation zum Ereignis befinden, wie ich sie im Abschnitt zur Historiographie ausgeführt habe. Der Zeuge würde dem Ereignis aufgrund seiner Zeugenschaft nicht Dauer verleihen, sondern die fortdauernde Zeit des Ereignisses selbst verunmöglicht es, dass Zeit als wahrnehmbare Zeit, als Zeit der Veränderung, überhaupt auftaucht. Dass Langers Analyse zweifellos außerordentliche Bedeutung zukommt, belegen die Berichte von unter anderen Semprun, Delbo, Levi oder Kertész in mehr als eindrucksvoller Weise. Wenn Zeugnisse jedoch nur bewahren können, wird der Begriff des Zeugnisses im Grunde *ad absurdum* geführt. Zeugnis als Konzept impliziert, wie Laub und van Alphen ausführen, ein „Du", es richtet sich an jemanden, es hält auf jemanden zu,[84] auf die Anwesenheit eines Anderen, der die Isoliertheit im Ereignis vielleicht nachträglich aufhebt.

Die unterbrochene Zeitstruktur, die Langer in seiner Analyse hervorhebt, lässt sich auf den völligen Ausschluss der Häftlinge in Konzentrations- und Vernichtungslagern von „Welt" und „Wirklichkeit" zurückführen. In seinem Essay „An den Grenzen des Geistes" erwähnt Jean Améry die völlige Isoliertheit insbesondere des „geistigen Menschen":

> In Auschwitz aber war der geistige Mensch isoliert, war ganz auf sich selbst gestellt. So erschien denn dort das Problem der Begegnung von Geist und Greuel in einer radikaleren und, wenn diese Formulierung hier erlaubt ist, in einer *reineren* Form. In Auschwitz war der Geist nichts als er selber, und es bestand keine Chance, ihn an eine auch noch so unzulängliche, noch so verborgene soziale Struktur zu montieren.[85]

Ich habe im Kapitel „Subjekt und Wirklichkeit" bereits darauf hingewiesen, dass es nach der Befreiung nur selten – und wenn in äußerst fragiler Weise – möglich war, den Geist, wie Améry es ausdrückt, wieder an eine „soziale Struktur zu

---

83 Améry, *Jenseits von Schuld und Sühne,* S. 15 (Vorwort zur ersten Ausgabe 1966).
84 Siehe Celan, „Bremer Rede", S. 186.
85 Améry, „An den Grenzen des Geistes", S. 25 (Herv. im Text).

montieren". Dennoch möchte ich unter Vorbehalt an die Möglichkeit der Öffnung, die die Thesen von Laub und van Alphen implizieren, anschließen, auch wenn ein psychoanalytisches Setting, wie Laub es vorstellt, kaum hinreicht, um eine soziale Struktur beziehungsweise einen vom Holocaust durchdrungenen narrativen Rahmen herzustellen. Zwei oder drei Teilnehmer stellen zwar nach den Worten des Neuen Testaments oder im Konzept der griechischen Polis immer schon eine „Gemeinschaft" dar und in gewissem Sinne eine politische Öffentlichkeit, allerdings verbürgt hinsichtlich des Neuen Testaments Gott, in Bezug auf die Polis die Idee des Politischen diese Gemeinschaft.[86] Wenn Judith Butler in ihrer ersten Adorno-Vorlesung festhält, dass die Hinwendung an ein „Du" immer schon die Sphäre sozialer Normativität einschließt,[87] so trifft das zunächst auf den Akt oder den Prozess der Zeugenschaft als soziales Konzept zu, auf seine Struktur, nicht aber auf das Ausgesagte, auf den Inhalt der Zeugenaussage. Dabei wird alles darauf ankommen, in welchem Ausmaß und auf welche Weise das Zeugnis angenommen wird: ob das Zeugnis über den Zuhörer hinaus beziehungsweise durch diesen hindurch zu einem Bestandteil des gesellschaftlich-geschichtlichen Imaginären wird. Die Frage, auf die ich bereits mit Imre Kertész hingewiesen habe und die sich hier wiederum stellt, ist:

> [I]n wessen Angesicht wir leben, wem der Mensch Rechenschaft schuldet, im ethischen und, man möge mir verzeihen, sehr wohl auch *transzendentalen* Sinne des Wortes. Der Mensch ist nämlich ein dialogisches Wesen, er redet ununterbrochen, und das, was er sagt, was er aussagt, seine Klage, sein Leid, ist nicht nur als Schilderung, sondern auch als Zeugnis gedacht, und er will insgeheim – ‚unterbewußt' –, daß dieses Zeugnis zu einem Wert und der Wert zu einer gesetzbildenden geistigen Kraft werde.[88]

Mit dieser Frage unterlegt Kertész den Bereich der Ethik zwar mit einem Rechtsanspruch, allerdings keineswegs im Sinne einer „stillschweigende[n] Vermengung ethischer und juristischer Kategorien"[89], wie dies Agamben anmerkt, sondern sehr präzise auf Ethik als „die Lehre vom glücklichen Leben"[90] abzielend. „Der Glücksanspruch" jedoch, so Kertész, „erlegt dem Menschen […] wohl den schwersten inneren Kampf auf: Er muß zulassen, daß er sich nach dem Maß seiner eigenen gewaltigen Ansprüche selbst akzeptieren kann, daß das in jedem Menschen le-

---

86 Siehe u.a. die gemeinschaftsstiftende Aussage im Evangelium von Matthäus 18.20: „Denn wo zwei oder drei versammelt sind in meinem Namen, da bin ich mitten unter ihnen." In ihrem Essay „Kultur und Politik" erinnert Arendt an das Wort „Wo immer ihr sein werdet, werdet ihr eine Polis sein", das Auswanderern aus der Polis mitgegeben wurde und „das ja nichts anderes besagte, als daß gerade die Organisation der Polis so wenig auf die einmalige, hergestellte, heimatliche Physiognomie angewiesen war, daß sie jederzeit verlassen und ausgetauscht werden konnte, solange das ungleich weniger handgreifliche Bezugssystem zwischen den Menschen, das aus Handeln und Sprechen entsteht, intakt ist." Siehe ebda., S. 287.

87 Judith Butler, *Kritik der ethischen Gewalt*, übers. v. Reiner Ansén, Frankfurt/Main, 2003, S. 42.

88 Kertész, „Die Unvergänglichkeit der Lager", S. 43 (Herv. im Text).

89 Agamben, *Was von Auschwitz bleibt*, S. 15.

90 Ebda., S. 21.

bendige Göttliche das hinfällige Individuum gleichsam zu sich emporzieht."[91] Allerdings stellt „das Göttliche" wohl eher eine poetische als eine konfessionelle Kategorie dar. Wenn der Glücksgedanke, wie Kertész formuliert, mit dem Schöpfungsgedanken verwandt ist, so verweist der Bereich der Ethik zwar auf Werte, gleichzeitig aber auf eine entpolitisierte und säkularisierte gesetzgebende Kraft.[92]

---

91 Kertész, „Rede über das Jahrhundert", S. 38.
92 Siehe Kertész, „Die Unvergänglichkeit der Lager"; Kertész, „Der Holocaust als Kultur"; Kertész, „Rede über das Jahrhundert".

4. ETHIK

Wenn das Wort des Zeugen/der Zeugin zu einem Wert und darüber hinaus zu einer „gesetzbildenden geistigen Kraft" werden soll, muss es über die Fähigkeit zu bewahren hinausgehen und ein schöpferisches Moment enthalten. Diese kreative und gleichzeitig verbindliche Kraft sieht Kertész im „Geist der Erzählung" am Werk:

> Ich wage die kühne Behauptung, daß wir in einem gewissen Sinne und auf einer gewissen Ebene ausschließlich um dieses Geistes der Erzählung willen leben, daß dieser in unser aller Herzen und Köpfe unablässig sich formende Geist den geistig nicht erfaßbaren Platz Gottes einnimmt; das ist der imaginäre Blick, den wir auf uns fühlen, und alles, was wir tun oder lassen, tun oder lassen wir im Lichte dieses Geistes.[93]

Im Zusammenhang mit Ethik ist vor allem der von Kertész erwähnte Aspekt des „imaginären Blicks" von Bedeutung, der sich in entfernter Weise mit dem Castoriadischen Konzept des gesellschaftlich-geschichtlichen Imaginären in Verbindung bringen lässt. Der imaginäre Blick respräsentiert sowohl kollektive und narrative Rahmen – das „nie versiegenden Geflüster über Gut und Böse"[94] – aber auch den Blick des Anderen, vor dem, aber auch für den das „Ich" Zeugnis ablegt. Damit ist natürlich ein Bündel an Fragen angesprochen, wobei ich mich in der Folge, Bezug nehmend auf Judith Butler, auf die Fragen der Adressierung sowie der Anerkennung beschränken werde. In ihrem Versuch, eine Ethik ohne Gewalt zu denken, verortet Butler das moralische Subjekt zunächst in einem dem Subjekt vor-geschichtlichen Rahmen sprachlicher Normen, durch die es angesprochen und hervorgebracht wird sowie sich selbst hervorbringen kann.

> Schließlich überlebt niemand, ohne angesprochen zu werden, niemand überlebt, um seine Geschichte zu erzählen, ohne zuvor durch die Adressierung in die Sprache eingeführt worden zu sein, ohne diese oder jene Geschichte angeboten bekommen zu haben, ohne in die diskursive Welt der erzählten Geschichten hineingebracht worden zu sein, um dann später den eigenen Weg in der Sprache zu finden, nachdem die Sprache vorgegeben wurde, nachdem sie ein Beziehungsgeflecht geschaffen hat, in das man verstrickt und in dem man bedroht ist, in dem man aber auch am Leben bleibt und gedeiht.[95]

In Butlers Ethik nimmt das Konzept der Unterbrechung breiten Raum ein. Sie reflektiert unter anderem die Unterbrechung der Rede, die Unterbrechung durch die ursprüngliche Adressierung beziehungsweise die Unterbrechung aufgrund der

---

93 Kertész, „Die Unvergänglichkeit der Lager", S. 44.
94 Ebda.
95 Butler, *Kritik,* S. 75.

ursprünglichen Adressierung, die eine vollständige Rechenschaft über sich selbst verunmöglicht.

> Das ‚Ich' kann keine abschließende oder angemessene Rechenschaft von sich selbst geben, weil es nicht zum Schauplatz der Adressierung zurückkehren kann, auf dem es eingeführt wird, und weil es nicht sämtliche rhetorischen Dimensionen der Adressierungsstruktur erzählen kann, innerhalb deren die Rechenschaft selbst erfolgt.[96]

Nicht aber ist die Rede von der Unterbrechung der Adressierung. Dennoch muss die Möglichkeit dieser Unterbrechung weiter gedacht werden, denn der Satz „Schließlich überlebt niemand, ohne angesprochen zu werden", kann als Grundsatz der Vernichtungspolitik der Nationalsozialisten gelesen werden. Die Unterbrechung der Adressierung geht über die von Butler angesprochenen verschiedenen Formen der Verletzung im Prozess der Adressierung hinaus, die im Urteil mitunter zu einer mörderischen werden kann. Diese Formen der Anrede bewegen sich jedoch nach wie vor im Rahmen ausverhandelter sozialer, narrativer oder auch diskursiver Normen. Die Anrede wird unterbrochen, wenn die Kluft zwischen Allgemeinem und Besonderem, die Butler als Ausgangserfahrung der Moral für das Individuum bezeichnet, für absolut erklärt wird.[97] So sehr die ursprüngliche Adressierung, von der bei Butler ebenso wie etwa bei Lacan die Rede ist, als Verletzung, als traumatische Erfahrung, als Unterbrechung der eigenen Geschichte erfahren werden mag, sie kann gleichzeitig als Ursprung des „Weltvertrauens" interpretiert werden, das es dem/der Einzelnen erlaubt, in oder mit der Kluft zwischen Allgemeinem und Besonderem zu leben.[98]

Warum wird die Unmöglichkeit, vollständig Rechenschaft von sich ablegen zu können, überhaupt ein Problem? Gegen welche Konzeption des Subjekts widersetzen sich Postmoderne und Dekonstruktion? Warum bricht das „Ich" angesichts des Anderen, so Butler, zusammen?[99] Bevor Gott für tot erklärt und die Metaphysik in ihren Grundfesten erschüttert worden war, wäre die Vorstellung eines vollständigen Subjekts absurd, wenn nicht anmaßend erschienen – und wie ich im vorigen Kapitel ausgeführt habe, würde diese Vorstellung das Konzept des Subjekts letztlich *ad absurdum* führen. Die Frage, wem wir Rechenschaft schulden beziehungsweise vor wem wir Rechenschaft ablegen, wäre mit Bestimmtheit nicht im Behandlungszimmer des Psychoanalytikers ausdiskutiert worden, sondern höchstwahrscheinlich mit „Gott" beantwortet worden, denn, so Kertész:

> Einst war der Mensch das Geschöpf Gottes, eine tragische, erlösungsbedürftige Kreatur. [...] Die Ideologie hat ihn seines Kosmos beraubt, seiner Einsamkeit und

---

96 Ebda., S. 81.
97 Siehe ebda., S. 21.
98 Siehe dazu Castoriadis, *Gesellschaft*, S. 498 ff. Castoriadis setzt für die Sozialisation der Psyche zwar die Trennung von privater und öffentlicher Welt voraus, allerdings stellt sich diese Trennung nicht als traumatisch, sondern als konstitutiv für das Individuum heraus.
99 Siehe Butler, *Kritik*, S. 83: „Auf ganz spezifische Weise bricht das ‚Ich' vor dem Anderen, oder, mit Lévinas, angesichts des Anderen zusammen (ursprünglich hatte ich hier geschrieben: ‚das angesichts des Anderen', um zu zeigen, dass auch meine Syntax hier zusammenbricht)."

der tragischen Dimension des menschlichen Schicksals. [...] Verständnislos stehen wir vor den Verbrechen, die in einem totalitären Staat möglich sind, doch wir brauchten uns bloß zu vergegenwärtigen, inwieweit an die Stelle von sittlichem Leben und menschlicher Vorstellungskraft der neue kategorische Imperativ getreten ist: die totalitäre Ideologie.[100]

Mir geht es jedoch keineswegs darum, die Leistungen von Postmoderne und Dekonstruktion zu desavouieren, sondern die Ursache für das tiefgehende Unbehagen zu suchen, das in diesen kritischen Ansätzen mitunter zum Ausdruck kommt. Eine Ursache dafür findet sich zweifellos darin, sie, wie Robert Eaglestone dies in überzeugender Weise ausführt, als Reaktion auf den Holocaust zu lesen.[101] Einen weiteren Grund sehe ich aber darin, dass es nicht so sehr um die Dekonstruktion und damit Öffnung eines einheitlichen und in sich geschlossenen Subjekts geht als vielmehr um die Suche nach einem verlorenen Subjekt. Das heißt die Unterbrechung beruht in der Adressierung, weil diese im Anderen nicht transzendiert wird, d.h. die Unterbrechung beruht letztendlich in der Unterbrechung der Adressierung. Imre Kertész spricht im *Galeerentagebuch* denn auch nicht von Unterbrechung, sondern von veränderten beziehungsweise fragwürdig gewordenen Beziehungen zum Sein, zu Werten und zur Wahrheit:

> Nicht Gott ist tot, die Seinsbedingungen haben sich geändert. Nicht die Werte sind zusammengebrochen, ihre Brauchbarkeit ist fraglich geworden. Nicht die Wahrheit hat sich geändert, sie wird bloß anders gehandhabt. Entfremdung gab es wahrscheinlich auch schon im Mittelalter, und das Absurde wird im Altertum ebenso offensichtlich gewesen sein wie heute. Das individuelle Sein ist nur ein Traum.[102]

Aber auch dieser Traum, so könnte Kertész entgegnet werden, ist mehr als zweifelhaft geworden. Um dennoch auf den Begriff der Unterbrechung zurückzukommen, so wird diese – und darauf weist Kertész mit seiner Totalitarismuskritik hin – offensichtlich in dem Moment definitiv, in dem eine totalitäre Ideologie die Stelle des Demiurgen einnimmt.[103] Die Anrede durch den totalitären Herrscher beruht nicht auf der Herstellung von Relationen und Bezügen, sondern auf dem Urteil, das jede Relation aufhebt und vor allem *ver*urteilt.

> Moral expressions are always of a particular sort, and they arise from norms. The war destroyed, along with the rest, the accepted norms of good and evil. Choice and determination were stolen away completely. It was not who you were, not what you had done, but your being a Jew that was the determining factor in every case.[104]

---

100 Kertész, „Der überflüssige Intellektuelle", S. 80 f.
101 Siehe Eaglestone, *The Holocaust and the Postmodern.*
102 Kertész, *Galeerentagebuch,* S. 51.
103 Agamben interpretiert diese Unterbrechung mit Foucault als Verschränkung von Bio-Macht und souveräner Macht. Insbesondere im nationalsozialistischen Staat, so Agamben, „kreuzen sich eine beispiellose Verabsolutierung der Bio-Macht des *Leben-Machens* und eine ebenso absolute Verallgemeinerung der souveränen Macht des *Sterben-Machens*". Siehe Agamben, *Was von Auschwitz bleibt,* S. 72 f.
104 Appelfeld, *Beyond Despair,* S. 34.

Wie aber lässt sich aus den Trümmern der Tradition, der Geschichte, der Ethik wieder ein gesellschaftliches Konzept erstellen, in dessen Rahmen es möglich ist, Zeugnis abzulegen? Adorno ebenso wie Foucault, Castoriadis und Derrida, Arendt und Butler, um nur einige wenige zu nennen, haben sich nach 1945 der schwierigen Aufgabe gestellt, die Gesellschaft und gesellschaftliche Institutionen immer wieder neu zu denken, ohne „den gerissenen Faden der Tradition wieder zusammenknüpfen"[105] zu wollen, sondern um, wie Butler feststellt, einen lebendigen Platz für das „Ich" zu finden:

> In diesem Sinne sind ethische Überlegung und Kritik miteinander verknüpft. Und die Kritik stellt fest, dass sie nicht vorankommt, wenn sie nicht berücksichtigt, wie das überlegende Subjekt überhaupt entsteht und wie ein reflektierendes Subjekt bestimmte Normen tatsächlich leben oder aneignen kann. Die Ethik findet sich nicht nur in die Aufgabe der Gesellschaftstheorie verwickelt, sondern die Gesellschaftstheorie muss, soll sie zu nicht-gewaltsamen Ergebnissen führen, auch einen lebendigen Platz für dieses ‚Ich' finden.[106]

Nach dem völligen Zusammenbruch der Normen stellt sich die Frage der Anrede im Rahmen der Ethik neu. Dann geht es in einem ersten Schritt möglicherweise darum, das Prinzip der Anrede, wiewohl diese stets auf Wechselseitigkeit beruht, nicht in erster Linie als primäre Enteignung,[107] sondern im Sinne der Zueignung zu verstehen und davon ausgehend als Form der Dialogizität weiterzudenken. Im Zusammenhang mit der Zeugenschaft kommt der Zeuge/die Zeugin der zutiefst ethischen Frage „Wer bist du?"[108] zuvor, und zwar nicht nur im Sinne Lévinas', auf den sich Shoshana Felman in ihrer Analyse bezieht:

> „The witness", writes Lévinas, „testifies to what has been said *through* him. Because the witness has said ‚here I am' before the other." By virtue of the fact that the testimony is *addressed* to others, the witness, from within the solitude of his own stance, is the vehicle of an occurrence, a reality, a stance or a dimension *beyond himself.*[109]

Wenn Primo Levi sein Zeugnis – wenngleich mit ironischer Distanz – als Antwort betrachtet, so erinnert er zum einen an den gewaltsam unterbrochenen Dialog, zum anderen aber stellt sein Zeugnis den Beginn eines anderen Dialogs dar, was jedoch keineswegs die Wiederherstellung eines unterbrochenen Dialogs impliziert.

> Ich glaube nicht, daß das Leben des Menschen notwendigerweise ein bestimmtes Ziel hat; aber wenn ich an mein Leben denke und an die verschiedenen Ziele, die

---

105 Arendt, „Die Lücke zwischen Vergangenheit und Zukunft", S. 18.

106 Butler, *Kritik,* S. 20 f.

107 Ebda., S. 87: „Der Formierung der Sphäre des *Mein* selbst geht die Konstitution durch einen Anderen voraus. [...] Das ist ein Bereich, in dem die Grammatik des Ich keinen Halt findet, denn die Enteignung in und durch einen Anderen geht dem Werden eines ‚Ich' vorher, das bei entsprechender Gelegenheit – und nie ganz ohne Ironie – behaupten kann, sich selbst zu besitzen." (Herv. im Text)

108 Siehe ebda., S. 42 ff. Butler bezieht sich an dieser Stelle auf die Arbeiten von Adriana Cavarero.

109 Shoshana Felman, „Education and Crisis, or the Vicissitudes of Teaching", in: Felman/Laub, *Testimony,* S. 1-56, S. 3 (Herv. im Text).

ich mir bisher gesetzt habe, so erkenne ich nur eines als festumrissen und bewußt an, und es ist gerade dieses, Zeugnis abzulegen, das deutsche Volk meine Stimme hören zu lassen und dem Kapo, der sich die Hand an meiner Schulter säuberte, dem Doktor Pannwitz, denjenigen, die den Letzten erhängten, und ihren Erben zu ,antworten'.[110]

Wenn jedoch die Antwort des Zeugen wie im Falle Primo Levis der Frage beziehungsweise der Adressierung vorausgeht, so erfordert dies in einem zweiten Schritt die Auseinandersetzung mit dem Konzept der Anerkennung. Die Frage der Anerkennung stellt sich zunächst nicht auf einer theoretischen, sondern, wie Klüger bemerkt, auf einer pragmatischen beziehungsweise gesellschaftspolitischen Ebene.

Ich hab damals immer gedacht, ich würde nach dem Krieg etwas Interessantes und Wichtiges zu erzählen haben. Aber die Leute wollten es nicht hören, oder nur in einer gewissen Pose, Attitüde, nicht als Gesprächspartner, sondern als solche, die sich einer unangenehmen Aufgabe unterziehen, in einer Art Ehrfurcht, die leicht in Ekel umschlägt, zwei Empfindungen, die sich sowieso ergänzen. Denn die Objekte der Ehrfurcht, wie die des Ekels, hält man sich vom Leib.[111]

Klüger vermisst demzufolge nicht so sehr einen Zuhörer oder eine Zuhörerin, in die sich ihr Zeugnis zum ersten Mal einschreiben ließe, sondern einen Gesprächspartner. Das Gespräch verlangt allerdings weit mehr als interessierte Zuhörer, es verlangt unter anderem Anerkennung und Teilnahme. Als weiteres Beispiel für die mangelhafte Adressierungs- und Anerkennungsstruktur der Zeugenschaft nach dem Holocaust möchte ich auf den häufig erwähnten Traum Levis' hinweisen, in dem sich die Unmöglichkeit der Zeugenschaft ankündigt. Es ist ein Traum, den Levi zufolge viele Mithäftlinge träumten:

Ein intensives, körperliches, unbeschreibliches Wonnegefühl ist es, in meinem Zuhause und mitten unter befreundeten Menschen zu sein und über so vieles berichten zu können. Und doch, es ist nicht zu übersehen, meine Zuhörer folgen mir nicht, ja sie sind überhaupt nicht bei der Sache: Sie unterhalten sich undeutlich über andere Dinge, als sei ich gar nicht vorhanden. Meine Schwester schaut mich an, steht auf und geht, ohne ein Wort zu sagen.[112]

Diese Erfahrungen – „meine Zuhörer folgen mir nicht" sowie „als sei ich gar nicht vorhanden" – finden sich mit wenigen Ausnahmen in den Berichten der Rückkehr in Charlotte Delbos drittem Band ihrer Trilogie *Maß unserer Tage*. Die Analyse der Celanschen Dichtung von Ernst van Alphen verdeutlicht ebenfalls, wie der vorweggenommene Dialog des Zeugen außerhalb einer entsprechenden Anerkennungsstruktur zu einem endlosen Monolog entstellt wird. „Celan is apparently arguing that in the post-Holocaust era, poetic voice is betrayed into an ongoing and inconsolable monologue, because all attempts to reach the addressee seem to fail. This failure turns the topic of poetry into an insistent calling out, an

---

110 Levi, *Ist das ein Mensch?*, S. 7 (aus einem Brief an den Übersetzer).
111 Klüger, *weiter leben*, S. 167.
112 Levi, *Ist das ein Mensch?*, S. 70.

endless urge to get in touch."[113] Vor dem Hintergrund dieser Analyse sowie Klügers Beobachtung[114] lässt sich die Vermutung kaum zurückweisen, dass die Zeugnisse von Überlebenden des Holocaust über lange Zeit hinweg ungefragte Antworten darstellten.

Damit ergibt sich erneut die Frage, woran Zeugnisse des Holocaust scheitern.
Butler geht in ihrer Auseinandersetzung mit dem Konzept der Anerkennung von
der These aus: „Die ethische Haltung ist in gewissem Sinne in der Frage angelegt:
‚Wer bist du?' Und sie besteht darin, diese Frage weiter zu stellen, ohne eine vollständige oder abschließende Antwort zu erwarten."[115] In diesem Sinne wäre –
nach einer radikalen Politik der Aberkennung[116] – die erste Form der nachträglichen Anerkennung, die Frage „Wer bist du?" zu stellen und damit den Holocaust
als Teil der eigenen Geschichte anzuerkennen. Solange diese Frage jedoch nicht
gestellt wird, muss davon ausgegangen werden, dass es der Gesellschaft nach dem
Holocaust nicht gelungen ist, eine ethische Haltung einzunehmen. Dann aber
wäre der Grund für die Schwierigkeiten oder die Unmöglichkeit der Zeugenschaft nicht nur im Ereignis des Holocaust selbst, nicht in fehlenden narrativen
Rahmen für dieses Ereignis zu suchen, sondern auch in den mangelnden narrativen Rahmen *nach* dem Holocaust, die sich unter anderem durch eine einseitige
Adressierungsstruktur sowie eine unterlassene Anerkennungsstruktur von Zeugen
auszeichnen.

Exkurs: Trauma

In den letzten beiden Jahrzehnten hat der Trauma-Begriff als epistemologisches
Konzept zunehmend in den Kulturwissenschaften Eingang gefunden. In den folgenden Ausführungen werde ich den aus diesem Konzept resultierenden „Deutungsmustern"[117] nachgehen, die eine weitere Annäherung an Zeugenberichte von
Überlebenden des Holocaust erlauben.

In der 18. Vorlesung der *Vorlesungen zur Einführung in die Psychoanalyse* weist
Sigmund Freud auf eine Übereinstimmung zwischen traumatischen Neurosen
und „spontanen Neurosen" hin, obwohl diese beiden Neurosetypen ansonsten
„im Grunde nicht dasselbe" sind.[118] Als Gemeinsamkeit nennt er die auffallende
Fixierung auf ein bestimmtes Stück der Vergangenheit. „Es ist so, als ob diese
Kranken mit der traumatischen Situation nicht fertiggeworden wären, als ob dies

---

113 Van Alphen, *Caught by History,* S. 185; siehe dazu auch Felman, „Education and Crisis",
    S. 25 ff.; Hartman, *Der längste Schatten,* S. 193, S. 236 f.
114 Neben Klüger erwähnt Primo Levi die nachdrückliche Zurückweisung der Zeugenschaft auch
    in seinem Bericht seiner Rückkehr mit dem Titel *Die Atempause.* Siehe ebda., S. 36, S. 56 f.
115 Butler, *Kritik,* S. 57.
116 Siehe etwa Klüger, *weiter leben,* S. 168: „Das Autoritätsgebaren in Auschwitz war stets auf Aberkennung gerichtet, Ablehnung der menschlichen Existenz des Häftlings, seines oder ihres
    Rechts dazusein."
117 Diesen Begriff übernehme ich von Bronfen/Erdle/Weigel (Hg.), *Trauma. Zwischen Psychoanalyse und kulturellem Deutungsmuster.*
118 Freud, *Vorlesungen,* S. 274.

noch als unbezwungene aktuelle Aufgabe vor ihnen stände [...]."[119] Von dieser
Beobachtung ausgehend, ordnet Freud den Begriff „traumatisch" einer ökonomi-
schen Betrachtungsweise zu: „Wir nennen so ein Erlebnis, welches dem Seelenle-
ben innerhalb kurzer Zeit einen so starken Reizzuwachs bringt, daß die Erledi-
gung oder Aufarbeitung desselben in normalgewohnter Weise mißglückt, woraus
dauernde Störungen im Energiebetrieb resultieren müssen."[120] Damit schließt
Freud die Analogieführung auf die für ihn typische Weise ab: „Wir brechen hier
wieder den Weg ab, den wir eingeschlagen haben. Er führt zunächst nicht weiter,
und wir haben allerlei anderes zu erfahren, ehe wir seine richtige Fortsetzung finden können."[121] Freud fährt fort mit der Neurosenlehre, in der das Trauma jedoch einer anderen Dynamik folgt und vor allem im Zusammenhang mit der
Entwicklung der Sexualität weiter diskutiert wird, wo schließlich auch der Aspekt
der Nachträglichkeit eine zentrale Rolle einnimmt. Laplanche und Pontalis verweisen in ihrem *Vokabular der Psychoanalyse* darauf, dass Freud den Begriff
„nachträglich" „ständig und wiederholt gebraucht",[122] dass jedoch die Entwicklung der Sexualität „durch die zeitlichen Schübe, in denen sie beim Menschen
erfolgt, das Phänomen der Nachträglichkeit in hohem Maße" begünstigt.[123] Voraussetzung eines Traumas in Bezug auf die Entwicklung der Sexualität sind zwei
voneinander getrennte Ereignisse, wobei das erste vom Kind nicht in seiner sexuellen Bedeutung erfasst wird und sich erst später, nach einer Latenzperiode, durch
ein zweites, ähnliches Ereignis als Trauma manifestiert. Demzufolge wirkt das
zweite Ereignis nachträglich traumatisierend auf das erste Ereignis oder, wie
Freud feststellt: „Überall findet sich, daß eine Erinnerung verdrängt wird, die nur
nachträglich zum Trauma geworden ist."[124] Interessanterweise wurden beide Formen des Trauma-Konzeptes im Rahmen der Kulturwissenschaften als Erklärungsmuster für kulturelle Phänomene aufgegriffen und zum Teil auch überlagert.

Auf die ökonomische Betrachtungsweise des „Seelenapparates" – an der Freud
sowohl in Bezug auf traumatische Neurosen als auch hinsichtlich der allgemeinen
Neurosenlehre festhält – lässt sich zum einen die bereits erwähnte Kritik Sartres
zurückführen, die eine Rückorientierung auf das Ereignis erlaubt;[125] zum anderen
aber eröffnen Freuds Ausführungen zum Trauma vor allem durch die Interpreta-

---

119 Ebda.
120 Ebda., S. 274 f.
121 Ebda., S. 275.
122 Jean Laplanche/Jean-Bertrand Pontalis, *Das Vokabular der Psychoanalyse*, übers. v. Emma
    Moersch, Frankfurt/Main, 1972, S. 313 (Stichwort „Nachträglichkeit, nachträglich").
123 Ebda., S. 315.
124 Sigmund Freud, *Aus den Anfängen der Psychoanalyse. 1887–1902. Briefe an Wilhelm Fließ*,
    Frankfurt/Main, 1962, S. 356 (Herv. im Text).
125 Der Sartreschen existentiellen Psychoanalyse folgt offensichtlich Claude Lanzmann in seinem
    Film *Shoah*. Siehe dazu Gertrud Koch, „Der Engel des Vergessens", S. 71: „Verschiebt Freud
    zunehmend das Ereignis auf die Ebene eines in der Erinnerung konstruierten Erlebnisses, ver-
    sucht Lanzmann in seiner Interviewtechnik aus dem Erlebten das Ereignis zu rekonstruieren, an
    die Stelle der Kamera als Augenzeuge treten die Überlebenden, um Zeugnis abzulegen."

tionen Lyotards und Lacans die Möglichkeit, dem Repräsentationskonzept von Sprache ein mitunter radikales Schöpfungskonzept von Sprache gegenüberzustellen. In *Heidegger und „die Juden"* paraphrasiert Lyotard offensichtlich Freuds Ansatz hinsichtlich traumatischer Neurosen:

> Es handelt sich um einen Schock, denn der Reiz ‚affiziert' ein System, aber um einen Schock, von dem der Schockierte nichts weiß, von dem der Apparat (der Geist) aufgrund seiner Physis, seines inneren Kräftespiels nicht Rechenschaft ablegen kann. Von dem er folglich nicht Rechenschaft ablegen kann. Der Schock, der Reiz brauchen also nicht erst ‚vergessen' oder verdrängt zu werden, sei es durch Einsetzung von Vorstellungsverknüpfungen oder durch ein *acting out*. Sein ‚Zuviel' (an Quantität, an Intensität) übersteigt das Zuviel, das dem Unbewußten oder Vorbewußten als Stoff (Präsenz, Ort und Zeit) dient. Ein ‚Zuviel', ähnlich wie Luft oder Erde für das Leben eines Fisches zuviel sind. Allein, seine Wirkung, sein ‚Effekt' ist gleichwohl da.[126]

Im Zentrum steht auch bei Lyotard die Fixierung auf das Moment des traumatischen Ereignisses, das sich psychischen Vorgängen aufgrund seiner Intensität entzieht beziehungsweise diese überfordert. Dennoch bringt Lyotard, ausgehend von Freuds Zweifel bezüglich „unbewusster Affekte", „Vorstellungsverknüpfungen" ins Spiel, auch wenn er den nachträglichen Effekt der Physis überantwortet.

> Denn das Schweigen, das den ‚unbewußten Affekt' umgibt, betrifft nicht die Pragmatik (die Mitteilung einer Bedeutung an einen Hörer), sondern die Physik des Sprechers. [...] Gleichviel, etwas *wird* sich vernehmen lassen, wenn auch ‚später'. Was nicht eingegeben worden sein wird, wird nachträglich ‚ausagiert', ‚abreagiert', *enacted*, ausgespielt werden, oder besser: worden sein. Also repräsentiert, dargestellt. Doch ohne daß es vom Subjekt wiedererkannt würde. Repräsentiert und dargestellt als etwas, das nie präsentiert worden ist.[127]

Damit ergibt sich die paradoxe Situation einer fortdauernden, fremdkörperartigen Fixierung auf das Ereignis einerseits sowie einer nachträglichen, nicht bewussten Repräsentation andererseits, die gleichwohl in irgendeiner Form Vorstellungsverknüpfungen voraussetzt. Die nie präsentierte Zeit nennt Lyotard „eine verlorene Zeit, die untilgbar bleibt, eine Offenbarung, die sich nie offenbart, sondern nur da ist. Ein Elend."[128] Dieser „verlorenen Zeit" stellt er die Darstellung als ein der Phänomenologie verpflichtetes Konzept gegenüber: „Diese ist ihrer Natur nach notwendig rhetorisch, [...] mitunter selbst ‚poetisch' [...]. Als Darstellung jedoch ist sie notwendig eine Aufhebung, eine Erhöhung, die etwas beiseite schafft und (er)hebt."[129] Erst im Bereich des Erhabenen, das sich der Erscheinung und damit der Wahrnehmung entzieht, das Lyotard als Unruhe und Emotion bestimmt, kann sich das nie wahrgenommene Ereignis als *pathos* an-

---

126 Lyotard, *Heidegger und „die Juden"*, S. 23.
127 Ebda., S. 22 f. (Herv. im Text).
128 Ebda., S. 35.
129 Ebda., S. 16.

kündigen.[130] Wahrhafte Zeugenschaft ist in diesem Konzept kategorisch außersprachlich.[131]

Verbindet Lyotard den Trauma-Begriff letztlich mit einem kulturtheoretischen Konzept, so führt Butler diesen in den Bereich der Ethik. Sie bezieht sich hierbei zweifellos auf die Traumatheorie Freuds im Bereich der Sexualentwicklung.

> Adressiert werden trägt ein Trauma in sich, lässt das Traumatische anklingen, und doch kann dieses Trauma nur im Nachhinein durch einen *späteren* Vorfall erfahren werden. Ein anderes Wort trifft uns, wie ein Schlag, eine Anrede oder Benennung, die tötet, auch wenn man weiterlebt, weiterlebt als dieses getötete Wesen, weiter spricht.[132]

Butler fragt davon ausgehend mit Lévinas nach der Verantwortlichkeit des/der Verfolgten[133] und darüber hinaus nach der Möglichkeit, eine Ethik aus der Sphäre des Ungewollten zu entwickeln: „dass man nicht versucht, das Ungewollte in Gewolltes zu überführen, sondern statt dessen eben die Unerträglichkeit des Ausgesetztseins als Zeichen einer geteilten Verletzlichkeit, einer gemeinsamen Körperlichkeit, eines geteilten Risikos begreift".[134] Obwohl Butlers Vorschlag von immenser Bedeutung ist, da er die operative Bedeutung von Verdinglichung zu unterlaufen vermag, stellt sich dennoch die Frage nach dem Unterschied von Verletzlichkeit und Tötung, denn Butler nennt ja beide Formen des Ausgesetztseins dem Anderen gegenüber. Wer wird durch die Benennung getötet? Von welchem getöteten Wesen ist die Rede? Ist es der Bruch mit dem monadischen „Zustand" der Psyche, „wozu das ‚Objekt‘, der andere und der eigene Körper sie nötigen", ist es die Psyche als *„ihr eigenes verlorenes Objekt"*,[135] die durch die Benennung aus ihrem Phantasma der Allmacht gezwungen wird? Diese Fragen sind insofern wichtig, als viele Überlebende des Holocaust ihr Überleben radikal in Frage stellen.[136] Nicht zufällig lautet der Titel von Klügers autobiographischem Bericht *weiter leben*, womit sie den Bruch ebenso benennt wie Delbo mit dem Titel ihrer Trilogie *Auschwitz und danach*. Auch Semprun sieht sich keineswegs als Überlebender: „Denn der Tod ist nicht etwas, was wir nur gestreift hätten, das wir überlebt hätten wie einen Unfall, den man unversehrt überstanden hätte. Wir haben ihn erlebt ... wir sind keine Davongekommenen, sondern Wiedergänger ..."[137] Während die Form der Enteignung durch Adressierung, die Butler zur

---

130 Siehe ebda., S. 58.

131 Siehe ebda., S. 59: „Darum kann nichts, und niemand, sei es durch Schreiben oder durch Malen, sich anmaßen, ein wahrhafter Zeuge oder Berichterstatter, auf der ‚Höhe‘ der erhabenen Affizierung zu sein, ohne darum, allein durch die Anmaßung, der Fälschung oder des Betrugs sich schuldig zu machen."

132 Butler, *Kritik*, S. 95 (Herv. im Text).

133 Siehe ebda., S. 96 ff.

134 Ebda., S. 100.

135 Castoriadis, *Gesellschaft*, S. 492 (Herv. im Text).

136 Siehe dazu auch Elias Canettis Ausführungen zum „Überlebenden", in: ders., *Masse und Macht*, Frankfurt/Main, 1980, S. 249-311.

137 Semprun, *Schreiben oder Leben*, S. 110.

Diskussion stellt, letztlich den Einzelnen vor Autismus und Psychosen bewahrt[138], ist die Form der Enteignung im Rahmen eines totalitären Regimes, wie dem Nationalsozialismus, tatsächlich tödlich.

Die Frage, die sich hier jedoch stellt, ist, ob es nicht vielmehr traumatisierend ist, nicht adressiert zu werden, nicht anerkannt zu werden. Davon ausgehend müsste des Weiteren zwischen Formen der Aberkennung während und nach dem Holocaust differenziert werden. Es wäre vor allem zu fragen, worin sich das Überleben des Holocaust von anderen traumatisierenden Ereignissen unterscheidet. Obwohl Freud und Breuer in Erwägung ziehen, dass auch eine Aneinanderreihung von Ereignissen traumatisierend wirken kann,[139] stellt diese Möglichkeit nicht den Prototypen des Traumas dar, welcher sich vielmehr durch Plötzlichkeit und Intensität auszeichnet. Das traumatisierende Ereignis trifft die Betroffenen unvorbereitet. Dies trifft auch auf Übertragungsneurosen zu, die auf ein Ereignis zurückzuführen sind, das keinem Bedeutungsschema zugeordnet werden konnte. In diesem Sinne erhält das ursprüngliche Ereignis erst nachträglich seinen traumatischen Wert. Wenn es aber, wie Laplanche und Pontalis ausführen, neben objektiven Bedingungen vor allem spezifische – unter anderem soziale – Umstände sind, „die dem Ereignis seinen traumatischen Wert verleihen"[140], so muss nach den sozialen und gesellschaftlichen Umständen vor, während und nach dem Holocaust gefragt werden.

Dass das Trauma als klinisches Konzept bereits in den 1960er Jahren in Bezug auf ehemalige Häftlinge von Konzentrations- und Vernichtungslagern diskutiert wurde, belegt unter anderem Amérys Zurückweisung dieser pathologisierenden Zuschreibung, indem er nicht zuletzt auf gesellschaftliche Umstände verweist:

> Auf das Bewußtsein des vergangenen und die legitime Befürchtung eines neuen Kataklysmus läuft alles hinaus. Ich, der ich beide in mir trage – und diesen doppelt lastend, weil ich jenem nur durch ein Ungefähr entrann – bin nicht ‚traumatisiert‘, sondern stehe in voller geistiger und psychischer Entsprechung zur Realität da.[141]

Améry verschiebt denn auch die pathologische Entstellung vom Individuum auf das „geschichtliche Geschehen", womit er der Übertragung von Trauma auf die Geschichte sehr nahe kommt:

> Bin ich vielleicht psychisch krank oder laboriere ich nicht an einem unheilbaren Leiden, nur an Hysterie? Die Frage ist bloß rhetorisch. Die Antwort habe ich mir längst und in voller Bündigkeit erteilt. Ich weiß, was mich bedrängt, ist keine Neurose, sondern die genau reflektierte Realität. Es waren keine hysterischen Halluzinationen, als ich das ‚Verrecke!‘ hörte und im Vorbeigehen vernahm, wie die Leute meinten, es müsse doch wohl eine verdächtige Bewandtnis haben mit den Juden, denn andernfalls würde man kaum so streng mit ihnen verfahren. [...] Ich muß wohl zu dem Ergebnis kommen, daß nicht ich gestört bin oder gestört war, sondern daß die Neurose auf seiten des geschichtlichen Geschehens liegt. Die anderen sind

---

138 Siehe Castoriadis, *Gesellschaft*, S. 510 ff.
139 Siehe Laplanche/Pontalis, *Vokabular*, S. 515 (Stichwort „Trauma").
140 Ebda.
141 Améry, „Über Zwang und Unmöglichkeit, Jude zu sein", S. 154.

die Irren, und ratlos stehe ich zwischen ihnen herum, ein Vollsinniger, der sich einer Führung durch eine psychiatrische Klinik anschloß und plötzlich Ärzte und Wärter aus den Augen verlor. Doch hat das Urteil der Irren über mich, da es doch jeden Augenblick exekutiert werden kann, volle Verbindlichkeit, und meine eigene Geistesklarheit ist irrelevant.[142]

Mit einer leichten, aber wesentlichen Abweichung definiert Cathy Caruth das Trauma ebenfalls als ein Symptom der Geschichte:

Die posttraumatische Belastungsstörung ist in dem Sinne als pathologisches Symptom zu verstehen, daß sie weniger ein Symptom des Unbewußten oder eine individuell bedingte Erfahrung als ein Symptom der Geschichte ist. Traumatisierte Menschen, könnte man sagen, tragen eine unmögliche Geschichte in sich, oder sie werden selbst zum Symptom einer Geschichte, die sie nicht gänzlich in Besitz nehmen können.[143]

Während Améry die symptomatische Entstellung konsequent auf Seiten des geschichtlichen Geschehens sowie des gesellschaftlichen Bereichs verortet, führt Caruth die Symptomatik letztlich wieder auf das Individuum zurück. Womit sie im Grunde genommen zum Schluss kommt, dass die Geschichte zwar ver-rückt ist, aber der/die Einzelne daran verrückt wird. Die Geschichte „gänzlich in Besitz nehmen zu können", würde, um in Amérys Vergleich zu bleiben, bedeuten, sich den „Irren" anzuschließen. Schematisch ließe sich die Verschiebung, die damit erfolgt, dahin gehend ausdrücken, dass fortan nicht die Mörder, sondern die Ermordeten das Kainsmal der Unterbrechung tragen. Weniger schematisch stellt sich die Frage, in welchem Ausmaß es in der Nach-Geschichte des Holocaust gelungen ist, sich diesem Ereignis auf gesellschaftlicher und politischer Ebene zu stellen, denn, so Imre Kertész, „so leicht es ist, unser von apokalyptischem Geschehen berstendes Zeitalter zu verurteilen und zu verwerfen, so schwer ist es, mit ihm zu leben, ja, es mit einem tapferen Anlauf des Geistes anzunehmen und davon zu sagen: es ist *unsere* Zeit, in ihr spiegelt sich *unser* Leben".[144]

Die gegenwärtige Auseinandersetzung mit Trauma im Bereich der Kulturwissenschaften konzentriert sich in erster Linie auf das Ereignis und damit auf die Ausführungen Freuds zur traumatischen Neurose. Da sich dieses Ereignis jedoch als unzugänglich erweist, kommt es mitunter zu einer Überlagerung mit dem Konzept der Nachträglichkeit, die in paradoxer Weise eine sekundäre, nichtsdestotrotz aber originäre Re-präsentation zu erlauben scheint.[145] Diese Überlagerung zeigt sich nicht zuletzt in der Gegenüberstellung von Repräsentation und Reenactment. Wird der narrativen Darstellung immer schon das Moment der Re-

---

142 Ebda., S. 149 f.
143 Caruth, „Trauma als historische Erfahrung", S. 86.
144 Kertész, „Rede über das Jahrhundert", S. 35 (Herv. im Text).
145 Sigrid Weigel verortet die Sexualisierung in der Darstellung von Tätern und Opfern im Gedächtnis der Nach-Geschichte an der Schnittstelle von Schuld und Schulden, doch scheint mir dieses Phänomen eher auf die Überlagerung der Trauma-Konzepte von Freud zurückführbar zu sein. Siehe Weigel, „Télescopage", S. 71 ff.

flexion und Bearbeitung des Ereignisses zugeschrieben, wodurch es zum erinnerbaren Erlebnis wird, kommt Re-enactment das Moment des Unmittelbaren, des Performativen und damit letztlich des Authentischen zu.[146] Abgeleitet wird diese Unmittelbarkeit aus der dem Trauma inhärenten Zeitstruktur. „Die Orte, an denen das Ereignis stattfand, sind der Kristallisationspunkt einer traumatischen Erfahrungsstruktur, die Vergangenheit und Gegenwart simultan erlebt."[147] Indem ein traumatisches Ereignis durchlebt, aber nicht erlebt werden kann, entzieht es sich der reflexiven und damit imaginären Bearbeitung, es bildet, wie Lyotard feststellt, keine „Vorstellungsverknüpfungen". Traumatische Symptombildung zeichnet sich durch Nachträglichkeit und vermeintlich unmittelbare Wiederholung des Erlebten aus – womit die der Symptombildung vorausgehende Latenzperiode ausgeblendet wird. Damit scheint ein Zugang zum Ereignis selbst möglich, was insbesondere im Zusammenhang mit der Rede von der Undarstellbarkeit des Holocaust an Bedeutung gewinnt. In ihrem Aufsatz „Télescopage im Unbewußten" stellt Sigrid Weigel fest, dass es sich

> [b]ei der derzeitigen Allgegenwart des ‚Trauma' im Zusammenhang individueller und historischer Analysen nicht allein um die Übertragung eines klinischen und psychoanalytischen Konzepts auf die Ebene des kollektiven und kulturellen Gedächtnisses [handelt]. Vielmehr sind die mit Schrecken besetzten Zäsuren der jüngsten Geschichte dabei auch in die Problematik der Historiographie und Erkenntnistheorie selbst eingebrochen.[148]

Die zunehmende Berücksichtigung von Trauma als kulturwissenschaftliche und epistemologische Kategorie stellt in diesem Sinne den Versuch einer Erklärung für die durch den Holocaust entstandene, nachhaltige Erschütterung der Wahrnehmung dar. Die Leerstelle hinter dem Nicht-Darstellbaren, Nicht-Sagbaren und dem Schweigen wird gleichsam traumatisch besetzt und einer dem Trauma inhärenten Nachträglichkeit überantwortet.

Interessanterweise taucht in dieser Auseinandersetzung die Einbildungskraft wiederum als eine verstellende, trügerische Kraft auf. Gerade die Ausschaltung der Vorstellungskraft, die im Zusammenhang mit der Erinnerung eine entscheidende Rolle spielt, scheint eine Tuchfühlung mit dem Wahren beziehungsweise Wirklichen zu gewährleisten. Gleichzeitig führt diese Unmittelbarkeit, so Caruth, zu einer „Krise der Wahrheit":

> Keinen oder nur indirekten Zugang zu einer Erfahrung zu haben, ist also in diesem Fall nicht der Grund dafür, daß die Richtigkeit dieser Erfahrung in Frage gestellt wird. Es sind paradoxerweise vielmehr die überwältigende Unmittelbarkeit und Genauigkeit des Ereignisses, aus denen dann die nachträgliche Ungewißheit resultiert. Dies wirft prinzipiell die Frage nach einer Krise der Wahrheit auf; sie konfrontiert uns damit, wie wir heutzutage Zugang zu unserer eigenen historischen Erfahrung

---

146 Siehe Langer, „Die Zeit der Erinnerung"; van Alphen, „Caught by Images".
147 Koch, „Der Engel des Vergessens", S. 75.
148 Weigel, „Télescopage", S. 52.

finden können, zu einer Erfahrung, die durch ihre Unmittelbarkeit eine Krise hervorruft, deren Wahrheit nicht einfach verfügbar ist.[149]

Diese „Krise der Wahrheit" ist jedoch weniger auf ein Paradox zurückzuführen
als auf die Unmöglichkeit, das Erlebte „in assoziative Bedeutungsketten einzufü-
gen"[150] – wofür dessen Bearbeitung mit Hilfe der Einbildungskraft Voraussetzung
wäre. Tatsächlich paradox scheint mir hingegen, dass sich ein Ereignis, das sich
unter anderem durch die gewalttätige Dissoziation der Einbildungskraft auszeichnet, nachträglich nur unter weiterem Ausschluss der Einbildungskraft wahrnehmen lässt. Beziehungsweise lässt sich das Ereignis vom Betrachter respektive
von der Betrachterin nur dann erahnen, wenn die Betroffenen „im Terror der
Faktizität"[151] verharren, wenn die Grenze zwischen Innen und Außen aufrechter-
halten bleibt.

Dem Wirklichen oder Authentischen so nahe wie möglich zu kommen versucht Claude Lanzmann in geradezu besessener Weise mit seinem Film *Shoah*.
Wobei Besessenheit in mehrerer Hinsicht den Film charakterisiert. Zum einen
bezeichnet Lanzmann selbst seine Herangehensweise als Obsession: „I had no
concept; I had obsessions, which is different ... The obsession of the cold ... The
obsession of the first time. The first schock. The first hour of the Jews in the
camp, in Treblinka, the first minutes."[152] Dass diese Besessenheit zum anderen
eine Form der Aneignung darstellt, wird deutlich, wenn er seine widerwillig be-
gonnene Reise nach Polen beschreibt: „I started to explode. And to explode means that for years afterward, and during the whole shooting of the film, I was pos-
sessed and I hallucinated."[153] Besessenheit zeichnet des Weiteren Lanzmanns
Blick auf seine Zeugen aus. Ihm geht es in *Shoah* nicht um die Vermittlung von
Wissen, sondern um die Verkörperung von Wissen. „Es ist", so Lanzmann, „ein
Film über die Inkarnation der Wahrheit."[154] Und es geht ihm um eine ganz bestimmte Wahrheit: „ich wollte nicht irgendwelche Zeugen. Ich wollte ganz bestimmte Deportierte, Menschen, die sich an den zentralen Stellen der Massenvernichtung befunden hatten, die direkten Zeugen des Todes ihres Volkes: Leute aus
den Sonderkommandos."[155] Obwohl Felman in ihrer ausführlichen Analyse von
Shoah bemerkt, Lanzmanns Fragen seien „essentially desacralizing",[156] schafft er
durch die ausschließliche Fokussierung auf die Zentren der Vernichtung wiederum sakrale Orte des Gedächtnisses. Damit werden die Zeugen, so Sidra De-
Koven Ezrahi in ihrem Artikel „Representing Auschwitz", zu „high priests of the

---

149 Caruth, „Trauma als historische Erfahrung", S. 87.
150 Ebda., S. 86.
151 Koch, „Der Engel des Vergessens", S. 77.
152 Lanzmann zit. n. Shoshana Felman, „The Return of the Voice: Claude Lanzmann's *Shoah*", in:
    Felman/Laub: *Testimony,* S. 204-283, S. 223 (= Interview mit Lanzmann an der Yale Univer-
    sität, 5. Mai 1986; Fortunoff Video Archive for Holocaust Testimonies, Yale).
153 Lanzmann zit. n. Felman, „The Return of the Voice", S. 256, FN 36 (= Video „An Evening
    with Claude Lanzmann", 4. Mai 1986, Yale Universität).
154 Lanzmann, „Der Ort und das Wort", S. 109.
155 Ebda., S. 104.
156 Felman, „The Return of the Voice", S. 219.

flame, performative conduits to the inner sanctum of the concentrationary universe".[157] Das absolut Böse findet sich in den Gaskammern von Auschwitz und Treblinka, die zu schwarzen Löchern der Geschichte erhoben werden. Orte, wo *es* passierte, wobei *es* unaussprechbar und nicht-darstellbar bleibt.[158]

So widersprüchlich die beiden Standpunkte zu Lanzmanns Film *Shoah* sein mögen, sie verdeutlichen auch, in welcher Weise nachträglich ein Trauma konstruiert und befestigt wird. Felman argumentiert die Desakralisierung der Zeugenschaft mit Lanzmanns Interviewtechnik: „What the interviewer above all avoids is an alliance with the silence of the witness, the kind of emphatic and benevolent alliance through which interviewer and interviewee often implicitly concur, and work together, for the mutual comfort of an avoidance of the truth."[159] Doch während sie gerade die Vermeidung der Übereinkunft mit dem Schweigen der Zeugen hervorhebt, bringt Felman die Zeugen in ihrer eigenen Darstellung wiederum zum Schweigen, indem sie deren Antworten im Gegensatz zu Lanzmanns Fragen nur bruchstückhaft wiedergibt.[160] Was aber sehen und hören die (sekundären) Zeugen der Zeugen beziehungsweise was wollen/können sie sehen und hören? Das heißt, es stellt sich die Frage, ob die nachträgliche Konstruktion von Trauma als epistemologisches und historisches Konzept nicht zur Konstruktion einer Figur des Uneigentlichen führt, die eine weiterführende Auseinandersetzung mit dem traumatisierenden Ereignis, das der Holocaust zweifellos sowohl individuell als auch historisch war, verhindert. Die Vehemenz der Lanzmannschen Interviewführung lässt sich nicht zuletzt mit der Ohnmacht erklären, die Castoriadis in Bezug auf „das Lebendige" und darüber hinaus auf „jedes menschliche Verhältnis" konstatiert:

> Wir dringen in das Lebendige nicht ein, wir können es anstoßen, ihm Schocks versetzen, doch keinesfalls können wir in es eindringen. Was immer wir auch tun, es wird auf *seine Weise* reagieren. Die Analogie zur psychoanalytischen Situation, wie zu jedem menschlichen Verhältnis überhaupt, ist unmittelbar. Wir dringen in jemanden nicht ein, wie es uns paßt; wir dringen sogar überhaupt nicht ein.[161]

Konsequenterweise, wenngleich paradox, so Castoriadis, „kann das Lebendige nur von innen her gedacht werden".[162] Wenn diese Unmöglichkeit auf menschliche Verhältnisse im Allgemeinen zutrifft, so auch auf die traumatische Situation im Konkreten – selbst wenn die Art und Weise des traumatisierenden Ereignisses, die mit dem Holocaust realisiert wurde, das Castoriadische „keinesfalls" entschieden in Frage stellt.

Damit möchte ich noch einmal auf den Unterschied zwischen so genannten primären und sekundären Zeugen des Holocaust zurückkommen. In ihrem Auf-

---

157 DeKoven Ezrahi, „Representing Auschwitz", S. 128.
158 Siehe ebda., S. 127.
159 Felman, „The Return of the Voice", S. 219.
160 Siehe ebda., insbesondere S. 218 f.
161 Castoriadis, „Der Zustand des Subjekts heute", S. 24 (Herv. im Text).
162 Ebda., S. 25.

satz „Der Engel des Vergessens" verweist Gertrud Koch auf die Möglichkeit von
Alterität durch einen Diskurs mimetischer Aneignung, der in Lanzmanns Film
zum Ausdruck kommt:

> Über die ästhetische Fiktion wird die verdrängte Faktizität der Massenvernichtung
> ins Gedächtnis eingeschrieben. Die Diskrepanz zwischen Nicht-Vergessen-Können
> und eben darum erinnerungslos im Terror der Faktizität eingeschlossen zu sein und
> der ästhetischen Transformation in einen Diskurs mimetischer Aneignung appelliert
> an Alterität: Die Betrachter von *Shoah* eignen sich die Faktizität als Erinnerungs-
> material an, deren traumatische Reflexe wie eine somatische Spur zur black box füh-
> ren, an die sie gar keine Erinnerung haben können.[163]

Auffallend an dieser Schlussfolgerung ist nun, dass Alterität einzig in Bezug auf
die Beobachter möglich zu sein scheint, nicht aber in Bezug auf die Zeugen des
eigentlichen Geschehens, die weiter „im Terror der Faktizität eingeschlossen"
bleiben. Wenn die Zuseher durch den Film in die Lage versetzt werden, sich
durch die dargestellte Faktizität ein Gedächtnis zu konstruieren, sich also das Geschehen oder das Gesehene mit Hilfe der Einbildungskraft anzueignen, so setzt
dies auf Seiten der Teilnehmer, der „Figuren" des Films, wie Lanzmann formuliert, die Fortdauer der traumatischen Fixierung an das Ereignis voraus. Der Film,
so Felman, „makes testimony *happen* – happen inadvertently as a second Holocaust".[164] Doch beruht dieses Sich-Ereignen der Zeugenschaft auf der Grundlage
von Besessenheit sowie von In-Besitz-genommen-Werden, die Lanzmann in die
Lage versetzen, sagen zu können: „Ich *hatte* diesen Polen [Jan Karski, VZ], der
das Getto besucht hatte [...]."[165] Er kann sogar soweit gehen zu sagen: „Die Lo-
komotive in Treblinka ist *meine,* ich habe sie von der polnischen Eisenbahngesell-
schaft gemietet, was nicht ganz einfach war."[166] Auch wenn Lanzmann mit letzte-
rer Aussage den Unterschied zwischen seiner Herangehensweise und Dokumen-
tarfilmen verdeutlichen will, scheint mir in der besonderen Hervorhebung von
„meine" die wesentliche Differenz zwischen primärer und sekundärer Zeugenschaft zu liegen, auch wenn Lanzmann diese Differenz negiert.

Lanzmann wählt die „Unmöglichkeit, diese Geschichte erzählen zu können",[167]
das Fehlen von Spuren, als Ausgangspunkt, der ihn beständig an den vermeintlichen Anfang, an den Ursprung zurückführt. Sein Film ist, so Felman, eine Reise
zurück an den ursprünglichen Ort der Vernichtung.[168] Lanzmann ist auf der Suche nach dem ersten Mal, „[t]he first schock. The first hour of the Jews in the
camp, in Treblinka, the first minutes. ... The obsession of the last moments, the
waiting, the fear."[169] Wenn Lanzmann das „erste Mal" aufspüren möchte, so ver-

---

163 Koch, „Der Engel des Vergessens", S. 77.
164 Felman, „The Return of the Voice", S. 267 (Herv. im Text).
165 Lanzmann, „Der Ort und das Wort", S. 116 (Herv. von mir).
166 Ebda., S. 109 (Herv. im Text).
167 Ebda., S. 105.
168 Siehe Felman, „The Return of the Voice", S. 255 f.
169 Lanzmann zit. n. Felman, „The Return of the Voice", S. 223 (= Interview, 5. Mai 1986, Uni-
      versität Yale).

weist dies einerseits auf Freuds Konzept der Übertragungsneurosen, worauf vermutlich die in Lanzmanns Formulierung zum Ausdruck kommende Sexualisierung zurückzuführen ist, andererseits lässt sich die vorausgesetzte Unmöglichkeit der Spurensuche eher dem Konzept der traumatischen Neurose zuordnen. Damit kommt es zu einer Überlagerung der Konzepte, wobei das sekundär traumatisierende Ereignis auf die Betrachter übertragen wird.

Ähnlich wie DeKoven Ezrahi verweist Koch auf den performativen Charakter von Lanzmanns Film *Shoah*:

> Das traumatische Detail wird *nachgespielt*, nachge-stellt, an den historischen Schauplätzen oder inszenierten Räumen. Im Mittelpunkt steht „le vécu", und eben nicht die Erinnerung. Das Fiktive wird in Gesten, Gebärden, Mimik zur phänomenologischen Physiognomik der Faktizität. Das ist durchaus der Sartreschen existentiellen Psychoanalyse geschuldet, daß noch vor der Symbolbildung der Sprache oder in Zeichen physische Materialität als Träger dafür vorhanden sein muß. Ein dreistes Lachen, die kaum unterdrückbare sadistische Freude an der Drohgebärde, das maskenhafte starre Lächeln, das die Erzählung der Ereignisse als Abwehrmaske des Traumas begleitet: das alles bricht erst durch, wenn die Gesten, Körperhaltungen wiederholt werden. Im Spiel macht sich jeder wieder zu dem, der er ist, das ist das Authentizitätskriterium von *Shoah*, das ist die immense visuelle Kraft dieses Films.[170]

Ins Spiel kommen damit allerdings wiederum Fragen der Fiktion, der Imagination, der Referenz und des Verhältnisses von Autor und Rezipient. Gleichzeitig schließt die Feststellung Kochs in auffallender Weise an die Ästhetik des Schönen bei Schiller an, der im 15. Brief *Über die ästhetische Erziehung des Menschen* zum Schluss kommt: „der Mensch spielt nur, wo er in voller Bedeutung des Wortes Mensch ist, und er ist nur ganz Mensch, wo er spielt".[171] Durch traumatisches Reenactment beziehungsweise durch das Nach-spielen des traumatischen Details wird solcherweise eine Rekonstitution des Subjekts als authentisches vorgestellt, das allerdings gerade auf der gewalttätigen Desintegration des Subjekts im Ereignis beruht. Mit dem Verweis auf Authentizität erfolgt zudem eine Hierarchisierung sprachlicher Ausdrucksformen, wobei Gestik, Mimik und Gebärde als vorsymbolische und somit vermeintlich unmittelbare Ausdrucksformen die Bedeutung des Wahren, Echten und Unverfälschten erhalten.

Während Konzepte der traumatischen Vergegenwärtigung oder der traumatischen Inszenierung letztlich in der Szene verharren, führt Kertész – ebenfalls in einem theatralen Moment – das Ereignis durch die Fortführung der Reihe in Erfahrung über und damit aus der Szene heraus: „Der runde, blasse Mond und das erleuchtete Viereck eines Fensters im Spalt der Tannen. Und das unhörbare, unsichtbare und unstillbare Schluchzen meines ganzen Wesens. Aus Spielen wird Leben, aus Leben Schicksal, aus Erfüllung Schmerz, aus Schmerz Erinnerung."[172] Schicksal bedeutet für Kertész die Möglichkeit der Tragödie. Die Tragödie zeich-

---

170 Koch, „Der Engel des Vergessens", S. 76 f.
171 Friedrich Schiller, *Über die ästhetische Erziehung des Menschen. In einer Reihe von Briefen*, Stuttgart, 1965, S. 63.
172 Kertész, *Galeerentagebuch*, S. 67.

net sich jedoch nicht durch das Verharren im Leiden, im Ursprung aus, sondern durch die Katharsis. In diesem Sinne führen traumatische Reflexe und somatische Spuren bei Kertész nicht nur zurück an den Ursprung, sondern über diesen hinaus zur Katharsis.[173]

Mit der Fokussierung auf Trauma-Konzepte geht letztlich die Konstruktion eines negativ Erhabenen einher, die Sakralisierung des Ereignisses durch permanente Verschiebung der Referenz, die sich letztlich als Leerstelle erweist. Aber gerade als Leerstelle bietet sich das Ereignis für endlose Projektionen, Assoziationen und Interpretationen an und, wie es scheint, für das Phantasma des Ursprünglichen. Wobei aus dem Blick gerät, dass dieses Ursprüngliche und Eigentliche mit kaum zu überbietender Gewalttätigkeit durch die nationalsozialistisch institutionalisierte Gesellschaft realisiert worden war. Durch die Übertragung des Trauma-Konzeptes vom Individuum auf Kollektive, Disziplinen und Geschichte werden Differenzen letztendlich verwischt und individuelle sowie gesellschaftliche Brüche dem Unsagbaren und Undarstellbaren überantwortet. Auf beiden Ebenen kommt es zu einer Auslassung beziehungsweise Ausblendung der Einbildungskraft als gestaltender Kraft und zu einer säkularisierten Neuauflage des Phantasmas des Eigentlichen.

---

173 Kertész, „Wem gehört Auschwitz", S. 147; Kertész, „Der Holocaust als Kultur", S. 69; Kertész, „Rede über das Jahrhundert", S. 23.

V.
ERINNERUNG IM TEXT UND ALS TEXT –
REPRÄSENTATION / REENACTMENT /
PERFORMANCE

Aber was soll ich zuerst, was soll ich zuletzt dir erzählen?
(Homer, Odyssee)

Obwohl immer wieder darauf hingewiesen wurde und wird, dass das Schreiben über den Holocaust – abgesehen von Zeugenberichten – kein eigenständiges Genre, keine eigenständige literarische Form hervorgebracht habe,[1] verfügt die Literaturwissenschaft offensichtlich dennoch nicht über das entsprechende Instrumentarium, um sich mit dieser Literatur in adäquater Weise auseinanderzusetzen. So stellt etwa Alvin H. Rosenfeld in seinem 1980 erschienenen Buch *A Double Dying* fest: „We lack a phenomenology of reading Holocaust literature, a series of maps that will guide us on our way as we pick up and variously try to comprehend the writings of the victims, the survivors, the survivors-who-become-victims [...].“[2] Also muss so genannte Holocaust-Literatur sehr wohl eigenständige Züge aufweisen oder literarische Genres und Formen zumindest in Frage stellen, wenn sie sich der Bearbeitung beziehungsweise Interpretation mit bestehenden literarischen Methoden dermaßen konsequent widersetzt.

Ein Hinweis auf die Diskrepanz zwischen der konstatierten Fortschreibung von traditionellen Genres und der Schwierigkeit, diesen mit traditionellen literaturwissenschaftlichen Methoden zu begegnen, findet sich ebenfalls bei Rosenfeld: „How, after all, can we accept a realism more extreme than any surrealism yet invented? [...] This, we are told, is what happened. It has no symbolic dimensions, carries no allegorical weight, possesses no apparent or covert meaning.“[3] Mit anderen Worten: Holocaust-Literatur bringt Genres ins Schwanken, die Grenzen und Überschneidungen von Wirklichkeit und Fiktion funktionieren nicht weiter in gewohnter Weise.[4] Wiewohl Holocaust-Literatur kein eigenes Genre hervorgebracht hat, so doch eine Reihe von Erzählstrategien, die trotz aller Unterschiede das Moment der Unterbrechung oder, wie Manuela Günter formuliert, des Scheiterns implizieren.[5] Im Zentrum der folgenden Ausführungen steht daher die Frage, inwieweit diese Erzählstrategien auf klassische Konzepte der Poetik oder auf Poetiken der Moderne zurückgreifen, diese zurückweisen oder auch für obsolet erklären.

---

1 Siehe u.a. Andrea Reiter, *„Auf daß sie entsteigen der Dunkelheit". Die literarische Bewältigung von KZ-Erfahrung"*, Wien, 1995, S. 259 f.; Young, „Zwischen Geschichte und Erinnerung", S. 43.
2 Rosenfeld, *A Double Dying*, S. 19.
3 Ebda., S. 24.
4 Siehe u.a. Young, *Writing and Rewriting the Holocaust*; Günter (Hg.), *Überleben schreiben*; Eaglestone, *The Holocaust and the Postmodern*.
5 Günter, „Writing Ghosts", S. 21.

1. Geschichtsschreibung und Poetik – Eine Poetik der Geschichte?

Erinnerung, Tatsachen, Herstellen und Handeln, Wirklichkeit und Subjekt sind sowohl wesentliche Aspekte der Geschichtsschreibung als auch der Poetik. Doch scheint die Repräsentation des Holocaust, in welcher Form auch immer, an dessen extremer Wirklichkeit zu scheitern – oder anders ausgedrückt an der unüberbrückbaren Kluft zwischen Repräsentation und der Wirklichkeit des Holocaust. Dabei gerät zunächst nicht so sehr Geschichtsschreibung, sondern insbesondere Literatur ins Kreuzfeuer der Kritik. Die Bedenken gegenüber literarischen Darstellungen beruhen zum einen darauf, dass jede künstlerische Gestaltung des „ursprünglichen Ereignisses" immer in irgendeiner Weise die Einbildungskraft ins Spiel bringt. Zum anderen werden literarische Bearbeitungen des Holocaust nicht im Sinne der Poetik nach deren Wahrhaftigkeit oder Glaubwürdigkeit befragt, sondern vielmehr als Betrug am Ereignis selbst betrachtet, wie dies etwa Lyotard in *Heidegger und „die Juden"* formuliert: „Darum kann nichts, und niemand, sei es durch Schreiben oder durch Malen, sich anmaßen, ein wahrhafter Zeuge oder Berichterstatter, auf der ‚Höhe' der erhabenen Affizierung zu sein, ohne darum, allein durch die Anmaßung, der Fälschung oder des Betrugs sich schuldig zu machen."[6] Mit der Zurückweisung von Literatur kommt es zur von James E. Young zu Recht in Frage gestellten Gegenüberstellung von „iron-hard history and the concoctions of the novelist's imagination".[7] Infolge der zunehmenden Beachtung des „New Historicism" dringen Fragen der Poetik und vor allem der Rhetorik allerdings auch in die Geschichtswissenschaft ein und damit die Frage nach einer „wahrheitsgetreuen" Darstellung des Holocaust, wie dies unter anderen Ronit Lentin in ihrem Aufsatz „Nach-Gedächtnis und der Auschwitz-Code" ausführt:

> Eine weitere Schwierigkeit bei dem Versuch, die Shoah ‚wahrheitsgetreu' darzustellen, ergibt sich zum einen aus der Spannung zwischen historischen ‚Fakten' und deren Interpretation beziehungsweise dem Dilemma zwischen historischem Relativismus und ästhetischem Experiment, zum anderen aus den Problemen, die sich angesichts der Undurchdringlichkeit der Ereignisse und der Sprache ergeben. Es ist daher erforderlich, über die Konsequenzen nachzudenken, die sich aus der Konstruktion verschiedener Narrative des Holocaust ergeben, über die Existenz (oder Nichtexistenz) von Grenzen der literarischen und künstlerischen Repräsentation und über die Widersprüche, die einige Annäherungen [...] in sich bergen.[8]

---

6 Lyotard, *Heidegger und „die Juden",* S. 59.
7 Young, *Writing and Rewriting the Holocaust,* S. 6.
8 Lentin, „Nach-Gedächtnis und der Auschwitz-Code", S. 54.

Die Skepsis in Bezug auf literarische Repräsentationen haben offenbar mit der Rolle der Einbildungskraft zu tun, und zwar finden sich in der Auseinandersetzung sowohl traditionell kritische Argumente für deren Zurückweisung als auch Argumente, die sich auf das Ereignis selbst beziehen. Wie sich gezeigt hat, sind die Gründe für die festgestellte Nicht-Darstellbarkeit des Holocaust vielfach: Sie reichen von ethischen, philosophischen und politischen Ver- und Geboten bis hin zur Analyse der semiotischen Unmöglichkeit der Darstellbarkeit.[9] Schlussendlich handelt es sich jedoch immer wieder um die explizite, zuweilen auch implizite Kritik an traditionellen Setzungen von unter anderem Geschichte, Poetik und Ästhetik, das heißt, der Holocaust wird nicht selten zum Kristallisationspunkt einer weit über den Holocaust hinausgehenden Gesellschafts- und Zivilisationskritik. Deutlich wird das Ausmaß der Kritik, wenn dem post-modernen Ringen um eine verlorene Wirklichkeit etwa Hannah Arendts mittlerweile einigermaßen fremd anmutenden Ausführungen zur Wirklichkeit in ihrem Essay „Wahrheit und Politik" gegenübergestellt werden:

> Wer es unternimmt zu sagen, was ist [...], kann nicht umhin, eine *Geschichte* zu erzählen, und in dieser Geschichte verlieren die Fakten bereits ihre ursprüngliche Beliebigkeit und erlangen eine Bedeutung, die menschlich sinnvoll ist. [...] Insofern Berichterstattung zum Geschichtenerzählen wird, leistet sie jene Versöhnung mit der Wirklichkeit, von der Hegel sagt, daß sie ‚das letzte Ziel und Interesse der Philosophie ist', und die in der Tat der geheime Motor aller Geschichtsschreibung ist, die über bloße Gelehrsamkeit hinausgeht.[10]

Es ist offensichtlich, dass Postmoderne und Dekonstruktion das Verhältnis von „Fakten" und Repräsentation in geradezu umgekehrter Weise bestimmen wie Arendt, also die unverloren verlorene Zeit auf Seiten der Realität beziehungsweise der Tatsachen, das Vergessen auf Seiten der Repräsentation verorten,[11] womit das Phantasma des Ursprungs zwar einerseits aufgehoben, andererseits aber vehement befestigt wird. Doch abgesehen davon bringt Arendt in ihrer kurzen Feststellung Aspekte ins Spiel, die in der Auseinandersetzung mit dem Holocaust von weitreichender Bedeutung sind: Es sind dies die Frage nach der Zuschreibung von Sinn und damit in Zusammenhang die Frage nach den Voraussetzungen einer „Versöhnung mit der Wirklichkeit" sowie ihr Hinweis auf eine Geschichtsschreibung, die über bloße Gelehrsamkeit hinausgeht.

---

9 Siehe etwa van Alphen, *Caught by History*, S. 43 f.: „This unrepresentability has no moral significance, in the sense that it is dangerous or reprehensible to represent it; rather, its representation is technically impossible. The problem of this silence as I will discuss it here is therefore fundamentally *semiotic* in nature, not *ethical*." (Herv. im Text)
10 Arendt, „Wahrheit und Politik", S. 367 (Herv. im Text).
11 Siehe u.a. ebda., S. 331: „Tatsachen stehen immer in Gefahr, nicht nur auf Zeit, sondern möglicherweise für immer aus der Welt zu verschwinden. Fakten und Ereignisse sind unendlich viel gefährdeter als was immer der menschliche Geist entdecken oder erinnern kann [...]; sie tauchen auf und verschwinden im Fluß der ewig wechselnden menschlichen Angelegenheiten – in einem Bereich, in dem nichts permanenter ist als die vielleicht auch nur relative Permanenz der menschlichen Geistesstruktur."

Die Auffassung einer Geschichtsvermittlung im Sinne „bloßer Gelehrsamkeit" führt zurück auf die Unterscheidung von „Wissen" und „Erfahrung" beziehungsweise „Wissen" und „Inkorporation", die sich in ähnlicher Weise bereits in der Gegenüberstellung von *memoria verborum* und *memoria rerum* findet. Das Wortgedächtnis steht hierbei für ein zusammenhangloses Nebeneinander von (Buch)Wissen, das Sachgedächtnis hingegen für das Erfassen von Sinn und Bedeutung der Dinge, unter anderem in Bezug auf das eigene Leben.[12] In dieser bereits im 16. Jahrhundert zur Sprache kommenden Differenzierung findet sich erstmals die Möglichkeit eines Wissens, das nicht in der Tradition und damit im eigenen Erfahrungsraum verankert ist, mit der sowohl eine Veräußerlichung von Gedächtnis in Form von Geschichtswissen als auch eine Verinnerlichung respektive Aneignung von Erinnerung und Gedächtnis in Form von Lebenserfahrung einhergeht.

Um noch einen Schritt weiter zurück in die Zeit zu machen, lässt sich die Diskussion um die Grenzen der Repräsentation schließlich auf die aristotelische Unterscheidung von Geschichtsschreibung und Dichtung zurückführen, die in den Argumentationen implizit und explizit immer wieder auftaucht:

> Aus dem Gesagten ergibt sich auch, daß es nicht Aufgabe des Dichters ist mitzuteilen, was wirklich geschehen ist, sondern vielmehr, was geschehen könnte, d.h. das nach den Regeln der Wahrscheinlichkeit oder Notwendigkeit Mögliche. Denn der Geschichtsschreiber (istorikos) und der Dichter unterscheiden sich [...] vielmehr dadurch, daß der eine das wirklich Geschehene mitteilt, der andere, was geschehen könnte. Daher ist Dichtung etwas Philosophischeres und Ernsthafteres als Geschichtsschreibung; denn die Dichtung teilt mehr das Allgemeine, die Geschichtsschreibung hingegen das Besondere mit. Das Allgemeine besteht darin, daß ein Mensch von bestimmter Beschaffenheit nach der Wahrscheinlichkeit oder Notwendigkeit bestimmte Dinge sagt oder tut – eben hierauf zielt die Dichtung, obwohl sie den Personen Eigennamen gibt. Das Besondere besteht in Fragen wie: was hat Alkibiades getan oder was ist ihm zugestoßen.[13]

Es ist offensichtlich, dass unter den Vorzeichen der aristotelischen Differenzierung von Geschichtsschreibung und Poetik insbesondere Dichtung angesichts des Holocaust an ihre Grenzen stößt. Die Definition des Allgemeinen, die sich an dieser Stelle findet, würde nicht zuletzt mittels der „Sprachpolitik" der Nationalsozialisten dermaßen ausgehöhlt, dass sie sich für eine Poetik im Zusammenhang mit dem Holocaust gewiss nicht eignet. Doch wird mit der aristotelischen Definition von Dichtung darüber hinaus die Voraussetzung einer bestimmten Vorstellung von Wirklichkeit deutlich, die letztlich als Korrektiv gegenüber einer dem Zufall und dem Unmöglichen ausgesetzten Wirklichkeit fungiert. Immerhin

---

12 So heißt es etwa bei Michel de Montaigne: „Der Lehrer soll [scil. bei seinem Schüler, HW] nicht nur die Wörter der Lektion abfragen, sondern nach deren Sinn und Wesen fragen, und er soll seinen Lehrerfolg nicht nach dessen Gedächtnisleistungen, sondern nach dem Zeugniswert seines Lebens beurteilen." Essay I 26, zit. n. Harald Weinrich, *Lethe. Kunst und Kritik des Vergessens,* München, 2000, S. 65.

13 Aristoteles, *Poetik,* Kap. 9.

fundiert Aristoteles seine *Poetik* in einem streng kausal-logischen Wertesystem, aus dem das Zufällige, das Unwahrscheinliche, das Wunderbare – also das Unbestimmte und Unbestimmbare – so weit wie möglich ausgeschlossen wird.[14]

Indem Aharon Appelfeld die aristotelischen Begriffsbestimmungen umkehrt und nicht das Allgemeine, sondern das Individuum und damit das Besondere ins Zentrum der Dichtkunst rückt – sich Dichtung also nicht als solche auszeichnet „obwohl sie den Personen Eigennamen gibt", sondern *weil* sie den Personen ihre Eigennamen zurückgibt[15] –, kommt er zur Schlussfolgerung, dass die Erfahrung des Holocaust letztlich keine geschichtliche Erfahrung gewesen sei:

> And the Jewish experience in the Second World War was not ‚historical.' We came into contact with archaic mythical forces, a kind of dark subconscious the meaning of which we did not know, nor do we know it to this day. This world appears to be rational (with trains, departure times, stations, and engineers), but in fact these were journeys of the imagination, lies and ruses, which only deep, irrational drives could have invented. I didn't understand, nor do I yet understand, the motives of the murderers. I was a victim, and I try to understand the victim.[16]

Kertész stellt in seiner Rede „Der Holocaust als Kultur" zwar vor allem die Vorstellung eines vereinheitlichenden Geschichtsbegriffes in Frage, doch führt ihn dessen Zurückweisung zum selben Ergebnis wie Appelfeld: „Der Holocaust ist nämlich – dem Wesen seiner Charakteristika nach – kein Geschichtsereignis, so wie es andererseits kein Geschichtsereignis ist, daß der Herr auf dem Berge Sinai Moses eine Steintafel mit eingravierten Schriftzeichen übergab."[17] Doch selbst wenn Appelfeld und Kertész den Holocaust als Ereignis jenseits der Geschichte verorten, gibt es wohl kaum ein vergleichbares Ereignis, mit dem derartig vehement Wirklichkeit hergestellt und Geschichte gemacht wurde. Die Berücksichtigung dieses Standpunktes zieht freilich eine Reihe von Konsequenzen für die Geschichtsschreibung nach sich, doch werde ich im Folgenden vielmehr der Frage nachgehen, in welcher Weise Überlebende des Holocaust dieser geschichtslosen Wirklichkeit dennoch eine Sprache des Leids[18] abringen konnten.

Wenn das Erzählen von Ereignissen, wie Arendt feststellt, auf der Transfiguration von Fakten in sinnvolle Geschichten beruht, so stellt sich die Frage, worin

---

14 Aristoteles, *Poetik,* Kap. 24: „Das Unmögliche, das wahrscheinlich ist, verdient den Vorzug vor dem Möglichen, das unglaubwürdig ist." Diese Feststellung steht nicht im Widerspruch zu den Zugeständnissen, die Aristoteles gleichzeitig dem Wunderbaren und Zufälligen macht, sofern sie Vergnügen bereiten. Immerhin wird dem Vergnügen nur dann entsprochen, wenn sich der Zufall und das Wunderbare zwingend aus dem Geschehen heraus ableiten lassen, sie dürfen die Einheit beziehungsweise das Ganze der Handlung nicht unterbrechen. Siehe ebda., Kap. 24.
15 Siehe Appelfeld, *Beyond Despair,* S. 39.
16 Appelfeld, „A Conversation", S. 66.
17 Kertész, „Der Holocaust als Kultur", S. 67.
18 Siehe Kertész, „Der überflüssige Intellektuelle", S. 80: „Wer sich nicht auf sie [die Welt des ideologischen Totalitarismus, VZ] einlassen will, muß klar sehen, was ihn grundsätzlich von dieser – wie von jeder – Welt der Ideologie scheidet, und zwar deshalb, weil er die Sprache zu erhalten hat, in der das Opfer seinem Leid noch Ausdruck zu geben, seine Anklagen noch zu formulieren vermag."

Sinn und Bedeutung des Holocaust beruhen könnten? Nicht nur in den meisten Berichten von Überlebenden wird immer wieder auf die völlige Sinnlosigkeit des Ereignisses hingewiesen, unter anderen konstatiert Arendt in ihrem Essay „Die vollendete Sinnlosigkeit" auch in Bezug auf die Täter das Fehlen von jeglichem erkennbaren Sinn.

> Das einzigartige [der Geschichte des Holocaust, VZ] ist weder der Mord an sich, noch die Zahl der Opfer, ja nicht einmal ,die Anzahl der Personen, die sich zusammengetan haben, um all dies zu verüben.' Viel eher ist es der ideologische Unsinn, die Mechanisierung der Vernichtung und die sorgfältige und kalkulierte Errichtung einer Welt, in der nur noch gestorben wurde, in der es keinen, aber auch gar keinen Sinn mehr gab.[19]

Inwiefern lässt sich aber aus einem Ereignis Sinn und Bedeutung schöpfen, das an sich keinen Sinn hatte, ohne das Ereignis selbst aus dem Blick zu verlieren? Wenn, wie Arendt festhält, im Erzählen einer Geschichte Fakten „ihre ursprüngliche Beliebigkeit [verlieren] und eine Bedeutung [erlangen], die menschlich sinnvoll ist"[20], so liegt in der Maxime der Sinnlosigkeit einer der Gründe für die Nicht-Darstellbarkeit des Holocaust.

---

19 Siehe Arendt, „Die vollendete Sinnlosigkeit", S. 30 (Arendt zitiert aus: Robert H. Jackson, *Nazi Conspiracy*).
20 Arendt, „Wahrheit und Politik", S. 367.

2. TATSACHEN ERZÄHLEN

Dass, unabhängig von philosophischen, psychoanalytischen und soziologischen Analysen mit durchaus begründeten Argumenten für die Nicht-Darstellbarkeit des Holocaust, eine Reihe von Repräsentationen des Holocaust entstand, ist eine Tatsache, die aufgrund dieses Postulats nicht schlichtweg negiert werden kann. Trotz tiefer Skepsis an den Darstellungsmöglichkeiten von Poesie und Literatur – einer Skepsis, zu der sich die deutschsprachige Literaturwissenschaft erst sehr spät geäußert hat[21] – gibt es kein literarisches Genre, das sich nicht für die Zeugenschaft des Holocaust zu eignen scheint, das nicht durch dieses Zeugnis befragt und an seine Grenzen geführt worden wäre.[22] Robert Eaglestone nennt in seiner Studie *The Holocaust and the Postmodern* einige narrative Strategien, durch die traditionelle Erzählmuster aufgehoben werden:

> These texts sometimes utilize the style of writing more commonly associated with the discipline of history, and use documentary evidence. They set up (and sometimes explore) distinct narrative frames which prevent – or try to prevent – identification. They often use particular moments to focus the horror. They are characterized by interruptions in their narrative and disruptions in their chronology. […] And they lack closure, both as texts, and as part of each survivor's oeuvre.[23]

Es sind dies allemal Strategien der Unterbrechung, Strategien, die die Hegelsche „Versöhnung mit der Wirklichkeit" unterbinden, es sind also Strategien, die Tatsachen und Wirklichkeit nicht dialektisch aufheben, sondern unablässig in die Geschichte einbrechen beziehungsweise diese durchbrechen.

Doch was sind im Hinblick auf den Holocaust die Tatsachen? In ihren kritischen Anmerkungen zu *The Black Book*, einem der ersten Geschichtswerke zur Vernichtung der europäischen Juden und Jüdinnen, das bereits 1946 erschien, wirft Hannah Arendt den Autoren vor, sich in Einzelheiten verloren zu haben und die „Natur der Tatsachen, mit denen sie konfrontiert" waren, nicht verstan-

---

21 Eine der ersten Monographien im deutschsprachigen Raum, die sich aus literaturwissenschaftlicher Perspektive mit dem Holocaust auseinandersetzt, ist die 1995 publizierte Studie von Andrea Reiter, *„Auf daß sie entsteigen der Dunkelheit"*. Daneben finden sich Sammelbände, wie etwa Manuel Köppen (Hg.), *Kunst und Literatur nach Auschwitz*, Berlin, 1993; erst in den letzten Jahren findet so genannte Holocaust-Literatur in der deutschsprachigen Literaturwissenschaft zunehmend an Beachtung, siehe u.a.: Günter (Hg.), *Überleben schreiben*; Krankenhagen, *Auschwitz darstellen*; Sven Kramer, *Auschwitz im Widerstreit. Zur Darstellung der Shoah in Film, Philosophie und Literatur*, Wiesbaden, 1999.
22 Siehe u.a. Rosenfeld, *A Double Dying*; Young, *Writing and Rewriting the Holocaust*; Günter (Hg.), *Überleben schreiben*.
23 Eaglestone, *The Holocaust and the Postmodern*, S. 67 f.

den oder nicht deutlich gemacht zu haben.[24] In der Folge nennt sie die Tatsachen, die sich, wie es scheint, in aller Kürze formulieren lassen:

> Die Tatsachen sehen folgendermaßen aus: sechs Millionen Juden, sechs Millionen menschliche Wesen, sechs Millionen hilflose und meist ahnungslose Menschen wurden in den Tod getrieben. Die dabei angewandte Methode war schrittweise verstärkter Terror. Am Anfang stand bewußte Verwahrlosung, Entbehrung und Schmach, und da starben die körperlich Schwachen zusammen mit denen, die stark und widerspenstig genug waren, sich selbst das Leben zu nehmen. Darauf folgte totales Aushungern, verbunden mit Zwangsarbeit, und da starben die Menschen zu tausenden in unterschiedlichen, ihrem Durchhaltevermögen entsprechenden Zeitabschnitten. Zuletzt kamen die Todesfabriken – und da starben alle zusammen, die Jungen und die Alten, die Schwachen und die Starken, die Jungen und die Mädchen, nicht als gute oder schlechte, schöne oder häßliche Menschen – sondern sie wurden dort auf den kleinsten gemeinsamen Nenner organischen Lebens zurückgeführt und in den finstersten und dunkelsten Abgrund ursprünglicher Gleichheit hinuntergestoßen, wie Vieh, wie Dinge, die weder einen Leib noch eine Seele ja nicht einmal ein Gesicht besaßen, denen der Tod sein Siegel aufdrücken konnte. In dieser ungeheuerlichen Gleichheit ohne Brüderlichkeit und Menschlichkeit [...] erblicken wir, wie in einem Spiegel, das Bild der Hölle.[25]

Es ist offensichtlich, dass Arendt mit dieser Darstellung den Bereich der Tatsachen verlässt und beginnt, eine Geschichte zu erzählen, die bestimmten Erzählmustern folgt, die eine bestimmte Perspektive einnimmt, auch wenn den erwähnten Tatsachen Punkt für Punkt Gültigkeit zukommt. Ebenfalls in aller Kürze geht Imre Kertész in seiner „Rede über das Jahrhundert" den Tatsachen, die das 20. Jahrhundert prägten, auf den Grund:

> Tatsache ist, in diesem Jahrhundert hat sich alles entlarvt, hat wenigstens einmal alles sein wahres Antlitz gezeigt, sich als das offenbart, was es eigentlich ist. Der Soldat als berufsmäßiger Mörder, die Politik als kriminelle Machenschaft, das Kapital als menschenvernichtendes, mit Leichenverbrennungsöfen gerüstetes Großunternehmen, das Recht als Spielregel fürs schmutzige Geschäft, die Weltfreiheit als Völkergefängnis, der Antisemitismus als Auschwitz, das Nationalgefühl als Völkermord. Allenthalben ist die wahre Intention durchgeschlagen, sämtliche Ideen unseres Jahrhunderts sind von der rohen Wirklichkeit, von Gewalt und Destruktivität mit Blut getränkt.[26]

In seinem Roman *Ich – ein anderer,* in dem er diesen „Tatsachenbericht" ebenfalls aufnimmt, schließt Kertész sein das 20. Jahrhundert betreffende Resümee mit der Feststellung ab: „Unser Zeitalter ist das Zeitalter der Wahrheit, ohne jeden Zweifel."[27] Kertész stellt somit Arendts „Bild der Hölle", das noch einer dem

---

24 Arendt, „Das Bild der Hölle", S. 49. Arendt bespricht in diesem Text zwei Geschichtsbücher: zum einen *The Black Book: The Nazi Crime against the Jewish People.* Compiled and edited by the World Jewish-Congress, the Jewish Anti-Fascist Committee, the Vaad Leumi, and the American Committee of Jewish Writers, Artists and Scientists. New York, Duell, Sloan and Pearce 1946, zum anderen Max Weinreich, *Hitlers Professors,* New York, Yiddish Scientific Institute 1946.
25 Arendt, „Das Bild der Hölle", S. 50.
26 Kertész, „Rede über das Jahrhundert", S. 28.
27 Kertész, *Ich – ein anderer,* S. 71.

Idealismus geschuldeten Dialektik verpflichtet bleibt, die von ideologischen Totalitarismen geschaffene „rohe Wirklichkeit" gegenüber, die eben nicht, und sei es im Bild der Hölle, transzendiert oder reflektiert werden kann. Gleichzeitig verweist die Anmerkung von Kertész wiederum auf die völlige Verschränkung von Wahrheit und Wirklichkeit im Bereich der Fakten, die ein Transzendieren der Wirklichkeit in der Erzählung scheinbar ausschließt. Wie lassen sich demzufolge Tatsachen, die Arendt und Kertész nicht ohne Grund in einem Essay respektive in einer Rede zum Ausdruck bringen, in eine Erzählung transformieren?

Bevor ich jedoch genauer auf die Erzählstrategien eingehe, die in den letzten Jahren und Jahrzehnten im Rahmen der Auseinandersetzung mit dem Holocaust entstanden, möchte ich das Moment einer selbstvergewissernden Poetik skizzieren, das sich in auffallender Weise im Homerischen Epos *Odyssee* findet.

Exkurs: Warum weint Odysseus?

Wenn am Anfang der Rhetorik die Geschichte Simonides' als deren Begründer steht, so steht am Beginn der Poetik gewissermaßen die Vernichtung Trojas, die in der Folge in unzählige Epen und Tragödien der griechischen Antike einging. Obwohl es sich bei Homers Epos *Odyssee* um ein Heldenepos handelt und dieses daher nur bedingt als Modell für die Erzählung der Erfahrung des Holocaust herangezogen werden kann, findet sich darin in frappanter Weise die Dramaturgie der Konstruktion von Gedächtnis und Subjekt. In ihrem Essay „Natur und Geschichte" verortet Hannah Arendt in der Szene, in der Odysseus am Hof des Phäakenkönigs Alkinoos seiner eigenen Geschichte zuhört, gleichsam metaphorisch den Beginn von „Geschichte als Kategorie menschlichen Daseins":

> Jedenfalls ist der Augenblick, da Odysseus dem Bericht seines eigenen Lebens lauscht, maßgebend für Dichtung wie Geschichte. Hier trug sich zum ersten Male die Katharsis zu, die nach Aristoteles das Wesen der Tragödie ausmacht, oder die ‚Versöhnung mit der Wirklichkeit', die nach Hegel das Wesen der Geschichte ist. Und sie trug sich zu in den Tränen der Erinnerung. Der Vorgang ist von unvergleichlicher Reinheit, weil der Handelnde, der Duldende und der Zuhörende ein und dieselbe Person sind, so daß alle Motive bloßer Neugier und Lernbegier, die natürlich immer eine große Rolle in historischen Untersuchungen wie im ästhetischen Genuß gespielt haben, automatisch fortfallen. Bestünde Geschichte in nichts anderem als interessanten Nachrichten und wäre Dichtung vorwiegend zur Unterhaltung da, so wäre Odysseus nicht erschüttert, sondern gelangweilt gewesen.[28]

Neben dem Moment der Katharsis, das hinsichtlich der Tragödie zweifellos eine wichtige Kategorie darstellt, ist vor allem die Inszenierung von „öffentlicher" und „persönlicher" Erinnerung im Homerischen Epos von Interesse. Nachdem Odysseus auf der Insel der Phäaken gestrandet war und – auf Anraten der Göttin Athene – Königin Arete um Unterstützung für seine Heimfahrt gebeten hatte,

---

28 Arendt, „Natur und Geschichte", S. 62.

wird er zunächst als Fremder aufgenommen und bewirtet.[29] Erst dann stellt ihm
Arete die Frage: „Wer und von wannen bist du?"[30] Odysseus weicht der Frage aus,
indem er einzig die Geschichte von Kalypso und der katastrophischen Fahrt, die
ihn auf die Insel der Phäaken brachte, erzählt. Er bleibt der Fremde. Beim Gastmahl am darauf folgenden Tag trägt der blinde Sänger Demodokos das Lied über
den Streit zwischen Odysseus und Achill vor. Als Odysseus seine zum Lied ver-
dichtete Geschichte hört, weint er, verborgen hinter seinem Mantel. König Alkinoos bemerkt seine Trauer und hebt daraufhin das Gastmahl auf, um zum Wettkampf überzuleiten. Bei dem auf den Wettkampf folgenden Festmahl teilt Odysseus seine Speisen mit Demodokos, eine Geste, die er mit den Worten begründet:
„Wahrlich, vor allen Menschen, Demodokos, achtet mein Herz dich! / Dich hat
die Muse gelehrt, Zeus' Tochter oder Apollon! / So zum Erstaunen genau be-
singst du das Schicksal der Griechen, / Alles was sie getan und erduldet im mühsamen Kriegszug, / Gleich als hättest du selbst es gesehen oder gehöret."[31]
Schließlich bittet er den Sänger, die Geschichte des „Trojanischen Pferdes" vor-
zutragen, bei der ihn wiederum tiefe Trauer überkommt. Auch diesmal bemerkt
Alkinoos die Tränen, doch nun stellt er die entscheidende, und im Gegensatz zu
Arete sehr konkrete Frage:

> Sage, mit welchem Namen benennen dich Vater und Mutter, / Und die Bürger der
> Stadt [...] / Sage mir auch dein Land, dein Volk und deine Geburtsstadt, / Aber
> verkündige mir und sage die lautere Wahrheit: / [...] Sage mir auch, was weinst du
> und warum traurst du so herzlich, / Wenn du von der Achaier und Ilions Schicksale
> hörest? / Dieses beschloß der Unsterbliche Rat und bestimmte der Menschen /
> Untergang, daß er würd ein Gesang der Enkelgeschlechter.[32]

Mit dieser Frage, die explizit die Grundkategorien des gesellschaftlichen Individuums erkundet und darüber hinaus dessen Geschichte befragt[33], kann Odysseus
seine Identität zu erkennen geben: „Ich bin Odysseus, Laertes' Sohn, durch man-
cherlei Klugheit / Unter den Menschen bekannt, und mein Ruhm erreichet den
Himmel. / Ithakas sonnige Hügel sind meine Heimat; [...] Aber wohlan! ver-
nimm itzt meine traurige Heimfahrt, / Die mir der Donnerer Zeus vom troischen
Ufer beschieden."[34] Daraufhin erzählt Odysseus, nicht als Fremder, sondern aus-
gewiesen durch Name, Herkunft, bürgerlichen Status und Land, seine Irrfahrten

---

29 Siehe Homer, *Odyssee*, in: ders., *Ilias. Odyssee*, übertr. v. Johann Heinrich Voß, Düssel-
 dorf/Zürich, 2002. Noch bevor Arete oder Alkinoos Fragen an Odysseus stellen können, bittet er
 um Essen: „Aber erlaubt mir nun zu essen, wie sehr ich auch traure. Denn nichts ist unbändiger
 als der zürnende Hunger. [...] Und ich vergesse alles, bis ich den Hunger gesättigt." Ebda.,
 VII/215, S. 531. Zur Erzählung des Vergessens in der *Odyssee* siehe u.a. Weinrich, *Lethe*, S. 26 f.
30 Homer, *Odyssee*, VII/238, S. 531.
31 Ebda., VIII/487 ff., S. 548.
32 Ebda., VIII/550 ff., S. 550.
33 Diese Frage entspricht im Übrigen fast wortgetreu der Frage eines Strafrichters bei der Verneh-
 mung von Angeklagten, aber auch von Zeugen. Arendt argumentiert aufgrund dieser Frage die
 moralische Grundlage strafrechtlicher Verfahren. Siehe dazu Wenzel, „Im Gericht mit sich und
 den anderen", S. 122.
34 Homer, *Odyssee,* IX/19, S. 551 f.

seit der Zerstörung Trojas. Odysseus erzählt also jene Geschichten, die noch nicht in den Liedern der Sänger aufbewahrt sein können. Er tritt in der Dichtung Homers somit als erster Autobiograph seiner Lebensgeschichte auf, mit der er sich gleichzeitig in die „kollektive" Geschichte einschreibt. Voraussetzung dieser bemerkenswerten Autobiographik sind die bereits zu Liedern geformten Taten und Leiden der Griechen und Troer, an die Odysseus seine noch unbekannte, „persönliche" Geschichte anknüpfen kann.

Doch warum weint Odysseus, während Alkinoos die vergangenen Ereignisse bereits der Dichtung und den Enkelgeschlechtern überantworten kann? Worin beruht das schwere Leid des Odysseus – in den Ereignissen der Vergangenheit oder der Gegenwart? Bezogen auf die Kategorie der Katharsis ist Arendts Analyse zwar erhellend, doch scheint mir ihre Interpretation einer „Aussöhnung mit der Wirklichkeit" zu weit gegriffen, da die Heimkehr Odysseus' ja bislang an der Unversöhnlichkeit Poseidons scheiterte. Ich möchte daher eine Interpretation vorschlagen, die die bisherige Auseinandersetzung mit Erinnerung, Tatsachen und Wirklichkeit berücksichtigt. In diesem Kontext lassen sich die Tränen Odysseus auf die Leerstelle zwischen „öffentlicher Geschichte" in Form von Dichtung und der daraus hervorgehenden, aber darin noch nicht verankerten „persönlichen Geschichte", die noch nicht zu Ende ist, zurückführen. Wenn Odysseus seine Erzählung mit den Worten beginnt: „Jetzo gefällt es dir, nach meinen kläglichen Leiden / Mich zu fragen, damit ich noch mehr mein Elend beseufze. Aber was soll ich zuerst, was soll ich zuletzt dir erzählen?",[35] so sagt er damit auch, dass sein Leidensweg weit über das Ende des Kriegszuges hinausgeht und noch keinen Abschluss gefunden hat. Odysseus' Trauer lässt sich demzufolge gleichermaßen auf die Vergangenheit wie auf die Gegenwart beziehen beziehungsweise bezeichnet seine Trauer die Leerstelle in der Gegenwart, die auf seine persönliche, unvollendete Geschichte verweist, die noch nicht zur Wirklichkeit verdichtet werden konnte.

Die wesentlichen Schritte der Gedächtnisbildung in Verbindung mit „schwerem Leid" sind in der Dramaturgie Homers folgende: zunächst die „Wiederherstellung" des Körpers, die durch Bereitstellen von Kleidung, Speisen und die Einladung zum Wettkampf zum Ausdruck kommt; weiters der Blick des Königs als Verkörperung von Öffentlichkeit und Recht, der Odysseus Trauer wahrnimmt und in der Folge nach deren Ursachen fragt; schließlich die Wiederherstellung der Identität durch den Sänger Demodokos – der bereits in seinem Namen die Heimkehr erinnert,[36] die Odysseus noch nicht verwirklichen konnte –, der mit seinen Liedern die konkreten narrativen Rahmen zur Verfügung stellt, an denen Odysseus teilhat und die ihm eine Wiedererkennung ermöglichen, um seine Geschichte weiter erzählen zu können. Jochen Schmidt bezeichnet dieses Erzählen der eigenen Geschichte als Prozess der Selbstvergewisserung nach „einer

---

35 Ebda., IX/12, S. 551.
36 Siehe Gregory Nagy, *The best of the Achaeans. Concepts of the Hero in Archaic Greek Poetry*, http://www.press.jhu.edu/books/nagy/BofATL/toc.html, revised ed. 1999 [Zugriff: 28.07.2008].

bis zum Äußersten reichenden Verlusterfahrung".[37] Diese Selbstvergewisserung ist offensichtlich nur in einer Wirklichkeit möglich, die Odysseus' Geschichte bereits als Rahmenhandlung ausgestaltet hat und in die er sich weiter einschreiben kann.

2.1. Narrative Rahmen

Narrative Rahmen wurden zwar bereits im ersten Kapitel dieser Untersuchung im Zusammenhang mit dem Konzept des kollektiven Gedächtnisses erläutert, doch möchte ich dieses Konzept im Folgenden abermals aufgreifen, um es explizit Fragen der Poetik gegenüberzustellen. Die Voraussetzung adäquater narrativer Rahmen, um Ereignisse in Form von Erzählungen verdichten zu können, findet sich in nachdrücklicher Weise in den Analysen literarischer und künstlerischer Repräsentationen des Holocaust von Ernst van Alphen:

> Narrative frameworks allow for an experience of (life) histories as continuous unities. It is precisely this illusion of continuity and unity that has become fundamentally unrecognizable and unacceptable for many survivors of the Holocaust. The camp experience continues, whereas the camps only persist in the forms of Holocaust museums and memorials. The most elementary narrative framework, which consists on the continuum of past, present, and future, had disintegrated.[38]

Der narrative Rahmen, den van Alphen an dieser Stelle anspricht, bezieht sich jedoch nicht auf eine konkrete Erzählung, sondern auf so genannte Meta-Erzählungen in Bezug auf ein bestimmtes Geschichtsbewusstsein, das sich letztlich auf die Hegelsche Geschichtsphilosophie zurückführen lässt. Dies ist insofern von Interesse, als die Poetik durchaus narrative Formen wie eben das Heldenepos hervorgebracht hat, das auf tiefgreifenden Veränderungen beruht beziehungsweise aus diesen hervorgegangen ist. Diskontinuität ist dem Heldenepos immanent, in gewisser Weise ist es das Epos, das die Kontinuität als „Gesang der Enkelgeschlechter" herstellt oder stiftet.[39]

Jean-François Lyotard als einer der Protagonisten der Postmoderne konstatiert schließlich das Ende der großen Erzählungen, denn: „Die große Erzählung hat ihre Glaubwürdigkeit verloren, welche Weise der Vereinheitlichung ihr auch immer zugeordnet wird: Spekulative Erzählung oder Erzählung der Emanzipation."[40] Wenn diese großen Erzählungen ihre Glaubwürdigkeit verloren haben, beruht die Nicht-Darstellbarkeit des Holocaust allerdings nicht allein auf den Charakteristika des Ereignisses, sondern auf dem narrativen Vakuum, das durch den Zusammenbruch der philosophischen, ethischen und politischen Narrative ent-

---

37 Jochen Schmidt, „Die Odyssee, ihre Welt und ihre Wirkungsgeschichte", in: Homer, *Ilias. Odyssee*, S. 810 (Nachwort).
38 Van Alphen, „Symptoms", S. 35.
39 Siehe Homer, *Odyssee*, VIII/550 ff., S. 550.
40 Jean-François Lyotard, „Die Delegitimierung", in: Christoph Conrad/Martina Kessel (Hg.), *Geschichte schreiben in der Postmoderne. Beiträge zur aktuellen Diskussion*, Stuttgart, 1994, S. 71-79, S. 71.

stand. Denn unabhängig von den so genannten Meta-Erzählungen gibt es eine
Reihe von narrativen Mustern, an die sich eine Erzählung des Holocaust anleh-
nen könnte, was ja auch geschehen ist. Diese Anlehnung erfolgte nicht nur in Bezug auf literarische und kulturelle Topoi und Motivkomplexe, sondern darüber
hinaus gibt es, wie bereits erwähnt, kaum ein Genre, das nicht mit dem Zeugnis
des Holocaust bearbeitet und an seine Grenzen geführt worden wäre.
    Noch einen Schritt über die Diskontinuität von Geschichte hinaus geht die
Festschreibung des Holocaust als einzigartig, die van Alphen mit der Unmöglichkeit der Repräsentation verknüpft.

> That the war is incomparable, that each experience of it is or was unique, has con-
> sequences for the manner in which it can be represented. The war's uniqueness im-
> plies that those tropes aimed at expressing similarity between two items, such as
> comparison and metaphor, are by definition inadaquate. [...] That uniqueness, in
> other words, must be shown by different devices. One must construct a nonmeta-
> phorical language capable of approaching the very unspeakability of death as experi-
> ence, where the war is the most extreme purveyor of that experience, unique as well
> as exemplary.[41]

In seiner Untersuchung der Arbeiten des niederländischen Künstlers Armando
kommt van Alphen zum Schluss, dass dieser eine Sprache entwickelt, die das Ereignis nicht metaphorisch aufhebt, sondern indexikalisch auf die Spuren des Ereignisses verweist. Eine ausgesprochen wichtige Konsequenz der von van Alphen
durchgeführten Analyse ist, dass eine Darstellung unter den Prämissen eines indexikalischen Sprachverständnisses die Unterbrechung der Einbildungskraft stets
aufs Neue herauszufordern vermag. Indem van Alphen in seiner Analyse indexi-
kalischer Darstellungsmodi der Einbildungskraft Raum zugesteht, kann er an der
Singularität des Holocaust festhalten, ohne das Ereignis aus dem Blick zu verlieren.
    Im Gegensatz dazu führt die nachträgliche Festschreibung des Holocaust als
einmalig und damit letztlich nicht darstellbar häufig zur Nicht-Wahrnehmbarkeit
des Holocaust, die paradoxerweise mit der Nicht-Wahrnehmung des Holocaust
während dieser stattfand korrespondiert. Denn in dem Maße, in dem der unver-
hohlen gewalttätige Ausschluss sowie die Vernichtung von Juden und Jüdinnen
über weite Strecken eine narrative Entsprechung in den kulturellen und politischen Rahmenbedingungen der Zeit fand, erweist sich der Holocaust nachträglich als radikale Zäsur und blockiert solcherweise dessen Wahrnehmung. Dabei
wird die Unmöglichkeit des Erzählens einerseits dem Holocaust als Ereignis zugeschrieben, die Ursachen für die Nicht-Darstellbarkeit sind dem Ereignis demzufolge inhärent. Andererseits zeigt ein Blick auf gesellschaftstheoretische Diskus-
sionen vor und nach dem Zweiten Weltkrieg, dass Denktraditionen zunehmend
ihre gesellschaftliche beziehungsweise gesellschaftspolitische Gültigkeit verloren,

---

41 Van Alphen, *Caught by History,* S. 125.

also eine Situation entstand, in der man sich, wie Arendt formuliert, so verhielt, „als wäre die Welt eine Fassade, hinter der Menschen wohnen".[42]

Dies würde bedeuten, dass nicht allein der Holocaust als Ereignis eine „black box" der Erinnerung darstellt, sondern dass die narrative Leerstelle darüber hinaus in den gesellschaftlichen Rahmenbedingungen verortet werden muss. Das heißt angesichts des Holocaust lässt sich eine Analyse narrativer Rahmen nicht auf die Feststellung beschränken, dass entsprechende narrative Rahmen *noch nicht* ausgestaltet worden sind, sondern dass parallel dazu einer Reihe narrativer Rahmen *nicht mehr* gesellschaftliche Gültigkeit zukommt. Das daraus resultierende narrative Vakuum zeigt sich unter anderem in einem tiefgründenden Misstrauen, dem Holocaust in irgendeiner Weise Sinn zuzuschreiben, was immer wieder auf die Konstruktion oder Rekonstruktion einer (totalitären) Entität zurückgeführt wird. Diese Sichtweise findet sich unter anderem in Sarah Kofmans Reflexion *Erstickte Worte*: „Über Auschwitz und nach Auschwitz ist keine Erzählung möglich, wenn man unter Erzählung versteht: eine Geschichte von Ereignissen erzählen, die Sinn ergeben."[43] Wenn Kofman die Möglichkeit der Erzählung aus einer bestimmten geschichtsphilosophischen und gesellschaftspolitischen Denktradition ausschließt, so ist Lyotards Schlussfolgerung in *Heidegger und „die Juden"* wesentlich radikaler: „Die einzige Erzählung, die noch zu erzählen bleibt, ist, wie bei Wiesel, die Erzählung von der Unmöglichkeit aller Erzählung."[44] Doch was folgt auf die „Delegitimierung" der Meta-Erzählungen? Was die Menschen, so Lyotard, daran hindert, in Barbarei zu versinken, „ist ihr Wissen, daß die Legitimierung von nirgendwo anders herkommen kann als von ihrer sprachlichen Praxis und ihrer kommunikationellen Interaktion".[45] Legitimierung erhält diese sprachliche Praxis jedoch nur, wenn sie in irgendeiner Weise einem Gesetz folgt, worauf ja bereits der Lyotardsche Begriff verweist, also wiederum in ein Geflecht von wirklichkeitskonstituierenden Erzählungen eingefügt wird, oder, wie Kertész formuliert, dem Geist der Erzählung folgt.[46] In Bezug auf die Auseinandersetzung mit der „Geschichte" des Holocaust in Ungarn stellt Kertész die Frage: „Wäre für das Land nicht eher zu fürchten, daß es den Faden der großen Erzählung schließlich verliert und damit in einen geistigen Raum ohne Erzählung gerät, der in der Sprache der Psychologie mit Amnesie bezeichnet wird und von dem keinerlei Erneuerung, keinerlei authentische Erkenntnis mehr hervorgeht?"[47] Darüber hinaus erinnert Kertész wiederholt an die Tatsache, dass die Ablehnung einer bestimmten Weise geschichtlichen Denkens nicht gleichbedeutend ist mit dem Ende der Geschichte.

---

42 Arendt, „Gedanken zu Lessing", S. 20.
43 Sarah Kofman, *Erstickte Worte*, übers. v. Birgit Wagner, Wien, 1988, S. 31.
44 Lyotard, *Heidegger und „die Juden"*, S. 90.
45 Lyotard, „Die Delegitimierung", S. 77.
46 Siehe Kertész, „Die Unvergänglichkeit der Lager", S. 44.
47 Kertész, *Eine Gedankenlänge Stille,* S. 12 (Vorwort).

Die Geschichte ist nicht zu Ende, im Gegenteil. Sie wird den Menschen ihrer Tendenz gemäß auch weiterhin mehr und mehr in sich verschlingen und abbringen von seinem natürlichen Feld, der universalen Stätte seines Schicksals, seines Falls und seiner Erhebung, und ihm im Tausch dafür mit jedem Augenblick fortschreitendes Vergessen, vollkommene Amnesie, restloses Aufgehen in der Totalität und dem Lauf der Geschichte bieten.[48]

Wenn die Debatte um die Darstellbarkeit des Holocaust immer wieder um die Kritik insbesondere poetischer Repräsentation als verstellende, das Eigentliche aufhebende kreist, so ist in gleicher Weise evident, dass erst der Versuch der Darstellung die Bezeichnung der Lücken, des Schweigens, des Nichtausgesprochenen ermöglicht. In diesem Sinn setzt Kertész dem Schweigegebot zu Recht die Überlegung entgegen: „Schweigen ist Wahrheit. Aber eine Wahrheit eben, die schweigt, und recht werden jene haben, die reden. Schweigen könnte nur dann eine wirksame Wahrheit sein, wenn es vollkommen wäre und wenn es Gott gäbe: wenn das Schweigen ein gegen Gott gerichtetes Schweigen wäre."[49] Nicht im Schweigen, nicht in der Befestigung des Vertragsbruches, der Kertész zufolge sowohl Nationalsozialisten als auch Kommunisten in Bezug auf den „Geist der Erzählung" auszeichnet,[50] sondern in der Wiederaufnahme des Erzählens von Geschichten liegt für Kertész die Möglichkeit einer kulturstiftenden Auseinandersetzung mit dem Holocaust:

Sie stecken den Horizont unseres täglichen Lebens ab, diese – letzten Endes – von Gut und Böse handelnden Geschichten, und unsere von diesem Horizont umschlossene Welt ist durchdrungen vom nie versiegenden Geflüster über Gut und Böse. Ich wage die kühne Behauptung, daß wir in einem gewissem Sinne und auf einer gewissen Ebene ausschließlich um dieses Geistes der Erzählung willen leben, daß dieser in unser aller Herzen und Köpfe unablässig sich formende Geist den geistig nicht erfaßbaren Platz Gottes einnimmt; das ist der imaginäre Blick, den wir auf uns fühlen, und alles, was wir tun oder lassen, tun oder lassen wir im Lichte dieses Geistes.[51]

In diesem Sinne geht es also darum, das Unsagbare auszusagen und auf diese Weise narrative Rahmen entstehen zu lassen, die sowohl die Wahrnehmung des Holocaust als auch Geschichte ermöglichen.

2.2. „Strategien" der Erzählung

In Bezug auf die Frage der narrativen Darstellung des Holocaust ergibt sich zunächst die grundsätzliche Frage, die Kertész im *Galeerentagebuch* zum Romanhelden stellt: „Wie können wir eine Darstellung aus dem Blickwinkel des Totalitären vornehmen, ohne den Blickwinkel des Totalitären zum eigenen Blickwinkel zu

---

48 Kertész, „Rede über das Jahrhundert", S. 35.
49 Kertész, *Galeerentagebuch,* S. 36.
50 Siehe Kertész, „Die Unvergänglichkeit der Lager", S. 47 ff.
51 Ebda., S. 44.

machen?"[52] Diese Frage drängt sich Kertész aufgrund der „Undarstellbarkeit des funktionalen Menschen" auf, eines Menschen, der „nicht mehr ist als seine Situation, die Situation im ‚Gegebenen'".[53] Kertész findet in seinem *Roman eines Schicksallosen* zwar offensichtlich einen Weg der Darstellung, doch gründet dieser Weg in einer Erzählstrategie, die eben nicht auf Darstellung im Sinne der Repräsentation beruht, sondern die, wie er selbst sagt, Ereignis ist.[54] Paradoxerweise rückt Kertész mit seiner Romantechnik, die ausschließlich nach der Darstellbarkeit „des funktionalen Menschen" in Auschwitz fragt, wiederum in die Nähe der Aristotelischen Poetik. Denn wenn Kertész die „Situation" ins Zentrum der Darstellung rückt, so fungiert diese gleichsam als Negativfolie der Aristotelischen Poetik, in der der Nachahmung von Handlung beziehungweise der Verknüpfung von Handlungen, dem Mythos, eine zentrale Bedeutung zukommt.

> Ausgangspunkt ist nicht Charakter, Metaphysik oder Psychologie des Individuums, sondern ausschließlich jener Bereich seines Lebens, seiner Existenz, welcher – positiv oder negativ – mit der STRUKTUR verknüpft ist, den es hergegeben oder der ihm genommen wurde. Die übrigen Bauelemente des Individuums sieht der strukturelle Roman als zu vernachlässigende Größe an, weil sie schlicht eine zu vernachlässigende Größe sind. – Für den Roman wird demzufolge ein gewisser Mangel charakteristisch sein, der Mangel an ‚vollem Leben', wie die Ästheten es fordern, ein Mangel, der im übrigen in vollkommener Entsprechung zur verstümmelten Zeit steht.[55]

Die „Struktur" steht nicht zufällig wie ansonsten der Name Gottes in Großbuchstaben verzeichnet, denn als totalitäre nivelliert sie, so Kertész, die Charaktere als thematische Motive.[56] Obwohl Kertész die Geschehnisse in den Mittelpunkt stellt, zeigt sich in der Hervorhebung der „Struktur" die Differenz zur aristotelischen Fokussierung der Geschehnisse im Sinne von Handlungen. Angesichts des Holocaust sind Handelnde nicht gleichzeitig Leidende, wie dies etwa in den Tragödien der Fall ist, sondern Handeln und Leiden werden in dem Ausmaß aus ihrem Zusammenhang gerissen, in dem Glück und Unglück nicht weiter im ethischen Bereich verankert sind. Die Romanfigur kann angesichts des Holocaust in keiner Weise als Handelnder auftreten, sondern besteht einzig und allein aus Determiniertheiten: „Immer und überall ist es ausschließlich die durch die Welt erlittene Qual, die sie Sprache werden läßt, sonst würde sie nicht einmal reden können; niemals ist sie es, die die Welt Sprache werden läßt."[57] Innerhalb der allumfassenden Struktur des Totalitarismus wird damit nicht zuletzt jenes Moment außer Kraft gesetzt, das Aristoteles als Triebfeder der Tragödie, aber auch des

---

52 Kertész, *Galeerentagebuch*, S. 21.
53 Ebda., S. 21.
54 Ebda., S. 27 f.: „Der Text ist nicht Beschreibung, sondern selbst Ereignis, nicht Erklärung, sondern Gegenwart – besitzt immer und überall substantielle Funktion, niemals ‚äußerliche' oder ‚schriftstellerische', ist also niemals hohl."
55 Ebda., S. 28 (Herv. im Text).
56 Ebda., S. 26 f.
57 Ebda., S. 31.

Epos, in Bezug auf die Wirkung bezeichnet, und zwar das Moment eines schweren Fehlers des Protagonisten.[58] Dieser schwere Fehler beruht den Anmerkungen zur *Poetik* von Manfred Fuhrmann zufolge im Versagen der Erkenntnisfähigkeit beziehungsweise in der falschen Einschätzung der Situation:[59] Mit anderen Worten beruht dieser Fehler auf einer auftretenden Diskrepanz zwischen Individuum und Welt – eine Diskrepanz, die in den Gründungslegenden von Gedächtniskunst und Erinnerungskultur die Form einer Katastrophe annimmt.[60]

Nun ist es zwar zum einen wichtig, die Aristotelische Poetik in die Diskussion einzubeziehen, zum anderen aber müßig, da sehr schnell deutlich wird, dass die darin festgelegten Prämissen im Zusammenhang mit einem Ereignis wie dem Holocaust über weite Strecken verfehlt sind. Die Poetik argumentiert vor dem Hintergrund einer gültigen ethischen Ordnung mit klaren Bestimmungen in Bezug auf Gerechtigkeit, Tugenden, Glück und Unglück etc. Einzig unter der Voraussetzung dieser ethischen Ordnung, die durch die ihr entsprechenden poetischen Werke gleichzeitig eine Bestätigung erfährt, kommt den Bestimmungen in der Poetik Gültigkeit zu. Doch lassen sich „Glück" und „Unglück" in Bezug auf den Holocaust in keinerlei Verhältnis zu einer ethischen Ordnung bringen. Das Unglück ereignete sich, wie Arendt oder auch Améry feststellen, jenseits von Schuld – demzufolge lässt sich wohl auch die Katharsis, sofern diese in Betracht gezogen wird, nur jenseits von Sühne verorten.

Daraus folgend stellt sich die Frage, welche Erzählstrategien innerhalb literarischer Genres entwickelt wurden, um eine totalitäre Struktur darzustellen. In ihrem Aufsatz „Representing Auschwitz" verortet Sidra DeKoven Ezrahi grundsätzlich zwei unterschiedliche Richtungen in Bezug auf die Repräsentation des Holocaust:

> In the literature of testimony as well as of the imagination, in the theories of historiographical and of poetic representation, one can begin to discern a fundamental distinction between a static and a dynamic appropriation of history and its moral and social legacies. The static or absolutist approach locates a non-negotiable self in an unyielding place whose sign is Auschwitz; the dynamic or relativist position approaches the representation of the memory of that place as a construction of strategies for an ongoing renegotiation of that historical reality. For the latter, the immobility of the past is mitigated, at times undermined, by the very conventions mobilized to represent it; for the former, an invented language grounded in a sense of sustained ‚duration' or unmastered trauma prevents convention and commensurability from relativizing the absolute reality of the place.[61]

In dieser Differenzierung finden sich wiederum jene grundsätzlichen Fragen, die bereits im Zusammenhang mit Erinnerungskonzepten zur Diskussion standen, und zwar „Was wird erinnert/dargestellt?" beziehungsweise „Wie wird ein Ereignis erinnert/dargestellt?" Auf den ersten Blick fokussiert der statische Ansatz das

---

58 Siehe Aristoteles, *Poetik*, Kap. 13.
59 Siehe ebda., FN 6 zu Kap. 13, S. 118.
60 Siehe Kapitel I.
61 DeKoven Ezrahi, „Representing Auschwitz", S. 122 (Herv. im Text).

Was der Erinnerung, der prozessorientierte Ansatz hingegen das Wie der Erinnerung. Voraussetzung beider Richtungen ist jedoch, so DeKoven Ezrahi, die Setzung einer Entität.

> There is a presumption in all the representations of the Holocaust and in all the discussions of the proprieties and limits of its representation that there is an Entity, an Event or a Place, to which the historical, artistic, cinematic or literary reflections do or do not correspond – an epicenter which is often imagined as a black hole, (re-) entered only at peril to the communicability of the act and the sanity of the actor.[62]

Wenngleich sowohl statische als auch prozessorientierte Ansätze den Holocaust als einen absoluten Punkt in der Geschichte setzen, verweist dieser in statischen Herangehensweisen auf einen nicht weiter verhandelbaren Ursprung, in prozessorientierten Annäherungen wird dieser hingegen als Ausgangspunkt der Darstellung gehandhabt. Repräsentation, verstanden als sprachliche Darstellung eines Ereignisses, ist der statischen Auffassung zufolge nicht möglich. Das Ereignis wird zum „heart of darkness"[63], zur „black sun"[64], zur „black box"[65], zur Wunde[66] der Erinnerung, die sich der vorstellenden Erinnerung gleichzeitig entzieht. Demzufolge lässt sich das Was der Erinnerung, also Tatsachen und Fakten, mit keiner der beiden Repräsentationsstrategien darstellen, sondern immer nur die Auswirkungen und die daraus folgenden Entstellungen in Bezug auf Erfahrung, Welt und Wirklichkeit.

In der Folge verbindet DeKoven Ezrahi statische und prozessorientierte Erkenntnisstrategien mit entsprechenden Darstellungstechniken, die sie in Anlehnung an Michael André Bernstein[67] als „backshadowing" und „sideshadowing" bezeichnet. Als „backshadowing" beschreibt Bernstein deterministische Narrative, das heißt ein Erzählen vom Ende her beziehungsweise aus dem Blickwinkel absoluten Wissens. Diese Narrative, so DeKoven Ezrahi, „that stress the inevitability of the events to the exclusion of the principle of contingency have their counterpart in the fictional strategy of ‚sideshadowing'; it is here that categories of ‚plausibility' and of what-might-have-been could receive full play".[68] „Wahrscheinlichkeit" und „Was-geschehen-hätte-können" sind bekannterweise jene Kategorien, mit denen Aristoteles Dichtung von Geschichtsschreibung unterscheidet, wodurch er aber gerade den Zufall aus der Dichtung ausschließt und

---

62 Ebda., S. 121.
63 Siehe Felman, „The Return of the Voice", S. 240 f.
64 Lanzmann im Rahmen einer Diskussion an der Yale Universität; siehe: Panel Discussion of *Shoah*, Yale University, May 5, 1986, Transcript, S. 39 (zit. n. Felman, „The Return of the Voice", S. 252).
65 Siehe Koch, „Der Engel des Vergessens".
66 Siehe Levi, „Das Erinnern der Wunde"; siehe auch Kertész, „Die Unvergänglichkeit der Lager". Weder Levis noch Kertész' Werke sind allerdings einer statischen Erzählweise schlechthin zuzuordnen.
67 Siehe Michael André Bernstein, *Forgone Conclusions. Against Apocalyptic History*, Berkeley/Los Angeles/London, 1994.
68 DeKoven Ezrahi, „Representing Auschwitz", S. 136.

nicht, wie Bernstein beziehungsweise DeKoven Ezrahi vorschlagen, als Strategie des Erzählens ermöglicht. Obwohl Bernstein vor allem Aharon Appelfelds Protagonisten[69] kritisiert, entsprechen diese am ehesten der aristotelischen Definition des Helden, der „nicht trotz seiner sittlichen Größe und seines hervorragenden Gerechtigkeitsstrebens, aber auch nicht wegen seiner Schlechtigkeit und Gemeinheit einen Umschlag ins Unglück erlebt, sondern wegen eines Fehlers [...]".[70] Der Fehler, durch den sich Aristoteles zufolge ein historischer oder auch fiktiver Charakter als tragischer Held auszeichnet, beruht, wie bereits erwähnt, in der falschen Einschätzung einer Situation, im Versagen der Erkenntnisfähigkeit – und das sind genau jene Aspekte, die Bernstein an Appelfelds Protagonisten beanstandet. Die tragische Wirkung beruht nicht zuletzt auf der Diskrepanz zwischen wissendem Publikum und unwissendem Helden/Protagonisten der Tragödie respektive der Erzählung. Wenn Bernstein also feststellt, „in the interaction between our knowledge and their ignorance a fable of willed self-delusion unfolds"[71], handelt es sich letztlich um eine Form von „backshadowing" von Seiten des Lesers.

Dass sich die Unterscheidung statischer und prozessorientierter Darstellungsstrategien manchmal als schwierig erweisen kann, zeigt unter anderem DeKoven Ezrahis Bestimmung deterministischer Ansätze: „What underlies determinism as a principle of representation is the rigid adherence to a mythical structure of memory which does not really admit any life beyond."[72] Zum einen entsprechen deterministische Ansätze demzufolge der Konstruktion eines „stets Seienden", einer unverloren-verlorenen Zeit, wie dies bei Laub oder Lanzmann zum Ausdruck kommt. Dieses allumfassende und allgegenwärtige „stets Seiende" schließt jedoch als radikale Negation im Sinne des Nicht-Seins die Möglichkeit des Werdens aus und damit die Möglichkeit von Erfahrung. Zum anderen aber ist gerade diese mythische Struktur Ausgangspunkt jener Darstellungstechnik, die DeKoven Ezrahi als „zentrifugale" Narrationen bezeichnet. In diesen Narrationen sind die Orte der Vernichtung zwar Ausgangspunkt, doch tendieren sie, so DeKoven Ezrahi, dazu, zusätzliche, mobile Orte der Erinnerung einzuführen. „Images of the Holocaust or of interrupted lives released from gravitational forces and floating beyond all attempts to ground them in local redemptive cultures are inherently subversive."[73] Paradoxerweise sind damit jedoch wieder jene ent-stellten Diskurse angesprochen, die in permanenten Verschiebungen die Wahrheit oder das Lacansche Reale umkreisen.

---

69 Bernstein, *Forgone Conclusions*, S. 58.
70 Aristoteles, *Poetik*, Kap. 13.
71 Bernstein, *Forgone Conclusions*, S. 58.
72 DeKoven Ezrahi, „Representing Auschwitz", S. 138.
73 Ebda., S. 143.

2.3. Performance, Performativität, Re-enactment

In den letzten Jahren erlangten die Konzepte Performance, Performativität und Re-enactment auch im Zusammenhang mit Fragen der Repräsentation des Holocaust zunehmend an Bedeutung. Auffallend an diesen Konzepten ist zunächst der Fokus auf den Aspekt des Handelns, und zwar nicht im Sinne einer politischen, sondern ästhetischen Kategorie. Damit dringt ausgerechnet jenes Moment in den Bereich der Kunst, insbesondere der Rezeption, ein, das zumindest in der griechischen Antike als genuin politisch betrachtet wurde, auch wenn sich die Grenzziehung immer als durchlässig erwies.

> Sie [die hergestellten Dinge, VZ] entwachsen nie ganz und gar der menschlichen Kontrolle, wiewohl auch sie, hat sie die Hand des Erzeugers erst einmal losgelassen und der gemeinsamen Dingwelt als einen Gebrauchsgegenstand unter anderen eingefügt, nun in eine Art geschichtlichen Prozeß hineingezogen werden, in einen Prozeß des Brauchens und Verbrauchens, dessen Verlauf nicht mehr voraussagbar ist und der sich auf jeden Fall der Kontrolle des Erzeugers entzieht. Aber dies bedeutet nur, daß der Mensch niemals ausschließlich ein nur herstellendes Wesen ist, daß selbst der Homo faber immer auch eine handelnde Person bleibt, die, was immer sie tun und wie immer sie sich verhalten mag, Prozesse einleitet, deren Ende und Ausgang niemand vorherweiß.[74]

Was Arendt an dieser Stelle als Übergang von Herstellen zu Handeln beschreibt, erörtert James E. Young im Zusammenhang mit Zeugenberichten als Auseinanderdriften von Ereignis und Wort. Denn, so Young, während für Autoren von Tagebüchern die Verbindung von Wort und Ereignis offensichtlich ist, sei für den Leser, der nur die Worte auf einer Seite vor sich habe, diese Verbindung abwesend:

> what was evidence for the writer at the moment he wrote is now, after it leaves his hand, only a detached and free-floating sign, at the mercy of all who would read and misread it. Evidence of the witness's experiences seems to have been supplanted – not delivered – by his text. [...] The writer's absence thus becomes the absence of authority for the word itself, making it nothing more than a signifier that gestures back toward the writer and his experiences, but that is now only a gesture, a fugitive report.[75]

Genau genommen verweist Young an dieser Stelle jedoch auf zwei unterschiedliche Formen der „Verfremdung" oder „Enteignung" von Ereignis/Erfahrung und Text. Die erste Form bezeichnet den Übergang vom Herstellen zum Handeln, der zwar die Gefahr des Missbrauchs oder, wie Arendt formuliert, Verbrauchens impliziert, aber auch einen Prozess der Veränderung im Sinn der Ausgestaltung neuer narrativer Rahmen in Bewegung setzen kann. Die zweite Form der „Enteignung" betrifft hingegen den Akt des Herstellens selbst, wobei die Kategorien Handeln und Herstellen jedoch am darzustellenden Ereignis versagen. Das „Er-

---

74 Arendt, „Natur und Geschichte", S. 73.
75 Young, *Writing and Rewriting the Holocaust*, S. 24.

lebnismaterial", von dem Überlebende berichten, beruht weder auf Handeln noch auf Herstellen, sondern auf Zerstörung und Vernichtung. Unter dieser Voraussetzung wird Schreiben zum Handeln, allerdings nicht im Sinn eines Bezugs zu anderen Handelnden, wie Arendt feststellt, sondern zu sich selbst. Die „Enteignung" der Erfahrung im Text, die unter anderen auch Imre Kertész in seinem Roman *Fiasko* zum Ausdruck bringt, beruht auf der nachhaltigen Desintegration von „Ich" und „Ich":

> Ja: was war mit meinem ‚Erlebnismaterial' passiert, wohin war es vom Papier und aus mir entschwunden? Es war doch dagewesen: Ich hatte es sogar zweimal durchlebt, einmal – unwirklich – in der Wirklichkeit, und das zweite Mal – sehr viel wirklicher – später, da ich mich daran erinnerte. Zwischen diesen beiden Zeitpunkten hatte es Winterschlaf gehalten. [...] Ein sonderbarer Taumel erfaßte mich; ich lebte ein Doppelleben: mein gegenwärtiges – halben Herzens, recht und schlecht – und mein vergangenes im Konzentrationslager – mit der schneidenden Wirklichkeit der Gegenwart.[76]

Der Einbruch der Vergangenheit „mit der schneidenden Wirklichkeit der Gegenwart", den Langer als „fortdauernde Zeit" bezeichnet, unterminiert die Kategorien Handeln und Herstellen sowohl auf der Ebene des Erlebens als auch Durchlebens. Im Bereich der Ästhetik wird dieser Einbruch der Vergangenheit in die Gegenwart (der Darstellung) zum Ansatzpunkt für eine Form der „prothetischen" Erinnerung[77], die auf Seiten der Rezipienten Handeln als ästhetische Kategorie ins Spiel bringt.

In seiner Studie *Caught by History* entwickelt Ernst van Alphen entlang seiner Analysen literarischer und künstlerischer Darstellungen des Holocaust den Begriff „Holocaust-effect", der auf so genanntem reenactment beruht.

> He [Boltanski, VZ] produces what I call a ‚Holcaust-effect' by means of a reenactment of principles that in a sense define the Holocaust – a radical emptying out of subjectivity as a road leading to the wholesale destruction of a people: genocide. [...] This he does by means of the theoretical mode of synecdoche. It is the conjunction of this use of reenactment (concerning the practices of the perpetrators) with the overwhelming awareness of the total loss it evokes (concerning the victims of Nazism) that I call the ‚Holocaust-effect'.[78]

Diese Form der Darstellung re-aktiviert bewusst die Strategien der Täter, wobei das Bewusstsein der Konsequenzen, nämlich des absoluten Selbst-Verlusts, auf die Rezipienten verschoben wird. Ausgangspunkt bei Christian Boltanski ist die totalitäre Struktur des Nationalsozialismus, die, vermittelt durch die Opfer, unmittelbar auf die Zuschauer wirkt.

---

76 Kertész, *Fiasko*, S. 91.
77 Siehe u.a. John Sundholm, „‚The Unknown Soldier'. Film as a founding trauma and national monument", in: Conny Mithander/John Sundholm/Maria Holmgren Troy (Hg.), *Collective Traumas: Memories of War and Conflict in 20th-Century Europe*, Brüssel, 2007, S. 111-141.
78 Van Alphen, *Caught by History*, S. 99 f. Der bildende Künstler Christian Boltanski setzte sich in einer Reihe von Installationen mit dem Holocaust auseinander. Van Alphen analysiert u.a. seine Werke *Chases High School*, *Canada* und *The Purim Holiday* aus den Jahren 1988 und 1989.

Jill Bennett hingegen rückt in ihren Ausführungen, die teilweise ebenfalls auf reenactment beruhen, die (traumatische) Erfahrung der Opfer ins Zentrum und entwickelt daraus eine eigene Ästhetik beziehungsweise Poetik. Ausgangspunkt ihrer Überlegungen ist wie bei Lawrence L. Langer die Unterscheidung Charlotte Delbos zwischen „common memory" und „sense memory" respektive „deep memory". Während „common memory" in und durch Sprache repräsentiert werden kann, bleibt „sense memory" entschieden an den Körper gebunden – diese Art der Erinnerung ist nicht im eigentlichen Sinne erinnerbar, sondern nur immer wieder als gegenwärtige erlebbar. Doch im Gegensatz zu Langer, der die unüberbrückbare Kluft zwischen beiden Formen der Erinnerung als charakteristisch für die traumatisierende Erfahrung des Holocaust hervorhebt, leitet Bennett aus der Möglichkeit des unmittelbaren Einbruchs der Vergangenheit in die Gegenwart eine künstlerische Praxis ab, in der beide Formen der Erinnerung aufeinandertreffen: „the issue of spectatorship, of ‚being a spectator of one's own feelings,‘ becomes one of creating a spectacle of feeling by which the gap between representation and affect is somehow bridged".[79] Die Überbrückung der Zeitlosigkeit der Erinnerung und der chronologisch strukturierten Zeit der Gegenwart gelingt ihr aufgrund der Prämisse, dass das „Auschwitz-Selbst", von dem Delbo spricht, so abgekapselt es auch erscheinen mag, die Fähigkeit besitzt, Affekte in der Gegenwart auszulösen. Aufgrund der Möglichkeit des Einbruchs der Zeitlosigkeit (der Körpererinnerung) in die Zeit (der Sprache, Reflexion) kann Bennett „sense memory" als Quelle der Poetik beziehungsweise Ästhetik bestimmen: „As the source of a poetics or an art, then, sense memory operates through the body to produce a kind of ‚seeing truth‘ rather than ‚thinking truth‘, registering the pain of memory as it is directly experienced, and communicating a level of bodily affect."[80]

Indem Bennett Poetik im Sinne der Nachahmung sowie Wirkungsästhetik im Sinne der Reproduktion von Affekten differenziert, kommt sie zum Schluss: „At work here is a conception of art, not as aiming to reproduce the world [...] but as registering and producing affect; affect, not as opposed to or distinct from thought but as the means by which a kind of understanding is produced."[81] Mit dieser Unterscheidung greift Bennett letztlich jene Diskussion über die Wirkung der Tragödie wieder auf, die unter anderen Lessing, Nicolai und Mendelssohn in ihrem *Briefwechsel über das Trauerspiel* führten.[82] Obwohl sich diese Diskussion mitunter unausgesprochenerweise zwischen Fragen der Schauspielkunst und Wirkungsästhetik bewegt, bezieht sie sich in erster Linie auf die Wirkung der Tragödie beim Zuschauer. Allerdings vermischt sich die Fragestellung in ähnlicher Weise bei Bennett: Denn einerseits entwickelt sie eine Ästhetik, in der die

---

79 Jill Bennett, „The Aesthetics of Sense-Memory: Theorising Trauma through the Visual Arts", in: Kaltenbeck/Weibel (Hg.), *Trauma und Erinnerung,* S. 81-95, S. 82.

80 Ebda., S. 83.

81 Ebda., S. 85.

82 Siehe Gotthold Ephraim Lessing/Moses Mendelssohn/Friedrich Nicolai: *Briefwechsel über das Trauerspiel,* hg. v. Jochen Schulte-Sasse, München, 1972.

durch Affekte vermittelte Inszenierung Unmittelbarkeit und letztlich Authentizität garantiert: „The poetics of sense memory involve not so much *speaking of* but *speaking out of* a particular memory or experience – in other words, speaking from the body *sustaining sensation.*"[83] Andererseits scheint diese Unmittelbarkeit Voraussetzung für eine bestimmte Wirkung auf die Zuschauer zu sein, die letztlich ähnlich wie in van Alphens Analyse auf dem so genannten „Holocaust-Effekt" beruht. Erinnerung fungiert in diesem Konzept nicht weiter als Ursprung von Dichtung, sondern die Dichtung ist Erinnerung, vielmehr Ereignis:

> [T]he art of sense memory does not analyse the process or the symptom; it cannot theorise the links between traumatic memory and originary trauma, but in presenting the process of memory as ‚sign' it registers the affective experience of memory, enacting a process of ‚seeing feeling' where feeling is both imagined and regenerated through an encounter with the artwork.[84]

Sehen und Empfinden werden in der post-modernen Ästhetik beziehungsweise Poetik zum Widerspruch, ebenso wie Mimesis und Poetik, Nachahmung und Schöpfung. Dieser Widerspruch wird gleichfalls in Mieke Bals Auseinandersetzung mit Performativität, Performanz und Gedächtnis deutlich,[85] wobei Bal jedoch den originären, aufgrund der Voraussetzungen der Wiederholung und Zitathaftigkeit dennoch vermittelten Akt des Handelns vom Autor auf die Zuschauer verschiebt. Die Betrachter werden zu Aufführenden des Werkes, wobei vor allem das Gedächtnis, so Bal, Regie führt.[86]

In ihrem Aufsatz „Performanz und Performativität" argumentiert Bal für eine gemeinsame Behandlung von Performativität und Performanz unter Berücksichtigung von Gedächtnis. Das intentional ausgerichtete, sprachphilosophische Konzept der Performativität durchbricht Bal in Anlehnung an Derrida mit Verweis auf die Notwendigkeit von Wiederholbarkeit und Zitathaftigkeit[87] – wobei dem Gedächtnis eine Schlüsselrolle zukommt.[88] Kulturelles Gedächtnis, das auch über seine Zitathaftigkeit verstanden werden kann, unterminiert die vermeintliche Unmittelbarkeit des ästhetischen Konzepts der Performanz, hinter dem sich, so Bal, letztlich wiederum die Vorstellung eines „Meister-Schöpfers" verbirgt.[89] Sin-

---

83 Bennett, „The Aesthetics of Sense-Memory", S. 87 (Herv. im Text).
84 Ebda., S. 91.
85 Siehe Mieke Bal, „Performanz und Performativität", in: Jörg Huber (Hg.), *Kultur – Analysen*, Zürich, 2001, S. 197-241.
86 Siehe ebda., S. 207.
87 Siehe u.a. Jacques Derrida, *Randgänge der Philosophie*, Wien, 1999, S. 346: „Könnte eine performative Äußerung gelingen, wenn ihre Formulierung nicht eine ‚codierte' oder iterierbare Äußerung wiederholte [...], wenn sie also nicht in gewisser Weise als ‚Zitat' identifizierbar wäre?"
88 Bal, „Performanz und Performativität", S. 204.
89 Ebda., S. 204. Letztlich verschiebt Bal diese Vorstellung vom Künstler auf den Rezipienten – im Übrigen in ähnlicher Weise wie Roland Barthes diese Verschiebung vom „Autor" auf den Leser vornimmt: „The reader is the space on which all the quotations that make up a writing are inscribed without any of them being lost; a text's unity lies not in its origin but in its destination." Roland Barthes, *Image, Music, Text*, übers. u. zusammengestellt v. Stephen Heath, London, 1977, S. 148.

gularität und Einzigartigkeit, die beide Konzepte implizieren, erfahren eine Öffnung durch den handelnden Blick des Betrachters: „Der Betrachter ‚spielt‘ den vom Werk geschriebenen Part in dem Maße, in dem er ‚schauspielt‘, indem er auf die perlokutionäre Ansprache des Werkes antwortet, welches über die Zeit hinweg aus der Vergangenheit der Herstellung des Werkes in die Gegenwart des Betrachtens hineinreicht."[90] Bal führt in ihrer Analyse die Handlungsfähigkeit des Künstlers wieder zurück auf die traditionelle Aufgabe des Herstellens, indem sie die Betrachtenden im Sehen des Werkes zum Handeln verführt. Theorie in ihrer ursprünglichen Bedeutung von Sehen, Hindurch-Sehen wird, so Mieke Bal, zur Praxis der Auseinandersetzung mit dem Werk.

Diese theoretisch-praktische Annäherung an Gedächtnis bewegt sich zwar entlang einem Video des irischen Künstlers James Coleman,[91] doch geht Mieke Bal prinzipiell von der Performativität der Rezeption aus. Grundlegende Voraussetzung der Performativität seitens der Rezeption ist jedoch die Möglichkeit der Zitathaftigkeit, was in Bezug auf künstlerische Repräsentationen von Holocaust-Überlebenden zum kritischen Moment wird, weil sich die Zitathaftigkeit in diesem Zusammenhang auf keinen gemeinsamen kulturellen Rahmen oder Kontext zurückführen lässt. Das Gedächtnis der Zuschauer stellt diesen Darstellungen gegenüber eine Leerstelle dar. Es handelt sich um Zitate, die stets ins Leere greifen. In diesem Sinn argumentiert unter anderen van Alphen für eine indirekte Annäherung an den Holocaust, das heißt gerade im Aufzeigen dieser Kluft, im Sichtbarmachen der Unterbrechung zeigt sich eine Möglichkeit der Repräsentation des Holocaust.

2.4. Typologien des Erzählers

Im Rahmen der Narratologie kommt dem „Erzähler" zwar eine bedeutende Rolle zu, allerdings in erster Linie als Textinstanz im Sinn von Erzählsituation oder Erzählperspektive. Diese Entwicklung spiegelt zwar in gewisser Weise die Kritik an Subjekt-Konzeptionen, vor allem an der Vorstellung eines „Meister-Schöpfers" wider, doch geht im daraus folgenden unablässigen Gemurmel offensichtlich die „Stimme" des Autors verloren.[92] Ich möchte im Folgenden diesem scheinbar vergessenen Konzept zwei Entwürfe des Erzählers entgegensetzen, die Walter Benjamin im Rahmen seiner kritischen Essays zu Nikolai Lesskow und Charles Baudelaire entwickelt hat.[93]

Während das große Heldenepos aus tiefgreifenden Veränderungen hervorgeht, bettet Benjamin die Kunst des Erzählens entschieden in die Tradition – in eine sich gleich bleibende Welt – ein. Seeleute, die von der Ferne erzählen, und Bau-

---

90 Bal, „Performanz und Performativität", S. 207.
91 Bal entwickelt ihr Konzept einer Praxis des Sehens am Beispiel ihrer Rezeption der Installation *Photograph* von James Coleman aus dem Jahr 1998/99.
92 Siehe Michel Foucault, „Was ist ein Autor?", in: ders., *Schriften zur Literatur,* übers. v. Karin von Hofer u. Anneliese Botond, Frankfurt/Main, 1988, S. 7-31.
93 Siehe Benjamin, „Der Erzähler"; Benjamin, „Über einige Motive bei Baudelaire".

ern, die für die Überlieferung stehen, stellen ihm zufolge die archaischen Repräsentanten des Erzählers dar – Handwerker, die beide Momente des Erzählens vereinen, bilden schließlich, so Benjamin, die hohe Schule der Erzählkunst aus.[94] Im Zentrum der Benjaminschen Erzähltheorie stehen Erfahrung und Tradition. „Erfahrung, die von Mund zu Mund geht, ist die Quelle, aus der alle Erzähler geschöpft haben."[95] Seele, Auge und Hand, so Benjamin, bestimmen, ineinanderwirkend, die Praxis der Erzählung. Die Beziehung des Erzählers zu seinem Stoff, dem Menschenleben, ist eine handwerkliche, und Benjamin stellt die Frage: „Ob seine [des Erzählers, VZ] Aufgabe nicht darin besteht, den Rohstoff der Erfahrungen – fremder und eigener – auf eine solide, nützliche und einmalige Art zu bearbeiten?"[96] In der spezifischen Bearbeitung des Stoffes liegt denn auch die Hauptaufgabe des Erzählers, wie dies übrigens auch Aristoteles in Bezug auf den „Dichter" feststellt.[97] Mit der Verbindung von „Seele, Auge und Hand" verortet Benjamin diesen Typus des Erzählers zum einen eindeutig im Bereich des Herstellens, zum anderen verbindet er auf diese Weise Erfahrung und Zeichen beziehungsweise Erfahrung und Wort, wodurch diesem Erzähler die Erfahrung der „Enteignung" des „Stoffs" der Erzählung im und durch den Text, auf die Young verweist, offensichtlich unbekannt ist. Benjamin ist sich jedoch durchaus bewusst, dass der von ihm dargestellte Typus des Erzählers der Vergangenheit angehört – „[e]r ist uns etwas bereits Entferntes und weiter noch sich Entfernendes".[98] Seine geradezu berüchtigte Besessenheit in Bezug auf Zitate lässt sich als Ausdruck eines Bewusstseins beschreiben, das im Zitat die einzige Form des Bewahrens erkennt, und sei es auf Kosten der Tradition, in die es eingebettet war. Das Benjaminsche Zitat folgt einer Weise des Bewahrens, der das Moment der Tradierung abhanden gekommen ist.

An die Stelle der Erzählung ist in einer zunehmend technisierten Welt, die Reinhart Koselleck mit dem Auseinanderdriften von „Erfahrungsraum" und „Erwartungshorizont" beschreibt, die Information getreten, die zwar Wissen, aber nicht Erfahrung vermittelt:

> Jeder Morgen unterrichtet uns über Neuigkeiten des Erdkreises. Und doch sind wir an merkwürdigen Geschichten arm. Das kommt, weil uns keine Begebenheit mehr erreicht, die nicht mit Erklärungen schon durchsetzt wäre. Mit anderen Worten: beinah nichts mehr, was geschieht, kommt der Erzählung, beinah alles der Information zugute. Es ist nämlich schon die halbe Kunst des Erzählens, eine Geschichte, indem man sie wiedergibt, von Erklärungen freizuhalten.[99]

Benjamin sieht in der spezifischen Ausprägung journalistischer Informationsvermittlung ein Symptom für den Erfahrungsverlust seiner Zeit. In seinem Baudelaire-Aufsatz geht er den Ursachen für den zunehmenden Erfahrungsverlust nach

---

94 Benjamin, „Der Erzähler", S. 386 f.
95 Ebda., S. 386.
96 Ebda., S. 409.
97 Siehe Aristoteles, *Poetik,* Kap. 9.
98 Benjamin, „Der Erzähler", S. 385.
99 Ebda., S. 391.

und erklärt diesen vor allem mit fehlenden Voraussetzungen von Erfahrung, die er in Tradition und Ritus, und zwar im kollektiven wie privaten Leben, verortet. Mit Verweis auf Proust, dem zufolge es vom Zufall abhängt, „ob der einzelne von sich selbst ein Bild bekommt, ob er sich seiner Erfahrung bemächtigen kann",[100] kommt Benjamin zum Schluss: „Diesen ausweglos privaten Charakter haben die inneren Anliegen des Menschen nicht von Natur. Sie erhalten ihn erst, nachdem sich für die äußeren die Chance vermindert hat, seiner Erfahrung assimiliert zu werden."[101]

Die Informationsweise der Presse stellt für Benjamin ein Indiz für die Aushöhlung von Erfahrung dar, da diese nicht darauf abzielt, Informationen erfahrbar zu machen, sondern es vielmehr ihrer Absicht entspricht, „die Ereignisse gegen den Bereich abzudichten, in dem sie die Erfahrung des Lesers betreffen könnten".[102] Dies liege zum einen am „sprachlichen Habitus" der Journale – ein Habitus, den Karl Kraus zur Zielscheibe seiner Kritik machte, indem er beständig darauf verwies, wie sehr dieser Sprachgebrauch die Vorstellungskraft der Leser lähme –, zum anderen aber erfolgt die „Abdichtung der Information gegen die Erfahrung" dadurch, dass diese nicht in die Tradition eingeht.[103] Im Gegensatz zur Sensationspresse, in der Benjamin die „Verkümmerung der Erfahrung" gespiegelt sieht, gründet die Erzählung in der Möglichkeit der Erfahrung:

> [S]ie [die Erzählung, VZ] ist eine der ältesten Formen der Mitteilung. Sie legt es nicht darauf an, das pure An-sich des Geschehenen zu übermitteln (wie die Information das tut); sie senkt es dem Leben des Berichtenden ein, um es als Erfahrung den Hörern mitzugeben. So haftet an ihr die Spur des Erzählenden wie die Spur der Töpferhand an der Tonschale.[104]

Das Motiv des Töpfers, in dem sich Auge, Seele und Hand verbinden und in dem vor allem die handwerkliche Tätigkeit des Erzählers unterstrichen wird, scheint Benjamin bedeutend genug zu sein, um es wieder aufzugreifen, nachdem er es bereits in seinem Essay „Der Erzähler" verwendete.[105] Doch ist eben nicht Nicolai Lesskow ein Dichter der Moderne, sondern vielmehr Baudelaire. Interessanterweise skizziert Benjamin in seinem Baudelaire-Aufsatz, ausgehend von

---

100 Benjamin, „Über einige Motive bei Baudelaire", S. 188.

101 Ebda.

102 Ebda. Zu einem ähnlichen Schluss kommt Theodor W. Adorno in seinen *Minima Moralia*: „Die vollständige Verdeckung des Krieges durch Information, Propaganda, Kommentar, die Filmoperateure in den ersten Tanks und der Heldentod von Kriegsberichterstattern, die Maische aus manipuliert-aufgeklärter öffentlicher Meinung und bewußtlosem Handeln, all das ist ein anderer Ausdruck für die verdorrte Erfahrung, das Vakuum zwischen den Menschen und ihrem Verhängnis, in dem das Verhängnis recht eigentlich besteht." Theodor W. Adorno, *Minima Moralia. Reflexionen aus dem beschädigten Leben*, in: ders.: *Gesammelte Schriften*, Bd. 4, hg. v. Rolf Tiedemann, unter Mitw. von Gretel Adorno, Frankfurt/Main, 1996, S. 61.

103 Siehe Benjamin, „Über einige Motive bei Baudelaire", S. 188 f.

104 Ebda., S. 189.

105 Benjamin, „Der Erzähler", S. 393: „Sie [die Erzählung, VZ] legt es nicht darauf an, das pure ‚an sich' der Sache zu überliefern wie eine Information oder ein Rapport. Sie senkt die Sache in das Leben des Berichtenden ein, um sie wieder aus ihm hervorzuholen. So haftet an der Erzählung die Spur des Erzählenden wie die Spur der Töpferhand an der Tonschale."

Freuds Traumatheorie, eine Poetik des „Chocks", die er in Baudelaires Lyrik repräsentiert sieht. Es handelt sich um eine Poetik, die sich dem Chock, der im Wesentlichen auf Erfahrungslosigkeit beruht, in gleicher Weise aussetzt wie diesen affiziert – eine Poetik, die sich paradoxerweise im Bewusstsein des Chocks in Chockabwehr übt. Der Dichter der Moderne erweist sich in diesem Sinne als destruktiver Charakter.[106]

In Bezug auf die Darstellung des Holocaust sind sowohl Benjamins Ausführungen zum „Erzähler" als auch jene zum „Dichter der Moderne" von Belang. In diesen narrativen Typen finden sich zahlreiche Aspekte wieder, die die Diskussion um die Darstellbarkeit des Holocaust prägen: zum einen das Ringen um Dauer bei gleichzeitigem Bewusstsein einer unerträglichen Vergangenheit, zum anderen die Suche nach einer Wiederaufnahme von Traditionen beziehungsweise der Versuch, neue Traditionen hervorzubringen. Letzteres macht sich vor allem in den sehr unterschiedlichen Bemühungen bemerkbar, „Auschwitz" als Mythos, als Ursprung einer neuen Erzähltradition zu setzen, die gleichzeitig eine ethische Fortschreibung implizieren.

Die unterschiedlichen Versuche der (Re)Präsentation der Erfahrung des Holocaust bringen vor allem eines zum Ausdruck, und zwar das fortdauernde Bemühen, einen nicht zu leugnenden Bruch in die Geschichte, in das kollektive oder kulturelle Gedächtnis respektive in das gesellschaftlich-geschichtliche Imaginäre einzuschreiben. Wenn all diese Versuche auf ein Scheitern hinauslaufen, so beruht dieses Scheitern nicht zuletzt darauf, dass sich der Holocaust als Ereignis immer wieder als Negativbild jeder Poetik, aber auch der Geschichtsschreibung herausstellt. Allerdings vermittelt bereits der Begriff Negativbild eine falsche Vorstellung, da der Holocaust trotz zahlreicher Fotos und trotz vorhandenem Videomaterial eben nicht als Bild vorstellbar ist.[107] Gleichzeitig beruht auch diese Feststellung auf den Prinzipien eines bestimmten Geschichtsbewusstseins, einer bestimmten Vorstellung von Wirklichkeit, sie beruht auf funktionierenden Kategorien, die eine Unterscheidung von Allgemeinem und Konkretem, von Wesentlichem und Akzidentiellem, von Erfahrung und Wissen etc. erlaubt. Auf die notwendige Kritik dieser Kategorien verweist etwa Georges Didi-Huberman mit seiner Behauptung: „Auschwitz ist *ausschließlich vorstellbar*. Wir sind auf das Bild angewiesen, wir müssen den Versuch einer fundamentalen Kritik unternehmen, um die zwingende Notwendigkeit und die *unvermeidliche Lückenhaftigkeit* des Bildes zu begreifen."[108] Nicht nur die von Didi-Huberman festgestellte „unvermeidliche Lückenhaftigkeit des Bildes", sondern auch sämtliche Poetiken der Unterbrechung, des Uneigentlichen und Scheiterns verdeutlichen, das die Auseinandersetzung mit der Erfahrung des Holocaust immer nur im Rahmen einer Denkstruktur möglich ist, die dem Ereignis nicht entspricht, innerhalb derer es

---

106 Siehe Benjamins Aufsatz mit dem Titel „Der destruktive Charakter", in: ders., *Illuminationen*, S. 289-290.

107 Siehe dazu Semprun, *Schreiben oder Leben*, S. 237 ff. Semprun schildert und reflektiert an dieser Stelle seine erste filmische „Begegnung" mit Bildern des Konzentrationslagers Buchenwald.

108 Didi-Huberman, *Bilder trotz allem*, S. 73 (Herv. im Text).

aber dennoch möglich war, dieses Ereignis hervorzubringen. Aus dieser Diskrepanz ergibt sich der seltsame Widerspruch zwischen der Annahme eines Zivilisationsbruchs bei der gleichzeitigen Feststellung von Kontinuitäten. Darüber hinaus kommt als erschwerendes Moment hinzu, dass kollektive beziehungsweise narrative Rahmen nach dem Zweiten Weltkrieg sowie der darauf folgenden zunehmenden Wahrnehmung des Holocaust, wie Arendt konstatiert, nur noch als Trümmerfeld erkennbar waren.[109] Im Zusammenhang mit der Repräsentation des Holocaust ist vor allem von Bedeutung, dass nicht nur adäquate narrative Rahmen fehlten, um die Erfahrung des Holocaust zu erzählen, sondern auch hinsichtlich der Möglichkeit, sich als Gesellschaft oder Individuum auf eine Wirklichkeit hin entwerfen zu können.

Als Schlüsselmoment des solcherweise entstandenen narrativen Vakuums erweist sich die Einbildungskraft, denn merkwürdigerweise bringt deren Berücksichtigung einen gemeinsamen Aspekt zwischen der Vernichtungspolitik der Nationalsozialisten und der Erfahrung der Opfer ans Licht. Arendt charakterisiert Eichmann in ihrem Prozess-Bericht *Eichmann in Jerusalem* durch seine Unfähigkeit, „vom Gesichtspunkt eines anderen Menschen aus sich irgend etwas vorzustellen. Verständigung mit Eichmann war unmöglich, nicht weil er log, sondern weil ihn der denkbar zuverlässigste Schutzwall gegen die Worte und gegen die Gegenwart anderer, und daher gegen die Wirklichkeit selbst umgab: absoluter Mangel an Vorstellungskraft.“[110] Beruht demzufolge die Vernichtungspolitik der Nationalsozialisten in einem nicht unwesentlichen Ausmaß auf einem absoluten Mangel an Vorstellungskraft, so beruht die Erfahrung der Opfer auf der absoluten Auslöschung der Vorstellungskraft. In dieser, wie Lionel Richard formuliert, „uneingebildeten Wirklichkeit“[111] liegt denn auch die Schwierigkeit respektive Unmöglichkeit begründet, den Holocaust als Ereignis beziehungsweise als Erfahrung zu repräsentieren. In seinem Essay „Ein langer, dunkler Schatten“ stellt Kertész fest:

> Das eigentliche Problem ist die Phantasie, das Vorstellungsvermögen. Genauer gesagt, die Frage, in welchem Maß die Phantasie fähig ist, sich mit dem Faktum des Holocaust auseinanderzusetzen, inwieweit sie fähig ist, dieses Faktum aufzunehmen, und inwieweit der Holocaust durch die rezipierende Imagination zum Bestand unseres ethischen Alltags, unserer ethischen Kultur geworden ist.[112]

Kertész spricht an dieser Stelle nicht von jener primären Einbildungskraft, die Castoriadis als Ursprung von Gesellschaft und Subjekt definiert, sondern von der ästhetischen und rezipierenden Imagination. Doch auch die sekundäre oder ästhetische Einbildungskraft spielt hinsichtlich des Holocaust eine andere Rolle, als dies im Rahmen der Poetik im Allgemeinen zutrifft, unabhängig davon, ob diese im Sinne der Mimesis oder der Schöpfung aufgefasst wird. In diesem Sinn stellt

109 Siehe Arendt, „Gedanken zu Lessing“, S. 19.
110 Arendt, *Eichmann in Jerusalem*, S. 78.
111 Siehe Richard, „Auschwitz und kein Ende“, S. 27.
112 Kertész, „Ein langer, dunkler Schatten“, S. 84.

auch Alvin H. Rosenfeld fest: „The human imagination after Auschwitz is simply not the same as it was before. […] Stunned by the awesomeness and pressure of event, the imagination comes to one of its periodic endings; undoubtedly, it also stands at the threshold of new and more difficult beginnings."[113] Die Aufgabe, die der ästhetischen Einbildungskraft im Zusammenhang mit dem Holocaust zukommt, ist es, sich der Fakten in ihrer buchstäblich „nackten Tatsächlichkeit" zu bemächtigen, diese als Wirklichkeit zu manifestieren. In diesem Sinn stellt Kertész im *Galeerentagebuch* fest: „Das Konzentrationslager ist ausschließlich als Literatur vorstellbar, als Realität nicht. (Auch nicht – und vielleicht sogar dann am wenigsten –, wenn wir es erleben.)"[114]

Kertész verweist jedoch zudem auf die rezipierende Einbildungskraft und damit auf die Ausbildung einer ethischen Kultur, womit der Einbildungskraft eine weitere Aufgabe, oder um in Rosenfelds Terminologie zu bleiben, ein weiterer schwieriger Anfang zukommt. Diese doppelte Aufgabe der Einbildungskraft wird auch in der Verortung des „Berichterstatters" des Holocaust deutlich, die Kertész vornimmt. Denn im Grunde befindet sich der Kertészsche „Erzähler" im Spannungsfeld jener beiden Erzähltypen, die Benjamin im Rahmen seiner literaturkritischen Essays vorstellt, d.h. er bewegt sich mit seinem Zeugnis zwischen der Aufgabe, sich dem „Chock" auszusetzen und ihn dadurch abzuwehren (Baudelaire), sowie der Rolle des Gesetzgebers (Lesskow). Grundlage für die gesetzgebende Aufgabe ist jedoch nicht Benjamins Konzept des Erzählers, sondern Albert Camus' Aussage „Die Dichter sind die Gesetzgeber der Welt":

> Es stimmt zwar, daß die Dichter – und dieses Wort müssen wir sehr weit fassen, als kreative Phantasie im allgemeinen – das Gesetz nicht *geben*, wie Verfassungsrechtler im Parlament, doch sie sind es, die dem Gesetz *gehorchen*, jenem Gesetz, das noch immer als Gesetz in der Welt wirkt und die Geschichten, auch die große Menschen-Geschichte schafft und formt. Der Dichter ist es, der niemals gegen dies Gesetz verstoßen darf, weil sein Werk sonst unglaubwürdig, das heißt einfach schlecht wird. Dieses ungreifbare und gleichwohl am stärksten wirksame Gesetz, das nicht nur unseren Geist lenkt, sondern das wir selbst mit unserem täglichen Leben unaufhörlich nähren, da es sonst nicht existieren würde, möchte ich jetzt, ratlos und in Ermangelung eines besseren, mit einem von Thomas Mann entliehenen Ausdruck einfach den *Geist der Erzählung* nennen. Er entscheidet, was und wie etwas in den Mythos eingeht, was einen bleibenden Platz im Geschichtsfundus einer Zivilisation erhält, obgleich das so oft gern die Ideologen entscheiden würden.[115]

In seinem 1939 gehaltenen Vortrag mit dem Titel „Die Kunst des Romans" an der Universität Princeton stellt Thomas Mann die Vermutung an: „vielleicht, sage ich, ist der Geist der Erzählung, das Ewig-Homerische, dieser weltweite, weltwissende, kündende Geist der Vergangenheitsschöpfung die verehrungswürdigste Erscheinungsform des Dichterischen […]".[116] In diesem Sinn und unter Berück-

---

113 Rosenfeld, *A Double Dying*, S. 13.
114 Kertész, *Galeerentagebuch*, S. 253.
115 Kertész, „Die Unvergänglichkeit der Lager", S. 43 f. (Herv. im Text).
116 Mann, „Die Kunst des Romans", S. 349.

sichtigung der Dramaturgie der *Odyssee* kommt Zeugenberichten eine zweifache Herausforderung zu: zum einen geht es darum, einen „Gesang für die Enkelgeschlechter"[117] zu konstituieren – im Sinne der Institutionalisierung kollektiver beziehungsweise narrativer Rahmen –, zum anderen aber darum, sich in diese Geschichte in Form einer selbstvergewissernden Autobiographik einzuschreiben. Dass diese Doppelbewegung in Zeugenberichten des Holocaust weder mit dem Pathos, die in Manns Vortrag zum Ausdruck kommt, noch mit der Ironie, die Mann dem „Geist der Erzählung" in seinem Roman *Der Erwählte*[118] zukommen lässt, ausführbar ist, verdeutlichen die vorhin ausgeführten Erzählstrategien mit ihrer Tendez zur Unterbrechung. In einer Konzept-Notiz von Kertész für seinen *Roman eines Schicksallosen* erhält diese Doppelbewegung ebenfalls die Form der indirekten Annäherung.

> Nur das Sagbare sagen und darauf vertrauen, daß das nur aus Sagbarem bestehende fertige Werk in seiner Geschlossenheit – und seiner Wortlosigkeit – mehr über das Unsagbare sagen wird, als versuchte ich, es direkt zu fassen. Die Geschichte eines Persönlichkeitsverlustes, sich ebenso langsam und unerbittlich entfaltend wie die vom Werden einer Persönlichkeit. Die alten Worte der Moralität benutzen, um deren Absurdität aufzuzeigen.[119]

Diese implizite Dualität der Darstellung findet sich ebenfalls in Aharon Appelfelds Vorlesungen, in denen wiederum die Wiederherstellung der Grundlagen des Individuums anklingt, wie sie in den Ausführungen zur *Odyssee* erläutert wurden: Allerdings schreibt Appelfeld der Literatur jene Aufgabe zu, die zunächst der Blick und schließlich die Frage des Königs Alkinoos als öffentliche Instanz erfüllt, nämlich die Parameter zur Zurückgewinnung der Individualität zu gewährleisten. „But literature, even if it wishes to shout out and shatter the firmament, must first obey a practical imperative: it must deal with the individual whose father and mother gave him a name, taught him their language, gave him their love, and endowed him with their faith."[120]

Wird der Holocaust als Ereignis gefasst, das wesentlich auf der radikalen Auslöschung der Einbildungskraft beruht, so kann sich Erinnerung in letzter Konsequenz nur als Text respektive durch den Text manifestieren. In Bezug auf diese nachträgliche „Erinnerungsarbeit" lassen sich schließlich unterschiedliche Strategien ausmachen. In ihrem Essay „Narrative Witnessing as Memory Work" stellt Irene Kacandes grundsätzlich fest:

> [L]iterary texts can be about trauma, in the sense that they can depict perpetrations of violence against characters who are traumatized by the violence and then suc-

---

117 Siehe Homer, *Odyssee*, VIII/580, S. 550.
118 Die in der Erzähltheorie gerne zitierte Passage, in der Thomas Mann den „Geist der Erzählung" in seinen Roman einführt, lautet: „Wer also läutet die Glocken Roms? – *Der Geist der Erzählung.* – Kann denn der überall sein […]? – Allerdings, das vermag er. Er ist luftig, körperlos, allgegenwärtig, nicht unterworfen dem Unterschiede von Hier und Dort. Er ist es, der spricht: ‚Alle Glocken läuten', und folglich ist er's, der sie läutet." Mann, *Der Erwählte*, S. 8 (Herv. im Text).
119 Kertész, *Galeerentagebuch*, S. 25.
120 Appelfeld, *Beyond Despair*, S. 22.

cessfully or unsuccessfully witness to their trauma. But texts can also ‚perform‘ trauma, in the sense that they can ‚fail‘ to tell the story, by eliding, repeating, and fragmenting components of the story. In short, narrative witnessing is a capacious concept, constituted by the reader's activity of encountering and describing several phenomena, thereby creating a new narrative about the text of/as trauma.[121]

Imre Kertesz' Roman *Kaddisch für ein nicht geborenes Kind* könnte in diesem Sinne als Text beschrieben werden, der das Trauma „aufführt". Der Roman weist in mancher Hinsicht traumatische Strukturen auf, und zwar sowohl auf textueller als auch inhaltlicher Ebene. Der Text zeichnet sich unter anderem durch die Fixierung auf einzelne Bilder und Motive aus, durch geradezu zwanghafte Wiederholungen von einigen wenigen Gedankengängen sowie durch die unablässige Bearbeitung des Zentrums der Traumatisierung durch Schreiben.

Doch ist *Kaddisch für ein nicht geborenes Kind* wohl eher dem Prozess der Verdichtung einer unmöglichen Erfahrung verpflichtet und nicht so sehr dem Bemühen, das Ereignis darzustellen, was vielmehr auf *Roman eines Schicksallosen* zutrifft. Im Gegensatz zu *Kaddisch* zeichnet sich der *Roman eines Schicksallosen* durch eine kaum zu überbietende strukturelle Strenge aus, die Kertész, wie aus den Anmerkungen im *Galeerentagebuch* hervorgeht, als Erzählstrategie einsetzt. Diese Strategie führt Kertész zur Gestaltung einer völlig neuen „Romanfigur":

> Ich glaube, meine Romanfigur ist eine mit keiner anderen vergleichbare, in der Hinsicht, daß sie nur aus Determiniertheiten, Reflexionen und Tropismen besteht: Immer und überall ist es ausschließlich die durch die Welt erlittene Qual, die sie Sprache werden läßt, sonst würde sie nicht einmal reden können; niemals ist sie es, die die Welt Sprache werden läßt.[122]

Obwohl *Roman eines Schicksallosen* vom Ende her erzählt wird, beruht der Roman, so Kertész, nicht auf Darstellung, nicht auf Repräsentation, sondern der Text ist selbst Ereignis, Gegenwart.[123] Die Technik des „strukturellen Romans" gründet nicht zuletzt auf der konsequenten Verweigerung eines retrospektiv reflektierenden Blicks, die Darstellung beschränkt sich darauf, aufzuzeigen, wie der Protagonist, sukzessive, Schritt für Schritt, durch die Ereignisse geht.[124] Alle Ereignisse lassen sich für den Erzähler in die bestehenden Normen und Regeln einordnen, lassen sich durch diese erklären, werden durch diese verständlich. Die Regeln und Normen werden vom „Ich-Erzähler" offensichtlich gebilligt, so ungewöhnlich sie auch sein mögen: Ungewöhnlich sind sie vor allem für den Leser, der die Geschichte als Ganze zu kennen vermeint. Wie ein roter Faden ziehen sich die ständig wiederholten Bemerkungen „versteht sich", „natürlich" durch

---

121 Irene Kacandes, „Narrative Witnessing as Memory Work: Reading Gertrud Kolmar's *A Jewish Mother*", in: Bal/Crewe/Spitzer (Hg.), *Acts of Memory*, S. 55-71, S. 56.
122 Kertész, *Galeerentagebuch*, S. 31.
123 Siehe ebda., S. 27.
124 Kertész formuliert die mit dieser Perspektive verbundene Verschränkung von Zeit, Wahrnehmung und Realität bei der Rückkehr des Protagonisten nach Budapest gegenüber einem Journalisten sowie gegenüber früheren Bekannten. Siehe Kertész, *Roman eines Schicksallosen*, S. 273 ff.

den Roman, die jedoch als Textmarken des Gegenteils, oder wie Kertész formuliert, des Absurden funktionieren.

Während sich Kertész in seiner „Erinnerungsarbeit" der Ohnmacht (Schicksallosigkeit) gegenüber einer totalitären Struktur verpflichtet und diese als Text nachträglich zur Sprache bringt, zeigt sich in Ruth Klügers Autobiographie *weiter leben* eine geradezu entgegengesetzte Strategie. Ihr Blick ist von Beginn an ein wissender, einer, der den Blick der anderen nicht bestätigt, wie dies bei Kertész zumindest scheinbar der Fall ist, um im gleichen Atemzug die Absurdität von Tatsachen bloßzustellen. Die Ich-Erzählerin widersetzt sich den antisemitischen Zuschreibungen, indem sie etwa der Verordnung zur Namensänderung für jüdische Frauen durch die Nationalsozialisten zuvorkommt. Nachdem ihr, so Klüger, so etwas wie Heimatgefühl verwehrt worden war, sucht sie ihre Identität im Jüdischsein und ändert ihren Namen von Susanne in Ruth.[125]

Schreibt sich Kertész' Text geradezu gewaltsam in eine identitätslogisch institutionalisierte Gesellschaft ein, auch wenn er diese Struktur permanent durchbricht und damit *ad absurdum* führt, so lässt sich Klügers Text als Text am besten als magmatisch strukturierter beschreiben, in dem unablässig einzelne Vorstellungen und Bedeutungsschichten auftauchen. Der Text ist völlig durchwoben von verschiedenen Perspektiven, Orten, Zeiten, er folgt keiner bestimmten Struktur, auch wenn der Text vordergründig durch Orte strukturiert ist und durch den Beginn in Wien und Epilog in Göttingen eine gewisse raum-zeitliche Kontinuität hergestellt wird. Ähnlich wie die Romane und autobiographischen Berichte von Jorge Semprun folgt die Erzählstruktur von Klüger der Zeitlosigkeit des Gedächtnisses beziehungsweise der Erinnerung: nicht im Sinne einer fortdauernden Zeit, wie dies Langer oder Bennett in Anlehnung an Delbo vorschlagen, sondern eher im Sinne der Gleichgültigkeit des Gedächtnisses gegenüber Zeit und letztlich auch Raum. Semprun und ebenso Klüger wählen die „Gedächtnisstruktur" sehr bewusst als Konstruktionsprinzip des Schreibens. Sowohl Semprun als auch Klüger gelingt aufgrund der überraschenden, unvorbereiteten, in keinem unmittelbaren Zusammenhang stehenden Dar- und Gegenüberstellung von Ereignissen vor, während und nach dem Holocaust eine vielschichtige Konfrontation von mitunter dissonanten Bedeutungsschichten. Infolge dieser Strategie der Verdichtung, die sich gleichzeitig durch ein unablässiges Auftauchen und Verschwinden von Erinnerungen, Begegnungen, Reflexionen auszeichnet, schreiben sie in ihren Berichten das Unsagbare ins Sagbare ein, bringen, wie Semprun dies als poetologische Herausforderung formuliert, einen „grundlegenden, oft verborgenen, rätselhaften oder flüchtigen Sinn"[126] ans Licht.

So unterschiedlich die skizzierten Strategien der „Erinnerungsarbeit" auch sein mögen, sie führen letztlich immer zu einer Poetik, die sich zwischen zwei Welten

---

125 Klüger, *weiter leben*, S. 60 f.

126 Semprun, *Schreiben oder Leben*, S. 68; Semprun bezieht sich mit dieser Aussage auf André Malraux und dessen Unternehmen, Autobiographie und Fiktion in seinem Werk miteinander zu konfrontieren.

bewegen muss, die sich gerade dadurch auszeichnen, die Wirklichkeit und mit ihr die Einbildungskraft entweder auszulöschen oder zu negieren. Sowohl traditionelle Formen der Darstellung als auch Konzepte wie Reenactment oder Performanz stellen in diesem Sinne Versuche – mit durchaus unterschiedlichen Intentionen – dar, der Realität des Holocaust jenes Negativbild abzugewinnen, das diese Realität dem Vorstellungsvermögen zwar nicht zugänglich macht, aber dennoch Reflexion herausfordert und damit einen Entwurf in die Zukunft ermöglicht, ohne die Vergangenheit auszugrenzen.

POETIK NACH
DEM HOLOCAUST –
EIN AUSBLICK

In der *Negativen Dialektik* argumentiert Theodor W. Adorno seine Kritik an metaphysischen Konzepten, indem er die Aussage eines, wie er formuliert, „Entronnenen" gewissermaßen richtigstellt:

> Einer, der mit einer Kraft, die zu bewundern ist, Auschwitz und andere Lager überstand, meinte mit heftigem Affekt gegen Beckett: wäre dieser in Auschwitz gewesen, er würde anders schreiben, nämlich, mit der Schützengrabenreligion des Entronnenen, positiver. Der Entronnene hat anders recht, als er es meint; Beckett, und wer sonst noch seiner mächtig blieb, wäre dort gebrochen worden und vermutlich gezwungen, jene Schützengrabenreligion zu bekennen, die der Entronnene in die Worte kleidete, er wolle den Menschen Mut geben: als ob das bei irgendeinem geistigen Gebilde läge; als ob der Vorsatz, der an die Menschen sich wendet und nach ihnen sich einrichtet, nicht um das sie brächte, worauf sie Anspruch haben, auch wenn sie das Gegenteil glauben. Dahin ist es mit der Metaphysik gekommen.[1]

Wenn Adorno an dieser Stelle die „positive" Geschichtsphilosophie zurückweist, die der von ihm zitierte Überlebende von Auschwitz im Nachhinein zur „Schützengrabenreligion" erklärt, so zeigt sich in dieser Zurückweisung ein nachgerade charakteristisches Moment für die Auseinandersetzung mit Zeugenberichten von Überlebenden des Holocaust. Zum Ausdruck kommt diese Korrektur der Aussage unter anderem in Konzepten des Nicht-Darstellbaren, nicht Aussagbaren, nicht Bezeugbaren sowie in der Absage an Sinn und Bedeutung hinsichtlich der Darstellung des Holocaust. Wie die vorangehenden detaillierten Analysen grundlegender Kategorien der Darstellung, wie Erinnerung und Tatsachen, Wirklichkeit und Wahrheit, Subjekt und Gesellschaft, verdeutlichen, kommt diesen Konzepten in vielerlei Hinsicht mehr als Berechtigung zu. Allerdings war es mir – trotz der Bedeutung, die Poetiken der Unterbrechung oder des Scheiterns zukommt – im Lauf der Arbeit immer ein Anliegen, sowohl Maurice Blanchots Warnung, „Vertrauen wir nicht auf das Scheitern – das hieße, Sehnsucht nach dem Gelingen zu haben"[2], als auch der vermeintlichen „Schützengrabenreligion des Entronnenen" Raum zu geben.

Ein wesentliches Ergebnis der Analyse historiographischer und poetologischer Kategorien und Konzepte beruht auf der daraus entwickelten These, dass Holocaust-Literatur sich immer im Spannungsfeld einer doppelten Herausforderung bewegt, und zwar: sowohl retrospektiv eine Wirklichkeit zur Sprache bringen sowie prospektiv eine Wirklichkeit entwerfen zu wollen/müssen. Überlebende des Holocaust werden demzufolge mit einer zweifach gebrochenen Wirklichkeit konfron-

---

1 Adorno, *Negative Dialektik*, S. 360 f.
2 Maurice Blanchot, *Die Schrift des Desasters*, übers. v. Gerhard Poppenberg u. Hinrich Weidemann, München, 2005, S. 22.

tiert. Die in der vorliegenden Arbeit festgestellte *Krise des Tatsächlichen* bezieht sich sowohl auf die Realität des Holocaust als auch auf den zunehmenden Zusammenbruch kollektiver und narrativer Rahmen im Lauf der Moderne. Von Bedeutung ist diesbezüglich nicht nur die Ausdifferenzierung von Gesellschaft und Individuum – wobei auch die „Gesellschaft" oder die zunehmende Vergesellschaftung ein Phänomen der Moderne darstellen –, sondern darüber hinaus die parallel dazu verlaufende tiefgreifende Veränderung im Geschichtsbewusstsein, zu deren philosophischer Fundierung Hegel nicht unwesentlich beigetragen hat. Wie sich gezeigt hat, führt die Hegelsche Geschichtsphilosophie mit ihrer Fokussierung auf Prozesse zur Notwendigkeit der nachträglichen Zuschreibung von Sinn an Ereignisse, was erhebliche Konsequenzen für die Geschichtsschreibung, letztlich aber auch für die Poetik mit sich bringt.

Zu den weitreichendsten Antworten auf diese Veränderungen, die nicht zuletzt auf eine *Krise der Öffentlichkeit* verweisen, gehört zweifellos die Freudsche Entwicklung der Psychoanalyse. Doch obwohl das Konzept des kollektiven Gedächtnisses von Maurice Halbwachs im Gegensatz zur Psychoanalyse erst in den 1980er Jahren unter dem Begriff des kulturellen Gedächtnisses (Jan Assmann) wieder aufgegriffen wurde, bringt dieses ebenfalls das Bemühen zum Ausdruck, dem Auseinanderdriften von Individuum und Gesellschaft ein verbindend verbindliches Element entgegenzusetzen. Kollektiven Rahmen kommt in dieser Hinsicht eine entscheidende Rolle zu. Die von Halbwachs verwendete Begrifflichkeit zur Darstellung kollektiver Rahmen weist starke Anlehnungen an die Poetik auf – was insofern nicht weiter verwundert, als es traditionellerweise im Aufgabenbereich der Poetik lag, der Vergänglichkeit von Ereignissen, Worten und Taten Dauer zu verleihen. Werden Konzepte wie das kollektive und kulturelle Gedächtnis als Reaktionen mit restaurativem Charakter auf eine Krise der Öffentlichkeit erkannt, so lassen sich die Schwierigkeiten in Bezug auf die Erinnerung des Holocaust nicht nur am Ereignis selbst festmachen. D.h. darüber hinaus muss die Tatsache berücksichtigt werden, dass mit der Auflösung traditioneller kollektiver und narrativer Rahmen eine Reihe von Narrationen nicht einmal mehr in Form einer kritischen Auseinandersetzung zugänglich war beziehungsweise ist, an die eine Erzählung des Holocaust anschließen könnte.

Im Zusammenhang mit Konzepten der Geschichte oder auch mit Entwürfen wie dem kollektiven oder kulturellen Gedächtnis kommt philosophischen und gesellschaftskritischen Ansätzen wie der Postmoderne und Dekonstruktion zweifellos die Leistung zu, diese endgültig von metaphysischen oder ontologischen Setzungen enthoben zu haben und als Konstruktionen auszuweisen. Gleichzeitig entgleitet durch die damit einhergehenden unablässigen Verschiebungen und Dekonstruktionen jedes Konzept von Wirklichkeit zunehmend dem Denken. Eine Besonderheit, die sich daraus ergibt, ist, dass die Wahrnehmung von Wirklichkeit nach dem Holocaust in ähnlichen Kategorien verhandelt wird wie die Realität des Holocaust. Stellt sich Wirklichkeit jedoch prinzipiell als nicht wahrnehmbar heraus, so stellt sich die Frage, worin sich die Wirklichkeit des Holocaust von der Wirklichkeit nach dem Holocaust unterscheidet.

Von zentraler Bedeutung erwies sich in Bezug auf die Repräsentation des Holocaust die Analyse von Subjekt-Konzeptionen. Die Lektüre von Berichten Überlebender des Holocaust entlang der Ausführungen zum Subjekt von Cornelius Castoriadis verdeutlichte, dass in nationalsozialistischen Konzentrations- und Vernichtungslagern eine radikale Desintegration des gesellschaftlichen Individuums realisiert wurde. Eine wesentliche Rolle kommt hierbei Sprache und Handeln zu. Da beide Aspekte der Subjekt- sowie Wirklichkeitsgestaltung in Konzentrations- und Vernichtungslagern radikal aufgehoben wurden, unterläuft die solcherweise hergestellte Wirklichkeit das Wahrnehmungsvermögen: diese wird entweder als „nackte Wirklichkeit" oder als „irreal" erlebt. Beide „Wahrnehmungsweisen" entziehen sich der Einbildungskraft als *vis formandi*. Die Wirklichkeit von Konzentrations- und Vernichtungslagern zeichnet sich durch ein Auseinanderbrechen von Wirklichkeit und „Ich", von Realität und Einbildungskraft aus. Von Bedeutung ist in diesem Zusammenhang, dass eine grundlegend subjektive Erfahrung des Holocaust nicht möglich ist beziehungsweise als subjektive Erfahrung auf den Einzelnen beschränkt bleibt. Demzufolge wäre es nicht zutreffend, von Erfahrung zu sprechen, weil diese offensichtlich gesellschaftlich verfügbare Rahmen voraussetzt, die die Transformation des Erlebten in Erfahrung ermöglichen. Ein nicht zu unterschätzendes Potential der Poetik liegt schließlich darin, zur Gestaltung entsprechender narrativer Rahmen beizutragen. Dieser Hinweis ist insofern wichtig, als vor dem Hintergrund der in den letzten Jahrzehnten geführten Auseinandersetzung um unterschiedliche Subjekt-Konzeptionen nicht selten die Tatsache aus dem Blick geraten ist, dass Poetik keine „Privatangelegenheit" darstellt, sondern grundsätzlich dem Bereich der Öffentlichkeit angehört.

In Bezug auf Poetik und Ästhetik nach dem Holocaust ist schließlich der unter anderen von James E. Young vorgebrachte Hinweis von Belang, dass Repräsentationen des Holocaust keine eigenen literarischen Formen hervorgebracht haben, sondern auf die poetischen und ästhetischen „Neuformulierungen" zurückgriffen, die nach dem Ersten Weltkrieg entwickelt wurden. „Was sich allerdings", so Young, „gewiß verändert hat, ist die Etablierung eines tiefen Zweifels an dem Erlösungsversprechen, das den ästhetischen Neuerungen der Kunst der Moderne stets zugrunde lag."[3] Wenn Young darauf hinweist, dass Kunst und Literatur nach dem Holocaust das ihnen bis dahin zugrunde liegende Erlösungsversprechen abhanden gekommen ist, so hat dieser Verlust weitreichende Konsequenzen für die daraus entstehende Literatur, aber auch für die Literaturwissenschaft, die sich damit von entsprechenden Interpretationsmustern verabschieden muss. Gleichzeitig scheint es mir jedoch auch kühn, insbesondere von den Überlebenden radikaler Vernichtungspolitik die schöpferische Kraft zu erwarten, um erschöpfte Narrative zu erneuern. Zwar nicht von Überlebenden des Holocaust, sondern eher mit Bezug auf den Holocaust fordert etwa Lyotard in *Heidegger und „die Juden"*: „Besteht die Kunst fort, und sie besteht fort, so auf ganz andere Wei-

---

3 Young, „Zwischen Geschichte und Erinnerung", S. 43.

se, jenseits des Geschmacks, und einzig als das Bestreben, ein Nichts, eine Affizie-rung [im Sinne Kants durch das Erhabene, VZ], die nicht dem Sinnlichen, son-dern gänzlich einem unsinnlichen Geheimnis verdankt sind, hervortreten zu las-sen und darzutun.“[4] Ob Autoren und Autorinnen wie Jorge Semprun, Imre Ker-tész, Charlotte Delbo oder Ruth Klüger, um nur einige wenige zu nennen, einer neuen Kunst im Sinne Lyotards gerecht werden, steht zu bezweifeln – doch stel-len sie in sehr unterschiedlicher Weise und mit bisweilen konträren literarischen Versuchen dem absoluten Nichts der nationalsozialistischen Konzentrations- und Vernichtungslager eine Möglichkeit der Neusetzung gegenüber.

Eine Folge des Verlusts des Erlösungsversprechens und damit dem transzen-dentalen Potential von Literatur macht sich nicht zuletzt in einem tiefgreifenden Misstrauen in die Angemessenheit von Metaphern bemerkbar, wie unter anderen Young ausführt:

> Since the transmission of facts in Holocaust writing still dominates this literature's function for so many writers, and since metaphor cannot directly transmit these facts, many critics still regard metaphor as not only ineffective but even dangerous for representing the Holocaust. In purporting to present the facts, they would say, Holocaust metaphors can ultimately do no more than falsify the facts and, therefo-re, deceive the readers.[5]

Young weist jedoch, ähnlich wie Castoriadis, darauf hin, dass Sprache an sich metaphorisch ist und ein Verbot von Metaphern zur Folge hätte, das Ereignis au-ßerhalb der Sprache zu verorten, „thereby mystifying the Holocaust and accom-plishing after the fact precisely what the Nazis had hoped to accomplish through their own – often metaphorical – mystification of events“.[6] Gleichzeitig ist das Misstrauen der Metapher gegenüber durchaus begründet, weil sie auf der Voraus-setzung der Vergleichbarkeit beruht, und damit die Einzigartigkeit des Holocaust permanent in einen scheinbar entsprechenden Zusammenhang stellt. Van Alphen unterbricht in Anlehnung an Charles S. Peirce die der Metapher inhärente Refe-rentialität, indem er die Möglichkeit einer indexikalischen Sprache weiterdenkt. Doch kommt auch der Index letztlich nicht ohne vergleichende Instanz aus. Was bei den Bemühungen um eine adäquate Sprache und damit um die Darstellung des Holocaust außer Acht gelassen wird, ist die Fähigkeit der Sprache, neue Be-deutungen hervorzubringen.

> Denn es ist eine wesentliche Eigenschaft der Sprache *als System*, sich nicht in ihrem synchronischen Zustand zu erschöpfen, das heißt niemals auf eine geschlossene Totalität festgefügter, bestimmter und verfügbarer Bedeutungen reduziert werden zu können, sondern stets über einen inneren, über die Grenzen des Systems hinaus-drängenden *Überschuß* zu verfügen und synchronisch immer *offen* zu sein für einen Wandel der Bedeutungen.[7]

---

4 Lyotard, *Heidegger und „die Juden“*, S. 58.
5 Young, *Writing and Rewriting the Holocaust*, S. 91.
6 Ebda.
7 Castoriadis, *Gesellschaft*, S. 366 (Herv. im Text).

In dieser Eigenschaft der Sprache liegt zum einen die Möglichkeit begründet, die Wirklichkeit zu mystifizieren, wie dies der ideologisierenden Seite des Nationalsozialismus entspricht, beziehungsweise die Wirklichkeit umzulügen, wie dies Hannah Arendt im Zusammenhang mit nationalsozialistischer Propaganda ausführt.[8] Zum anderen war die Vorgangsweise der Nationalsozialisten neu, Sprache als geschlossenes Konzept durchzusetzen, Sprache also zur Wirklichkeit zu bringen, wodurch Metaphern in der Tat (beziehungsweise durch die Tat) desavouiert wurden – es ist dies eine Konsequenz nationalsozialistischer „Sprachpolitik", auf die Karl Kraus in seinen Streitschriften unermüdlich hinweist.[9]

Doch abgesehen von diesem totalitären Missbrauch von Sprache ermöglicht es die Offenheit von Sprache als System, Bedeutungen zu verändern oder zumindest Brüche zu markieren. Allerdings führt die Funktion, die Sprache und Schreiben hinsichtlich des Gedächtnisses und der Erinnerung sowie der Konstituierung von Tatsachen in Bezug auf Berichte von Überlebenden des Holocaust zukommt, in doppelter Hinsicht zu einem Dilemma. Zum einen wird aufgrund des extremen Ausmaßes des Ereignisses häufig ein strikt sachlicher und dokumentarischer Stil eingefordert, um dem Prinzip der Glaubwürdigkeit gerecht zu werden – gleichzeitig wird gerade das Prinzip der Glaubwürdigkeit durch das extreme Ausmaß des Geschehens permanent unterlaufen. Zum anderen untergräbt ein nachdrücklich sachlicher Stil die Möglichkeit der kathartischen Wirkung beziehungsweise die in der Poetik so wichtigen Kategorien Herz und Verstand.

Darüber hinaus beruht die Schwierigkeit des Zeugenberichts auf dessen Zugehörigkeit zu unterschiedlichen diskursiven Feldern wie Jurisdiktion, Historiographie und Ethik. Doch verfügt offensichtlich keines dieser diskursiven Felder über die ausreichende Legitimationsmacht, um einem Ereignis wie dem Holocaust in angemessener Weise zu begegnen. Dezidiert angesprochen werden in diesen Bereichen einerseits Fragen der Gerechtigkeit, andererseits Fragen des Urteilens und der Erkenntnis. Dabei scheint der Bereich der Ethik noch am ehesten geeignet, für Überlebende des Holocaust eine Form der Gerechtigkeit zu eröffnen. So fordert etwa Jean Améry bereits in den 1960er Jahren eine „Moralisierung" der Geschichte[10], um einen narrativen Rahmen zu ermöglichen, in dem der ungelöste Konflikt zwischen Täter und Opfer ausgetragen werden könnte. In den letzten Jahren bringt vor allem Imre Kertész in seinen Romanen den Aspekt der Ethik ein, wobei er allerdings jegliche Form der Moralisierung dezidiert zurückweist. Beide, sowohl Améry als auch Kertész, erschließen mit ihren Forderungen nach einem neuen Entwurf von Ethik den Blick auf die Kategorie der Katharsis. Dieser Blick stellt gleichzeitig eine weitere noch offene Perspektive meiner Arbeit dar, da die Berücksichtigung der Katharsis einen Ausweg aus der traumatischen Fixierung zu ermöglichen scheint, ohne das erlittene Leid dem Vergessen preisgeben zu müssen.

---

8 Siehe Arendt, „Die vollendete Sinnlosigkeit", S. 42.
9 Siehe Kraus, *Dritte Walpurgisnacht*.
10 Améry, „Ressentiments", S. 124.

Im Zusammenhang mit dem Bereich der Ethik erweisen sich insbesondere Fragen der Anerkennung und der Adressierung relevant, die ich vor allem mit Bezug auf Judith Butlers Adorno-Vorlesungen[11] diskutierte. Als entscheidende Aspekte dieser Diskussion haben sich folgende Punkte erwiesen: Zum einen wäre vor dem Hintergrund des Holocaust die Definition der primären Adressierung als Trauma oder Enteignung neu zu überdenken; zum anderen müssten Fragen der Unterbrechung im Sinne der Adressierung nicht in erster Linie bezüglich des Subjekts gestellt werden, sondern sich zudem an die Verfügbarkeit kollektiver oder narrativer Rahmen richten. Es müsste also die Frage gestellt werden, inwiefern diese konstatierte Unterbrechung nicht vielmehr auf der Unterbrechung einer *a priori* angenommenen Adressierung beruht. Werden die Konzepte der Adressierung und Anerkennung schließlich in Hinsicht auf Zeugenberichte des Holocaust gelesen, so ergibt sich einerseits die tatsächliche Konsequenz einer Unterbrechung der Adressierung infolge der vollständigen und unablässigen Ab-erkennung des gesellschaftlichen Individuums; andererseits lässt die Publikations-geschichte vieler Zeugenberichte auf die Tatsache schließen, dass es sich hierbei um ein Sprechen vor jeder Adressierung handelt, Zeugenberichte also ungefragte Antworten darstellen. Die „selbstvergewissernde Frage", die im Homerischen Epos *Odyssee* König Alkinoos als Repräsentant der Öffentlichkeit stellt, nämlich „Wer bist du?", blieb bislang über weite Strecken aus. In diesem Sinne ist diese Untersuchung als Beitrag und insbesondere als Anregung zu verstehen, im Rahmen der Literaturwissenschaft ein Instrumentarium zu entwickeln, um dieser Frage sowie den vorweg gegebenen Antworten in Form von Zeugenberichten Gehör zu verschaffen.

---

11 Siehe Butler, *Kritik der ethischen Gewalt*.

LITERATURVERZEICHNIS

Adorno, Theodor W., „Engagement", in: ders., *Noten zur Literatur*, hg. v. Rolf Tiede-mann, Frankfurt/Main, 1981, S. 409-430.

Adorno, Theodor W., *Minima Moralia. Reflexionen aus dem beschädigten Leben*, in: ders., *Gesammelte Schriften*, Bd. 4, hg. v. Rolf Tiedemann, unter Mitw. von Gretel Adorno, Frankfurt/Main, 1996.

Adorno, Theodor W., *Negative Dialektik. Jargon der Eigentlichkeit*, hg. v. Rolf Tiede-mann, unter Mitwirkung v. Gretel Adorno, Susan Buck-Morss u. Klaus Schultz, Frankfurt/Main, 1996.

Agamben, Giorgio, *Was von Auschwitz bleibt. Das Archiv und der Zeuge*, Frankfurt/Main, 2003.

Aischylos, *Die Eumeniden. (Orestie III)*, übers. v. Emil Staiger, Stuttgart, 1959.

Alphen, Ernst van, „Caught by Images. On the Role of Visual Inprints in Holocaust Tes-timonies", in: *Journal of Visual Culture* 1/2, 2002, S. 201-217.

Alphen, Ernst van, „Symptoms of Discursivity. Experience, Memory, and Trauma", in: Bal/Crewe/Spitzer (Hg.), *Acts of Memory*, S. 24-38.

Alphen, Ernst van, *Caught by History. Holocaust Effects in Contemporary Art, Literature, and Theory*, Stanford, 1997.

Améry, Jean, *Jenseits von Schuld und Sühne. Bewältigungsversuche eines Überwältigten*, Stuttgart, 1977.

Antelme, Robert, *Das Menschengeschlecht*, übers. v. Eugen Helmlé, München/Wien, 1987.

Appelfeld, Aharon, *Beyond Despair. Three Lectures and a Conversation with Philip Roth*, New York, 1994.

Arendt, Hannah, „Gedanken zu Lessing. Von der Menschlichkeit in finsteren Zeiten", in: dies., *Menschen in finsteren Zeiten,* hg. v. Ursula Ludz, München, 1989, S. 11-42.

Arendt, Hannah, *Eichmann in Jerusalem. Ein Bericht von der Banalität des Bösen*, übers. v. Brigitte Granzow, München/Zürich, 1986.

Arendt, Hannah, *Macht und Gewalt*, übers. v. Gisela Uellenberg, München, 1970.

Arendt, Hannah, *Nach Auschwitz. Essays & Kommentare 1,* hg. v. Eike Geisel u. Klaus Bittermann, übers. v. Eike Geisel, Berlin, 1989.

Arendt, Hannah, *Zwischen Vergangenheit und Zukunft. Übungen im politischen Denken I*, hg. v. Ursula Ludz, München, 1994.

Arendt, Hannah/Karl Jaspers, *Briefwechsel 1926–1969,* hg. v. Lotte Köhler u. Hans Saner, München/Zürich, 1985.

Aristoteles, *Poetik*, griech./deutsch, hg. u. übers. v. Manfred Fuhrmann, Stuttgart, 1982.

Assmann, Aleida, „Wie wahr sind Erinnerungen", in: Welzer (Hg.), *Das soziale Gedächt-nis,* S. 103-122.

Assmann, Aleida/Ute Frevert, *Geschichtsvergessenheit – Geschichtsversessenheit. Vom Um-gang mit deutschen Vergangenheiten nach 1945*, Stuttgart, 1999.

Assmann, Jan, *Das kulturelle Gedächtnis. Schrift, Erinnerung und politische Identität in frü-hen Hochkulturen*, München, 1999.

Bachmann, Ingeborg, *Der Fall Franza. Requiem für Fanny Goldmann*, München/Zürich, 1989.

Baer, Ulrich (Hg.), *„Niemand zeugt für den Zeugen". Erinnerungskultur und historische Verantwortung nach der Shoah*, Frankfurt/Main, 2000.

Bal, Mieke, „Performanz und Performativität", in: Jörg Huber (Hg.), *Kultur – Analysen*, Zürich, 2001, S. 197-241.

Bal, Mieke/Jonathan Crewe/Leo Spitzer (Hg.), *Acts of Memory. Cultural Recall in the Present*, Hanover/London, 1999.

Barthes, Roland, *Image, Music, Text*, übers. u. zusammengestellt v. Stephen Heath, London, 1977.

Bauman, Zygmunt, *Dialektik der Ordnung. Die Moderne und der Holocaust*, übers. v. Uwe Ahrens, Hamburg, 1992.

Benjamin, Walter, *Illuminationen. Ausgewählte Schriften 1*, ausgewählt v. Siegfried Unseld, Frankfurt/Main, 1977.

Bennett, Jill, „The Aesthetics of Sense-Memory. Theorising Trauma through the Visual Arts", in: Kaltenbeck/Weibel (Hg.), *Trauma und Erinnerung*, S. 81-95.

Berg, Nicolas, „,Auschwitz' und die Geschichtswissenschaft", in: Berg/Jochimsen/Stiegler (Hg.), *Shoah. Formen der Erinnerung*, S. 31-52.

Berg, Nicolas/Jess Jochimsen/Bernd Stiegler (Hg.), *Shoah. Formen der Erinnerung. Geschichte, Philosophie, Literatur, Kunst*, München, 1996.

Bernstein, Michael André, *Forgone Conclusions. Against Apocalyptic History*, Berkeley/Los Angeles/London, 1994.

Blanchot, Maurice, *Die Schrift des Desasters*, übers. v. Gerhard Poppenberg u. Hinrich Weidemann, München, 2005.

Braese, Stephan (Hg.), *Rechenschaften. Juristischer und literarischer Diskurs in der Auseinandersetzung mit NS-Massenverbrechen*, Göttingen, 2004.

Bronfen, Elisabeth/Birgit R. Erdle/Sigrid Weigel (Hg.), *Trauma. Zwischen Psychoanalyse und kulturellem Deutungsmuster*, Köln/Weimar/Wien, 1999.

Butler, Judith, *Kritik der ethischen Gewalt*, übers. v. Reiner Ansén, Frankfurt/Main, 2003.

Butzer, Günter, „Topographie und Topik. Zur Beziehung von Narration und Argumentation in der autobiographischen Holocaust-Literatur", in: Günter (Hg.), *Überleben schreiben*, S. 51-75.

Camus, Albert, *Die Pest*, übers. v. Uli Aumüller, Reinbek bei Hamburg, 1997.

Canetti, Elias, *Masse und Macht*, Frankfurt/Main, 1980.

Caruth, Cathy, „Trauma als historische Erfahrung. Die Vergangenheit einholen", in: Baer (Hg.), *„Niemand zeugt für den Zeugen"*, S. 84-98.

Castoriadis, Cornelius, „Das Sagbare und das Unsagbare", in: ders., *Durchs Labyrinth. Seele, Vernunft, Gesellschaft*, übers. v. Horst Brühmann, Frankfurt/Main, 1983, S. 107-126.

Castoriadis, Cornelius, „Der Zustand des Subjekts heute", in: Alice Pechriggl/Karl Reitter (Hg.), *Die Institution des Imaginären: zur Philosophie von Cornelius Castoriadis*. Wien/Berlin, 1991, S. 11-53.

Castoriadis, Cornelius, *Gesellschaft als imaginäre Institution. Entwurf einer politischen Philosophie*, übers. v. Horst Brühmann, Frankfurt/Main, 1984.

Celan, Paul, „Ansprache anlässlich der Entgegennahme des Literaturpreises der Freien Hansestadt Bremen", in: ders., *Gesammelte Werke*, Bd. 3, hg. v. Beda Allemann, Frankfurt/Main, 1983, S. 185-186.

Cesarani, David, „Trial and Testimony. Survivors, Witnesses, and the Eichmann Trial in Perspective", in: Steinert/Weber-Newth (Hg.), *Beyond Camps and Forced Labour,* S. 280-289.

Char, René, *Hypnos. Aufzeichnungen aus dem Maquis (1943–1944),* übers. v. Paul Celan, hg. v. Horst Wernicke, Frankfurt/Main, 1990.

Cicero, Marcus Tullius, *De oratore,* in: *Die Erfindung des Gedächtnisses,* Texte, zusammengestellt und eingeleitet v. Dietrich Harth, Frankfurt/Main, 1991.

Claussen, Detlev, „Veränderte Vergangenheit. Über das Verschwinden von Auschwitz", in: Berg/Jochimsen/Stiegler (Hg.), *Shoah. Formen der Erinnerung,* S. 77-92.

Cohen, Boaz, „Bound to Remember – Bound to Remind. Holocaust Survivors and the Genesis of Holocaust Research", in: Steinert/Weber-Newth (Hg.), *Beyond Camps and Forced Labour,* S. 290-300.

Cullen, Michael S. (Hg.), *Das Holocaust-Mahnmal. Dokumentation einer Debatte,* Zürich/München, 1999.

Culler, Jonathan, *Framing the Sign. Criticism and Its Institutions,* Norman, 1988.

Culler, Jonathan, *The Pursuit of Signs. Semiotics, Literature, Deconstruction,* London/Henley, 1981.

DeKoven Ezrahi, Sidra, „,The Grave in the Air'. Unbound Metaphors in Post-Holocaust Poetry", in: Saul Friedlander (Hg.), *Probing the Limits of Representation. Nazism and the „Final Solution",* Cambridge, MA/London, 1992, S. 259-276.

DeKoven Ezrahi, Sidra, „Representing Auschwitz", in: *History and Memory* 7/2, 1996, S. 121-154.

Delbo, Charlotte, *Trilogie. Auschwitz und danach,* übers. v. Eva Groepler u. Elisabeth Thielicke, Basel, Frankfurt/Main, 1990.

Derrida, Jacques, „Interpretations at War. Kant, der Jude, der Deutsche", in: Weber/Tholen (Hg.), *Das Vergessene(e),* S. 71-139.

Derrida, Jacques, *Randgänge der Philosophie,* Wien, 1999.

Des Pres, Terrence, „Holocaust *Laughter?*", in: Berel Lang (Hg.), *Writing and the Holocaust,* New York/London, 1988, S. 216-233.

Didi-Huberman, Georges, *Bilder trotz allem,* übers. v. Peter Geimer, München, 2007.

Diner, Dan (Hg.), *Zivilisationsbruch. Denken nach Auschwitz,* Frankfurt/Main, 1988.

Diner, Dan, „Ereignis und Erinnerung. Über Variationen historischen Gedächtnisses", in: Berg/Jochimsen/Stiegler (Hg.), *Shoah. Formen der Erinnerung,* S. 13-30.

Douglas, Lawrence, „Der Film als Zeuge. *Nazi Concentration Camps* vor dem Nürnberger Gerichtshof", in: Baer (Hg.), *„Niemand zeugt für den Zeugen",* S. 197-218.

Eaglestone, Robert, *The Holocaust and the Postmodern,* Oxford [et al], 2004.

Erdle, Birgit R., „Die Verführung in Parallelen. Zu Übertragungsverhältnissen zwischen Ereignis, Ort und Zitat", in: Bronfen/Erdle/Weigel (Hg.), *Trauma. Zwischen Psychoanalyse und kulturellem Deutungsmuster,* S. 27-50.

Felman, Shoshana, „Theaters of Justice. Arendt in Jerusalem, the Eichmann Trial, and the Redefinition of Legal Meaning in the Wake of the Holocaust", in: *Critical Inquiry* 27/2, 2001, S. 201-238.

Felman, Shoshana/Dori Laub, *Testimony. Crises of Witnessing in Literature, Psychoanalysis, and History,* New York/London, 1992.

Finck, Almut, *Autobiographisches Schreiben nach dem Ende der Autobiographie,* Berlin, 1999.

Foucault, Michel, „Was ist ein Autor?", in: ders., *Schriften zur Literatur*, übers. v. Karin von Hofer u. Anneliese Botond, Frankfurt/Main, 1988, S. 7-31.

Freud, Sigmund, „Das Ich und das Es", in: ders., *Psychologie des Unbewußten*, Studienausgabe, Bd. III, Frankfurt/Main, 1975, S. 273-330.

Freud, Sigmund, „Trauer und Melancholie", in: ders., *Psychologie des Unbewußten*, Studienausgabe, Bd. III, Frankfurt/Main, 1975, S. 193-212.

Freud, Sigmund, *Aus den Anfängen der Psychoanalyse. 1887–1902. Briefe an Wilhelm Fließ*, Frankfurt/Main, 1962.

Freud, Sigmund, *Vorlesungen zur Einführung in die Psychoanalyse (1916–17 [1915–17]). Neue Folge der Vorlesungen zur Einführung in die Psychoanalyse (1933 [1932])*, Studienausgabe, Bd. I, Frankfurt/Main, 1969.

Freud, Sigmund, *Zwei Kinderneurosen*, Studienausgabe, Bd. VIII, Frankfurt/Main, 1969.

Friedländer, Saul, *Das Dritte Reich und die Juden*, Bd. 1: Die Jahre der Verfolgung 1933–1939, übers. v. Martin Pfeiffer, München, 1998.

Friedländer, Saul, *Memory, History, and the Extermination of the Jews of Europe*, Bloomington/Indianapolis, 1993.

Fritz Bauer Institut/Michael Elm/Gottfried Kößler (Hg.), *Zeugenschaft des Holocaust. Zwischen Trauma, Tradierung und Ermittlung*, Frankfurt/Main, 2007.

Gasché, Rudolphe (Hg.), „Autobiography and the Problem of the Subject", *Sonderheft, MLN* 93/4, 1978.

Gottsched, Johann Christoph, *Schriften zur Literatur*, hg. v. Horst Steinmetz, Stuttgart, 1972.

Günter, Manuela (Hg.), *Überleben schreiben. Zur Autobiographik der Shoah*, Würzburg, 2002.

Günter, Manuela, „Writing Ghosts. Von den (Un-)Möglichkeiten autobiographischen Erzählens nach dem Überleben", in: Günter (Hg.), *Überleben schreiben*, Würzburg, 2002, S. 21-47.

Habermas, Jürgen, *Der philosophische Diskurs der Moderne*, Frankfurt/Main, 1996.

Halbwachs, Maurice, *Das Gedächtnis und seine sozialen Bedingungen*, übers. v. Lutz Geldsetzer, Frankfurt/Main, 1985.

Halbwachs, Maurice, *Das kollektive Gedächtnis*, übers. v. Holde Lhoest-Offermann, Stuttgart, 1967.

Hartman, Geoffrey, *Der längste Schatten. Erinnern und Vergessen nach dem Holocaust*, übers. v. Axel Henrici, Berlin, 1999.

Haverkamp, Anselm, „Hermeneutischer Prospekt", in: Haverkamp/Lachmann (Hg.), *Memoria*, S. ix-xvi.

Haverkamp, Anselm, „Lethes Ufer und die Gezeiten der Geschichte", in: Welzer (Hg.), *Das soziale Gedächtnis*, Hamburg, 2001, S. 88-102.

Haverkamp, Anselm/Renate Lachmann (Hg.), *Memoria – vergessen und erinnern*, München, 1993.

Hegel, Georg Wilhelm Friedrich, *Phänomenologie des Geistes*, Frankfurt/Main, 1991.

Hesiod, *Theogonie*, hg., übers. u. erläutert v. Karl Albert, Kastellaun, 1978.

Hirsch, Marianne, „Projected Memory. Holocaust Photographs in Personal and Public Fantasy", in: Bal/Crewe/Spitzer (Hg.), *Acts of Memory*, S. 3-38.

Hirsch, Marianne, *Family Frames. Photography, Narrative, and Postmemory*, Cambridge, MA, 1997.

Homer, *Ilias. Odyssee*, übertr. v. Johann Heinrich Voß, Düsseldorf/Zürich, 2002.

Horkheimer, Max/Theodor W. Adorno, *Dialektik der Aufklärung. Philosophische Fragmente,* Frankfurt/Main, 1988.

Kacandes, Irene, „Narrative Witnessing as Memory Work. Reading Gertrud Kolmar's *A Jewish Mother*", in: Bal/Crewe/Spitzer (Hg.), *Acts of Memory,* S. 55-71.

Kaltenbeck, Franz/Peter Weibel (Hg.), *Trauma und Erinnerung. Trauma and Memory. Cross-Cultural Perspectives,* Wien, 2000.

Kant, Immanuel, *Kritik der Urteilskraft,* hg. v. Wilhelm Weischedel, Frankfurt/Main, 1974.

Kaplan, Chaim, *The Warsaw Diary of Chaim A. Kaplan,* übers. v. Abraham I. Katsch, New York, 1973.

Kertész, Imre, „Die exilierte Sprache", in: ders., *Die exilierte Sprache. Essays und Reden,* Frankfurt/Main, 2003, S. 206-221.

Kertész, Imre, „Niets geleerd van de holocaust", Interview Tijn Sadée mit Kertész, in: *de Volkskrant,* 25. Mai 2002, S. 13.

Kertész, Imre, *Eine Gedankenlänge Stille, während das Erschießungskommando neu lädt,* Reinbek bei Hamburg, 1999.

Kertész, Imre, *Fiasko,* übers. v. György Buda u. Agnes Relle, Reinbek bei Hamburg, 1999.

Kertész, Imre, *Galeerentagebuch,* übers. v. Kristin Schwamm, Reinbek bei Hamburg, 1993.

Kertész, Imre, *Ich – ein anderer,* übers. v. Ilma Rakusa, Reinbek bei Hamburg, 1998.

Kertész, Imre, *Kaddisch für ein nicht geborenes Kind,* übers. v. György Buda u. Kristin Schwamm, Reinbek bei Hamburg, 1999.

Kertész, Imre, *Roman eines Schicksallosen,* übers. v. Christina Viragh, Berlin, 1996.

Klein, Judith, *Literatur und Genozid. Darstellungen der nationalsozialistischen Massenvernichtung in der französischen Literatur,* Wien/Köln/Weimar, 1994.

Klemperer, Victor, *LTI. Notizbuch eines Philologen,* Stuttgart, 1975.

Klüger, Ruth, „Zum Wahrheitsbegriff in der Autobiographie", in: Magdalene Heuser (Hg.), *Autobiographien von Frauen. Beiträge zu ihrer Geschichte,* Tübingen, 1996, S. 405-410.

Klüger, Ruth, *weiter leben. Eine Jugend,* München, 1995.

Koch, Gertrud, „Der Engel des Vergessens und die black box der Faktizität – Zur Gedächtniskonstruktion in Claude Lanzmanns Film *Shoah*", in: Haverkamp/Lachmann (Hg.), *Memoria,* S. 67-77.

Koch, Gertrud (Hg.), *Bruchlinien. Tendenzen der Holocaustforschung,* Köln/Weimar/Wien, 1999.

Kofman, Sarah, *Erstickte Worte,* übers. v. Birgit Wagner, Wien, 1988.

Köppen, Manuel (Hg.), *Kunst und Literatur nach Auschwitz,* Berlin, 1993.

Koselleck, Reinhart, *Vergangene Zukunft. Zur Semantik geschichtlicher Zeiten,* Frankfurt/Main, 1979.

Kramer, Sven, *Auschwitz im Widerstreit. Zur Darstellung der Shoah in Film, Philosophie und Literatur,* Wiesbaden, 1999.

Krankenhagen, Stefan, *Auschwitz darstellen. Ästhetische Positionen zwischen Adorno, Spielberg und Walser,* Köln/Weimar/Wien, 2001.

Kraus, Karl, *Die Fackel,* Nr. 888, Oktober 1933.

Kraus, Karl, *Dritte Walpurgisnacht,* hg. v. Christian Wagenknecht, Frankfurt/Main, 1989.

Lacan, Jacques, *Schriften,* Bd. I, Olten, 1973.

Lacan, Jacques, *Schriften,* Bd. II, Olten, 1975.

LaCapra, Dominick, *History and Memory after Auschwitz,* New York, 1998.

LaCapra, Dominick, *Representing the Holocaust. History, Theory, Trauma*, Ithaka/London, 1994.

Langer, Lawrence L., „Die Zeit der Erinnerung. Zeitverlauf und Dauer in Zeugenaussagen von Überlebenden des Holocaust", in: Baer (Hg.), *„Niemand zeugt für den Zeugen"*, S. 53-67.

Langer, Lawrence L., *Holocaust Testimonies. The Ruins of Memory*, New Haven/London, 1991.

Lanzmann, Claude, „Der Ort und das Wort. Über *Shoah*", in: Baer (Hg.), *„Niemand zeugt für den Zeugen"*, S. 101-118.

Laplanche, Jean/Jean-Bertrand Pontalis, *Das Vokabular der Psychoanalyse,* übers. v. Emma Moersch, Frankfurt/Main, 1972.

Laub, Dori, „Zeugnis ablegen oder Die Schwierigkeit des Zuhörens", in: Baer (Hg.), *„Niemand zeugt für den Zeugen"*, S. 68-83.

Lentin, Ronit, „Nach-Gedächtnis und der Auschwitz-Code", in: *Mittelweg 36* 4, 2002, S. 53-68.

Lessing, Gotthold Ephraim, *Hamburgische Dramaturgie,* hg. u. komm. v. Klaus L. Berghahn, Stuttgart, 1981.

Lessing, Gotthold Ephraim, *Werke und Briefe,* Bd. 12: Briefe von und an Lessing. 1776–1781, hg. v. Helmuth Kiesel, Frankfurt/Main, 1994.

Lessing, Gotthold Ephraim/Moses Mendelssohn/Friedrich Nicolai, *Briefwechsel über das Trauerspiel,* hg. v. Jochen Schulte-Sasse, München, 1972.

Levi, Primo, *Die Atempause,* übers. v. Barbara und Robert Picht, München, 1994.

Levi, Primo, *Die Untergegangenen und die Geretteten,* übers. v. Moshe Kahn, München/Wien, 1990.

Levi, Primo, *Ist das ein Mensch? Ein autobiographischer Bericht,* übers. v. Heinz Riedt, München, 1992.

Liska, Vivian, „Das Aktenkundige und die Dichtung. Zu Marie Luise Kaschnitz' ‚Zoon Politikon'", in: Braese (Hg.), *Rechenschaften,* S. 102-116.

Lyotard, Jean-François, „Die Delegitimierung", in: Christoph Conrad/Martina Kessel (Hg.), *Geschichte schreiben in der Postmoderne. Beiträge zur aktuellen Diskussion,* Stuttgart, 1994, S. 71-79.

Lyotard, Jean-François, „Randbemerkungen zu den Erzählungen", in: Peter Engelmann (Hg.), *Postmoderne und Dekonstruktion. Texte französischer Philosophen der Gegenwart.* Stuttgart, 1990, S. 49-53.

Lyotard, Jean-François, *Das postmoderne Wissen. Ein Bericht,* übers. v. Otto Pfersmann, Wien, 1989.

Lyotard, Jean-François, *Der Widerstreit,* übers. v. Joseph Vogl, München, 1989.

Lyotard, Jean-François, *Heidegger und „die Juden",* übers. v. Clemens-Carl Härle, Wien, 1988.

Magny, Claude-Edmonde, *Lettre sur le pouvoir d'écrire,* Préf. de Jorge Semprun, Castelnau-le-Lez, 1993.

Manetti, Christina, „Fresh Wounds. Polish Survivor Testimonies 1945–1946", in: Steinert/Weber-Newth (Hg.), *Beyond Camps and Forced Labour,* S. 311-318.

Mann, Thomas, „Die Kunst des Romans", in: ders., *Gesammelte Werke,* Bd. 10: Reden und Aufsätze, Frankfurt/Main, 1960, S. 348-362.

Mann, Thomas, *Der Erwählte,* Frankfurt/Main, 1980.

Morel, Geneviève, „Vom Realen zeugen: Psychoanalytische Erhellungen", in: Kaltenbeck/Weibel (Hg.), *Trauma und Erinnerung,* S. 231-244.

Müller, Herta, „Mit dem Auge kann man keinen Stift halten", Interview Cornelia Nie-dermeier mit Herta Müller, in: *Der Standard*, 15. Jänner 2004, S. 22.

Nagy Gregory, *The best of the Achaeans. Concepts of the Hero in Archaic Greek Poetry*, http://www.press.jhu.edu/books/nagy/BofATL/toc.html, revised ed. 1999, Zugriff, 28.07.2008.

Ne'eman Arad, Gulie, „The Protean Place of the Shoah in Israeli Society", in: Stei-nert/Weber-Newth (Hg.), *Beyond Camps and Forced Labour*, S. 384-397.

Nietzsche, Friedrich, *Götzen-Dämmerung oder Wie man mit dem Hammer philosophirt*, in: ders., *Sämtliche Werke*, Kritische Studienausgabe in 15 Bänden, Bd. 6, hg. v. Giorgio Colli u. Mazzino Montinari, München, 1980.

Nietzsche, Friedrich, *Nachgelassene Fragmente. 1885–1887*, in: *Sämtliche Werke*, Kritische Studienausgabe in 15 Einzelbänden, Bd. 12, hg. v. Giorgio Colli u. Mazzino Montina-ri, München, 1999.

Nora, Pierre, „Between Memory and History. *Les Lieux de Mémoire*", in: *Representations* 26, 1989, S. 7-25.

Nora, Pierre, *Zwischen Geschichte und Gedächtnis,* übers. v. Wolfgang Kaiser, Berlin, 1990.

Novick, Peter, *The Holocaust and Collective Memory. The American Experience*, London, 2000.

Pechriggl, Alice/Karl Reitter (Hg.), *Die Institution des Imaginären: zur Philosophie von Cornelius Castoriadis,* Wien/Berlin, 1991.

Pechriggl, Alice, *Utopiefähigkeit und Veränderung. Der Zeitbegriff und die Möglichkeit kol-lektiver Autonomie*, Pfaffenweiler, 1993.

Perko, Gudrun, *Aufschlüsse der Einbildungskraft. Auswirkungen und Wirkungsweisen der Phantasie*, Pfaffenweiler, 1993.

Perko, Gudrun/Alice Pechriggl, *Phänomene der Angst. Geschlecht – Geschichte – Gewalt*, Wien, 1996.

Platon, *Gorgias*, in: ders., *Werke*, Bd. 2, griech./deutsch, hg. v. Gunther Eigler, bearbeitet v. Heinz Hofmann, Darmstadt, 1973.

Platon, *Sophistes*, in: ders., *Werke*, Bd. 6, griech./deutsch, hg. v. Gunther Eigler, bearbeitet v. Peter Staudacher, Darmstadt, 1970.

Platon, *Theaitetos*, in: ders., *Werke*, Bd. 6, griech./deutsch, hg. v. Gunther Eigler, bear-beitet v. Peter Staudacher, Darmstadt, 1970.

Reiter, Andrea, *„Auf daß sie entsteigen der Dunkelheit". Die literarische Bewältigung von KZ-Erfahrung*, Wien, 1995.

Richard, Lionel, „Auschwitz und kein Ende", in: Köppen (Hg.), *Kunst und Literatur nach Auschwitz*, S. 23-30.

Ringelblum, Emanuel, „O. S. [‚Oneg Shabbath']", in: *To Live with Honor and Die with Honor! … Selected Documents from the Warsaw Ghetto Underground Archives ‚O. S.' [‚Oneg Shabbath'],* hg. u. komm. v. Joseph Kermish, Jerusalem, 1986, S. 2-21.

Rose, Gillian, *Mourning becomes the Law. Philosophy and Representation*, Cambridge, 1997.

Rosenfeld, Alvin H., *A Double Dying. Reflections on Holocaust Literature*, Blooming-ton/London, 1980.

Rüsen, Jörn, „Die Logik der Historisierung. Meta-historische Überlegungen zur Debatte zwischen Friedländer und Broszat", in: Koch (Hg.), *Bruchlinien*, S. 19-60.

Schiller, Friedrich, *Über die ästhetische Erziehung des Menschen. In einer Reihe von Briefen*, Stuttgart, 1965.

Schmidt, Jochen, „Die Odyssee, ihre Welt und ihre Wirkungsgeschichte", in: Homer, *Ilias. Odyssee*, S. 779-828.

Segev, Tom, *Die siebte Million. Der Holocaust und Israels Politik der Erinnerung*, Reinbek bei Hamburg, 1995.

Semprun, Jorge, *Die große Reise*, übers. v. Abelle Christaller, Frankfurt/Main, 1981.

Semprun, Jorge, *Schreiben oder Leben*, übers. v. Eva Moldenhauer, Frankfurt/Main, 1995.

Semprun, Jorge, *Was für ein schöner Sonntag!*, übers. v. Johannes Piron, Frankfurt/Main, 1981.

Smith, Sidonie, „The Autobiographical Manifesto. Identities, Temporalities, Politics", in: Shirley Neuman (Hg.), *Autobiography and the question of gender*, London/Portland, 1991, S. 186-212.

Sofsky, Wolfgang, *Die Ordnung des Terrors. Das Konzentrationslager*, Frankfurt/Main, 1999.

Sontag, Susan, „Reflections on *The Deputy*", in: dies., *Against Interpretation: And Other Essays*, New York, 2001, S. 124-131.

Steinert, Johannes-Dieter/Inge Weber-Newth (Hg.), *Beyond Camps and Forced Labour. Current International Research on Survivors of Nazi Persecution*, Proceedings of the international conference London, 29–31 January 2003, Osnabrück, 2005.

Sundholm, John, „,The Unknown Soldier'. Film as a founding trauma and national monument", in: Conny Mithander/John Sundholm/Maria Holmgren Troy (Hg.), *Collective Traumas. Memories of War and Conflict in 20th-Century Europe*, Brüssel, 2007, S. 111-141.

Van Pelt, Robert Jan/Debórah Dwork, *Auschwitz. 1270 to the Present*, New Haven/London, 1996.

Vismann, Cornelia, „Sprachbrüche im Nürnberger Kriegsverbrecherprozess", in: Braese (Hg.), *Rechenschaften*, S. 47-66.

Walser, Martin, *Erfahrungen beim Verfassen einer Sonntagsrede. Friedenspreis des Deutschen Buchhandels 1998*, Laudatio Frank Schirrmacher, Frankfurt/Main, 1998.

Walser, Martin, „Über Deutschland reden. Ein Bericht", in: ders., *Über Deutschland reden*, Frankfurt/Main, 1989, S. 76-100.

Waxman, Zoë Vania, *Writing the Holocaust. Identity, Testimony, Representation*, Oxford [et al], 2006.

Weber, Elisabeth/Georg Christoph Tholen (Hg.), *Das Vergessen(e). Anamnesen des Undarstellbaren*, Wien, 1997.

Weigel, Sigrid, „Télescopage im Unbewußten. Zum Verhältnis von Trauma, Geschichtsbegriff und Literatur", in: Bronfen/Erdle/Weigel (Hg.), *Trauma. Zwischen Psychoanalyse und kulturellem Deutungsmuster*, S. 51-76.

Weigel, Sigrid, *Bilder des kulturellen Gedächtnisses. Beiträge zur Gegenwartsliteratur*, Dülmen-Hiddingsel, 1994.

Weinrich, Harald, *Lethe. Kunst und Kritik des Vergessens*, München, 2000.

Welzer, Harald (Hg.), *Das soziale Gedächtnis. Geschichte, Erinnerung, Tradierung*, Hamburg, 2001.

Wenzel, Mirjam, „Im Gericht mit sich und den anderen. Von der ,Schuldfrage' zum Dokumentartheater der sechziger Jahre", Diss., Ludwig-Maximilians-Universität München 2007.

White, Hayden, „Historical Emplotment and the Problem of Truth", in: Saul Friedlander (Hg.), *Probing the Limits of Representation. Nazism and the „Final Solution",* Cambridge, MA/London, 1992, S. 37-53.

Wiesel, Elie, „The Holocaust as Literary Inspiration", in: Elie Wiesel, Lucy Dawidowicz, Dorothy Rabinowitz, Robert McAfee Brown, *Dimensions of the Holocaust,* Evanston, Ill, 1990, S. 5-19.

Wittgenstein, Ludwig, *Tractatus logico-philosophicus. Logisch-philosophische Abhandlung,* Frankfurt/Main, 1963.

Young, James E., „Jom Hashoah. Die Gestaltung eines Gedenktages", in: Berg/Jochimsen/Stiegler (Hg.), *Shoah. Formen der Erinnerung,* S. 53-76.

Young, James E., „Zwischen Geschichte und Erinnerung. Über die Wiedereinführung der Stimme der Erinnerung in die historische Erzählung", in: Welzer (Hg.), *Das soziale Gedächtnis,* S. 41-62.

Young, James E., *The Texture of Memory. Holocaust Memorials and Meaning,* New Haven/London, 1993.

Young, James E., *Writing and Rewriting the Holocaust. Narrative and the Consequences of Interpretation,* Bloomington/Indianapolis, 1988.

Žižek, Slavoj, *The Sublime Object of Ideology,* London/New York, 1989.

Zuckermann, Moshe, *Gedenken und Kulturindustrie. Ein Essay zur neuen deutschen Normalität,* Berlin/Bodenheim bei Mainz, 1999.